Die Rolle des Strafrechts in Übergangsprozessen ohne Übergang

Frankfurter kriminalwissenschaftliche Studien

Bd./Vol. 157

Zu Qualitätssicherung und Peer Review der vorliegenden Publikation

Die Qualität der in dieser Reihe erscheinenden Arbeiten wird vor der Publikation durch Herausgeber der Reihe geprüft.

Notes on the quality assurance and peer review of this publication

Prior to publication, the quality of the work published in this series is reviewed by editors of the series.

Franceline Delgado Ariza

Die Rolle des Strafrechts in Übergangsprozessen ohne Übergang

Überlegungen anhand des Falls Kolumbien

PL ACADEMIC RESEARCH

Bibliografische Information der Deutschen Nationalbibliothek
Die Deutsche Nationalbibliothek verzeichnet diese Publikation in der Deutschen Nationalbibliografie; detaillierte bibliografische Daten sind im Internet über http://dnb.d-nb.de abrufbar.

Zugl.: Frankfurt (Main), Univ., Diss., 2016

D 30
ISSN 0170-6918
ISBN 978-3-631-71476-8 (Print)
E-ISBN 978-3-631-71494-2 (E-PDF)
E-ISBN 978-3-631-71495-9 (EPUB)
E-ISBN 978-3-631-71496-6 (MOBI)
DOI 10.3726/b10688

PL Academic Research ist ein Imprint der Peter Lang GmbH.

Peter Lang – Frankfurt am Main · Bern · Bruxelles · New York · Oxford · Warszawa · Wien

Diese Publikation wurde begutachtet.

www.peterlang.com

Meinem geliebten Mann

Vorwort

Das vorliegende Buch stellt die überarbeitete Fassung einer Arbeit dar, die im Wintersemester 2015/2016 vom Fachbereich Rechtswissenschaft der Goethe-Universität Frankfurt am Main als Dissertation angenommen wurde. Auf dem Weg zur Veröffentlichung dieses bescheidenen Werks war die Unterstützung zahlreicher Personen und Institutionen von unschätzbarem Wert, ohne die all die Herausforderungen, die eine Promotion in einem fremden Land bedeuten, nicht gemeistert hätten werden können.

Mein aufrichtiger Dank gilt an erster Stelle meinem Doktorvater Prof. Dr. Cornelius Prittwitz für die wissenschaftliche Orientierung meiner Arbeit, den entscheidenden Anmerkungen zum Manuskript sowie der Zeit, die er mir und meinen Anliegen auch in äußerst arbeitsintensiven Zeiten stets ohne zu zögern widmete. Er ist der lebendige Beweis, dass Wissenschaft und Menschlichkeit keinesfalls im Widerspruch zueinander stehen müssen. Auch meinem zweiten Betreuer Prof. Dr. Klaus Günther möchte ich für seine absolut relevanten Hinweise zur Überwindung besonders schwieriger Stellen der Arbeit danken. In gleichem Maße bedanke ich mich bei Prof. Dr. Dr. hc. Ulfrid Neumann für seine wertvollen Kommentare. Meinen Betreuern möchte ich zudem herzlich für die zügige Verfassung der Gutachten danken. Bei dem Deutschen Akademischen Austauschdienst bedanke ich mich für die Unterstützung während des Magister Legums. Der Hans Böckler Stiftung danke ich von ganzem Herzen für die unschätzbare finanzielle und ideelle Förderung im Laufe der Promotion. Schließlich möchte ich mich ebenfalls ganz herzlich bei der Hamburger Stiftung zur Förderung von Wissenschaft und Kultur für ihre absolut entscheidende Hilfe in der Abschlussphase der Promotion bedanken.

Daneben bin ich einer Reihe von Personen zu größtem Dank verpflichtet, die den Prozess der Promotion begleitet und zu dessem erfolgreichen Abschluss wesentlich beigetragen haben. An erster Stelle ist hier Prof. Dr. Brecht-Heitzmann zu nennen, dem ich zutiefst dankbar bin. Er hat nicht nur seine Aufgaben als Vertrauensdozent der Hans Böckler Stiftung mit unbeschreiblichem Engagement und Pflichtgefühl erfüllt, sondern sich darüber hinaus auf vielfältige Weise für den Fortgang meines wissenschaftlichen Projekts und auch meiner persönlichen Entwicklung entscheidend eingesetzt. Ferner bedanke ich mich bei allen Interviewpartnern in Kolumbien für die relevanten Informationen und Anmerkungen im Laufe der Feldforschung sowie dem Leiter des Centro de Memoria Histórica, Dr. Gonzalo Sánchez, sowie César Quinche und Janeth Espinosa für die Bereitstellung wichtiger Materialen. Meinem Freund Prof. Dr. Mario Aguilera Peña möchte ich für die wesentliche Unterstützung zu Beginn der Promotion herzlich danken.

Die vielen schwierigen Momente, die eine Promotion, noch dazu im Ausland, mit sich bringen, wären ohne die liebevolle Begleitung meiner Freunde kaum zu ertragen und zu überwinden gewesen. Ich bedanke mich daher von ganzem Herzen bei Prof. Dr. med. Pavle Stankovic und Familie, Sabina Prittwitz, Fatima Akis und

Familie, Zelal Demirel und Familie, Poonam Jagga und Familie, Joy Ting, Rei Yasuda, Ruggiero und Maria, Evi Langner, Familie Schedelik, Hanni Palme sowie Werner Palme und Familie. Mi más profundo agradecimiento también va dirigido a otros amigos en otras latitudes: Álvaro Alzate, Carmen Mestizo, Miguel Ángel Rozo, César Quinche, Mario Aguilera, Myriam Ávila, Francisco Sánchez, François Salvat, Raquel Saez y familia, Diana Herrera y Fernando Espinosa (†). „Amigo mío si esta copla como el viento, adonde quieras escucharla te reclama, serás plural, porque lo exige el sentimiento, cuando se lleva a los amigos en el alma".

Este largo viaje, también a bordo de mí misma, habría sido insoportable de no contar con la ternura de mis amorosos padres, Martha y Rodrigo, animándome en cada uno de mis pasos; Sin el acompañamiento de mi dulce abuela Isabel, y sin el apoyo incondicional de mi hermano Leonardo y mis tíos Adriana y Alejandro. A mi familia entera mi más sincero agradecimiento por todo el amor entregado a manos llenas durante estos años.

A mi amado niño Noah gracias infinitas por haber llegado en el momento correcto de este proceso, para recordarme con cada una de tus sonrisas, qué es lo esencial de la vida.

Schließlich möchte ich von ganzem Herzen meinem Mann Michael zunächst für das hervorragende und sicherlich nicht einfache Lektorat dieser Arbeit danken. Du warst im Laufe dieser Zeit mein Freund, Wegbegleiter und Fels in der Brandung. Ein Dutzend Arbeiten, ja sogar ein „Faust", würden nicht ausreichen, Deine wunderbaren Wesenszüge zu erfassen. Wenn ich heute, am Ende dieses Weges ein besserer Mensch bin, bin ich es auch wegen Dir.

Inhaltszeichnis

Abkürzungsverzeichnis

ACU	Autodefensas unidas de Colombia
ACCU	Autodefensas campesinas de Córdoba y Urabá
ACDEGAM	Asociación Campesina de Agricultores y Ganaderos del Magdalena Medio
CC	Corte Constitucional
CIDH	Comisión Interamericana de Derechos Humanos
CINEP	Centro de Investigación y Educación Popular
CNRR	Comisión Nacional de Reparación y Reconciliación
CODA	Comité Operativo para la dejación de Armas
CONPES	Consejo Nacional de Política Económica y Social
CONVIVIR	Asociaciones comunitarias de convivencia rural
Corte IDH	Corte Interamericana de Derechos Humanos
CSJ	Corte Suprema de Justicia
DAS	Departamento Administrativo de Seguridad
DDR	Deutsche Demokratische Republik
DD&R	Desarme, Desmovilización y Reintegración
DEA	Drug Enforcement Administration
DNP	Departamento Nacional de Planeación
EGMR	Europäischer Gerichtshof für Menschenrechte
ELN	Ejército de Liberación Nacional
FARC	Fuerzas Armadas Revolucionarias de Colombia
GuF-Verfahren	Gerechtigkeits- und Friedensverfahren
GuFG	Gerechtigkeits- und Friedensgesetz
IStGH	Internationaler Strafgerichtshof
JStGH	Jugoslawien-Strafgerichtshof
M-19	Movimiento 19 de Abril
MAS	Muerte a Secuestradores
MORENA	Movimiento de Reconstrucción Nacional
MP	Magistrado Ponente
MRN	Muerte a Revolucionarios del Nordeste antioqueño
NS	Nationalsozialismus

ACU	Autodefensas unidas de Colombia
OACNUDH	Oficina del Alto Comisionado de las Naciones Unidas para los Derechos Humanos
PEPES	Perseguidos por Pablo Escobar
RStGH	Ruanda-Strafgerichtshof
SED	Sozialistische Einheitspartei Deutschlands
SS	Schutzstaffel
TSJPB	Tribunal Superior de Justicia y Paz de Bogotá
UN	United Nations
UNAC	Unidad Nacional de Análisis y Contextos
UNFJP	Unidad Nacional de Fiscalías para la Justicia y la Paz de la Fiscalía General de la Nación
UP	Unión Patriótica

Glossar

Archivo de diligencias	Verfahrenseinstellung durch die Staatsanwaltschaft
Audiencia de formulación de la imputación	Anhörung zur Zurechnung des Sachverhalts
Audiencia de formulación y aceptación de cargos	Anhörung zur Erhebung und Annahme der Anklage
Audiencia de sentencia e individualización de la pena	Anhörung zur Festsetzung der Strafe und Urteilsverkündung
Ciclo preprocesal	Vorprozessuale Phase
Ciclo procesal	Prozessuale Phase
Concierto para delinquir simple	Absprache zur Begehung von Straftaten
Concierto para delinquir agravado	Absprache zur Begehung von Völkerrechtsverbrechen und anderen schweren Straftaten
Conciliación	Schlichtung
Criterios de priorización	Priorisierungskriterien
Criterios de selección	Selektionskriterien
Delito político	Politisches Verbrechen
Fabricación, tráfico y porte de armas y municiones	Herstellung, Handel und Tragen von Waffen ohne Genehmigung
Fase administrativa	Administrative Phase
Fase judicial	Gerichtliche Phase
Formulación de cargos	Erhebung der Anklage
formulación de la imputación	Zurechnung des Sachverhalts
Fuero constitucional	Sonderzuständigkeit für bestimmte Angeklagte
Grupos armados organizados al margen de la ley	Illegale bewaffnete Gruppen
Imputaciones parciales	Partielle Zurechnungen
Incidente de reparación de afectaciones	Antrag zur Identifizierung der Schäden
Incidente de reparación integral	Antrag auf Wiedergutmachung
Instigación a delinquir simple	einfache Anstiftung zur Begehung einer Straftat
Libertad condicional	Bedingte Freilassung

Archivo de diligencias	Verfahrenseinstellung durch die Staatsanwaltschaft
Lista de elegibles	Kandidatenliste
Magistrado con función de control de garantías	Richterliche Überprüfung der Verfahrensabläufe, bei denen die Grundrechte der beteiligten Parteien beeinträchtigt werden können.
Marco jurídico para la paz	Rechtlicher Rahmen für den Frieden
Medidas de aseguramiento	Maßnahmen zur Sicherung des Strafverfahrens
Pena alternativa	Alternative Strafe
Pena ordinaria	Ordentliche Strafe
Postulación	Übergabe der Kandidatenliste der Regierung an die Staatsanwaltschaft
Postulado	Kandidat
Preclusión de la investigación	Vorzeitige Verfahrenseinstellung
Principio de legalidad estricta	Striktes Legalitätsprinzip
Programa metodológico de la investigación	Ermittlungsplan
Requisitos de elegibilidad	Voraussetzungen zur Gewährung der Vergünstigungen des Gesetzes
Resoulción inhibitoria	Vorzeitige Verfahrenseinstellung
Sala de conocimiento	Entscheidungskammer
Utilización ilegal de uniformes e insignias	Benutzung von Wehruniformen ohne Genehmigung
Versiones libres	Freie Versionen

I Einleitung

> Unsere Lebensaufgabe besteht darin, die wenigen Formeln zu finden, die die unendliche Qual der freien Seelen mildern. Wir müssen das Zerrissene zusammenfügen, einer so offensichtlich ungerechten Welt die Vorstellung der Gerechtigkeit wiederbringen und den vom Unheil des Jahrhunderts vergifteten Völkern die Bedeutung des Glücks neu schenken. Es ist dies natürlich eine übermenschliche Aufgabe. Doch man nennt jene Aufgaben übermenschlich, die den Menschen lange Zeit kosten, sie zu erfüllen. Das ist alles.
>
> Albert Camus, *Die Mandelbäume.*

„Die Sonderjustiz ermöglicht es uns, nach vorne zu schauen und die Vergangenheit hinter uns zu lassen," erklärte der oberste FARC-Kommandant Rodrigo Londoño Echeverri alias „Timoschenko" nach der Einigung mit dem kolumbianischen Präsidenten Santos über den juristischen Rahmen der Aufarbeitung des über 70 Jahre andauernden internen Konflikts.[1] Die Einrichtung einer „Sondergerichtsbarkeit für den Frieden" bildete den bis dato strittigsten Punkt in den im August 2016 abgeschlossenen Friedensverhandlungen mit der ältesten Guerillaorganisation Lateinamerikas und kann daher als Wegbereiter für den langersehnten Friedensvertrag angesehen werden. Das System sieht u.a. einen Strafverzicht für sogenannte „politische Delikte" und eine Höchststrafe von acht Jahren für diejenigen vor, die mit der Justiz kooperieren und ihre Taten gestehen.[2] Das Abkommen knüpft an die Regelungen an, die mit den paramilitärischen Organisationen 2005 im Hinblick auf deren Demobilisierung getroffen wurden: das sogenannte „Gerechtigkeits- und Friedensgesetz" (GuFG, span.: *ley de justicia y paz*).[3]

Vor dem Hintergrund der zu begrüßenden politischen Entwicklungen in Kolumbien ist eine systematische strafrechtliche Analyse dieses Gesetzes und des sich daran anschließenden „Gerechtigkeits- und Friedensverfahrens" (GuF-Verfahren) mit den bereits 2005 demobilisierten paramilitärischen Gruppen von höchster Relevanz. Obwohl der bewaffnete Konflikt während der Verfassung

1 Vgl. *Frankfurter Allgemeine Zeitung*, „Kolumbien: Durchbruch bei Friedensverhandlungen", 24.09.2015, http://www.faz.net/aktuell/politik/ausland/amerika/kolumbien-durchbruch-bei-friedensverhandlungen-13820576.html (letzter Zugriff am 03.11.2015).

2 Dazu Kai Ambos, „Der Preis des Friedens", in: *Süddeutsche Zeitung*, Nr. 228, 05.10.2015, S. 2; *El Tiempo*, „Los cinco claves del acuerdo sobre justicia con las Farc", 24.09.2015, http://www.eltiempo.com/politica/proceso-de-paz/acuerdo-de-justicia-de-santos-y-farc-penas-8-anos-para-autores-de-delitos-graves/16385339 (letzter Zugriff am 03.11.2015).

3 Siehe Sabine Kurtenbach, Philipp Lutscher, „Kolumbien – den Frieden gewinnen", in: *GIGA Focus*, 6 (2015), S. 1–7, hier S. 1.

dieser Arbeit andauert und seine Wunden wohl noch jahrzehntelang nicht geheilt werden können, markiert die Anerkennung seiner Existenz im Laufe des Verfahrens sowie der Umstand, dem Strafrecht eine Rolle bei der Aufarbeitung des geschehenen Unrechts zuzuordnen, den Ausgangspunkt des sogennanten kolumbianischen Transitionsprozesses. Diesem Prozess ist die fundamentale Aufgabe des Verstehens und Sichtbarmachens des Vergangenen eingeschrieben. *Ob* und *wie* das Strafrecht bzw. vorgelagert: *welches* Strafrecht dazu beitragen kann, ist eine offene Frage, die im Wesentlichen (auch) von den konkreten Zielsetzungen abhängt, mit denen das Gesetz konzipiert wurde.

Es ist daher vereinfacht und sogar irreführend, wenn der FARC-Kommandant „Timoschenko" postuliert, dass „[d]ie Sonderjustiz [es uns] ermöglicht [...], nach vorne zu schauen und die Vergangenheit hinter uns zu lassen." Die Aufklärung der Vergangenheit bildet einen integralen Bestandteil des sogenannten Transitionsprozesses. Nicht zuletzt die deutschen Erfahrungen des 20. Jahrhunderts gemahnen uns, wie wichtig es ist, mit der eigenen Vergangenheit angemessen umzugehen und aus ihr zu lernen. In dem kolumbianischen Fall gilt dies in zweifacher Hinsicht: zum einen ist die Vergangenheit des Konflikts aufzuarbeiten, zum anderen ist das GuF-Verfahren als erstem institutionalisiertem Versuch einer solchen Vergangenheitsbewältigung kritisch zu durchleuchten. Aus diesem Prozess sind die richtigen Schlüsse für die kommenden Verfahren mit der FARC-Guerilla zu ziehen. So weist Hankel in seiner umfangreichen Studie zu den Leipziger Prozessen zutreffend darauf hin, dass

> der Versuch in Leipzig scheiterte, [...] nicht zwangsläufig gegen ihn [spricht], denn bekanntlich schärft gerade das Scheitern den Blick für die Schwächen und Fehler der Vorgehensweise, was insbesondere dann gilt, wenn man von der rein historischen zu einer juristischen Betrachtungsweise übergeht [...].[4]

Somit stellt die vorliegende Arbeit den Versuch dar, den „Blick für die Schwächen und Fehler der Vorgehensweise" zu schärfen, um diese bei dem zweiten Anlauf einer kolumbianischen „Sonderjustiz für den Frieden" möglichst zu vermeiden.

Die Untersuchung wird dabei von der Frage geleitet, welche Rolle das Strafrecht in Fällen wie dem Kolumbiens, hier als „Übergangsprozesse ohne Übergang" bezeichnet, spielen kann. Sie reiht sich damit in ein aktuelles Forschungsprogramm ein, das sich unter dem Schlagwort „Transitional Justice" versammelt und nicht nur in der Rechtswissenschaft mit großem Elan vorangetrieben wird.[5]

---

4 Gerd Hankel, *Die Leipziger Prozesse. Deutsche Kriegsverbrechen und ihre strafrechtliche Verfolgung nach dem Ersten Weltkrieg*, Hamburg 2003, S. 15.

5 Exemplarisch für eine Vielzahl von Studien siehe Ulfrid Neumann, Cornelius Prittwitz, Paulo Abrão, Lauro Joppert Swensson Jr., Marcelo D. Torelly (Hrsg.), *Transitional Justice. Das Problem gerechter strafrechtlicher Vergangenheitsbewältigung*, Frankfurt am Main 2013.

Umfassende Studien zum GuFG liegen bisher nur in spanischer Sprache von Ambos[6] und Huber[7] vor. Sie wurden jedoch vor einer umfangreichen Reform des Gesetzes aus dem Jahr 2012 publiziert. Diese Arbeit geht zudem über eine rein strafrechtliche Analyse des GuFG hinaus und ergänzt sie durch eine historische Darstellung des Paramilitarismus, Feldforschungen zur Praxis des GuF-Verfahrens sowie Überlegungen zur generellen Frage nach der Rolle des Strafrechts in Übergangsprozessen wie demjenigen Kolumbiens.

Die Untersuchung gliedert sich in sechs Kapitel. In dem auf diese Einleitung folgenden zweiten Kapitel wird der theoretische Bezugsrahmen für die vorliegende Arbeit dargelegt. Dazu werden die gängigen Begriffe und Konzepte zur Erfassung von Erscheinungsformen kollektiver Verbrechen, zum Verständnis eines „Übergangs" und zur Rolle des Strafrechts in Übergangsprozessen herausgearbeitet. Daraufhin wird der Fall Kolumbien innerhalb dieses Bezugsrahmens verortet und die Debatten zum Paramilitarismus, zum kolumbianischen „Übergangsprozess" sowie zur Rolle des Strafrechts in diesem Kontext skizziert. Im dritten Kapitel wird die Geschichte des Paramilitarismus in Kolumbien in ihren Grundzügen dargestellt.

Im vierten Kapitel wird sodann die strafrechtliche Reaktion auf das kriminelle Phänomen beschrieben: das GuFG und das daran anschließende GuF-Verfahren. Neben dem Gesetz und dem Verfahren werden die Verurteilungen der in die USA ausgelieferten Paramilitärs und der daraus resultierenden Konsequenzen für den Prozess, die Praxis des Verfahrens, die Reform des Gesetzes von 2012 und die Strafverfolgung im Rahmen der ordentlichen Justiz anhand der wegen Verbindungen mit den paramilitärischen Organisationen angeklagten Politikern beleuchtet. Die Analyse des GuF-Verfahrens, die sich auf das Gesetz, zahlreiche dieses normierende Gesetze und Dekrete sowie die diesbezügliche Rechtsprechung des Obersten Gerichtshofes und des Verfassungsgerichts sowie die im Rahmen von zwei Forschungsaufenthalten im Frühjahr 2010 und 2012 durchgeführten Experteninterviews und Beobachtungen von Anhörungen stützt, wird durch einige kritische Bemerkungen abgerundet.

Im fünften Kapitel werden die Erkenntnisse des dritten und vierten Kapitels systematisch mithilfe der im zweiten Kapitel herausgearbeiteten begrifflichen und konzeptionellen Grundlagen verortet. Zunächst wird das Phänomen des Paramilitarismus kriminalitätstheoretisch eingeordnet, daran anschließend wird vor dem Hintergrund der empirischen Teile der Arbeit eine Stellungnahme zum „Übergang" in Kolumbien abgegeben und zuletzt wird die der Untersuchung zugrunde liegende Frage nach der Rolle des Strafrechts in Übergangsprozessen ohne Übergang anhand des kolumbianischen Falls beantwortet. In einem abschließenden sechsten Kapitel werden die wesentlichen Ergebnisse der Arbeit zusammengefasst.

---

6 Kai Ambos, *Procedimiento de la ley de Justicia y Paz (Ley 975 de 2005) y derecho penal internacional. Estudio sobre la facultad de intervención complementaria de la Corte Penal Internacional a la luz del denominado proceso de „Justicia y Paz" en Colombia*, Bogotá 2010.

7 Florian Huber, *La ley de Justicia y Paz. Desafíos y temas de Debate*, Bogotá 2007.

II Die Rolle des Strafrechts in Übergangsprozessen

In diesem Kapitel wird der theoretische Bezugsrahmen für die vorliegende Untersuchung dargelegt.

In einem ersten Schritt werden die in der, vor allem deutschsprachigen, aber zum Teil auch englischsprachigen, strafrechtlichen Literatur vorhandenen Begriffe und Konzepte zur Thematik der Rolle des Strafrechts in Übergangsprozessen dargestellt und diskutiert (1). Dazu werden zunächst die etabliertesten kriminologischen Termini zur Erfassung von Erscheinungsformen kollektiver Verbrechen gesichtet (1.1). Daran anschließend wird der Begriff des Übergangs näher beleuchtet (1.2) und die gängigen Konzepte zum Verständnis des Umgangs mit einer Unrechtsvergangenheit dargelegt (1.3). Schließlich wird eingehend auf die Rolle des Strafrechts in Übergangsprozessen eingegangen (1.4), auf die Ziele, die mit dessen Einsatz verbunden sind, die Wege, wie diese Ziele gemeinhin verfolgt werden, und grundlegende Einwände gegen eine strafrechtliche Aufarbeitung der Vergangenheit.

In einem zweiten Schritt wird der Fall des kolumbianischen Transitionsprozesses in seinen Grundzügen dargestellt und mithilfe der zuvor erarbeiteten theoretischen Elemente verortet (2). Zuerst werden die geläufigsten Konzepte zum Verständnis des Paramilitarismus gesichtet und die strafrechtliche Debatte über das kriminelle Phänomen skizziert (2.1). Daraufhin wird die wissenschaftliche Diskussion über den „Übergang“ in Kolumbien dargestellt (2.2) und zuletzt die Debatte über die Rolle des Strafrechts innerhalb des Übergangsprozesses umrissen (2.3). Dabei liegt das Hauptaugenmerk auf dem „Gerechtigkeits- und Friedensgesetz“, in dessen Rahmen die paramilitärischen Taten strafverfolgt werden.

In einem dritten Schritt werden die für den Fortgang der Arbeit wesentlichen Elemente dieses Kapitels zusammengefasst (3).

1 Grundlegende terminologische und konzeptionelle Klärungen

1.1 Konzepte zur Erfassung von Erscheinungsformen kollektiver Verbrechen

Um die Rolle des Strafrechts in dem kolumbianischen Übergangsprozess angemessen analysieren zu können, ist zuallererst das kriminelle Phänomen näher zu beleuchten, auf das das Strafrecht angewendet werden soll. Der Paramilitarismus kann zwar unzweifelhaft als eine Form von Großverbrechen eingestuft werden, jedoch besteht aufgrund der verbreiteten terminologischen Konfusion in Bezug auf diese Arten von Kriminalität[8] die Notwendigkeit, eine Sichtung der vorhandenen Begriffe zu unternehmen und vor diesem Hintergrund die gemeinhin zu pauschalen Klassifizierungen des Phänomens zu problematisieren.

1.1.1 Kriminalität der Mächtigen

Eine erste Systematisierung und kriminalitätstheoretische Erfassung von Großverbrechen liefert der seit den 1970er Jahren verwendete Begriff der „Kriminalität der Mächtigen".[9] Dieser wird als „die Summe der Straftaten, die zur Stärkung oder Verteidigung überlegener Macht begangen werden"[10] definiert. Im Gegensatz zu dem verwandten Begriff des „Repressiven Verbrechens"[11], der die Funktion der Tat („repressiv") in den Mittelpunkt stellt, liegt bei der „Kriminalität der Mächtigen" der Fokus auf den Tätern (den „Mächtigen").[12] Beide Konzepte teilen jedoch eine stark herrschaftskritische Position.[13] Dass sich der Begriff der „Kriminalität der Mächtigen" größerer Beliebtheit erfreut und gegen den relativ zeitgleich aufgetauchten Konkurrenzbegriff durchgesetzt hat, liegt Reese zufolge nicht zuletzt an den erheblichen Definitionsspielräumen, die die Termini „Kriminalität" und „Macht" bieten.[14] Aus diesem Grund konnten sehr unterschiedliche inhaltliche Auffassungen unter demselben Schlagwort firmieren.[15]

---

8 So Frank Neubacher, *Kriminologische Grundlagen einer internationalen Strafgerichtsbarkeit*, Tübingen 2005, S. 18.

9 Vgl. Carolin Reese, *Großverbrechen und kriminologische Konzepte. Versuch einer theoretischen Integration*, Münster 2004, S. 79.

10 Sebastian Scheerer, „Kriminalität der Mächtigen", in: Günther Kaiser, Hans-Jürgen Kerner, Fritz Sack, Harmut Schellhoss (Hrsg.), *Kleines Kriminologisches Wörterbuch*, 3. Aufl., Heidelberg 1993, S. 246–249, hier S. 246.

11 Hess definiert „Repressive Verbrechen" als solche, die „zur Erhaltung, Stärkung oder – vor allem – Verteidigung privilegierter Positionen, insbesondere solcher der Macht und des Besitzes" begangen werden. Henner Hess, „Repressives Verbrechen", in: *Kriminologisches Journal*, 8 (1976), S. 1–22, hier S. 1.

12 Vgl. Scheerer, „Kriminalität der Mächtigen", S. 246.

13 Vgl. Günther Kaiser, „‚Kriminalität der Mächtigen' – Theorie und Wirklichkeit", in: *Festschrift für Koichi Miyazawa. Dem Wegbereiter des japanisch-deutschen Strafrechtsdiskurses*, hrsg. von Hans-Heiner Kühne, Baden-Baden 1995, S. 159–175, hier S. 159. Dies ist besonders bei dem Konzept des „Repressiven Verbrechens" deutlich, das eindeutig „Partei zugunsten der Unterprivilegierten" einnimmt und somit seine „klassenkämpferische Provenienz" nicht verleugnen kann. Dorothee Peters, Helge Peters, „Kritik an Hess' Kritik – im Namen seiner Kritik", in: *Kriminologisches Journal*, 8 (1976), S. 46–51, hier S. 49; Neubacher, *Kriminologische Grundlagen einer internationalen Strafgerichtsbarkeit*, S. 21.

14 Reese, *Großverbrechen und kriminologische Konzepte*, S. 79.

15 Vgl. ebd., S. 80.

Die sprachliche Weite des Begriffs bildet allerdings zugleich dessen zentrale Schwäche, da sie zu Definitionsproblemen und Unklarheiten einlädt.[16] Je nachdem ob eine enge Definition von Macht, verstanden als die Kontrolle einer Machtelite über die Ökonomie und politischen Institutionen, oder eine weite Definition, verstanden als soziologisch amorphes und wesentlich relationales Beziehungsgeflecht, angelegt wird, fallen unter die „Kriminalität der Mächtigen“ nicht nur die Straftaten von Unternehmern und Politikern, sondern auch die Kriminalität von Erwachsenen gegenüber Kindern, Männern gegenüber Frauen und Inländern gegenüber Ausländern.[17] Unbeachtet der relativen Unschärfe des Konzepts kann ihm ein Kern von Handlungen unbestritten zugerechnet werden: Typische Formen der „Kriminalität der Mächtigen“ sind Scheerer zufolge Foltermaßnahmen, Kolonial- und Kriegsverbrechen sowie Staatsführungskriminalität.[18] Bei Hess finden sich darüber hinaus Taten der Mafia, Wirtschaftskriminalität, Übergriffe der Polizei und Wahlbetrug.[19] Somit werden gravierende Formen staatlicher Gewalthandlungen von der „Kriminalität der Mächtigen“ unzweifelhaft abgedeckt.[20]

Zu den konzeptuellen Charakteristika der „Kriminalität der Mächtigen“ gehören laut Scheerer die „(1) [a]rbeitsteilige Begehungsweise unter Ausnutzung bestehender sozialer, politischer und wirtschaftlicher Institutionen und Schaffung neuer Organisationen [...], (2) [e]xtremer materieller und immaterieller Schaden bei [...] geringe[r] Beunruhigung der Bevölkerung [...] [sowie] (3) relative Sanktionsimmunität durch komplexe Tatstrukturen, bessere Vertuschungsmöglichkeiten, Beeinflussung der öffentlichen Meinung, besseren Rechtsschutz, geringe Stigmatisierung usw.“[21] Die ausschließliche Fokussierung des Begriffs auf das Motiv des Machterhalts wird jedoch dann problematisch, wie Müller zutreffend moniert, wenn „die ideologischen Gründe des kriminellen Staatsführungsverhaltens so überwiegen, dass das Verhalten nicht mehr aus Gründen des bloßen Machterhalts erklärbar ist“.[22] Dies ist insofern für die hier behandelte Thematik relevant, als kollektive Verbrechen häufig (auch) einen ideologischen Hintergrund haben.

---

16 Dazu Neubacher, *Kriminologische Grundlagen einer internationalen Strafgerichtsbarkeit*, S. 20.

17 Vgl. Scheerer, „Kriminalität der Mächtigen“, S. 247; Heribert Ostendorf, „Kriminalität der Mächtigen. Überlegungen zur staatsanwaltlichen Schwerpunktbildung“, in: *Recht und Politik*, 3 (1990), S. 155–160, hier S. 156 f.

18 Vgl. Scheerer, „Kriminalität der Mächtigen“, S. 247.

19 Siehe Hess, „Repressives Verbrechen“, S. 5 ff.

20 Vgl. Reese, *Großverbrechen und kriminologische Konzepte*, S. 100 f.

21 Scheerer, „Kriminalität der Mächtigen“, S. 248.

22 Henning Ernst Müller, „Staatsführungen als Tätergemeinschaften am Beispiel der Gefangenenmisshandlungen und Folter in Guantanamo und Abu Ghraib“, in: *Festschrift für Ulrich Eisenberg zum 70. Geburtstag*, hrsg. von Henning Ernst Müller, München 2009, S. 85–118, hier S. 86.

1.1.2 *Makrokriminalität*

Das wohl etablierteste Konzept zum kriminologischen Verständnis von Großverbrechen ist der von Jäger geprägte Begriff der „Makrokriminalität".[23] Darunter versteht er die Eingebundenheit von Taten in einen „kollektiven Aktionszusammenhang[...], der eine nicht wegzudenkende Rahmenbedingung der individuellen Handlung darstellt."[24] Die einzelne Tat sei somit „nicht abweichendes, sondern konformes Verhalten."[25] Der Begriff „Makrokriminalität" verweist zum einen auf die hohe Destruktivität der Verbrechen und zum anderen auf die Kollektivität der Täterschaft.[26] Jäger betont, dass damit „das politisch bedingte Kollektivverbrechen [...] bzw. die Kriminalität des Ausnahmezustandes gemeint" sei, „nicht aber Wirtschafts-, Umwelt- und organisierte Kriminalität, die es auch in [...] ‚Normalzuständen'" gebe.[27] Darunter versteht er vor allem Menschheits-, Kriegs- und Völkerrechtsverbrechen, aber auch Guerillabewegungen und Terrorismus.[28] Der Krieg wird von ihm entsprechend als der „große Ausnahmezustand" bezeichnet, der den Wert des menschlichen Lebens relativiere, weil er das Tötungsverbot außer Kraft setze.[29]

Diese Makroverbrechen kontrastiert Jäger mit der von ihm so bezeichneten „Alltagskriminalität".[30] Die fundamentalen Unterschiede beider Formen der Kriminalität macht er einerseits an der Rolle des Staates und andererseits an der der delinquenten Handlungen fest: Makrokriminalität bezieht sich dementsprechend insbesondere auf jene Verbrechen, die nicht von Staaten bekämpft, sondern von ihnen ausgelöst werden und somit als nicht von gesellschaftlichen Normen abweichendes, sondern damit konform gehendes Verhalten angesehen werden müssen.[31] Jäger bezeichnet Makrokriminalität daher auch als „kriminelle Politik" und grenzt sie von „politischer

---

23 Siehe Herbert Jäger, *Makrokriminalität. Studien zur Kriminologie kollektiver Gewalt*, Frankfurt am Main 1989; dazu Reese, *Großverbrechen und kriminologische Konzepte*, S. 121–183; Müller, „Staatsführungen als Tätergemeinschaften", S. 87 f. Einen alternativen Begriff hat Schüler-Springorum vorgelegt, der von der „Mega-Dimension des Verbrechens" spricht, diese Bezeichnung aber selbst als nicht besonders gelungen erachtet. Vgl. Horst Schüler-Springorum, *Kriminalpolitik für Menschen*, Frankfurt am Main 1991, S. 235–242, bes. S. 235.

24 Jäger, *Makrokriminalität*, S. 12.

25 Ebd.

26 Vgl. Herbert Jäger, „Ist Politik kriminalisierbar?", in: Klaus Lüderssen (Hrsg.), *Aufgeklärte Kriminalpolitik oder Kampf gegen das Böse?*, Bd. III: Makrodelinquenz, Baden-Baden 1998, S. 121–138, hier S. 122.

27 Ebd., S. 123.

28 Siehe Jäger, *Makrokriminalität*, S. 11 f.; letztere bezeichnet Jäger als „Randerscheinungen" der Makrokriminalität, weist aber auf die Probleme hin, die eine Einbeziehung dieser Formen der Kriminalität in das Konzept birgt. Vgl. ebd., S. 12.

29 Vgl. Herbert Jäger, *Verbrechen unter totalitärer Herrschaft. Studien zur nationalsozialistischen Gewaltkriminalität*, Frankfurt am Main 1982, S. 371 f.

30 Jäger, *Makrokriminalität*, S. 11.

31 Siehe ebd., S. 7, 12.

Kriminalität“ ab, unter der er „politisch motivierte Individualtaten gegen den Staat“ versteht.[32] Es geht ihm dabei vor allem darum, die individuelle Verantwortlichkeit einzelner Beteiligter an Großverbrechen zu analysieren,[33] um neben deren kollektiver auch deren individuelle Dimension erfassen zu können.[34]

Während sich der Begriff der Makrokriminalität für einige Autoren als tragfähig erweist,[35] kritisieren andere dessen Ambiguität. So bemängelt u. a. Müller, dass die Begriffswahl zu Umdeutungen und Missverständnissen einlade.[36] Dazu hat nicht zuletzt Jäger selbst beigetragen, indem er bspw. Terrorismus einerseits als Randerscheinung von Makrokriminalität bezeichnet, ihn andererseits aber in der Form „politischer Kriminalität“ als dessen Gegensatz präsentiert.[37] Diese definitorische Unschärfe des Begriffs wurde von Jäger jedoch durchaus gesehen und aus forschungspragmatischen Gründen in Kauf genommen, da sein Hauptanliegen der Annäherung an bis dato kaum untersuchte kriminologische Phänomene galt.[38]

1.1.3 Staatsverstärkte Kriminalität

Die definitorische Offenheit der zuvor dargestellten Termini „Kriminalität der Mächtigen“ sowie „Makrokriminalität“ wird von einer Reihe von Begriffen vermieden, die explizit auf staatliche Instanzen als Auslöser von Verbrechen Bezug nehmen. So verweist der Terminus „Regierungskriminalität“ unzweideutig auf im Amt begangene kriminelle Verhaltensweisen wie Freiheitsberaubung, Tötungsbefehle und Folter.[39] Die englischsprachigen Entsprechungen *„crimes*

---

32 Vgl. Jäger, „Ist Politik kriminalisierbar?“, S. 121.

33 Siehe Jäger, *Makrokriminalität,* S. 72.

34 Siehe ebd., S. 87; für eine ausführliche Analyse siehe Kai Ambos, *Der Allgemeine Teil des Völkerstrafrechts. Ansätze einer Dogmatisierung,* Berlin 2002, S. 525–529.

35 Siehe u. a. Neubacher, *Kriminologische Grundlagen einer internationalen Strafgerichtsbarkeit,* S. 28; Ambos, *Der Allgemeine Teil des Völkerstrafrechts,* S. 50–53.

36 Vgl. Müller, „Staatsführungen als Tätergemeinschaften“, S. 87.

37 Dazu Reese, *Großverbrechen und kriminologische Konzepte,* S. 125–127.

38 Vgl. Jäger, *Makrokriminalität,* S. 11; Später hat Jäger den Begriff recht deutlich auf „Untaten des Staates“ eingeengt. Vgl. Jäger, „Ist Politik kriminalisierbar?“, S. 126; Kritisch dazu Cornelius Prittwitz, „‚Regierungskriminalität‘ und ‚Kriminalität der Mächtigen‘“, in: Cornelius Prittwitz, Lorenz Böllinger, Michael Jasch, Susanne Krasmann, Helge Peters, Herbert Reinke, Dorothea Rzepka, Karl F. Schumann (Hrsg.), *Kriminalität der Mächtigen,* Baden-Baden 2008, S. 185–199, hier S. 193–197; sowie Cornelius Prittwitz, „Einleitung“, in: Klaus Lüderssen (Hrsg.), *Aufgeklärte Kriminalpolitik oder Kampf gegen das Böse?,* Bd. III: Makrodelinquenz, Baden-Baden 1998, S. 7–26, hier S. 12–20.

39 Siehe Otto Triffterer, „Regierungskriminalität durch Machtmißbrauch. Klärung der Begriffe und strafrechtliche Bekämpfungsmöglichkeiten“, in: Günther Kaiser, Jörg-Martin Jehle (Hrsg.), *Kriminologische Opferforschung. Neue Perspektiven und Erkenntnisse,* Bd. 1, Heidelberg 1994, S. 137–169; Klaus Lüderssen, *Der Staat geht unter – das Unrecht bleibt? Regierungskriminalität in der ehemaligen DDR,* Frankfurt am Main 1992; Neubacher, *Kriminologische Grundlagen einer internationalen Strafgerichtsbarkeit,* S. 20.

by government"[40] oder „*governmental crime*"[41] umfassen darüber hinaus kriminelle Phänomene wie Wahlbetrug und Korruption.[42] In der deutschsprachigen Literatur ist der konkrete Anwendungsbereich des Terminus jedoch hauptsächlich auf Rechtsverletzungen des SED-Staates begrenzt geblieben und wurde aufgrund dieser Assoziation nur selten auf weniger gravierende Verbrechen ausgeweitet.[43] Neben der zu starken Fixierung auf DDR-Unrecht ist auch die definitorische Engführung auf von Amtsträgern begangene Taten problematisch, da dadurch bspw. parapolizeiliche oder paramilitärische Einheiten ausgeblendet werden, die häufig die unmittelbar Ausführenden sind.[44] Ähnliches gilt für den von Eisenberg geprägten Term „Staatsführungen als Tätergemeinschaften".[45]

Im Gegensatz dazu werden mit dem Begriff der „Staatskriminalität" (im Englischen „*state crime*"[46]) generell Handlungen bezeichnet, die „*durch* oder *für* den Staat und seine herrschenden Eliten [Hervorhebung F. D.]" begangen werden.[47] Dieser ist somit prinzipiell offener und umfasst neben den tatsächlichen Regierungsmitgliedern und Angehörigen weiterer staatlicher Institutionen auch parastaatliche Akteure.[48] Präziser in dieser Hinsicht ist allerdings der von Naucke geprägte Begriff der „staatsverstärkten Kriminalität"[49] bzw. dessen englischsprachige Entsprechung des „*state-organized crime*"[50], der dem Umstand Rechnung trägt, dass „der Staat in diesem Bereich für gewöhnlich verdeckt vorgeht und sich Mittelsmänner und Handlanger [...] bedient."[51]

Naucke definiert „staatsverstärkte Kriminalität" als „die Unterdrückung des Wehrlosen durch die in der Staatsorganisation gespeicherte Macht."[52] Sie sei zum

---

40 Siehe Frank E. Hagan, *Political Crime: Ideology and Criminality*, Boston 1997.

41 Siehe David O. Friedrichs, „Introduction", in: ders. (Hrsg.), *State Crime*, Bd. 1, Aldershot u. a. 1998, S. xiii–xxxviii, hier S. xvii.

42 Vgl. Reese, *Großverbrechen und kriminologische Konzepte*, S. 186.

43 Vgl. ebd.

44 Vgl. Neubacher, *Kriminologische Grundlagen einer internationalen Strafgerichtsbarkeit*, S. 20 f.

45 Siehe Ulrich Eisenberg, „Kriminologisch bedeutsames Verhalten von Staatsführungen und ihren Organen", in: *Monatsschrift für Kriminologie und Strafrechtsreform*, 63 (1980), S. 217–231; dazu Müller, „Staatsführungen als Tätergemeinschaften", S. 83–86.

46 Dazu David O. Friedrichs (Hrsg.), *State Crime*, Bd. 1, Aldershot u. a. 1998.

47 Günther Kaiser, „‚Kriminalität der Mächtigen' – Theorie und Wirklichkeit", S. 160.

48 Vgl. Neubacher, *Kriminologische Grundlagen einer internationalen Strafgerichtsbarkeit*, S. 29 f.

49 Siehe Wolfgang Naucke, *Die strafjuristische Privilegierung staatsverstärkter Kriminalität*, Frankfurt am Main 1996, S. 19–22.

50 Siehe William J. Chambliss, „State-Organized Crime", in: *Criminology*, 27 (1989), S. 183–208.

51 Neubacher, *Kriminologische Grundlagen einer internationalen Strafgerichtsbarkeit*, S. 18.

52 Naucke, *Die strafjuristische Privilegierung staatsverstärkter Kriminalität*, S. 20.

einen durch einen Schein der Legitimität gekennzeichnet, der sie zu einer „feigen Art der Kriminalität" mache, und zum anderen durch ihre zeitliche und räumliche Ubiquität.[53] Darüber hinaus unterscheide sie sich aus dogmatischer Perspektive grundlegend von herkömmlicher Kriminalität, da die darin angenommene Gleichheit zwischen Täter und Opfer sich im Falle „staatsverstärkter Kriminalität" zu einer radikalen Asymmetrie wandle. Die staatliche Organisation verleihe dem Täter nicht nur eine „überwältigende Macht" und eine vermeintliche Legitimation, sondern schließe *de facto* jegliche Chance auf Notwehr aus.[54]

1.1.4 Systemunrecht

Der letzte hier behandelte Versuch zur kriminologischen Erfassung kollektiver Verbrechen bildet der mit dem Werk von Lampe assoziierte Begriff des „Systemunrechts".[55] Dieses stelle eine spezifische Unrechtsform neben der „Normalform" des von ihm sogenannten „Beziehungsunrechts" dar, die das „Mehr an Unrecht", das von einem kriminell pervertierten Kollektiv ausgehe, begreifbar mache.[56] Beziehungs- und Systemunrecht stünden dabei in einer Wechselwirkung: Das personale Unrecht bestimme, „weil systemfunktional", den Unrechtsgehalt des Systems; das Systemunrecht wiederum konstituiere, „weil handlungsbestimmend", den Unrechtsgehalt der individuellen Handlung.[57] Systemunrecht besteht Lampe zufolge zum einen aus den verbrecherischen Zielen, die das System als Ganzes verfolge, und zum anderen aus der kriminellen Organisation, mithilfe derer es diese anstrebe.[58] Es sei das grundlegende Kennzeichnen von ihm sogenannter „Unrechtssysteme", die er als „auf Unrechtsziele hin organisierte Beziehungen von Menschen" definiert.[59]

Lampe unterscheidet analytisch zwischen einfachen und verfassten Unrechtssystemen, die sich durch die Dauerhaftigkeit ihrer institutionellen Gestalt voneinander unterscheiden. Das ihn primär interessierende verfasste Unrechtssystem sei im Gegensatz zum einfachen „mehr als die Summe seiner Teile" und dadurch vom Wechsel der Mitglieder unabhängig.[60] Er macht ferner drei idealtypische Erscheinungsformen solch verfasster Unrechtssysteme aus: kriminelle Vereinigungen, kriminell anfällige Wirtschaftsunternehmen und kriminell pervertierte Staaten.[61] Die Gemeinsamkeiten des Systemunrechts dieser unterschiedlichen

---

53 Vgl. ebd., S. 21–23.
54 Vgl. ebd., S. 20 f.
55 Siehe Ernst-Joachim Lampe, „Systemunrecht und Unrechtssysteme", in: *Zeitschrift für die gesamte Strafrechtswissenschaft*, 106 (1994), S. 683–745.
56 Vgl. ebd., S. 702 f.
57 Vgl. ebd., S. 703.
58 Vgl. ebd.
59 Ebd., S. 687; dazu ausführlich Lutz Eidam, *Der Organisationsgedanke im Strafrecht*, Tübingen 2015, S. 9–12.
60 Vgl. Lampe, „Systemunrecht und Unrechtssysteme", S. 693.
61 Vgl. ebd., S. 695–702.

Unrechtssysteme fasst Lampe wie folgt zusammen: ein erhebliches Risikopotential innerhalb dieser Systeme, bestehend aus konfliktbereiten Personen und technischen Mitteln zur Konfliktaustragung; ein organisierter Einsatz dieses Risikopotentials gegen Rechtsgüter bzw. dessen mangelhafte organisatorische Einbindung; ein verbindendes Wir-Gefühl bzw. unzureichendes Verantwortungsgefühl der Mitglieder des Systems; sowie die Unterstellung des Risikopotentials unter einen „der Rechtsordnung widersprechenden Zweck" bzw. dessen sorglose Freigabe.[62] Diese vier Faktoren konstituieren Lampe zufolge ein Unrecht, das unabhängig von dessen Manifestation in konkreten kriminellen Handlungen bestehe, und somit Strafbarkeit und eine Systemverantwortung der Mitglieder des Systems nachsichziehe.[63]

Obgleich die Begriffe Systemunrecht und Unrechtssystem vor allem in Bezug auf Diktaturen in der strafrechtlichen Literatur Anwendung finden,[64] wurde Lampes Ansatz eingehend kritisiert. Insbesondere sein Vorschlag einer kollektiven Systemverantwortung wurde vehement zurückgewiesen, weil dieser, über praktische Gründe der Durchsetzbarkeit hinaus, zum einen der Sichtbarmachung der kriminellen Bedeutung zerstörerischer Makrogeschehnisse zuwiderlaufe[65] und zum anderen auf die individuelle Verantwortung des einzelnen Mitglieds für dessen Zugehörigkeit zum Kollektiv reduziert werden könne.[66] Im Gegensatz zum Begriff der „Staatskriminalität" bzw. der „staatsverstärkten Kriminalität" ist der Systembegriff zudem zwar semantisch offener, sodass auch nichtstaatliche Kollektive darunter gefasst werden können; er fällt jedoch trotz aller definitorischen Bemühungen Lampes in seiner begrifflichen Klarheit hinter die zuvor genannten Termini zurück.

---

62 Vgl. ebd., S. 713 f.

63 Vgl. ebd., S. 715 f.; zum Topos der „kollektiven Verantwortung" im Strafrecht siehe Kurt Seelman, *Kollektive Verantwortung im Strafrecht*, Vortrag gehalten vor der Juristischen Gesellschaft zu Berlin am 18. April 2001, Berlin u. a. 2001; sowie Klaus Günther, Cornelius Prittwitz „Individuelle und kollektive Verantwortung im Strafrecht", in: *Festschrift für Winfried Hassemer*, hrsg. von Felix Herzog, Ulfrid Neumann, Heidelberg 2010, S. 331–354.

64 Siehe bspw. Kai Ambos, „Zur ‚Organisation' der Organisationsherrschaft", in: *Festschrift für Claus Roxin zum 80. Geburtstag am 15. Mai 2011. Strafrecht als Scientia Universalis*, hrsg. von Manfred Heinrich, Christian Jäger, Hans Achenbach, Knut Amelung, Wilfried Bottke, Bernhard Hafke, Bernd Schünemann, Jürgen Wolter, Berlin 2011, S. 837–852, hier S. 846 f.; Herwig Roggemann, *Systemunrecht und Strafrecht am Beispiel der Mauerschützen in der ehemaligen DDR*, Berlin 1993; Albin Eser, Ulrich Sieber, Jörg Arnold (Hrsg.), *Strafrecht in Reaktion auf Systemunrecht. Vergleichende Einblicke in Transitionsprozesse*, Bd. 14: Transitionsstrafrecht und Vergangenheitspolitik, Berlin 2012.

65 Vgl. Ambos, *Der Allgemeine Teil des Völkerstrafrechts*, S. 538; Jäger, „Ist Politik kriminalisierbar?", S. 137.

66 Vgl. Jäger, „Ist Politik kriminalisierbar?", S. 131.

1.2 Der Begriff des Übergangs

Für die Frage nach der Rolle des Strafrechts innerhalb eines Übergangsprozesses, ist es darüber hinaus unabdingbar zu klären, was unter einem „Übergang" konkret zu verstehen ist.[67] Einerseits ist eine möglichst enge Begriffsbestimmung notwendig, um nicht zu viele historische Konstellationen zu umfassen und dadurch Gefahr zu laufen, beliebig zu werden. Andererseits muss der Begriff hinreichend offen sein, um die besonderen historischen Gegebenheiten eines Staates und seiner Kultur erfassen zu können.[68] Die politikwissenschaftliche Transitionsforschung[69] hat eine bewährte Typologie zur Analyse von Übergangsprozessen entwickelt, die auch von der empirisch-vergleichenden Strafrechtswissenschaft angewendet wird.[70] Im Folgenden werden die in der Literatur gebräuchlichen Termini dargestellt.

1.2.1 Regierungswechsel

Der relativ unproblematische Fall des Regierungswechsels bezeichnet die Ablösung der amtierenden Regierung und ist häufig mit einer politischen Richtungsänderung verbunden. Während er in etablierten Demokratien konstitutiver Bestandteil der verfassten Ordnung ist, bildet er in jungen Demokratien einen ersten Testfall für die Konsolidierung des neuen Systems.[71] Auch in autoritären oder totalitären Staaten kann es zu Regierungswechseln kommen, wenn der Diktator eine unpopuläre Regierung austauscht. Diese Form des Übergangs stellt in der Regel jedoch keine besondere Herausforderung an das Strafrecht, weil damit nur marginale Veränderungen verbunden sind.[72] Selbst wenn die abgelöste Regierung Unrecht begangen hat, kann dieses im Allgemeinen im Rahmen der regulären Rechtsnormen bearbeitet werden.

1.2.2 Systemwandel

Von einem Systemwandel kann gesprochen werden, „wenn sich grundlegende Funktionsweisen und Strukturen einer Herrschaftsordnung zu verändern beginnen."[73]

---

67 Vgl. Winfried Hassemer, „Das Strafrecht nach einem politischen Systemwechsel. Am Beispiel der Bundesrepublik", in: Francisco Muñoz Conde, Thomas Vormbaum (Hrsg.), *Transformation von Diktaturen in Demokratien und Aufarbeitung der Vergangenheit*, Berlin u. a. 2010, S. 168–182, hier S. 167 f.

68 Vgl. ebd., S. 168.

69 Wolfgang Merkel, *Systemtransformation. Eine Einführung in die Theorie und Empirie der Transformationsforschung*, 2. Aufl., Wiesbaden 2010; Wolfgang Merkel, Hans-Jürgen Puhle, *Von der Diktatur zur Demokratie. Transformationen, Erfolgsbedingungen, Entwicklungspfade*, Opladen 1999.

70 Siehe Eser u. a., *Strafrecht in Reaktion auf Systemunrecht*, S. 44–47.

71 Vgl. Merkel, *Systemtransformation*, S. 63.

72 Vgl. Hassemer, „Das Strafrecht nach einem politischen Systemwechsel. Am Beispiel der Bundesrepublik", S. 168.

73 Merkel, *Systemtransformation*, S. 65.

Er bezeichnet somit einen evolutionären Veränderungsprozess, dessen Ausgang prinzipiell offen ist.[74] Wenn sich die Herrschaftsordnung von Grund auf gewandelt hat, kann *ex post* von einem Systemwechsel geredet werden. In Abgrenzung zu diesem vollzieht sich der Übergang beim Systemwandel jedoch graduell und kontinuierlich.[75] Diese Art der Transition ist zumeist dadurch gekennzeichnet, dass die bisherige Machtelite an den politischen Veränderungen in Form von Verhandlungen beteiligt ist oder diese gar eigenhändig antreibt und der Übergang somit in der Regel gewaltfreier abläuft.[76] Man kann diesbezüglich zwischen einem „verhandelten" Systemwandel und einem Systemwandel „von oben" unterscheiden, der von Akteuren aus dem alten Regime betrieben wird.[77]

1.2.3 Systemwechsel

Der Begriff des Systemwechsels steht dagegen für definitiv abgeschlossene Transformationsprozesse hin zu einem neuen Systemtypus.[78] Er betont den Bruch zwischen altem und neuem System und verweist auf einen „zeitlich dramatisierten" Übergang.[79] Diese Form der Transition vollzieht sich zumeist im Rahmen kriegs-, bürgerkriegs- oder revolutionsbedingter gewaltsamer Auseinandersetzungen, nach Implosionen der alten Herrschaftsordnung oder durch einen Putsch.[80] Sie markiert somit häufig einen abrupten Neubeginn in Form des Aufbaus neuer Herrschaftsstrukturen und einem radikalen Bruch mit den alten Eliten.

1.2.4 Postkonfliktsituation

Abzugrenzen von Systemwandel und Systemwechsel ist ferner die Postkonfliktsituation. Hierbei steht nicht der Übergang von einem autoritären zu einem demokratischen System im Vordergrund, sondern „die Lösung meist gewaltsamer Konflikte innerhalb bestehender politischer Systeme."[81] Obgleich diese Unterscheidung aus analytischen Gründen sinnvoll sein mag, ist sie empirisch jedoch umstritten. Denn

---

74 Vgl. ebd., S. 65 f.

75 Vgl. Eser u. a., *Strafrecht in Reaktion auf Systemunrecht*, S. 47.

76 Vgl. Cornelius Prittwitz, „Verantwortung als Schlüsselbegriff strafrechtlicher Vergangenheitsbewältigung. ‚*Individuelle* vs. *kollektive* Verantwortung' und ‚Verantwortung für *Vergangenheit und Zukunft*'", in: Ulfrid Neumann, Cornelius Prittwitz, Paulo Abrão, Lauro Joppert Swensson Jr., Marcelo D. Torelly (Hrsg.), *Transitional Justice. Das Problem gerechter strafrechtlicher Vergangenheitsbewältigung*, Frankfurt am Main 2013, S. 255–270, hier S. 257; siehe zudem Eser u. a., *Strafrecht in Reaktion auf Systemunrecht*, S. 119.

77 Vgl. Eser u. a., *Strafrecht in Reaktion auf Systemunrecht*, S. 119.

78 Siehe Merkel, *Systemtransformation*, S. 66.

79 Vgl. ebd.; Eser u. a., *Strafrecht in Reaktion auf Systemunrecht*, S. 46 f.

80 Siehe ebd., S. 118; Prittwitz, „Verantwortung als Schlüsselbegriff strafrechtlicher Vergangenheitsbewältigung", S. 257.

81 Eser u. a., *Strafrecht in Reaktion auf Systemunrecht*, S. 67.

die Beendigung eines Konfliktes geht in der Regel mit der Etablierung neuer Machtverhältnisse einher und markiert somit ebenfalls einen politischen Wechsel.[82]

1.3 Konzepte zum Verständnis des Umgangs mit Unrechtsvergangenheit

Wie eine Gesellschaft mit massiven Menschenrechtsverletzungen umgehen sollte und welche Instrumente ihr dabei prinzipiell zur Verfügung stehen, ist seit den 1990er Jahren Gegenstand zahlreicher Forschungsanstrengungen geworden[83] und spätestens seit Beginn der 2000er Jahre zu einem deklarierten Politikziel der internationalen Gemeinschaft erhoben worden.[84] Obgleich mittlerweile eine Vielzahl an Begrifflichkeiten und Konzepten kursiert, sind die dominanten Termini nach wie vor der hauptsächlich im Deutschen verwendete Begriff „Vergangenheitsbewältigung" sowie der international verbreitete Term „Transitional Justice".

1.3.1 Vergangenheitsbewältigung

Zur Bezeichnung des gesellschaftlichen Umgangs mit vergangenem Unrecht wurde zunächst jahrzehntelang der Begriff „Vergangenheitsbewältigung" verwendet. Dieser „deutsche" Begriff, der bspw. keine englische oder französische Entsprechung findet,[85] bezog sich lange Zeit unmittelbar auf die Auseinandersetzung mit den Verbrechen des Nationalsozialismus in der Bundesrepublik Deutschland nach dem Zweiten Weltkrieg.[86] Dabei standen zu Beginn die von den alliierten Siegermächten initiierten Nürnberger Strafprozesse, die Verfahren zur Entnazifizierung sowie

---

82 Vgl. ebd.

83 Als Überblick siehe Susanne Buckley-Zistel, Anika Oettler, „Was bedeutet: *Transitional Justice?*", in: Susanne Buckley-Zistel, Thomas Kater (Hrsg.), *Nach Krieg, Gewalt und Repression. Vom schwierigen Umgang mit der Vergangenheit*, Baden-Baden 2011, S. 21–37; Stefan Engert, Anja Jetschke, „Einleitung: *Transitional Justice* 2.0 – zur konzeptionellen Erweiterung eines noch jungen Forschungsprogramms", in: *Die Friedens-Warte*, 86 (2011), S. 15–43.

84 Siehe United Nations Security Council, *The rule of law and transitional justice in conflict and post-conflict societies*, Report of the Secretary-General, S/2004/616, New York, 23 August 2004, http://www.ipu.org/splz-e/unga07/law.pdf (letzter Zugriff am 17.09.2015).

85 Vgl. Timothy G. Ash, „The Truth about Dictatorship", in: *The New York Review of Books*, 45 (1998), S. 35; Bernhard Schlink, „Die Bewältigung von Vergangenheit durch Recht", in: Helmut König, Michael Kohlstruck, Andreas Wöll (Hrsg.), *Vergangenheitsbewältigung am Ende des zwanzigsten Jahrhunderts*, Leviathan Sonderheft 18/1998, Wiesbaden 1998, S. 433–451, hier S. 433.

86 Vgl. Helmut König, „Von der Diktatur zur Demokratie oder Was ist Vergangenheitsbewältigung", in: Helmut König, Michael Kohlstruck, Andreas Wöll (Hrsg.), *Vergangenheitsbewältigung am Ende des zwanzigsten Jahrhunderts*, Leviathan Sonderheft 18/1998, Wiesbaden 1998, S. 371–392, hier S. 371.

pädagogische Maßnahmen zur Aufklärung und Umerziehung der Bevölkerung im Mittelpunkt.[87] Eine aktive Auseinandersetzung mit dem NS-Regime folgte jedoch erst in den 1960er Jahren, die auch eine Kritik an dem zuvor geübten Umgang mit der Vergangenheit mit sich brachte. So mahnte Theodor W. Adorno nach seiner Rückkehr aus dem US-Exil, dass

> [m]it Aufarbeitung der Vergangenheit [...] in jenem Sprachgebrauch nicht gemeint [ist], daß man das Vergangene im Ernst verarbeite, seinen Bann breche durch helles Bewußtsein. Sondern man will einen Schlußstrich ziehen und womöglich es selbst aus der Erinnerung wegwischen.[88]

Der Begriff der Vergangenheits*bewältigung* wurde fortan vielfach mit dem Wunsch nach einem Abschluss mit dem Vergangenen, einem Ins-Reine-Kommen und ohne Belastungen Vorwärtsschauen assoziiert, was einer bewussten Konfrontierung mit dem Gewesenen zuwiderlaufe.[89] Aus diesem Grund wird gelegentlich der verwandte Terminus „Aufarbeitung der Vergangenheit" präferiert, der stärker auf eine aktive Praxis des „Erinnerns, Widerholens und Durcharbeitens" verweise.[90] Trotz dieser Kritik hat sich der Begriff in der strafrechtlichen Literatur etabliert[91] und wird gemeinhin als „die Gesamtheit jener Handlungen und jenes Wissens [...], mit der sich die jeweiligen neuen demokratischen Systeme zu ihren nichtdemokratischen Vorgängerstaaten verhalten" definiert.[92] Der Terminus bezieht sich daher konkret auf politische Systemwechsel von Diktaturen zu Demokratien.[93] Der damit verbundene Übergang markiert die Beendigung einer irregulären Phase in der Geschichte einer Gesellschaft, die mithin als „Ausnahmezustand" wahrgenommen wird.[94] Die Kernelemente einer so bestimmten Vergangenheitsbewältigung sind König zufolge Strafverfahren, die Disqualifizierung belasteter Personen sowie eine gesamtgesellschaftliche Aufklärung über

---

87 Vgl. ebd.

88 Theodor W. Adorno, „Was bedeutet: Aufarbeitung der Vergangenheit", in: ders., *Die Erziehung zur Mündigkeit*, Frankfurt am Main 1970, S. 10.

89 Vgl. Schlink, „Die Bewältigung von Vergangenheit durch Recht", S. 433.

90 Vgl. Buckley-Zistel/Oettler, „Was bedeutet: *Transitional Justice*?", S. 23; so auch Iris Keller, *Die strafrechtliche Aufarbeitung von DDR-Justizunrecht*, Frankfurt am Main 2012, S. 33 f.

91 Siehe Hannah Rau, *Strafrechtliche Vergangenheitsbewältigung am Beispiel Spanien*, Frankfurt am Main 2014, S. 4.

92 König, „Von der Diktatur zur Demokratie oder Was ist Vergangenheitsbewältigung", S. 375.

93 Vgl. ebd., S. 377.

94 Vgl. Ulfrid Neumann, „Die Rolle von Recht, Gesellschaft und Politik bei der Verarbeitung von ‚Unrechtsystemen'", in: Ulfrid Neumann, Cornelius Prittwitz, Paulo Abrão, Lauro Joppert Swensson Jr., Marcelo D. Torelly (Hrsg.), *Transitional Justice. Das Problem gerechter strafrechtlicher Vergangenheitsbewältigung*, Frankfurt am Main 2013, S. 39–52, hier S. 39.

das begangene Unrecht.[95] Liegt die primäre Rolle für die Aufarbeitung der Vergangenheit beim Staat und ist diese mitunter mit einer bestimmten politischen Zielsetzung verbunden, spricht man neuerdings präzisierend von „Vergangenheitspolitik".[96]

1.3.2 Transitional Justice

Im Zuge der Demokratisierungswelle der späten 1980er und frühen 1990er Jahre in Lateinamerika und Osteuropa gewann das Problem der Aufarbeitung vergangenen Unrechts auch außerhalb Deutschlands verstärkt an Bedeutung. Die politikwissenschaftliche Transitionsforschung und hier vor allem die Arbeiten von Kritz führten als Reaktion auf diese Entwicklungen Mitte der 1990er Jahre den Begriff „Transitional Justice" als Bezeichnung für all jene Maßnahmen ein, mit denen eine Gesellschaft versucht, ihre Unrechtsvergangenheit aufzuarbeiten.[97] Der Terminus ging damit über das eng an juristischer Strafverfolgung orientierte Paradigma der Nachkriegszeit hinaus und bezog auch politische Maßnahmen wie Wahrheitskommissionen mit ein.[98] In der strafrechtlichen Literatur übernahm zunächst Teitel den Begriff, den sie als „the conception of justice associated with periods of political change, characterized by legal responses to confront the wrongdoings of repressive predecessor regimes" definierte.[99]

Obgleich gelegentlich behauptet,[100] ist „Transitional Justice" jedoch keine Übersetzung des deutschen Begriffs „Vergangenheitsbewältigung".[101] Im Gegensatz zu dem Anspruch, die Vergangenheit mithilfe des Strafrechts bewältigen zu können, bezeichnet er vielmehr „eine den Übergang begleitende, ihn vielleicht erleichternde, vielleicht erst ermöglichende, vielleicht aber auch ihn abschließende Justiz."[102] Neben Strafverfahren werden von den Vereinten Nationen darüber hinaus zumindest vier weitere Komponenten eines umfassenden Transitionsprozesses ausgemacht: materielle und symbolische Entschädigungen der Opfer, institutionelle Reformen

---

95 Vgl. König, „Von der Diktatur zur Demokratie oder Was ist Vergangenheitsbewältigung", S. 371 f.

96 Vgl. Neumann, „Die Rolle von Recht, Gesellschaft und Politik bei der Verarbeitung von ‚Unrechtsystemen'", S. 40; dazu Norbert Frei, *Vergangenheitspolitik. Die Anfänge der Bundesrepublik und die NS-Vergangenheit,* München 2012.

97 Vgl. Buckley-Zistel/Oettler, „Was bedeutet: *Transitional Justice?*", S. 24–26; dazu u.a. Neil J. Kritz (Hrsg.), *Transitional Justice: How Emerging Democracies Reckon with Former Regimes,* 3 Bde., Washington 1995; Jon Elster, *Closing the Books: Transitional Justice in Historical Perspective,* Cambridge u.a. 2004.

98 Vgl. Buckley-Zistel/Oettler, „Was bedeutet: *Transitional Justice?*", S. 26.

99 Ruti G. Teitel, „Transitional Justice Genealogy", in: *Harvard Human Rights Journal,* 16 (2003), S. 69–94, hier S. 69; Ruti G. Teitel, *Transitional Justice,* Oxford 2000.

100 Siehe u.a. Buckley-Zistel/Oettler, „Was bedeutet: *Transitional Justice?*", S. 25.

101 Vgl. Prittwitz, „Verantwortung als Schlüsselbegriff strafrechtlicher Vergangenheitsbewältigung", S. 256.

102 Ebd.

der kriminellen staatlichen Organisationen wie Militär, Polizei oder Gerichte, Wahrheitskommissionen sowie Konsultationen der Betroffenen und der weiteren Öffentlichkeit.[103] Der grundlegende Unterschied zum Begriff der „Vergangenheitsbewältigung“ sind allerdings nicht die konkreten Ziele und Mittel, die relativ deckungsgleich sind, sondern der zeitliche Aspekt: Unter „Transitional Justice“ werden im Allgemeinen Maßnahmen verstanden, die *während* oder *kurz nach* einem Übergang implementiert werden.[104] Damit liegt die Betonung auf den Herausforderungen dieser Übergangszeit. Im Unterschied dazu findet eine Vergangenheitsbewältigung, die ihren Namen verdient, erst *längere Zeit nach* dem Übergang statt und stellt eine langwierige gesellschaftliche Aufgabe dar.[105]

Aufgrund der zügigen Verbreitung des Konzepts der „Transitional Justice“, die zu einer Professionalisierung und engen Vernetzung in diesem Bereich agierender Organisationen geführt hat, sprechen Kritiker bereits von einem „globalen Projekt“[106] des „Aufarbeitungsgeschäfts“[107]. Dabei wird vor allem bemängelt, dass es sich bei „Transitional Justice“ um ein westlich geprägtes Konstrukt handele, das nicht ohne Weiteres auf nicht-westliche Gesellschaften übertragbar sei.[108] Darüber hinaus werde durch die Suggestion „neutraler“ Maßnahmen des Umgangs mit der Unrechtsvergangenheit der inhärent politische Charakter von Übergangsprozessen verdeckt.[109] Denn:

> Die angestrebte Form der Gerechtigkeit, des Benennens von Taten sowie Tätern und Täterinnen, der gesuchten Wahrheit, der erhofften Versöhnung oder der angemessenen Wiedergutmachung variiert gemäß den involvierten Akteuren und ihrer Intentionen.[110]

---

103 Vgl. United Nations, *United Nations Approach to Transitional Justice*, Guidance Note of the Secretary-General, New York, March 2010, S. 7–10, http://www.unrol.org/files/TJ_Guidance_Note_March_2010FINAL.pdf (letzter Zugriff am 28.08.2015); siehe dazu auch International Center for Transitional Justice, *What is Transitional Justice?*, New York, https://www.ictj.org/sites/default/files/ICTJ-Global-Transitional-Justice-2009-English.pdf (letzter Zugriff am 28.08.2015).

104 Vgl. Rau, *Strafrechtliche Vergangenheitsbewältigung am Beispiel Spanien*, S. 7; dazu auch Prittwitz, „Verantwortung als Schlüsselbegriff strafrechtlicher Vergangenheitsbewältigung“, S. 258.

105 Vgl. Rau, *Strafrechtliche Vergangenheitsbewältigung am Beispiel Spanien*, S. 7 f.

106 Siehe Rosemary Nagy, „Transitional Justice as Global Project: Critical Reflections“, in: *Third World Quarterly*, 29 (2008), S. 275–289.

107 Siehe Anika Oettler, „Staatliche Initiativen zur Ahndung von Massengewalt: Perspektiven einer transnationalen Geschichte und Gegenwart“, in: *Peripherie*, 28 (2008), S. 83–109.

108 Vgl. Buckley-Zistel/Oettler, „Was bedeutet: *Transitional Justice*?“, S. 35; Hannah Franzki, „Zur Kritik von *transitional justice* als Projekt historischer Gerechtigkeit“, in: *Peripherie*, 32 (2012), S. 67–81.

109 Vgl. Buckley-Zistel/Oettler, „Was bedeutet: *Transitional Justice*?“, S. 34; dazu auch Balakrishnan Rajagopal, „Invoking the Rule of Law in Post-conflict Rebuilding: A Critical Examination“, in: *William & Mary Law Review*, 49 (2008), S. 1347–1376.

110 Buckley-Zistel/Oettler, „Was bedeutet: *Transitional Justice*?“, S. 34.

Aufgrund dieser Kritik werden zunehmend die Begriffe „Post-Conflict Justice“[111], „Restorative Justice“[112] oder „Traditional Justice“[113] als holistischere und kulturell sensitivere Alternativen verwendet, um sich von dem auf juristische Strafverfahren fokussierenden „Transitional Justice“-Paradigma abzugrenzen.[114]

1.4 Die Rolle des Strafrechts in Übergangsprozessen

Es sollte aus den Ausführungen zu den Konzepten des vorigen Abschnitts deutlich geworden sein, dass ein umfassender Übergangsprozess nicht allein von der Strafjustiz zu leisten ist, sondern vielmehr eine gesamtgesellschaftliche Aufgabe darstellt.[115] Denn am Beginn jeder Transition steht die grundlegende politische Entscheidung, wie und im Hinblick auf welche Ziele das vergangene Unrecht aufgearbeitet werden soll.[116] Dabei lassen sich drei idealtypische Modelle[117] unterscheiden: erstens ein „Schlussstrichmodell“, bei dem die Vergangenheit möglichst ausgeblendet werden soll; zweitens ein „Bestrafungsmodell“, in dessen Rahmen die Verantwortlichen in Form einer Lustrationspolitik oder gar strafrechtlich sanktioniert werden; sowie drittens ein „Aussöhnungsmodell“, bei dem die Reintegration der Täter in die Gesellschaft und die Aufklärung der Unrechtsvergangenheit durch sogenannte Wahrheits- und Versöhnungskommissionen im Vordergrund stehen.

Im Folgenden liegt der Schwerpunkt auf dem „Bestrafungsmodell“ und dabei insbesondere auf der Rolle des Strafrechts als Aufarbeitungsoption. Es geht zunächst um die Ziele, die mithilfe der Strafjustiz innerhalb eines Übergangsprozesses verfolgt werden sollen. Sodann werden die in Frage kommenden konkreten strafrecht-

---

111 Dazu besonders M. Cherif Bassiouni (Hrsg.), *Post-Conflict Justice*, New York 2002.

112 Siehe Daniel W. Van Ness, Karen Heetderks Strong, *Restoring Justice: An Introduction to Restorative Justice*, 5. Aufl., Waltham, MA 2015; Jennifer J. Llewellyn, Daniel Philpott (Hrsg.), *Restorative Justice, Reconciliation, and Peacebuilding*, Oxford u. a. 2014.

113 Hierzu Luc Huyse, Mark Salter (Hrsg.), *Traditional Justice and Reconciliation after Violent Conflict*, Stockholm 2008.

114 Siehe Susanne Buckley-Zistel, „Einleitung: Nach Krieg, Gewalt und Repression“, in: Susanne Buckley-Zistel, Thomas Kater (Hrsg.), *Nach Krieg, Gewalt und Repression. Vom schwierigen Umgang mit der Vergangenheit*, Baden-Baden 2011, S. 7–20, hier S. 17–19; Engert/Jetschke, „Einleitung: *Transitional Justice* 2.0 – zur konzeptionellen Erweiterung eines noch jungen Forschungsprogramms“, S. 20–22.

115 Dazu zutreffend Prittwitz, „Verantwortung als Schlüsselbegriff strafrechtlicher Vergangenheitsbewältigung“, S. 256.

116 Siehe dazu Elster, *Closing the Books*, S. 116–135.

117 Siehe Eser u. a., *Strafrecht in Reaktion auf Systemurecht*, S. 15–18; dazu Neumann, „Die Rolle von Recht, Gesellschaft und Politik bei der Aufarbeitung von ‚Unrechtsystemen‘“, S. 40 f.; Gerhard Werle, „*Transitional Justice* – Der juristische Rahmen“, in: *Festschrift für Ulrich Eisenberg zum 70. Geburtstag*, hrsg. von Henning Ernst Müller, Günther M. Sander, Helena Válková, München 2009, S. 791–806, hier S. 792–797.

lichen Maßnahmen dargestellt, die als Mittel zur Erreichung dieser Ziele eingesetzt werden können. Abschließend werden einige grundsätzliche Einwände gegen die Anwendung des Strafrechts zur Vergangenheitsbewältigung diskutiert.

1.4.1 Ziele

Die Option der strafrechtlichen Verfolgung schwerer Menschenrechtsverletzungen und Völkerrechtsverbrechen bildet den „juristischen Normalfall"[118] und entspricht insofern den menschlichen Bedürfnissen nach klaren Lösungen und Schuldzuschreibungen, insbesondere in solch schwerwiegenden Fällen.[119] Im Mittelpunkt dieser juristischen Aufarbeitung steht das Strafverfahren mit seinen kommunikativen Funktionen an Täter, Opfer und Allgemeinheit.[120] Neben die traditionellen Strafzwecke treten im Fall von Transitionsprozessen jedoch zumindest zwei weitere Ziele: Wiedergutmachung und Wahrheitsfindung.

1.4.1.1 Vergeltung und Sühne

Weil so gravierende Verbrechen wie Völkermord kaum vergolten bzw. gesühnt werden können[121] und mit der Hinzufügung weiterer Übel begangenes Unrecht grundsätzlich nicht ausgeglichen werden kann,[122] spielen Vergeltung und Sühne als Strafzwecke bei strafrechtlicher Vergangenheitsbewältigung nur eine marginale Rolle.[123] Sie sind allerdings nicht vollkommen obsolet. So wird eine der Tatschuld einigermaßen angemessene Strafhöhe als Garant der Befriedungsfunktion des Rechts und damit einer Verhinderung von Selbstjustiz angesehen.[124] Diese Neutralisierungs- und Befriedungsfunktion der Strafe ist jedoch empirisch umstritten, weil von Opfern oder deren Hinterbliebenen in der Regel keine Gefahr von Rache

---

118 Werle, „*Transitional Justice* – Der juristische Rahmen", S. 792.

119 Vgl. Prittwitz, „Verantwortung als Schlüsselbegriff strafrechtlicher Vergangenheitsbewältigung", S. 259.

120 Klaus Günther, „Die symbolisch-expressive Bedeutung der Strafe. Eine neue Straftheorie jenseits von Vergeltung und Prävention?", in: *Festschrift für Klaus Lüderssen zum 70. Geburtstag am 2. Mai 2002*, hrsg. von Cornelius Prittwitz, Michael Baurmann, Lothar Kuhlen, Reinhard Merkel, Cornelius Nestler, Lorenz Schulz, Baden-Baden 2002, S. 205–219, hier S. 218 f.

121 Siehe Kai Ambos, Christian Steiner, „Vom Sinn des Strafens auf innerstaatlicher und supranationaler Ebene", in: *Juristische Schulung*, 41 (2001), S. 9–13, hier S. 9.

122 Siehe Klaus Günther, „Der strafrechtliche Schuldbegriff als Gegenstand einer Politik der Erinnerung in der Demokratie", in: Gary Smith, Avishai Margalit (Hrsg.), *Amnestie oder Die Politik der Erinnerung in der Demokratie*, Frankfurt am Main 1997, S. 48–89, hier S. 51.

123 Vgl. Rau, *Strafrechtliche Vergangenheitsbewältigung am Beispiel Spanien*, S. 20.

124 Vgl. Neubacher, *Kriminologische Grundlagen einer internationalen Strafgerichtsbarkeit*, S. 425.

ausgehe.[125] Schließlich sind vergeltende Elemente der Strafe im modernen Opferschutz- und Menschenrechtsgedanken enthalten.[126] Dies verweist auf die konzeptuelle Nähe von Vergeltung und dem weiter unten diskutierten Strafzweck der Wiedergutmachung, der allerdings die Perspektive von der Wirkung der Strafe auf den Täter auf den Ausgleich für das Opfer lenkt.[127]

1.4.1.2 Prävention

Auch den präventiven Strafzwecken der Abschreckung, Resozialisierung und Bekräftigung der Normgeltung wird trotz Kritik ein Beitrag zur Aufarbeitung von vergangenem Unrecht zugeschrieben. Dabei wird der auf die Allgemeinheit zielenden Generalprävention gemeinhin eine wichtigere Funktion beigemessen als der auf den Täter gerichteten Spezialprävention.[128]

a) Spezialprävention

Obgleich positive Spezialprävention international als Strafzweck anerkannt ist und die Besserung und Wiedereingliederung der Täter eine wesentliche Aufgabe von Übergangsprozessen bildet,[129] ist der klassische Gedanke der Resozialisierung nicht ohne Weiteres auf Großverbrechen übertragbar.[130] So wird darauf verwiesen, dass die handelnden Akteure erst durch ihre gesellschaftliche Integration in die Lage versetzt worden seien, die fraglichen Taten zu begehen, und somit von einem Sozialisationsdefizit nicht die Rede sein könne.[131] Die Besserung der Täter nach dem Zusammenbruch eines eine „verbrecherische Normalität begründenden Unrechtssystems“[132] erübrige sich demnach, da es sich ohnehin um angepasste Individuen handele.[133] Dem wird entgegengehalten, dass mit der Bestrafung vor allem die Neutralisierungstechniken der Täter zur eigenen Rechtfertigung und der Verdrängung des Leids der Opfer aufgebrochen und somit künftigen Relati-

---

125 Vgl. Klaus Günther, Vasco Reuss, „Legitimation des Völkerstrafrechts in Deutschland – Völkerstrafrecht als Bürgerstraftrecht“, in: Christoph Safferlin, Stefan Kirsch (Hrsg.), *Völkerstrafrechtspolitik. Praxis des Völkerstrafrechts*, Heidelberg u. a. 2014, S. 127–163, hier S. 137.

126 Vgl. Neubacher, *Kriminologische Grundlagen einer internationalen Strafgerichtsbarkeit*, S. 425; Otto Lagodny, „Legitimation und Bedeutung des Ständigen Internationalen Strafgerichtshofes“, in: *Zeitschrift für die gesamte Strafrechtswissenschaft*, 113 (2001), S. 800–826, hier S. 806.

127 Vgl. Rau, *Strafrechtliche Vergangenheitsbewältigung am Beispiel Spanien*, S. 23.

128 Siehe Gerhard Werle, *Völkerstrafrecht*, 3. Aufl., Tübingen 2012, S. 44, Rn. 104.

129 Vgl. Neubacher, *Kriminologische Grundlagen einer internationalen Strafgerichtsbarkeit*, S. 425.

130 Vgl. Günther/Reuss, „Legitimation des Völkerstrafrechts in Deutschland“, S. 148.

131 Vgl. ebd.

132 Dieser Ausdruck stammt von Werle, *Völkerstrafrecht*, S. 45, Rn. 106.

133 Vgl. Rau, *Strafrechtliche Vergangenheitsbewältigung am Beispiel Spanien*, S. 12.

vierungen von Menschenrechten entgegengewirkt werden könne.[134] Darüber hinaus argumentiert bspw. Werle, dass auch nach dem Zusammenbruch eines Unrechtssystems das Risiko von Verhaltenskontinuitäten nicht gebannt sei, insbesondere vor dem Hintergrund häufig ausgeprägter personeller Kontinuität in staatlichen Machtapparaten.[135]

Ähnliche Gründe werden bezüglich der Gültigkeit negativer Spezialprävention angeführt. So sehen einige Autoren die abschreckende Wirkung der Strafe als obsolet an, weil die in Frage kommenden Täter oft Konformisten seien, die nach einem Systemwechsel nicht abgeschreckt werden müssten.[136] Vielmehr müsse das kriminelle System, aus dem die Taten heraus begangen wurden, reformiert werden.[137] Nichtsdestoweniger wird negativer Spezialprävention auch in diesen Kontexten die Funktion beigemessen, die Gesellschaft vor weiteren Taten zu schützen, weil der Verurteilte durch den Schuldspruch politisch entmachtet werde und somit Tatgelegenheiten verliere.[138] Grundsätzlich kann konstatiert werden, dass eine Abschreckungswirkung, die empirisch ohnehin kaum messbar ist, nur entfaltet werden kann, wenn das Bestrafungsrisiko mit einem erhöhten Entdeckungs- und Verfolgungsrisiko einhergeht und dadurch wesentlich von einem effektiven Strafverfolgungssystem abhängt.[139]

b) Generalprävention

Die auf potentielle Täter einwirkende negative Generalprävention sieht sich im Grunde ähnlichen Einwänden ausgesetzt wie die Spezialprävention.[140] Ist bereits bei „gewöhnlicher" Kriminalität die Abschreckungswirkung der Strafe umstritten, so fällt sie bei Großverbrechen aufgrund eines chronischen Durchsetzungsdefizits suprastaatlicher Normen noch geringer aus.[141] Ein reales Strafverfolgungsrisiko besteht in diesen Fällen oft erst nach einem Systemwechsel, der von den betroffenen Eliten aufgrund des drohenden Machtverlusts ohnehin gefürchtet wird.[142] Darüber hinaus wird bezweifelt, ob Täter, die an Verbrechen vom Ausmaß eines Genozids beteiligt sind, rational Kosten und Nutzen ihrer Handlungen in Bezug auf eine po-

---

134 Vgl. Neubacher, *Kriminologische Grundlagen einer internationalen Strafgerichtsbarkeit*, S. 425.

135 Vgl. Werle, *Völkerstrafrecht*, S. 45, Rn. 106.

136 Siehe u. a. Bernhard Schlink, *Vergangenheitsschuld und gegenwärtiges Recht*, Frankfurt am Main 2002, S. 103 f.

137 Vgl. Rau, *Strafrechtliche Vergangenheitsbewältigung am Beispiel Spanien*, S. 12.

138 Vgl. ebd.

139 Vgl. Neubacher, *Kriminologische Grundlagen einer internationalen Strafgerichtsbarkeit*, S. 424.

140 Siehe z. B. Günther/Reuss, „Legitimation des Völkerstrafrechts in Deutschland", S. 149.

141 Siehe Werle, *Völkerstrafrecht*, S. 43, Rn. 104, Fn. 198.

142 Vgl. Rau, *Strafrechtliche Vergangenheitsbewältigung am Beispiel Spanien*, S. 14.

tentiell drohende, im konkreten Fall jedoch als äußerst abstrakt wahrgenommene Strafverfolgung abwägen.[143]

Wesentlich relevanter wird dagegen die auf die Bestärkung der Normgeltung zielende positive Generalprävention eingeschätzt.[144] Durch die Bestrafung soll das durch das begangene Unrecht erschütterte Vertrauen aller Normadressaten in die Gültigkeit der Rechtsordnung wiederhergestellt werden. Die Verfolgung von Systemunrecht wirkt dann in diesem Sinne generalpräventiv, wenn der Allgemeinheit verdeutlicht wird, dass „ein gegen das Strafrecht verstoßendes Handeln auch dann ein Verbrechen bleibt, wenn es von einer pervertierten Staatsführung geduldet, gebilligt, gewünscht oder sogar befohlen wurde."[145] Dadurch werden die Werte einer demokratischen Gesellschaft und die Geltung der Menschenrechte auch international bekräftigt.[146] Reuss betont jedoch, dass es zu Zwecken der Prävention nicht ausreiche, „dass mit dem Spektakel des öffentlichen Völkerstrafprozesses die normtreue Weltbevölkerung ihre Normtreue bloß feiert".[147] Diese müsse sich vielmehr in zivilcouragierten Verhaltensweisen der Bürger gegenüber menschrechtswidrigen staatlichen Ordnungen niederschlagen[148] und weise dadurch letztlich auf die Wiederherstellung der durch das Unrechtssystem zerstörten kollektiven politischen Autonomie der Bürgergesellschaft hin.[149] Dem Strafverfahren kommt in diesem Sinne die Funktion eines „moralischen Appells" an die Zivilcourage des einzelnen zu.[150]

1.4.1.3 Wiedergutmachung

Wiedergutmachung für die Opfer der Unrechtsvergangenheit ist ein weiteres zentrales Ziel strafrechtlicher Vergangenheitsbewältigung.[151] Dazu zählt nicht nur die auf den erlittenen materiellen Schaden abstellende materielle Wiedergutmachung,[152]

---

143 Siehe Martha Minow, *Between Vengeance and Forgiveness: Facing History after Genocide and Mass Violence*, Boston 1998, S. 50; ähnlich Günther/Reuss, „Legitimation des Völkerstrafrechts in Deutschland", S. 149.

144 Siehe Rau, *Strafrechtliche Vergangenheitsbewältigung am Beispiel Spanien*, S. 19.

145 Adalbert Rückerl, *NS-Verbrechen vor Gericht. Versuch einer Vergangenheitsbewältigung*, 2. Aufl., Heidelberg 1984, S. 321.

146 Siehe Walther Odersky, *Die Rolle des Strafrechts bei der Bewältigung politischen Unrechts*, Heidelberg 1992, S. 26; Werle, *Völkerstrafrecht*, S. 44, Rn. 104.

147 Vasco Reuss, *Zivilcourage als Strafzweck des Völkerstrafrechts. Was bedeutet Positive Generalprävention in der globalen Zivilgesellschaft?*, Münster 2012, S. 19; dazu auch Klaus Günther, „Kritik der Strafe I", in: *Westend. Neue Zeitschrift für Sozialforschung*, 1 (2004), S. 117–129, hier S. 127 ff.

148 Vgl. Reuss, *Zivilcourage als Strafzweck des Völkerstrafrechts*, S. 19; ebenso Günther/Reuss, „Legitimation des Völkerstrafrechts in Deutschland", S. 150.

149 Vgl. Günther/Reuss, „Legitimation des Völkerstrafrechts in Deutschland", S. 151.

150 Vgl. ebd.

151 So u. a. Rau, *Strafrechtliche Vergangenheitsbewältigung am Beispiel Spanien*, S. 23.

152 Dazu siehe Werle, „*Transitional Justice* – Der juristische Rahmen", S. 796 f.; ausführlich United Nations, *Basic Principles and Guidelines on the Right to a Remedy*

sondern auch die, vermutlich sogar viel entscheidendere, ideelle Wiedergutmachung.[153] Denn es ist fraglich, inwiefern bspw. die Vorenthaltung der freien Persönlichkeitsentfaltung im Rahmen einer Diktatur überhaupt entschädigungsfähig oder gar wiedergutmachungsfähig ist.[154] Ideeller Wiedergutmachung in Form einer „Genugtuung für das Opfer"[155] kommt in diesem Kontext daher größere Bedeutung zu. Dem Genugtuungsbedürfnis der Opfer wird durch eine Verurteilung der für ihr massives Leid verantwortlichen Täter entsprochen, die die Bestrafung häufig als einen Akt der Gerechtigkeit empfinden. Wenngleich dieses allzu menschliche Bedürfnis als Racheverlangen interpretiert werden kann und der Strafzweck wie oben angedeutet damit in die Nähe der Vergeltung rückt,[156] fungiert die staatliche Strafe Jerouschek zufolge als „symbolische Solidarisierung mit dem Opfer"[157], indem eine Reviktimisierung verhindert und dessen gestörtes Normvertrauen wiederhergestellt wird.[158]

Wichtiger als die tatsächliche Bestrafung des Täters wird jedoch die vorgelagerte öffentliche Feststellung des begangenen Unrechts im Rahmen eines Strafverfahrens angesehen.[159] Mit der Zurechnung von Verantwortlichkeit und Schuld wird das Opfer als solches anerkannt und klargestellt, dass „ihm nicht ein zeitgeschichtliches

---

and Reparation for Victims of Gross Violations of International Human Rights Law and Serious Violations of International Humanitarian Law, Resolution adopted by the General Assembly on 16 December 2005, UN Doc. A/RES/60/147, New York, 21 March 2006, http://daccess-dds-ny.un.org/doc/UNDOC/GEN/N05/496/42/PDF/N0549642.pdf?OpenElement (letzter Zugriff am 03.09.2015).

153 Siehe Neumann, „Die Rolle von Recht, Gesellschaft und Politik bei der Verarbeitung von ‚Unrechtsystemen'", S. 44.

154 Vgl. Bernd Schünemann, „Aufarbeitung von Unrecht aus totalitärer Zeit", in: *Der Universalitätsanspruch des demokratischen Rechtsstaates. Die Verschiedenheit der Kulturen und die Allgemeinheit des Rechtes*, hrsg. von Hans-Martin Pawlowski, Gerd Roellecke, Stuttgart 1996, S. 97–116, hier S. 103.

155 Dazu siehe Jan Philipp Reemtsma, *Das Recht des Opfers auf die Bestrafung des Täters – als Problem*, München 1999; Winfried Hassemer, Jan Philipp Reemtsma, *Verbrechensopfer, Gesetz und Gerechtigkeit*, München 2002.

156 Vgl. Neumann, „Die Rolle von Recht, Gesellschaft und Politik bei der Verarbeitung von ‚Unrechtsystemen'", S. 45.

157 Günter Jerouschek, „Straftat und Traumatisierung. Überlegungen zu Unrecht, Schuld und Rehabilitierung der Strafe aus viktimologischer Sicht", in: *Juristen Zeitung*, 55 (2000), S. 185–194, hier S. 193.

158 Vgl. Michael Kilchling, „Opferschutz und der Strafanspruch des Staates – Ein Widerspruch?", in: *Neue Zeitschrfit für Strafrecht*, 22 (2002), S. 57–63, hier S. 59.

159 So Klaus Günther, „Warum Transitional Justice auf die Feststellung strafrechtlicher Schuld angewiesen ist – Zwölf Thesen", in: Ulfrid Neumann, Cornelius Prittwitz, Paulo Abrão, Lauro Joppert Swensson Jr., Marcelo D. Torelly (Hrsg.), *Transitional Justice. Das Problem gerechter strafrechtlicher Vergangenheitsbewältigung*, Frankfurt am Main 2013, S. 271–285, hier S. 272.

Unglück widerfahren ist, sondern dass ihm Unrecht angetan wurde".[160] Mit dieser Aufklärung des historischen Unrechts geht eine Umwertung der Vergangenheit einher: die offizielle Politik des vergangenen Systems wird zu bestrafbarem und zu entschädigendem Unrecht.[161] Zugleich wird dadurch Tendenzen der Opfer entgegengewirkt, sich das Erlittene als Folge eigenen Fehlverhaltens selbstzuzuschreiben,[162] und schließlich wird durch die Rehabilitierung der Opfer ihre Würde als Bürger und Mitglieder der Gesellschaft wiederhergestellt.[163]

1.4.1.4 Wahrheitsfindung

Ein weiteres zentrales Ziel strafrechtlicher Vergangenheitsaufarbeitung bildet die Anerkennungs- und Wahrheitsfunktion der Strafverfahren.[164] Diese umfasst zumindest drei Aspekte: Tatsachenfeststellung, Feststellung von Verantwortlichkeit sowie Zerstörung legitimierender Deutungsmuster.

a) Tatsachenfeststellung

Obgleich Richter und Staatsanwälte keine Historiker sind und sie somit allenfalls Mosaiksteine zum Verständnis eines Unrechtssystems beitragen können,[165] ist die Tatsachenfeststellung durch die Justiz und das damit verbundene Befriedungspotential nicht zu unterschätzen.[166] Die Sammlung und Dokumentation historischer Fakten dient dabei zunächst der Anerkennung, dass und in welchem Umfang Unrecht geschehen ist.[167] Dadurch wird dem Leugnen begangener Verbrechen entgegengewirkt und ein politischer Neuanfang ohne Geschichtsfälschung, Mythen und Verschwörungstheorien ermöglicht.[168] Diese in den Gerichtsprozessen aufgeklärten Tatsachen dienen idealerweise als Grundlage für die Herstellung eines gemeinsamen Narrativs zur kollektiven Erinnerung des Gewesenen und damit zur

160 Neubacher, *Kriminologische Grundlagen einer internationalen Strafgerichtsbarkeit*, S. 427; Reemtsma, *Das Recht des Opfers auf die Bestrafung des Täters*, S. 25 f.

161 Vgl. Rau, *Strafrechtliche Vergangenheitsbewältigung am Beispiel Spanien*, S. 24.

162 Siehe ebd.; sowie Günther, „Warum Transitional Justice auf die Feststellung strafrechtlicher Schuld angewiesen ist", S. 273 f.

163 Siehe Günther, „Warum Transitional Justice auf die Feststellung strafrechtlicher Schuld angewiesen ist", S. 278 f.; Rau, *Strafrechtliche Vergangenheitsbewältigung am Beispiel Spanien*, S. 24.

164 Siehe u. a. Werle, *Völkerstrafrecht*, S. 45, Rn. 107.

165 Dazu Neumann, „Die Rolle von Recht, Gesellschaft und Politik bei der Verarbeitung von ‚Unrechtsystemen'", S. 42.

166 Vgl. Neubacher, *Kriminologische Grundlagen einer internationalen Strafgerichtsbarkeit*, S. 428.

167 Siehe Rau, *Strafrechtliche Vergangenheitsbewältigung am Beispiel Spanien*, S. 22; Minow, *Between Vengeance and Forgiveness*, S. 50.

168 Siehe Werle, *Völkerstrafrecht*, S. 45, Rn. 107; Günther, „Warum Transitional Justice auf die Feststellung strafrechtlicher Schuld angewiesen ist", S. 275 f.

Vermeidung einer Wiederholung des Unrechts.[169] Unstrittig ist, dass andere Instrumente, die für sich genommen dem Strafverfahren in dieser Hinsicht überlegen sein dürften, die Wahrheitsfindungsfunktion der Strafjustiz ergänzen sollten, um ein möglichst umfassendes Bild der Unrechtsvergangenheit zu zeichnen. Dazu zählen u. a. Wahrheitskommissionen sowie die allgemeine historische Forschung.[170]

b) Feststellung von Verantwortlichkeit

Als wichtigstes Argument zur Einbeziehung der Strafjustiz in den Prozess der Vergangenheitsbewältigung wird dessen ureigene Aufgabe, die Feststellung von individueller Verantwortlichkeit, angesehen.[171] Die individuelle Zurechnung kollektiver Verbrechen ist demzufolge notwendig, um zum einen die Opfer von möglichen Selbstvorwürfen zu entlasten und zum anderen die Gesellschaft als ganze von einer Kollektivschuldtheorie freizusprechen.[172] Die Schuldfeststellung trägt somit wesentlich dazu bei, dass individuelle Handlungs- und Entscheidungsspielräume innerhalb des Systemunrechts sichtbar werden und Legenden und Exkulpationen entgegengewirkt wird.[173] Dieser Aspekt des Strafverfahrens wird jedoch insbesondere in Bezug auf *kollektiv* begangene Großverbrechen innerhalb eines Unrechts*systems* kritisch betrachtet. *In nuce* lässt sich der Einwand auf die von Jäger geprägte Pointe reduzieren, dass es bei Makroverbrechen nicht um abweichendes, sondern konformes Verhalten gehe.[174] Die Reduzierung eines kollektiven Gewaltzusammenhangs auf einzelne Individuen, ihnen mithin „Konformität vorzuwerfen, wenn doch *kollektiv* etwas schief gegangen ist“[175], laufe Gefahr, ungerechte Verantwortungszuschreibungen vorzunehmen und schlechterdings in eine „blutige Abrechnung“ abzugleiten.[176]

---

169 Diese Funktion betont Mark J. Osiel, *Mass Atrocity, Collective Memory and the Law*, New Brunswick u. a. 1997, S. 18 f.

170 Zu Wahrheitskommissionen siehe Minow, *Between Vengeance and Forgiveness*, Kap. 4; Priscilla B. Hayner, *Unspeakable Truths: Confronting State Terror and Atrocity*, 2. Aufl., New York u. a. 2010.

171 Vgl. Neubacher, *Kriminologische Grundlagen einer internationalen Strafgerichtsbarkeit*, S. 429.

172 Siehe Werle, *Völkerstrafrecht*, S. 45, Rn. 108; Günther, „Warum Transitional Justice auf die Feststellung strafrechtlicher Schuld angewiesen ist“, S. 277.

173 Vgl. Neubacher, *Kriminologische Grundlagen einer internationalen Strafgerichtsbarkeit*, S. 429.

174 Siehe Jäger, *Makrokriminalität*, S. 12.

175 Prittwitz, „Verantwortung als Schlüsselbegriff strafrechtlicher Vergangenheitsbewältigung“, S. 266.

176 Vgl. ebd., S. 266, 270; davor warnt auch Felix Herzog, „Politischer Systemwechsel als Bewährungsprobe für rechtsstaatliches Strafrecht?“, in: *Das Dilemma des rechtsstaatlichen Strafrechts*, Symposium für Bernhard Haffke zum 65. Geburtstag, hrsg. von Werner Beulke, Klaus Lüderssen, Andreas Popp, Petra Wittig, Berlin 2009, S. 155–164, hier S. 155, 164.

c) Zerstörung legitimierender Deutungsmuster

Eine weitere mit der Wahrheitsfindung zusammenhängende Funktion des Strafrechts bildet die Korrektur gesellschaftlicher Deutungsmuster. Durch das Medium des Strafverfahrens können Neumann zufolge die Ideologien des vergangenen Unrechtssystems dekonstruiert werden und dadurch verdrängte oder überlagerte Normen zur Wiederanerkennung gelangen: „Das Strafrecht als schärfstes Instrument des gesellschaftlichen Tadels stellt klar, dass diese Ideologien zur Rechtfertigung begangener Rechtsverletzungen nicht taugen."[177] Aufgabe des Strafrechts sei es demnach, Koordinatensysteme, die durch Gegensätze wie „Faschismus – Antifaschismus" geprägt seien, und daran orientierte Deutungsmuster, die tendenziell alle Taten gegen „den Faschismus" legitimierten, zu durchbrechen.[178] Die positiv-generalpräventive Funktion des Strafrechts, gesellschaftlich anerkannte Normen, deren Geltung durch eine Straftat in Frage gestellt wurde, zu stabilisieren, erweitert sich laut Neumann somit um die Aberkennung von Rechtsverletzungen legitimierende Normen und der Wiederanerkennung von Normen, die von der Ideologie des Unrechtssystems zuvor verdrängt worden waren.[179]

1.4.1.5 Sonstige Ziele: Frieden, Gerechtigkeit und Versöhnung

Neben diesen konkreten Zielen strafrechtlicher Vergangenheitsbewältigung werden gemeinhin weitere normative Zielstellungen mit einem Übergangsprozess verbunden. Die am häufigsten postulierten sind Frieden, Gerechtigkeit und Versöhnung.[180] Während Gerechtigkeit in der Regel mit (Straf)Recht assoziiert wird und sich daher in den obigen Zielen spiegelt,[181] stehen Frieden und Versöhnung in einem tendenziell konfliktiven Verhältnis zur Strafjustiz.[182] So wird argumentiert, dass die Androhung von Strafe für die verantwortlichen Machteliten der Herstellung von Frieden im Wege stehe[183] und der Versöhnung sich feindlich gegenüberstehender gesellschaft-

177 Neumann, „Die Rolle von Recht, Gesellschaft und Politik bei der Verarbeitung von ‚Unrechtsystemen'", S. 42.

178 Vgl. ebd., S. 43.

179 Vgl. ebd.

180 Siehe u. a. Phil Clark, „Establishing a Conceptual Framework: Six Key Transitional Justice Themes", in: Phil Clark, Zachary D. Kaufman (Hrsg.), *After Genocide: Transitional Justice, Post-Conflict Reconstruction and Reconciliation in Rwanda and Beyond*, London 2008, S. 191–205, bes. 193–204.

181 Siehe Neumann, „Die Rolle von Recht, Gesellschaft und Politik bei der Verarbeitung von ‚Unrechtsystemen'", S. 44–46.

182 Siehe u. a. Phil Clark, Zachary D. Kaufman, Kalypso Nicolaïdis, „Tensions in Transitional Justice", in: Phil Clark, Zachary D. Kaufman (Hrsg.), *After Genocide: Transitional Justice, Post-Conflict Reconstruction and Reconciliation in Rwanda and Beyond*, London 2008, S. 381–391, hier S. 3 86 f.; Minow, *Between Vengeance and Forgiveness*, S. 14–24.

183 So bspw. Klaus Günther, „Falscher Friede durch repressives Völkerstrafrecht?", in: *Das Dilemma des rechtsstaatlichen Strafrechts*, Symposium für Bernhard Haffke

licher Gruppen entgegenwirke.[184] Generell wird bemängelt, dass es sich bei diesen Zielen um sich mitunter gegenseitig ausschließende, normativ aufgeladene und daher schwer definierbare „essentially contested concepts“[185] handelt, die allenfalls grobe Leitlinien einer Transition vorgeben können.[186]

1.4.2 Wege

Bei strafrechtlicher Vergangenheitsbewältigung lassen sich grundsätzlich zwei Wege unterscheiden: Nichtverfolgung und Strafverfolgung. Diese vereinfachende Dichotomie weist in der Realität jedoch graduelle Abstufungen auf und ein Übergangsprozess umfasst in der Regel beide Elemente in unterschiedlichem Ausmaß.[187] So werden nie *alle* Täter bestraft und selten *alle* „laufen gelassen“.

1.4.2.1 Nichtverfolgung

Ein rein faktischer Strafverzicht aufgrund der Untätigkeit der Justiz nimmt zum vergangenen Unrecht überhaupt keine Stellung und ist somit dem „Schlussstrichmodell“ als Aufarbeitungsoption zuzurechnen.[188] Die normierte Alternative stellen Amnestiegesetze dar, die den Verzicht auf Bestrafung auf eine gesetzliche Grundlage stellen und das begangene Unrecht so zumindest mittelbar anerkennen.[189] Unter einer Amnestieregelung wird im Allgemeinen die gesetzliche Anordnung von Straferlass oder Strafermäßigung für eine Vielzahl von Fällen verstanden.[190] Sie wird auch als „negatives Strafgesetz“ bezeichnet,[191] weil sie in spezifizierten Fällen die staatliche Strafgewalt zurücknimmt und sich auf diese Weise in das gesamte Strafrechtssystem einfügt.[192] Im Gegensatz zur Begnadigung erstreckt sich der Erlass zudem auf anhängige Verfahren sowie auf Taten, die noch zu keinem Verfahren geführt haben.[193] Amnestien können umfassend sein (Generalamnestie), sich auf spezielle Tätergruppen begrenzen (Spezialamnestie) oder an

---

zum 65. Geburtstag, hrsg. von Werner Beulke, Klaus Lüderssen, Andreas Popp, Petra Wittig, Berlin 2009, S. 79–100, hier S. 91 f.

184 Dazu Clark u. a., „Tensions in Transitional Justice“, S. 387.

185 William E. Connolly, *The Terms of Political Discourse*, Heath 1974.

186 Siehe Rau, *Strafrechtliche Vergangenheitsbewältigung am Beispiel Spanien*, S. 26 f.

187 Siehe dazu die umfangreiche empirische Studie von Eser u. a., *Strafrecht in Reaktion auf Systemunrecht*, S. 51 f., 279–283.

188 Vgl. Werle, „*Transitional Justice* – Der juristische Rahmen“, S. 794.

189 Vgl. ebd.

190 Siehe u. a. Klaus Marxen, *Rechtliche Grenzen der Amnestie*, Heidelberg 1984, S. 8; Frank Süß, *Studien zur Amnestiegesetzgebung*, Berlin 2001, S. 261.

191 Vgl. Klaus Marxen, „Amnestierecht und Amnestiepolitik“, in: *Recht und Politik*, 25 (1989), S. 84–87, hier S. 84 f.

192 Vgl. Rau, *Strafrechtliche Vergangenheitsbewältigung am Beispiel Spanien*, S. 29 f.

193 Vgl. Günther, „Der strafrechtliche Schuldbegriff als Gegenstand einer Politik der Erinnerung in der Demokratie“, S. 49.

Bedingungen wie umfangreiche Geständnisse geknüpft sein (konditionale Amnestie).[194] Letzteres war bspw. bei der berühmt gewordenen Wahrheits- und Versöhnungskommission Südafrikas der Fall.[195] Ein Straferlass kann darüber hinaus über Justizausschlussklauseln, Anwendung von Verjährungsvorschriften oder Begnadigungen erfolgen.[196]

Der Verzicht auf eine (umfassende) Strafverfolgung ist oft dann der Fall, wenn die ehemaligen Machteliten den Systemwechsel oder die Beendigung eines Konflikts von der Gewährung von Straffreiheit abhängig machen, der Übergangsprozess daher ausgehandelt oder gar „von oben" angetrieben wurde.[197] Er wird mithin durch seine potentiell befriedigende Wirkung gerechtfertigt, weil der fragile Übergangsprozess durch die Androhung eines öffentlichen Strafverfahrens für die Täter und deren Unterstützer bedroht werden könnte.[198] Nichtsdestoweniger bleiben die Rechte der Opfer auf Wahrheit und Wiedergutmachung bei diesem Weg des Umgangs mit der Unrechtsvergangenheit häufig weitgehend unbefriedigt.[199] Pauschale Generalamnestien als Reaktion auf Völkerrechtsverbrechen gelten nach Völkergewohnheitsrecht daher als unzulässig.[200] Diese früher übliche Praxis bei politischen Systemwechseln ist heute lediglich unter Notstandsgesichtspunkten zur Herstellung des Friedens und der nationalen Versöhnung legitimierbar.[201]

1.4.2.2 Strafverfolgung

Die Strafverfolgung des begangenen Unrechts bildet den „juristischen Normalfall".[202] Dieser Umstand spiegelt sich im Völkergewohnheitsrecht, nach dem die betreffenden Staaten zur Bestrafung von Völkerrechtsverbrechen verpflichtet sind und Strafverzichte nur unter gewissen Umständen zu rechtfertigen sind.[203] Die

---

194 Siehe u.a. Rau, *Strafrechtliche Vergangenheitsbewältigung am Beispiel Spanien*, S. 31.

195 Dazu Minow, *Between Vengeance and Forgiveness*, S. 55 f.

196 Dazu Eser u.a., *Strafrecht in Reaktion auf Systemunrecht*, S. 279–281.

197 Vgl. Werle, „*Transitional Justice* – Der juristische Rahmen", S. 794.

198 Günther, „Warum Transitional Justice auf die Feststellung strafrechtlicher Schuld angewiesen ist – Zwölf Thesen", S. 271 f.; Günther, „Falscher Friede durch repressives Völkerstrafrecht?", S. 91 f.

199 So zutreffend Dirk Fabricius, „Warum Amnestie zu wenig und Strafe das Falsche ist – erweiterter Auftrag einer Wahrheits- und Versöhnungskommission (TRC)?", in: Ulfrid Neumann, Cornelius Prittwitz, Paulo Abrão, Lauro Joppert Swensson Jr., Marcelo D. Torelly (Hrsg.), *Transitional Justice. Das Problem gerechter strafrechtlicher Vergangenheitsbewältigung*, Frankfurt am Main 2013, S. 149–177, hier S. 165.

200 Siehe Werle, *Völkerstrafrecht*, S. 109, Rn. 248; Lisa J. Laplante, „Outlawing Amnesty: The Return of Criminal Justice in Transitional Justice Schemes", in: *Virginia Journal of International Law*, 49 (2009), S. 915–984, hier S. 941 f.

201 Vgl. Werle, *Völkerstrafrecht*, S. 110, Rn. 249.

202 Werle, „*Transitional Justice* – Der juristische Rahmen", S. 792.

203 Vgl. Werle, *Völkerstrafrecht*, S. 97, Rn. 226.

strafrechtliche Verfolgung kann dabei von nationalen, internationalen oder auch hybriden, „internationalisierten" Gerichten durchgeführt werden.[204]

a) Verfolgung durch internationale Gerichte

Unter den internationalen Gerichten nimmt der Internationale Strafgerichtshof (IStGH) die zentrale Stellung bei der Aufarbeitung von Völkerrechtsverbrechen ein. Seine Gerichtsbarkeit erstreckt sich auf Völkermord, Verbrechen gegen die Menschlichkeit und Kriegsverbrechen.[205] Der IStGH ist jedoch lediglich für jene Straftaten zuständig, die „entweder auf dem Territorium oder von einem Staatsangehörigen eines Vertragsstaates oder eines Staates, der die Gerichtsbarkeit des Internationalen Strafgerichtshof akzeptiert hat, begangen worden sind."[206] Unabhängig davon bezieht sich seine Zuständigkeit auch auf Fälle, die der Sicherheitsrat der Vereinten Nationen auf der Grundlage von Kapitel VII der UN-Charta an den IStGH überwiesen hat.[207] Verfahren vor dem IStGH können auf drei Arten initiiert werden: Vertragsstaaten und der Sicherheitsrat der Vereinten Nationen können Situationen unterbreiten und der Ankläger des Internationalen Strafgerichtshof kann auf eigene Initiative Ermittlungen einleiten.[208] Im Ermittlungsverfahren ist der Ankläger auf die Kooperation mit den Behörden des betreffenden Staates angewiesen, die auch für die Vollstreckung des Haftbefehls gegen Beschuldigte zuständig sind.[209] Werle zufolge hat sich der IStGH zu „einer funktionierenden Institution der internationalen Strafrechtspflege entwickelt."[210] Er übt gegenwärtig in acht Situationsländern seine Gerichtsbarkeit aus: Libyen, Sudan, Kenia, Uganda, die Zentralafrikanische Republik, die Demokratische Republik Kongo, Cote d'Ivoire und Mali.[211]

Zusätzlich zu dem Internationalen Strafgerichtshof sind derzeit noch die zwei Ad-hoc-Strafgerichtshöfe der Vereinten Nationen für das ehemalige Jugoslawien und Ruanda tätig.[212] Ihre Zuständigkeit ist auf Straftaten begrenzt, die seit 1991 auf dem Hoheitsgebiet des ehemaligen Jugoslawien[213] bzw. im Jahr 1994 in Ruanda und von ruandischen Staatsangehörigen außerhalb Ruandas[214] begangen worden sind.

---

204 Dazu Werle, „*Transitional Justice* – Der juristische Rahmen", S. 792; ausführlich Werle, *Völkerstrafrecht*, S. 117–167, Rn. 265–361.

205 Art. 5 Abs. 1 IStGH-Statut; dazu Werle, *Völkerstrafrecht*, S. 120, Rn. 267.

206 Werle, *Völkerstrafrecht*, S. 120, Rn. 268.

207 Vgl. ebd., S. 121, Rn. 269.

208 Art. 13 a), 13 b), 14, 15 Abs. 3 IStGH; dazu Werle, *Völkerstrafrecht*, S. 125 f., Rn. 282.

209 Vgl. Werle, *Völkerstrafrecht*, S. 126, Rn. 283.

210 Ebd., S. 131, Rn. 294.

211 Siehe International Criminal Court, „Situations and cases", The Hague, http://www.icc-cpi.int/en_menus/icc/situations%20and%20cases/Pages/situations%20and%20cases.aspx (letzter Zugriff am 06.09.2015).

212 Dazu Werle, *Völkerstrafrecht*, S. 136–144, Rn. 306–325.

213 Art. 1–8 JStGH-Statut; dazu Werle, *Völkerstrafrecht*, S. 137–142, Rn. 306–320.

214 Art. 1–4 RStGH-Statut; dazu Werle, *Völkerstrafrecht*, S. 142–144, Rn. 321–325.

Sie werden nach Abschluss der erstinstanzlichen Verfahren durch den Internationalen Residualmechanismus für die Ad-hoc-Strafgerichtshöfe ersetzt, der bereits seit 2013 seine Arbeit aufgenommen hat.[215]

b) Verfolgung durch hybride Gerichte

Neuerdings ist eine Abkehr von der Einrichtung internationaler Strafgerichtshöfe nach dem Vorbild der Ad-hoc-Gerichte für das ehemalige Jugoslawien und Ruanda erkennbar.[216] Angesichts der enormen Kosten, die mit den genuin internationalen Gerichtshöfen verbunden sind, wird zunehmend auf gemischt international-nationale Gerichte zur Aufarbeitung von schweren Menschenrechtverletzungen zurückgegriffen.[217] Das internationale Element dieser hybriden Variante beruht in der Regel auf der Einbindung der Vereinten Nationen und kann konkret die Rechtsgrundlage der Gerichte, die Auswahl der Richter und Staatsanwälte oder das anwendbare Recht betreffen.[218] Das nationale Element bezieht sich auf die Einbindung in das Strafrechtssystem des betreffenden Staates. Die „internationalisierten" Strafgerichtshöfe sind wie die internationalen Gerichtshöfe für das ehemalige Jugoslawien und Ruanda darüber hinaus *ad hoc* mit einer zeitlich und räumlich begrenzten Zuständigkeit eingerichtet worden. Sie befinden sich jedoch anders als diese typischerweise in dem betreffenden Staat.[219]

Bisher wurden hybride Strafgerichtshöfe hauptsächlich in Postkonfliktsituationen errichtet, in denen die nationale Justiz nicht in der Lage war, eigenständig die begangenen Völkerrechtsverbrechen zu verfolgen.[220] Die Integration in das nationale Justizsystem hat dabei gegenüber einer genuin internationalen Strafverfolgung den Vorzug, dass die Aufarbeitung des Unrechts von der Bevölkerung des betreffenden Staates weniger als externe Einmischung empfunden wird und somit tendenziell breitere Akzeptanz findet.[221] Zudem ist bei einer Verfolgung innerhalb des fraglichen Territoriums die Wahrscheinlichkeit einer öffentlichen Wahrnehmung der begangenen Verbrechen und somit ihrer potentiellen Bewältigung durch die Gesellschaft höher.[222]

---

215 Siehe United Nations Mechanism for International Criminal Trials, „About the MICT", http://www.unmict.org/en/about (letzter Zugriff am 06.09.2015).

216 Dazu Antonio Cassese, *International Criminal Law*, 3. Aufl., Oxford 2013, S. 263–267.

217 Vgl. Werle, *Völkerstrafrecht*, S. 33 f., Rn. 79, 81.

218 Vgl. ebd., S. 33, Rn. 80.

219 Vgl. ebd.; zu einer ausführlichen Darstellung der Verfolgungspraxis hybrider Strafgerichtshöfe siehe ebd., S. 144–151, Rn. 326–334.

220 Vgl. ebd., S. 33, Rn. 81; dazu Cassese, *International Criminal Law*, S. 265 f.

221 Vgl. Werle, *Völkerstrafrecht*, S. 34, Rn. 81.

222 Vgl. Cassese, *International Criminal Law*, S. 266.

c) Verfolgung durch nationale Gerichte

Obgleich eine umfassende strafrechtliche Aufarbeitung von schweren Menschenrechtsverletzungen durch staatliche Gerichte eher die Ausnahme bildet, lässt sich in den letzten Jahren eine deutliche Steigerung der Verfolgungsaktivitäten erkennen.[223] Dies geht nicht nur auf die betreffenden Staaten, sondern auch auf Drittstaaten zurück, die gemäß dem Universalitätsprinzip des Völkerrechts befugt sind, Völkerrechtsverbrechen zu ahnden.[224] Bei der nationalen Verfolgung von Großverbrechen wurde lange Zeit das jeweilige staatliche Strafrecht angewendet. Aufgrund der zunehmenden Implementierung des Völkerrechts in nationale Rechtsordnungen kommen jedoch immer häufiger auch Völkerstrafrechtsnormen zur Anwendung.[225] Prinzipiell lassen sich somit drei Optionen nationaler Strafverfolgung unterscheiden: erstens eine Verfolgung nach internationalem Völkerstrafrecht, zweitens nach zum Tatzeitpunkt geltendem staatlichen Strafrecht und drittens aufgrund rückwirkend erlassener Strafgesetze.[226]

A) Verfolgung von Menschlichkeits- und Kriegsverbrechen nach dem Zweiten Weltkrieg

Zur strafrechtlichen Aufarbeitung von Völkerrechtsverbrechen durch staatliche Strafjustiz kam es in größerem Umfang erstmals nach 1945 im Rahmen der Verfolgung der nationalsozialistischen Menschlichkeits- und Kriegsverbrechen.[227] Zahlreiche zumeist europäische Staaten führten Strafverfahren gegen deutsche Staatsangehörige und Staatsangehörige anderer Staaten durch, die an den nationalsozialistischen Gewalttaten beteiligt gewesen waren.[228] In der Regel wurden diese Prozesse, so z. B. in der Bundesrepublik Deutschland, auf der Grundlage des allgemeinen Strafrechts durchgeführt,[229] sodass Kriegsverbrechen teilweise als „Tötungsdelikte", die NS-Führungsriege als „Haupttäter" und die SS-Wachmannschaft von Auschwitz als „Gehilfen" eingestuft wurden.[230] Nichtsdestoweniger kam es bspw. bei den viel beachteten Verfahren gegen Adolf Eichmann in Jerusalem und Klaus Barbie in Lyon zu Verurteilungen wegen Verbrechen gegen die Menschlichkeit.[231] In der Bundesrepublik wurde eine umfassende strafrechtliche Aufarbeitung

---

223 Vgl. Werle, *Völkerstrafrecht*, S. 153, Rn. 336.

224 Zum Universalitätsprinzip siehe ebd., S. 90–96, Rn. 211–223.

225 Vgl. ebd., S. 153 f., Rn. 337.

226 Vgl. Hans Vest, *Gerechtigkeit für Humanitätsverbrechen? Nationale Strafverfolgung von staatlichen Systemverbrechen mit Hilfe der Radbruchschen Formel*, Tübingen 2006, S. 32.

227 Vgl. Werle, *Völkerstrafrecht*, S. 154, Rn. 338.

228 Vgl. ebd.; Rückerl, *NS-Verbrechen vor Gericht*, S. 101–104.

229 Vgl. Werle, *Völkerstrafrecht*, S. 155, Rn. 339.

230 Siehe dazu kritisch Gerhard Werle, Thomas Wandres, *Auschwitz vor Gericht. Völkermord und bundesdeutsche Strafjustiz*, München 1995, S. 30–40.

231 Vgl. Werle, *Völkerstrafrecht*, S. 155, Rn. 339.

erst mit dem Ulmer Einsatzgruppenprozess von 1958 eingeleitet und durch den Frankfurter Auschwitzprozess von 1963 in die breitere Öffentlichkeit getragen.[232] Die Verfolgung der NS-Verbrechen hat sich trotz des hohen Alters der Beschuldigten noch nicht erledigt und wurde in den letzten Jahren sogar intensiviert.[233] Dies hängt unter anderem mit dem Urteil des Landgerichts München im Fall „John Demjanjuk" von 2011 zusammen, das eine Wende in der bisherigen Urteilspraxis darstellte.[234] Demnach erachtete das Gericht den Nachweis, dass Demjanjuk im Konzentrationslager Sobibór als Wachmann anwesend war, als ausreichend, um ihn als Gehilfen an der Ermordung der während seiner Anwesenheit getöteten Insassen einzustufen.[235] Großes Aufsehen erregte auch das Verfahren gegen Oskar Gröning, der 2015 wegen Beihilfe zum Mord in 300.000 Fällen zu vier Jahren Gefängnis verurteilt wurde.[236]

B) Verfolgung von Menschenrechtsverletzungen in Lateinamerika

In Lateinamerika blieben die schweren Menschenrechtsverletzungen, die während der Militärdiktaturen der 1960er bis 1990er Jahre begangen wurden, zunächst weitgehend straflos.[237] Bei den Übergängen zur Demokratie sicherten sich die Militärs in den Verhandlungen mit den demokratischen Nachfolgeregierungen, oftmals unter dem Einsatz massiver Drohungen, Straffreiheit zu.[238] Die Politik der Straflosigkeit (*impunidad*) wurde auch nach dem Systemwechsel fortgesetzt und dauert zum Teil bis heute an.[239] Statt einer juristischen Aufarbeitung der Unrechtsvergangenheit griffen viele lateinamerikanische Regierungen auf das

232 Siehe Werle/Wandres, *Auschwitz vor Gericht*, S. 22 f., 41–44.

233 Siehe Werle, *Völkerstrafrecht*, S. 155 f., Rn. 340.

234 Claudia von Salzen, „Warum so spät gegen KZ-Wachleute ermittelt wird", in: *Der Tagesspiegel*, 30.06.2014, http://www.tagesspiegel.de/politik/ns-verbrechen-vor-gericht-warum-so-spaet-gegen-kz-wachleute-ermittelt-wird/10120818.html (letzter Zugriff am 08.09.2015).

235 Vgl. Werle, *Völkerstrafrecht*, S. 156, Rn. 431.

236 Siehe Hans Holzhaider, „Meine Schuld", in: *Süddeutsche Zeitung*, Nr. 161, 16.07.2015, S. 3.

237 Vgl. Werle, *Völkerstrafrecht*, S. 162, Rn. 352.

238 Dazu Detlef Nolte, „Wahrheit und Gerechtigkeit oder Vergessen? Vergangenheitsbewältigung in Lateinamerika", in: ders. (Hrsg.), *Vergangenheitsbewältigung in Lateinamerika*, Frankfurt am Main 1996, S. 7–28, hier S. 11–15; Elster, *Closing the Books*, S. 62–66.

239 Siehe u. a. Francesca Lessa, „Barriers to Justice: The *Ley de Caducidad* and Impunity in Uruguay", in: Francesca Lessa, Leigh A. Payne (Hrsg.), *Amnesty in the Age of Human Rights Accountability: Comparative and International Perspectives*, Cambridge u. a. 2012, S. 123–151; Paulo Abrão, Marcelo D. Torelly, „Resistance to Change: Brazil's Persistent Amnesty and its Alternatives for Truth and Justice", in: Francesca Lessa, Leigh A. Payne (Hrsg.), *Amnesty in the Age of Human Rights Accountability: Comparative and International Perspectives*, Cambridge u. a. 2012, S. 152–181; Emily Braid, Naomi Roht-Arriaza, „De facto and de jure Amnesty

Instrument der Wahrheitskommission zurück, um den gesellschaftlichen Forderungen nach Aufklärung der Verbrechen zu begegnen.[240] Die teilweise durch Regierungen und teilweise auf Initiative von Menschenrechtsorganisationen eingesetzten Kommissionen leisteten einen wichtigen Beitrag zur offiziellen Anerkennung der Menschenrechtsverletzungen und zur Rehabilitierung der Opfer, dienten in einigen Fällen aber auch zur Reinwaschung staatlicher Funktionsträger.[241] Zu einer strafrechtlichen Verfolgung der Verbrechen kam es erst zu Beginn der 2000er Jahre als in vielen lateinamerikanischen Staaten politische Kräfte Regierungen bildeten, die eine aktive Auseinandersetzung mit der Unrechtsvergangenheit explizit zu ihren gesellschaftspolitischen Zielen erhoben.[242] Dies lässt sich u. a. auf den Druck durch eine international vernetzte Menschenrechtsbewegung, die Strafverfolgungsbemühungen europäischer Staaten gegen führende lateinamerikanische Militärs („Pinochet-Effekt")[243] sowie den Interamerikanischen Gerichtshof für Menschenrechte zurückführen.[244] Mittlerweile ist es in mehreren Ländern Lateinamerikas zu Strafverfahren gegen Angehörige der Militärdiktaturen wegen schwerer Menschenrechtsverletzungen gekommen, u. a. gegen den ehemaligen peruanischen Präsidenten Alberto Fujimori, die ehemaligen De-facto-Präsidenten Uruguays Juan María Bordaberry und Gregorio Álvarez Armelino sowie die ehemaligen De-facto-Präsidenten Argentiniens Jorge Rafael Videla und Reynaldo Bignone.[245]

1.4.3 Einwände

Gegen die strafrechtliche Aufarbeitung einer Unrechtsvergangenheit werden zumeist drei Einwände vorgebracht: der strafrechtliche Grundsatz des Rückwirkungsverbots, die Verschleierung kollektiver Verantwortlichkeit sowie eine mögliche Bedrohung des Friedens.

Laws: The Central American Case", in: Francesca Lessa, Leigh A. Payne (Hrsg.), *Amnesty in the Age of Human Rights Accountability: Comparative and International Perspectives*, Cambridge u. a. 2012, S. 182–209.

240 Siehe u. a. Nolte, „Wahrheit und Gerechtigkeit oder Vergessen?", S. 16–19; Esteban Cuya, „Wahrheitskommissionen in Lateinamerika", in: Detlef Nolte (Hrsg.), *Vergangenheitsbewältigung in Lateinamerika*, Frankfurt am Main 1996, S. 33–66; Hamburger Institut für Sozialforschung (Hrsg.), *Nie wieder! Ein Bericht über die Entführung, Folter und Mord durch die Militärdiktatur in Argentinien*, Weinheim u. a. 1987.

241 Vgl. Nolte, „Wahrheit und Gerechtigkeit oder Vergessen?", S. 16–19.

242 Vgl. Werle, *Völkerstrafrecht*, S. 163, Rn. 354.

243 Siehe Naomi Roht-Arriaza, *The Pinochet-Effect: Transnational Justice in the Age of Human Rights*, Philadelphia, PA 2005.

244 Siehe Werle, *Völkerstrafrecht*, S. 163, Rn. 354.

245 Siehe ebd., S. 164 f., Rn. 355 f.

1.4.3.1 Rückwirkungsverbot

Ein gewichtiger, wenn auch seit der Etablierung des IStGH und der zunehmenden völkerrechtlichen Positivierung der Menschenrechte an Bedeutung verlierender Einwand betrifft das Verbot rückwirkender Kriminalisierung und Bestrafung (*nullum crimen, nulla poena sine lege*).[246] Obwohl durch den Unrechtsstaat geduldetes, verschleiertes oder unterstütztes Unrecht prinzipiell problemlos von dem Nachfolgestaat bestraft werden kann, weil bspw. Tötungsdelikte in so gut wie jeder Rechtsordnung strafbar sind, tauchen in Bezug auf Unrecht, das sich „in die Form des Gesetzes kleidet", juristische Herausforderungen auf.[247] In diesem Fall sieht sich die strafrechtliche Aufarbeitung mit der Notwendigkeit konfrontiert, Strafgesetze rückwirkend anzuwenden. Dies widerspricht jedoch dem basalen Schutz vor der willkürlichen Ausübung staatlicher Strafgewalt, der in der Regel auch Tätern eines Unrechtsregimes zugestanden wird.[248] Aus einer dezidiert rechtspositivistischen Sicht ist von einer Bestrafung somit grundsätzlich abzusehen, wenn der Täter zur Tatzeit kein geltendes Recht verletzt hat.[249] Demgegenüber wird zutreffend eingewandt, dass das Rückwirkungsverbot seiner Intention nach die rechtsunterworfenen Bürger und nicht die Machteliten eines Unrechtsstaates und deren Handlanger schützen soll.[250] Im Anschluss an Radbruch[251] werden Begrenzungen des nullum-crimen-Grundsatzes daher für gerechtfertigt angesehen, wenn ein Gesetz einen unerträglichen Verstoß gegen Prinzipien der Gerechtigkeit darstellt bzw. diese gar nicht erst angestrebt hatte.[252] Somit könne vermieden werden, dass sich staatli-

---

246 Dazu Neubacher, *Kriminologische Grundlagen einer internationalen Strafgerichtsbarkeit*, S. 435–439.

247 Vgl. Vest, *Gerechtigkeit für Humanitätsverbrechen?*, S. 19.

248 Dazu Neumann, „Die Rolle von Recht, Gesellschaft und Politik bei der Verarbeitung von ‚Unrechtsystemen'", S. 46; ausführlich in Ulfrid Neumann, „Rechtspositivismus, Rechtsrealismus und Rechtsmoralismus in der Diskussion um die strafrechtliche Bewältigung politischer Systemwechsel", in: ders., *Recht als Struktur und Argumentation. Beiträge zur Theorie des Rechts und zur Wissenschaftstheorie der Rechtswissenschaft*, Baden-Baden 2008, S. 163–187, bes. S. 171–186.

249 Siehe H. L. A. Hart, „Positivism and the Separation of Law and Morals", in: *Harvard Law Review*, 71 (1958), S. 593–629, hier S. 616–621; Günther Jakobs, „Vergangenheitsbewältigung durch Strafrecht? Zur Leistungsfähigkeit des Strafrechts nach einem politischen Umbruch", in: Josef Isensee (Hrsg.), *Vergangenheitsbewältigung durch Recht. Drei Abhandlungen zu einem deutschen Problem*, Berlin 1992, S. 37–64, hier S. 39 f.

250 Vgl. Schünemann, „Aufarbeitung von Unrecht aus totalitärer Zeit", S. 110.

251 Siehe Gustav Radbruch, „Gesetzliches Unrecht und übergesetzliches Recht", in: *Gustav Radbruch Gesamtausgabe*, hrsg. von Arthur Kaufmann, Bd. 3: Rechtsphilosophie III, Heidelberg 1990, S. 83–93, hier S. 89; dazu Vest, *Gerechtigkeit für Humanitätsverbrechen?*, S. 36–46.

252 Vgl. Neumann, „Die Rolle von Recht, Gesellschaft und Politik bei der Verarbeitung von ‚Unrechtsystemen'", S. 47.

che Machthaber „strafrechtliche Privilegien dadurch verschaffen[...], daß [sie] die normale Strafrechtspraxis zu [ihren] Gunsten oder zu Gunsten der von [ihnen] Abhängigen aushebel[n].“[253] Eine Bestrafung elementarer Verletzungen der unabhängig von einer konkreten staatlichen Rechtsordnung geltenden Menschenrechte bedarf demnach keine zur Tatzeit geltende Strafnorm.[254] Im Völkerstrafrecht ist dies weitgehend anerkannt.[255] Dem wird dahingehend Rechnung getragen, dass unter bestimmten Voraussetzungen auch Völkergewohnheitsrecht zur Grundlage einer Strafbarkeit werden kann.[256]

1.4.3.2 Verschleierung kollektiver Verantwortlichkeit

Ein weiterer Einwand gegen das Strafrecht als Weg der Vergangenheitsbewältigung betrifft dessen individualisierende Schuldzurechnung, die den kollektiven Aktionszusammenhang von Großverbrechen systematisch ausblende.[257] Durch diese Tendenz werde, wie u. a. Prittwitz argumentiert, einerseits die vorhandene *kollektive* (Mit-)Verantwortung der Gesellschaft verschleiert und somit andererseits dem sich innerhalb des Unrechtssystems lediglich konform verhaltenden Täter ungerechterweise *zu viel* Verantwortung zugerechnet.[258]

Als Auswege aus dieser Problematik werden in der Regel fünf Optionen propagiert: zunächst wird erstens mit der derzeitigen Verfasstheit des Strafrechts weitgehend vereinbar, eine „angemessene Berücksichtigung kollektiver Verantwortung für gleichwohl zurechenbare individuelle Verantwortung“[259] angemahnt; zweitens wird, darüber hinausgehend, zwischen einem individuellen und einem systemischen Teil des Unrechts unterschieden, wovon lediglich ersterer durch das Strafrecht geahndet werden könne und letzterer anderer Wege der Aufarbeitung bedürfe;[260] drittens wird statt eines auf das Anders-Handeln-Können abzielenden individuellen Schuldbegriffs eine Konzeption von Schuld präferiert, die „auf die (positiv-) generalpräventiven Bedürfnisse der Rechtsgemeinschaft abstellt“;[261] viertens wird der Vorschlag einer dezidiert kollektiven Verantwortlichkeit, im Unterschied zur

---

253 Naucke, *Die strafrechtliche Privilegierung staatsverstärkter Kriminalität*, S. 57.

254 Vgl. Neumann, „Die Rolle von Recht, Gesellschaft und Politik bei der Verarbeitung von ‚Unrechtsystemen‘“, S. 52.

255 Siehe Werle, *Völkerstrafrecht*, S. 46–49, Rn. 109–115.

256 Vgl. Neumann, „Die Rolle von Recht, Gesellschaft und Politik bei der Verarbeitung von ‚Unrechtsystemen‘“, S. 52; Neubacher, *Kriminologische Grundlagen einer internationalen Strafgerichtsbarkeit*, S. 436.

257 Siehe Vest, *Gerechtigkeit für Humanitätsverbrechen?*, S. 2.

258 Siehe Prittwitz, „Verantwortung als Schlüsselbegriff strafrechtlicher Vergangenheitsbewältigung“, S. 265–270; Günther/Prittwitz, „Individuelle und kollektive Verantwortung im Strafrecht“, S. 344–348.

259 Ebd., S. 268.

260 So Rau, *Strafrechtliche Vergangenheitsbewältigung am Beispiel Spanien*, S. 10 f.

261 Neubacher, *Kriminologische Grundlagen einer internationalen Strafgerichtsbarkeit*, S. 430; dazu Günther Jakobs, *Das Schuldprinzip*, Vortrag, Opladen 1993, S. 27.

geteilten Mitverantwortung der ersten Variante, eingebracht, die Schuld und Bestrafung allein für die Mitgliedschaft in einem Unrechtssystem vorsieht;[262] schließlich werden fünftens ausgehend von der Feststellung, dass das Strafrecht mit „seinem [individuellen] Schuldvorwurf bei Systemunrecht ins Leere ziele“[263], gänzlich andere Aufarbeitungsformen bevorzugt.[264]

Weil eine vollkommene Kapitulation des Strafrechts vor Systemunrecht keine befriedigende Alternative darstellt, eine fragwürdige und in ihren Auswirkungen ohnehin äußerst bedenkliche Kollektivhaftung im Allgemeinen eher als Rückschritt in der strafrechtlichen Entwicklung erachtet wird und man auf individuelle Verantwortungszurechnung auch in kollektiven Aktionszusammenhängen nicht gänzlich zu verzichten bereit ist, läuft es letztlich auf eine angemessene Bewertung individueller Verantwortlichkeit innerhalb kollektiver Prozesse hinaus.[265]

1.4.3.3 Gefährdung des Friedens und der Versöhnung

Ein letzter, zentraler Einwand gegen die strafrechtliche Verfolgung von Großverbrechen bezieht sich auf deren Auswirkungen auf den zumeist äußerst fragilen Frieden während oder nach einem Übergangsprozess. So wird argumentiert, dass die Strafandrohung für die für Menschenrechtsverletzungen verantwortlichen Eliten dem Friedensprozess und einer zu verhandelnden Machtübergabe im Wege stehe und zudem der Aussöhnung sich feindlich gegenüberstehender Bevölkerungsgruppen entgegenwirke.[266] Mithin wird sogar von einem Gegensatz zwischen den Anforderungen des Friedens und denjenigen der Gerechtigkeit gesprochen.[267] Die Vergangenheit hat jedoch gezeigt, dass eine allseitige Aufklärung des begangenen Unrechts, zu der die Feststellung strafrechtlicher Verantwortung zweifelsohne einen wesentlichen Beitrag leisten kann, unverzichtbar für einen *dauerhaften* Friedens-

---

262 Siehe Lampe, „Systemunrecht und Unrechtssysteme“, S. 716–745, prägnant S. 739.

263 Neubacher, *Kriminologische Grundlagen einer internationalen Strafgerichtsbarkeit*, S. 431.

264 Siehe die entsprechenden Verweise bei Rau, *Strafrechtliche Vergangenheitsbewältigung am Beispiel Spanien*, S. 10 f.

265 Dazu Neubacher, *Kriminologische Grundlagen einer internationalen Strafgerichtsbarkeit*, S. 430–434, 439–443; Seelmann, „Kollekive Verantwortung im Strafrecht“, S. 8–13; Prittwitz, „Verantwortung als Schlüsselbegriff strafrechtlicher Vergangenheitsbewältigung“, S. 268; Vest, *Gerechtigkeit für Humanitätsverbrechen?*, S. 2, 171–178; Hans Vest, „Humanitätsverbrechen – Herausforderung für das Individualstrafrecht“, in: *Zeitschrift für die gesamte Strafrechtswissenschaft*, 113 (2001), S. 457–498, hier S. 494.

266 Günther, „Falscher Friede durch repressives Völkerstrafrecht?“, S. 91 f.; Clark u. a., „Tensions in Transitional Justice“, S. 387.

267 Dazu (kritisch) Richard J. Goldstone, „Frieden und Gerechtigkeit – Ein unvereinbarer Gegensatz?“, in: Gary Smith, Avishai Margalit (Hrsg.), *Amnestie oder Die Politik der Erinnerung in der Demokratie*, Frankfurt am Main 1997, S. 37–47, bes. S. 42 f.

zustand und ein gemeinsames gesellschaftliches Zusammenleben ist.[268] Die angemessene, situativ freilich stets variierende Rolle der Strafjustiz definiert sich somit vielmehr nach Maß und Zeitpunkt und nicht, ob sie überhaupt eingesetzt werden sollte. So sind Strafprozesse offensichtlich erst dann wirklich sinnvoll, wenn die Aushandlungsprozesse des Übergangs bzw. die Friedensverhandlungen vollkommen abgeschlossen wurden und die Gefahr eines Putsches oder eines Wiederaufflammens des Konfliktes weitgehend gebannt ist.[269]

2 Der Fall Kolumbien – Ein Ausreißer?

In diesem Abschnitt wird der Fall des kolumbianischen Transitionsprozesses in seinen Grundzügen dargestellt und mithilfe der im ersten Abschnitt ausgearbeiteten Begrifflichkeiten verortet.

Kolumbien wird gemeinhin als ein Fall *sui generis* präsentiert, nicht nur in Bezug auf den Übergangsprozess. So wird das Land in den 1970er Jahren, während die Mehrheit der lateinamerikanischen Staaten Militärdiktaturen waren, als ein „Rechtsstaat *sui generis*" bezeichnet, in dem die Grundprinzipien der Verfassung durch einen dauerhaften Ausnahmezustand außer Kraft gesetzt worden seien.[270] Darüber hinaus wird der bewaffnete Konflikt in Kolumbien als ein Fall *sui generis* tituliert, insbesondere wegen seiner langen Dauer (mehr als 60 Jahre), der Vielfältigkeit der Konfliktparteien (linke Guerillagruppen, Paramilitärs, Militärs), der Rolle des Drogenhandels, der Einflussnahme der US-amerikanischen Antidrogenpolitik sowie der extremen Polarisierung der kolumbianischen Gesellschaft.[271] Der so genannte „Übergangsprozess" in Kolumbien wird schließlich ebenfalls als ein Prozess *sui generis* deklariert, weil u. a. die Friedensverhandlungen nur mit einer Konfliktpartei geschlossen wurden, die Kampfhandlungen mit der Guerilla fortdauern und die Demobilisierungen der Paramilitärs zu keiner vollständigen Auflösung der pa-

268 Vgl. Gerd Hankel, „Vergangenheitsbewältigung durch die Justiz? – Das Beispiel Ruanda", in: Frank Neubacher, Anne Klein (Hrsg.), *Vom Recht der Macht zur Macht des Rechts? Interdisziplinäre Beiträge zur Zukunft internationaler Strafgerichte*, Berlin 2006, S. 263–277, hier S. 276; Gerhard Werle, „Die juristische Aufarbeitung der Vergangenheit: Strafe, Amnestie oder Wahrheitskommission?", in: Francisco Muñoz Conde, Thomas Vormbaum (Hrsg.), *Transformation von Diktaturen in Demokratien und Aufarbeitung der Vergangenheit*, Berlin u. a. 2010, S. 15–25, hier S. 22.

269 Vgl. Prittwitz, „Verantwortung als Schlüsselbegriff strafrechtlicher Vergangenheitsbewältigung", S. 257.

270 Vgl. Rodrigo Uprimny, „Las transformaciones de la administración de justicia en Colombia", in: Boaventura de Sousa Santos, Mauricio García Villegas (Hrsg.), *El caleidoscopio de las justicias en Colombia*, Bd. 1, 2. Aufl., Bogotá 2004, S. 261–315, hier S. 277.

271 Vgl. Rodrigo Uprimny, María Paula Saffon, „Usos y abusos de la justicia transicional en Colombia", in: *Anuario de Derechos Humanos*, 4 (2008), S. 165–195, hier S. 170.

ramilitärischen Organisationsstrukturen geführt haben.[272] Der „Transitionsprozess" findet somit nicht nur vor dem Hintergrund eines andauernden Konfliktes statt, sondern auch ohne einen politischen Systemwandel, geschweige denn Systemwechsel.

Auf den ersten Blick scheinen die oben dargestellten Schemata eines Übergangs auf den Fall Kolumbien daher nicht anwendbar. Es stellt sich somit die Frage, welche Rolle das Strafrecht innerhalb eines solchen „Übergangsprozesses ohne Übergang" spielen kann. Im Folgenden werden zunächst die bestehenden Konzepte zur Erfassung des Paramilitarismus dargestellt (2.1), sodann wird das Verständnis des „Übergangs" in Kolumbien erörtert (2.2) und schließlich wird die kolumbianische Debatte über die Rolle des Strafrechts innerhalb des sogenannten „Übergangsprozesses" in Umrissen skizziert (2.3).

2.1 Erklärungsansätze zum Paramilitarismus in Kolumbien

2.1.1 Konzepte zur Erfassung des Phänomens – Die Enthaltsamkeit der Kriminologie

Obwohl die paramilitärischen Taten vor allem seit der Verabschiedung des Gerechtigkeits- und Friedensgesetzes Gegenstand der kolumbianischen Justiz sind, ist der Paramilitarismus als eigenständiges Phänomen von der Kriminologie in Kolumbien bisher kaum beachtet worden. Versuche zur Erfassung des Paramilitarismus wurden stattdessen hauptsächlich von Konfliktforschern entwickelt. Dabei lassen sich mindestens fünf Erklärungsansätze identifizieren.

2.1.1.1 Paramilitärs als Gewaltunternehmer

Der von dem kolumbianischen Politikwissenschaftler Mauricio Romero entwickelte Begriff bezieht sich auf Individuen, die auf die Verwaltung, Entfaltung und Anwendung von Gewalt spezialisiert sind und diese als Ware im Tausch gegen Geld und andere Werte anbieten.[273] Der Gewinn sei dabei lediglich ein Mittel, um größere Ziele zu erreichen: die Aufrechterhaltung des durch die Friedensverhandlungen mit der linken Guerilla bedrohten Status Quo sowie, in einigen Fällen, die Herausbildung einer neuen Ordnung.[274] Romero zufolge wurden diese „Gewaltunternehmer" im Verlauf des bewaffneten Konflikts Teil eines neoliberalen Modernisierungsprojekts, das die reibungslose Ausbeutung der nationalen Ressourcen im Einklang mit den Interessen nationaler Eliten und transnationaler Unternehmen garantieren sollte.[275]

---

272 Vgl. ebd., S. 171; Alejandro Aponte, „Colombia: Un caso sui generis en el marco de la justicia de transición", in: *International Law: Revista Colombiana de Derecho Internacional*, 12 (2008), S. 395–433.

273 Vgl. Mauricio Romero, *Paramilitares y autodefensas 1982–2003*, 2. Aufl., Bogotá 2005, S. 17.

274 Vgl. ebd.

275 Siehe Mauricio Romero (Hrsg.), *La economía de los paramilitares. Redes de corrupción, negocios y política*, Bogotá 2011.

2.1.1.2 Paramilitarismus als repressives politökonomisches Modell

Ähnlich wie Romero versteht der Konfliktforscher Carlos Medina den Paramilitarismus als ein repressives politikökonomisches Modell, mittels dessen die Ressourcen des Drogenhandels in den legalen Finanz- und Wirtschaftskreislauf einbezogen worden seien.[276] Darüber hinaus sei durch dieses Modell ein großangelegtes kapitalistisches Projekt mit einer kriminellen Basis vorangetrieben worden.

2.1.1.3 Paramilitarismus als gescheiterte Anti-Guerilla-Strategie

Einen anderen Fokus legt der Politikwissenschaftler Francisco Leal Buitrago, indem er auf die gescheiterte Anti-Guerilla-Strategie des kolumbianischen Staates als Ursache des Paramilitarismus verweist.[277] Nach Leal Buitrago lässt sich dieses kriminelle Phänomen durch sich wiederholende Verhaltensweisen eines schwachen Staates erklären: der Missbrauch des Ausnahmezustands, das Fehlen einer konsistenten Sicherheitspolitik, die unbegrenzte Autonomie des Militärs sowie das Eingreifen ausländischer Sicherheitsstrategen in den bewaffneten Konflikt und das Problem des Drogenhandels.

2.1.1.4 Paramilitarismus als Konsequenz der staatlichen Kriegsführung

Eine ähnliche Perspektive nehmen die Konfliktforscher Francisco Gutiérrez und Mauricio Barón ein, die das Phänomen in Verbindung mit den staatlichen Reaktionen auf die Guerilla und den Drogenhandel setzen.[278] Ihnen zufolge ist das Verhältnis zwischen Paramilitärs und dem Staat allerdings ambivalenter: ein Alliierter im Anti-Guerilla-Kampf, ein Wettbewerber auf dem Sicherheitsmarkt und ein, zumindest theoretischer, militärischer Gegner im Kampf gegen den Drogenhandel.[279]

2.1.1.5 Paramilitarismus als politisch-militärische Strategie zur autoritären Transformation von Gesellschaft und Staat

Der deutsche Politikwissenschaftler Raul Zelik hebt einen weiteren Aspekt des Paramilitarismus hervor und definiert ihn als „politisch-militärische Strategie zur

---

276 Siehe Carlos Medina, „El narco-paramilitarismo. Lógicas y procesos en el desarrollo de un capitalismo criminal", in: Jairo Estrada Álvarez, Sergio Moreno, Oscar Mejía Quintana, Tom Blickman u. a. (Hrsg.), *Capitalismo criminal: Ensayos críticos*, Bogotá 2008, S. 104–141.

277 Siehe Francisco Leal Buitrago, „Militares y paramilitares en Colombia", in: Elvira M. Restrepo, Bruce Bagley (Hrsg.), *La desmovilización de los paramilitares en Colombia. Entre el escepticismo y la esperanza*, Bogotá 2011, S. 43–68.

278 Siehe Francisco Gutiérrez, Mauricio Barón, „Estado, contol territorial paramilitar y orden político en Colombia", in: Francisco Gutiérrez, María Emma Wills, Gonzalo Sánchez Gómez (Hrsg.), *Nuestra guerra sin nombre. Transformaciones del conflicto en Colombia*, Bogotá 2006, S. 267–309, hier S. 301.

279 Vgl. ebd.

autoritären Transformation von Gesellschaft und Staat".[280] Er sei „eine von Machtgruppen vorangetriebene Entgrenzung herrschaftlicher Gewalt", die unter anderem auf die Wiederherstellung des staatlichen Gewaltmonopols abziele. Vielmehr als ein „staatliches Geheiminstrument" sei der Paramilitarismus jedoch eine Strategie zur Etablierung einer neuen Herrschaftsordnung, die den Staat selbst „verwandelt" habe.[281]

Diese unterschiedlichen Erklärungsansätze, die verschiedene Aspekte des Phänomens herausgreifen, weisen auf einen für dessen Verständnis entscheidenden Umstand hin, der in der strafrechtlichen und kriminologischen Debatte unterbelichtet ist: der Paramilitarismus hat sich seit seiner Entstehung in den 1980er Jahren beständig gewandelt und lässt sich somit nur unter Rückgriff auf seine komplexe Entwicklungsgeschichte analysieren.

2.1.2 Die strafrechtliche Debatte

In der strafrechtlichen Literatur hat sich neuerdings, insbesondere während der Umsetzung des Gerechtigkeits- und Friedensgesetzes, der Terminus „Makrokriminalität" als Bezeichnung für die paramilitärischen Taten etabliert.[282] Dennoch scheint Unklarheit über das konkrete Verständnis dieses Konzepts zu bestehen. Dies spiegelt sich darin, dass einige mit der Verfolgung der paramilitärischen Taten beauftragten Instanzen wie die Staatsanwaltschaft „Makrokriminalität" gelegentlich mit „Organisierter Kriminalität" gleichsetzen oder den Ausdruck „Makrokriminalitätsmuster" verwenden, um sich auf kriminelle Verhaltensweisen und deren Kontexte zu beziehen.[283]

In der höchstrichterlichen Praxis besteht ebenfalls eine terminologische Unschärfe in Bezug auf das kriminologische Verständnis des Paramilitarismus. So spricht das Verfassungsgericht von „Makrokriminalität"[284], die Revisionskammer des Verfassungsgerichts dagegen von „Schwerer Kriminalität", die mit „Systemkriminalität" (*criminalidad de sistema*) gleichgestellt wird[285]. Der Oberste Gerichtshof wiederum verwendet sowohl „Makrokriminalität" als auch „Organisierte Kriminalität" in einem einzigen Urteil.[286] In einem anderen Urteil, gegen den ehemaligen

280 Raul Zelik, *Die kolumbianischen Paramilitärs. „Regieren ohne Staat?" oder terroristische Formen der Inneren Sicherheit*, 2. Aufl., Münster 2010, S. 170.

281 Ebd.

282 Siehe u. a. Ambos, *Procedimiento de la ley de Justicia y Paz*, S. 137, 205.

283 Siehe bspw. die Richtlinie der Staatsanwaltschaft für Gerechtigkeit und Frieden: Fiscalía para Justicia y Paz, *Plan de acción de casos a priorizar por la unidad nacional de fiscalías para la justicia y la paz*, Bogotá, 04.10.2012, http://www.fiscalia.gov.co/jyp/wp-content/uploads/2012/04/Plan-de-Accion-de-Priorizacion-de-la-Unidad.pdf (letzter Zugriff am 19.09.2015).

284 Vgl. Corte Constitucional (CC), Urteil C-370 von 2006, Abs. 4.9.4.

285 Vgl. CC, Urteil T-496 von 2008, Abs. 10.8.2.

286 Vgl. Corte Suprema de Justicia (CSJ), Urteil vom 31.07.2009, Nr. 31539, S. 4, 6.

Gouverneur der Region Sucre, Arana Sus, unter anderem wegen der Unterstützung paramilitärischer Gruppen, beschreibt der Oberste Gerichtshof den Paramilitarismus als „Organisierte Kriminalität zur mafiösen Einnahme des Staates".[287] In einigen Urteilen der Tribunale für Gerechtigkeit und Frieden schließlich scheint die Konfusion noch größer: in einem einzigen Urteil gegen zwei Paramilitärs bezeichnen die Richter die paramilitärischen Taten als „Makrokriminalität", „Schwere Kriminalität", „Alarmierende Kriminalität" sowie „Organisierte Kriminalität".[288]

Das Komitee für die Geschichtsschreibung des Konfliktes bezeichnet ferner bspw. das Massaker von La Rochela, einem von paramilitärischen Einheiten verübten Mord an 12 Mitgliedern einer Ermittlungskommission, die zur Untersuchung vorangegangener paramilitärischer Taten eingesetzt worden war, als „Systemkriminalität".[289] Das Komitee bezieht sich dabei nicht nur auf die Ermöglichung des Massakers durch eine Allianz zwischen Sektoren der Streitkräfte, regionalen Eliten, Politikern, Drogenhändlern und Paramilitärs, sondern auch auf die, trotz eines gegen den kolumbianischen Staat erlassenen Urteils des Interamerikanischen Gerichtshofes von 2007, bis heute andauernde Behinderung von dessen Strafverfolgung durch Handlungen und Unterlassungen staatlicher Akteure der Straf-, Verwaltungs- und Militärgerichtsbarkeit.

Schließlich sprechen einige Opferorganisationen sowie das Archivprojekt *Noche y Niebla*, das bei dem jesuitischen Forschungszentrum *Centro de Investigación y Educación Popular* (CINEP) angesiedelt ist, von Paramilitarismus als „Staatskriminalität" (*crimen del estado*), „Kriminelle Politik des Staates" (*criminal política de estado*) oder „Staatsparamilitarismus" (*paramilitarismo de estado*) und heben, wie das Komitee für die Geschichtsschreibung des Konfliktes, die Verwicklung staatlicher Instanzen in die paramilitärischen Verbrechen hervor.[290]

2.2 Zum Verständnis des „Übergangs" in Kolumbien

In der nationalen Debatte in Kolumbien ist es alles andere als ausgemacht, dass sich das Land in einem Übergangsprozess befindet, geschweige denn, dass ein Übergang bereits stattgefunden hat. Im Gegenteil stimmen die meisten *Transitional Justice*-Experten darin überein, dass es keinen Übergang im Sinne einer Konfliktbewältigung oder der Auflösung der paramilitärischen Strukturen gegeben hat.

So stellt Uprimny klar, dass es aufgrund des andauernden Konflikts mit den linken Guerillagruppen, insbesondere der FARC, keinen umfassenden Übergang und aufgrund der Persistenz des Paramilitarismus, ungeachtet einiger Demobilisierun-

287 Vgl. CSJ, Urteil vom 03.12.2009, Nr. 32672, S. 108.

288 Vgl. Tribunal Superior de Justicia y Paz de Bogotá (TSJPB), Urteil vom 07.12.2011, Nr. 110016000253200681366, S. 36, 88, 163, 184.

289 Vgl. Grupo de Memoria Histórica, *La Rochela: Memorias de un crimen contra la justicia*, Bogotá 2010, S. 167.

290 Noche y Niebla, *Deuda con la humanidad. Paramilitarismo de estado en Colombia 1988–2003*, Banco de datos de violencia política – CINEP, Bogotá 2004.

gen, auch keinen partiellen Übergang gebe.[291] Ähnlich argumentiert Rettberg, die auf die außergewöhnliche Resilienz des bewaffneten Konfliktes und dessen Fähigkeit zur Transformation verweist.[292]

Ein wenig optimistischer ist hingegen Díaz, die von einem „partiellen, chaotischen und uneinheitlichen Prozess einer staatlich geförderten Transformation, die auf ein Element des Konfliktes gerichtet ist", spricht.[293] Sie betont darüber hinaus, dass die Transitionsjustiz eine wichtige Rolle in diesem Prozess einnehmen kann.[294] Der gleichen Ansicht ist Ambos, der erklärt, dass „die Transitionsjustiz [...] sich nicht auf Postkonfliktsituationen oder Regimewechsel, insbesondere den Übergang von einer Diktatur zu einer Demokratie, [beschränkt], sondern [...] auch Situationen eines Friedensprozesses innerhalb eines andauernden Konfliktes und/oder einer formalen Demokratie [umfasst]."[295]

2.3 Die Rolle des Strafrechts im kolumbianischen „Übergangsprozess"

Die kolumbianische Diskussion über die Rolle des Strafrechts als Instrument der Übergangsjustiz steckt noch in den Anfängen und dreht sich zumeist um dogmatische Fragen.[296] Das Hauptaugenmerk der durch die Demobilisierungen der Paramilitärs und die Verfolgung ihrer Taten im Rahmen des Gerechtigkeits- und Friedensgesetzes ausgelösten Debatten konzentriert sich allerdings nicht auf die Rolle des Strafrechts im engeren Sinne, sondern auf diejenige des GuFG innerhalb des sogenannten „Übergangsprozesses". Es ist dabei weitgehend anerkannt, dass das ordentliche Strafrecht nicht mit dem Gerechtigkeits- und Friedensgesetz gleichzusetzen ist.

---

291 Vgl. Uprimny/Saffon, „Usos y abusos de la justicia transicional en Colombia", S. 171; Rodrigo Uprimny, María Paula Saffon, Catalina Botero, Esteban Restrepo (Hrsg.), *¿Justicia transicional sin transición? Verdad, justicia y reparación para Colombia*, Bogotá 2006.

292 Vgl. Angelika Rettberg, „Reflexiones introductorias sobre la relación entre construcción de paz y justicia transicional", in: dies. (Hrsg.), *Entre el perdón y el paredón. Preguntas y dilemas de la justicia transicional*, Bogotá 2005, S. 1–15, hier S. 2.

293 Catalina Díaz, „Colombia's Bid for Justice and Peace", in: Kai Ambos, Judith Large, Marieke Wierda (Hrsg.), *Building a Future on Peace and Justice: Studies on Transitional Justice, Peace and Development*, Berlin u. a. 2009, S. 469–301, hier S. 497, Übers. F. D.

294 Vgl. ebd., S. 497 f.

295 Kai Ambos, *El Marco Jurídico de la Justicia de Transición. Especial Referencia al Caso Colombiano*, Bogotá 2008, S. 8, Übers. F. D.

296 Siehe u. a. Fernando Velásquez Velásquez, „Paramilitärische Führer und kriminelle Machtapparate", in: *Streitbare Strafrechtswissenschaft. Festschrift für Bernd Schünemann zum 70. Geburtstag am 1. November 2014*, hrsg. von Roland Hefendehl, Tatjana Hörnle, Luis Greco, Berlin u. a. 2014, S. 1119–1131; Jaime Bernal Cuéllar (Hrsg.), *Jornadas internacionales de derecho penal XXXV. Procesos de paz: derecho penal y justicia transicional. Memoria*, Bd. 1, Bogotá 2014.

2.3.1 *Das Gerechtigkeits- und Friedensgesetz als Instrument der Übergangsjustiz*

Die Verfolgung der von den demobilisierten Paramilitärs begangenen Verbrechen erfolgt grundsätzlich in Anwendung des GuFG sowie des materiellen staatlichen Strafrechts, zu dem die in die nationale Rechtsordnung implementierten Normen des Humanitären Völkerrechts und des Völkerstrafrechts gehören.[297] Die ordentliche Strafprozessordnung wird lediglich ergänzend angewendet, in Bezug auf all das, was im GuFG nicht geregelt worden ist.[298]

Nach dem Obersten Gerichtshof stellt das GuF-Verfahren einen Prozess *sui generis* dar, dessen Grundlagen nicht immer mit denen eines ordentlichen Strafverfahrens übereinstimmen würden und die lediglich im Rahmen der Besonderheiten der Übergangsjustiz erfassbar seien.[299] Beide seien somit deutlich voneinander abzugrenzen. Allerdings kann diese pauschale Einschätzung nicht zufriedenstellend erklären, welche *Rechts*natur das Gesetz besitzt bzw. welche Wechselwirkungen zwischen „normalem“ Strafrecht und dem GuFG als „außerordentlichem“ Gesetz bestehen. Die Frage, ob das GuFG als wichtigstes Instrument der *Transitional Justice* bei der Verfolgung der paramilitärischen Taten als „normales“ Strafrecht zu verstehen sei, kann an dieser Stelle noch nicht beantwortet werden, obwohl sie uns im Laufe dieser Arbeit permanent begleiten wird.

2.3.2 *Die Ziele des Gerechtigkeits- und Friedensgesetzes*

Die deklarierten Ziele des Gerechtigkeits- und Friedensgesetzes sind, die Friedensverhandlungen und die Reintegration von Mitgliedern bewaffneter Gruppen in das zivile Leben zu fördern sowie die Rechte der Opfer auf Wahrheit, Gerechtigkeit und Wiedergutmachung zu gewährleisten.[300]

---

297 Ramelli macht jedoch darauf aufmerksam, dass die Einbeziehung der Straftaten gegen das Völkerrecht, v. a. der Verbrechen gegen die Menschlichkeit, in das kolumbianische Strafgesetzbuch sehr spät und polemisch erfolgte. So enthält das aktuelle Strafgesetzbuch keinen gesonderten Teil für Verbrechen gegen die Menschlichkeit. Darüber hinaus entspricht die kolumbianische Ausformulierung von Tatbeständen wie dem zwangsweisen Verschwindenlassen von Personen, der Vertreibung und Folter der in Art. 7 des StGH-Statuts vorgesehenen Deliktsstruktur, nach der diese Einzeltaten im Rahmen eines Gesamtvorgangs begangen werden, gegen die Zivilbevölkerung gerichtet sind sowie in Ausführung oder Unterstützung der Politik eines Staates erfolgen, nicht. Vgl. Alejandro Ramelli Arteaga, *Jurisprudencia penal internacional aplicable en Colombia*, Bogotá 2011, S. 262; zur Deliktstruktur der Verbrechen gegen die Menschlichkeit im Völkerstrafrecht siehe Werle, *Völkerstrafrecht*, S. 383–397, Rn. 859–891.

298 Vgl. Art. 62 Gesetz 975 von 2005, das sogenannte Gerechtigkeits- und Friedensgesetz.

299 Vgl. u. a. CSJ, Urteil vom 28.09.2006, Nr. 25830; Urteil vom 25.09.2007, Nr. 28250; Urteil vom 03.10.2008, Nr. 30442.

300 Art. 1 Gesetz 975 von 2005.

Obgleich die Regierung Uribe, die das GuFG konzipierte, das Gesetz vor allem als Instrument zur Bekämpfung der Straflosigkeit und der Verwirklichung der Rechte der Opfer präsentierte, behauptet die Juristenorganisation *Comisión Colombiana de Juristas*, dass es im Gegenteil eine *De-facto*-Amnestie für den überwiegenden Teil der Paramilitärs darstellte.[301] *Amnesty International* geht gar davon aus, dass 90 % der Mitglieder paramilitärischer Einheiten mithilfe des GuFG und dieses ergänzender Gesetze[302] *de facto* amnestiert wurden.[303]

3 Zusammenfassung

In diesem Kapitel wurden die begrifflichen und konzeptionellen Ausgangspunkte für die vorliegende Untersuchung gelegt. In einem ersten Schritt wurden die geläufigsten Versuche zur Erfassung kollektiver Großverbrechen (1.1), eines „Übergangs" (1.2), des gesellschaftlichen Umgangs damit (1.3) sowie der expliziten Rolle des Strafrechts in solchen Übergangsprozessen (1.4) diskutiert. Das Hauptaugenmerk lag dabei auf den Zielen, die mit einer strafrechtlichen Aufarbeitung vergangenen Unrechts gemeinhin verbunden werden (1.4.1).

Den traditionellen Strafzwecken der Vergeltung, Sühne und Spezialprävention wird, obgleich nicht völlig obsolet, in Transitionsprozessen im Allgemeinen nur geringe Relevanz beigemessen. Wesentlich wichtiger wird dagegen die auf die Bestärkung der Normgeltung zielende positive Generalprävention eingeschätzt. Durch die strafrechtliche Verfolgung schwerer Menschenrechtsverletzungen werden demnach die Werte einer demokratischen Gesellschaft und die Geltung der Menschenrechte bekräftigt. Neben der positiven Generalprävention werden die materielle und ideelle Wiedergutmachung der Opfer sowie die Funktion der Wahrheitsfindung innerhalb von Strafverfahren als zentrale Ziele strafrechtlicher Vergangenheitsaufarbeitung angesehen. So wird über die ureigene Aufgabe des Strafrechts, individuelle Verantwortlichkeit auch in kollektiven Aktionszusammenhängen festzustellen und damit die Opfer von Selbstvorwürfen zu entlasten, Strafprozessen die Funktion der Tatsachenfeststellung sowie der damit zusammenhängenden Dekonstruktion gesellschaftlicher Deutungsmuster und Ideologien beigemessen. Übergeordnete Ziele wie Frieden, Gerechtigkeit und Versöhnung können aufgrund ihres stark normativen Charakters hingegen lediglich grobe Leitlinien einer Transition vorgeben.

Nach einer Darstellung möglicher Wege einer strafrechtlichen Aufarbeitung der Vergangenheit (1.4.2) wurden die wesentlichen Einwände gegen den Einsatz des Strafrechts in diesen Kontexten diskutiert (1.4.3). Dazu zählen insbesondere der

301 Vgl. Comisión Colombiana de Juristas, *Colombia: La metáfora del desmantelamiento de los grupos paramilitares. Segundo informe de balance sobre la aplicación de la ley 975 de 2005*, Bogotá 2010, S. 120 f.

302 Es handelt sich dabei vor allem um das Gesetz 1424 von 2010.

303 Vgl. Amnesty International, *Informe Anual 2012 de Amnistía Internacional: El estado de los derechos humanos en el mundo*, London 2012, S. 154.

im Zuge der völkerrechtlichen Positivierung der Menschenrechte an Bedeutung verlierende Grundsatz des Rückwirkungsverbots, eine durch individualisierende Verantwortungszurechnungen Vorschub geleisteten Verschleierung kollektiver Verantwortlichkeit sowie eine potentielle Gefährdung des Friedens und der Versöhnung. Der letzte Aspekt ist, obgleich nicht vollkommen von der Hand zu weisen, dahingehend zu entkräften, dass für einen dauerhaften Friedenszustand und einen seinen Namen verdienenden „Übergang" eine allseitige Aufklärung des begangen Unrechts inklusive der Feststellung von Verantwortlichkeiten unentbehrlich ist. Diese Lehre kann aus vergangenen Übergangsprozessen zweifelsohne gezogen werden. Die Tendenz der Verschleierung der kollektiven Mitverantwortung der Gesellschaft im Rahmen individualisierender Strafverfahren wird vor allem dadurch abzuschwächen versucht, dass der kollektive Handlungsrahmen individueller Taten angemessen berücksichtigt wird und das Instrument des Strafrechts durch andere, auf das Kollektiv gerichtete, gesellschaftliche Aufarbeitungsmechanismen ergänzt wird.

In einem zweiten Schritt wurde der Fall Kolumbien innerhalb dieses theoretischen Bezugsrahmens verortet (2). Zunächst wurde gezeigt, dass der kolumbianische Transitionsprozess vor dem Hintergrund des andauernden Konfliktes mit der Guerilla, der unvollständigen Auflösung der paramilitärischen Organisationen und ohne einen politischen Systemwechsel keinen ansatzweise als solchen zu bezeichnenden „Übergang" darstellt. Die sich daran anschließende Frage nach der Rolle des Strafrechts in solchen „Übergangsprozessen ohne Übergang" bildet den Ausgangpunkt für die vorliegende Arbeit. Es wurden ferner die gebräuchlichen Konzepte zur Erfassung des Paramilitarismus als kriminellem Phänomen referiert. Dabei stellte sich heraus, dass erstens eine systematische kriminologische Debatte zur Thematik bisher ausgeblieben ist und dass zweitens eine offensichtliche Unklarheit in Bezug auf die strafrechtliche Behandlung des Phänomens konstatiert werden kann. Daher ist eine historisch-genetische Analyse des Paramilitarismus notwendig, die es erlaubt, ein besseres Verständnis des kriminellen Phänomens zu gewinnen und die strafrechtliche Reaktion darauf angemessen einordnen zu können.

III Der Paramilitarismus in Kolumbien: Transformationen eines kriminellen Phänomens

> Die Prophylaxe des Völkermords setzt seine Ätiologie voraus. Die Diagnose ist schwierig genug, aber immer noch leichter als die Therapie, worunter die Beseitigung der Ursachen verstanden wird.
>
> Fritz Bauer, „Kriminologie und Prophylaxe des Völkermords".

In diesem Kapitel wird die Geschichte des Paramilitarismus in ihren Grundzügen dargestellt, um die wesentlichen Charakteristika des kriminellen Phänomens herauszuarbeiten.

Die Tour d'Horizon beginnt bei der legalen Basis des Paramilitarismus (1), dem „Statut zur nationalen Verteidigung" von 1965, und dessen Anfängen im Magdalena Medio 1982 durch den Viehzüchterverband ACDEGAM (2). Daran anschließend wird die ab Mitte der 1980er Jahre beginnende Verflechtung mit dem Drogenhandel (3) sowie die durch die Drogenressourcen ermöglichte Expansion des Paramilitarismus (4) beleuchtet. Daraufhin wird die in Zusammenarbeit mit regulären Streitkräften durchgeführte Verfolgung der politischen Opposition, insbesondere der sozialistischen Partei *Unión Patriótica*, aufgezeigt (5) und anhand der Massaker von Remedios und Segovia illustriert (Exkurs).

Im sechsten Abschnitt (6) liegt das Hauptaugenmerk auf den repressiven Reaktionen des Staates auf die anschwellende Gewalt, vor allem Ausnahmegesetze und kontinuierliche Reformen der Strafjustiz. Trotz der 1989 auf oppositionellen und internationalen Druck erstmals offiziell stattfindenden Illegalisierung des Paramilitarismus zeigt das Massaker von La Rochela aus demselben Jahr exemplarisch die Verwicklung staatlicher Instanzen, insbesondere regionaler und lokaler Politiker sowie der Streitkräfte, in die paramilitärischen Verbrechen (Exkurs). Im Anschluss werden die Ambivalenzen und Auswirkungen der staatlichen Kriminalpolitik zur Bekämpfung des „Terrorismus" aufgezeigt: Repression gegen Oppositionelle und „gewöhnliche Kriminelle" auf der einen und strafrechtliche Milde und Vergünstigungen für die organisierte Kriminialität auf der anderen Seite (7). Im achten Abschnitt wird die Konsolidierung und Zentralisierung der paramilitärischen Organisationen beschrieben und dabei vor allem die Rolle des 1997 gegründeten AUC-Verbands hervorgehoben (8). Das im selben Jahr stattfindende Massaker von Mapiripán illustriert die Terrormethoden der Paramilitärs, die sich in dieser Zeit endgültig zum dritten Kriegsakteur entwickelten, sowie die andauernde Zusammenarbeit mit den regulären Streitkräften (Exkurs).

Daraufhin stehen erneut repressive kriminalpolitische Maßnahmen im Zuge des durch die USA initiierten „Plan Colombia" (9) und der „Politik der demokratischen Sicherheit" des 2002 gewählten Präsidenten Álvaro Uribe (10) im Vordergrund.

Im elften Abschnitt wird der Einfluss des Paramilitarismus auf die Gouverneurs- und Bürgermeisterwahlen von 2002 und 2003 sowie auf die Parlamentswahlen von 2006 beschrieben (11) und daran anschließend werden die Auswirkungen dieses „bewaffneten Klientelismus" zwischen regionalen Politikern und Paramilitärs, der sogenannten „Parapolitik", auf die zentralstaatlichen Institutionen beleuchtet (12). Zuletzt werden die Rahmenbedingungen der Verhandlungen zwischen der Regierung Uribe und den paramilitärischen Kommandanten über die Demobilisierung ihrer Einheiten skizziert (13) und die für die Untersuchung wesentlichen Punkte zusammengefasst (14).

1 Die legale Basis des Phänomens

Der Paramilitarismus entstand als von Fraktionen der Streitkräfte implementierte Kriegsstrategie gegen die linken Guerillagruppen, die sich auf eine Verordnung der Exekutive innerhalb eines Ausnahmezustands[304] stützte.[305] Es handelte sich dabei um das Dekret 3398 von 1965, *Estatuto orgânico para la Defensa Nacional* (das „Statut zur nationalen Verteidigung"), dessen Inhalt später in ein ordentliches Gesetz, das Gesetz 48 von 1968, transferiert wurde.[306] Laut des Dekrets waren alle Kolumbianer verpflichtet, aktiv an der nationalen Verteidigung mitzuwirken, und konnten von der Regierung zur „Wiederherstellung der Normalität" „benutzt" werden.[307] Das Statut trug entscheidend zu einer Neuorientierung der militärischen Strategie gegenüber den linken Guerillas bei.[308] So wurde bspw. in den Armeehandbüchern der 1960er, 1970er und 1980er Jahre, den sogenannten *Manuales de Contrainsurgencia*, eine radikale Änderung des Kriegsverständnisses und der Definition „des Feindes" vorgenommen. Nach den neuen Armeehandbüchern standen nicht nur die Guerilleros, sondern auch die Zivilbevölkerung im Mittelpunkt des militärischen Kampfes.[309]

Die oben genannten Normen förderten die Bildung von sogenannten „Selbstverteidigungsgruppen", deren „Legalität" erst 1989 mit einer weiteren Verordnung, die wiederum im Rahmen eines Ausnahmezustands erlassen wurde, für ungültig erklärt wurde.[310]

---

304 In der zu diesem Zeitpunkt gelten Verfassung von 1886 war nicht von „Ausnahmezustand" (*estado de excepción*), sondern von „Belagerungszustand" (*estado de sitio*) die Rede. Art. 121 der Verfassung von 1886.

305 Siehe Grupo de Memoria Histórica, *El orden desarmado. La resistencia de la asociación de trabajadores campesinos de carare (ATCC)*, Forschungsleiter: Mario Aguilera Peña, Bogotá 2011, S. 119–122.

306 Siehe ebd.

307 Vgl. Art. 3 und Art. 25 Dekret 3398 von 1965.

308 Vgl. Zelik, *Die kolumbianischen Paramilitärs*, S. 84–88.

309 Vgl. Noche y Niebla, *Deuda con la humanidad*, S. 17; ebenso Zelik, *Die kolumbianischen Paramilitärs*, S. 85 f.

310 Siehe Daniel García Peña, „La relación del Estado colombiano con el fenómeno paramilitar: por el esclarecimiento histórico", in: *Análisis Político*, 53 (2005), S. 58–76, hier S. 60.

2 Die Anfänge des Paramilitarismus: ACDEGAM und das Pilotprojekt im Magdalena Medio

Zu Beginn der 1980er Jahre kam es zwischen der Regierung Betancur (1982–1986) und der größten Guerillabewegung Kolumbiens, der linksgerichteten *Fuerzas Armadas Revolucionarias de Colombia* (FARC), zu aussichtsreichen Friedensgesprächen. Diese wurden, vor allem aufgrund ihrer politischen Agenda, die u. a. umfassende Agrar- und Sozialreformen vorsah, von den regionalen Eliten als Bedrohung des Status Quo wahrgenommen.[311] Die regionalen Eliten, insbesondere Großgrundbesitzer und Viehzüchter, aber zunehmend auch Drogenhändler, reagierten auf dieses Szenario und die deutlich ansteigenden, ganz realen Erpressungen durch die Guerilla mit der Organisation von „Selbstverteidigungsgruppen", zunächst im Magdalena Medio (Mittlerer Magdalena), einer besonders ressourcenreichen Region im Norden Kolumbiens.[312]

Die Guerilla war bereits seit den 1950er Jahren in der vom Staat vernachlässigten Region präsent, in der sie sich als Beschützer gegen Kleinkriminelle und Viehdiebe gerierte. Im Gegenzug für die Gewährleistung von „Sicherheitsleistungen" erhob die FARC Schutzgeld, die sogenannte *Vacuna ganadera*, mit der sie ihren bewaffneten Kampf finanzierte.[313] So „löste" die Guerilla allmählich die durch die Abwesenheit des Staates hervorgerufene problematische Sicherheitslage, indem sie eine eigene „Justizpflege", *la Fiscalía 45* (die Staatsanwaltschaft 45, benannt nach dem Munitionstyp 45), einrichtete und Konflikte nach ihren „Gesetzbüchern", *la Ley del Monte* (das Gesetz des Berges) regelte: auf Mord, Raub und Verrat galt die Todesstrafe.[314] Die anfängliche Tolerierung der FARC duch die regionalen Eliten schlug schlagartig in offene Feindschaft um, als die Guerilla gegen Ende der 1970er Jahre die Entführung von Wohlhabenden sogar gegen jene drastisch ausweitete, die ihre „Steuern" stets zahlten.[315]

1982 wurde daraufhin der Verband *Asociación Campesina de Agricultores y Ganaderos del Magdalena Medio* (ACDEGAM) im Magdalena Medio gegründet. In ACDEGAM organisierten sich vor allem Viehzüchter und Landbesitzer, die von

---

311 Vgl. Romero, *Paramilitares y autodefensas*, S. 139; Mauricio Romero, „Democratización Política y contra reforma paramilitar en Colombia", in: Gonzalo Sánchez, Eric Lair (Hrsg.), *Violencias y estrategias colectivas en la región andina. Bolivia, Colombia, Ecuador, Perú y Venezuela*, Bogotá 2004, S. 335–376, hier S. 342 f.

312 Vgl. Grupo de Memoria Histórica, *La Rochela*, S. 263.

313 Vgl. Gutiérrez/Barón, „Estado, control territorial paramilitar y orden político en Colombia", S. 286.

314 Ausführlich und materialreich dazu Mario Aguilera Peña, „Justicia Guerrillera y población civil: 1964–1999", in: Boaventura de Sousa Santos, Mauricio García Villegas (Hrsg.), *El caleidoscopio de las justicias en Colombia*, Bd. 2, Bogotá 2001, S. 389–442; zudem Grupo de Memoria Histórica, *La Rochela*, S. 272.

315 Vgl. Gutiérrez/Barón, „Estado, control territorial paramilitar y orden político en Colombia", S. 287.

den Schutzgelderpressungen durch die Guerilla erheblich beeinträchtigt wurden.[316] Mithilfe des Verbandes wurden einerseits soziale Initiativen, Schulen und Krankenhäuser gefördert und andererseits wurde die Bildung paramilitärischer Gruppen zur Bekämpfung der Guerilla koordiniert.[317] Bei der Organisation der ersten paramilitärischen Einheiten arbeitete ACDEGAM eng mit dem in der Region stationierten Bataillon *Bárbula* zusammen:[318] So wurden ab 1982 Bauern, zumeist Opfer der Guerilla, rekrutiert, um sie an der Waffe auszubilden und ideologisch auf Linie zu bringen.[319] Die Streitkräfte bekräftigten dabei immer wieder, und tun dies zum Teil bis heute, dass die Bildung solcher paramilitärischer Gruppen unter militärischer Führung legal sei.[320]

Nach der Gründung von ACDEGAM wurden nicht nur Guerilleros, sondern auch Zivilisten, die die Guerilla freiwillig oder gezwungenermaßen unterstützten, zu Feinden deklariert und mit allen Mittel bekämpft.[321] Unter dem Motto „Man muss dem Fisch das Wasser entziehen"[322] versuchten die paramilitärischen Gruppen von Beginn an, die Guerilla von der Zivilbevölkerung zu isolieren („soziale Säuberung") und auf der politischen Ebene ihre Gefolgschaft oder Sympathisanten zu diskreditieren oder gar zu eliminieren („politische Säuberung").[323] Die „politische Säuberung" zu Beginn der 1980er Jahre konzentrierte sich vor allem auf die Verfolgung der kommunistischen Partei und ihrer Anhänger, die in Puerto Boyacá, einer sehr wichtigen Stadt im Magdalena Medio, bereits 1982 vollständig ausgelöscht wurden.[324]

---

316 Vgl. Grupo de Memoria Histórica, *El orden desarmado*, S. 130 f.

317 Siehe Gutiérrez/Barón, „Estado, control territorial paramilitar y orden político en Colombia", S. 287.

318 Siehe ebd., S. 287–289; ebenso Grupo de Memoria Histórica, *La Rochela*, S. 281–283.

319 Vgl. Grupo de Memoria Histórica, *La Rochela*, S. 282–283; ebenso Gutiérrez/Barón, „Estado, control territorial paramilitar y orden político en Colombia", S. 289.

320 Vgl Grupo de Memoria Histórica, *La Rochela*, S. 282 f. 2002 behauptete Don Edgar, einer der Gründer der paramilitärischen Verbände in Puerto Boyacá, einer Stadt im Magdalena Medio: „Das war eine Pflicht, weil in der Verfassung steht, dass man sich verteidigen soll. Die Selbstverteidigungsgruppen wurden dafür geschaffen: Um das Eintreten der Guerilla in die Region zu verhindern. Weil wir in einer Region voller Respekt vor den Autoritäten, den Gesetzen und den staatlichen Angelegenheiten sind." Übers. F. D., zitiert nach ebd., S. 283.

321 Diese Vorstellung des „Feindes" entwickelte sich bis zu einem Moment, an dem jedes Andersdenken, dass zu dem paramilitärischen politökonomischen Projekt nicht passte, eliminiert werden musste. Vgl. Medina, „El narco-paramilitarismo. Lógicas y procesos en el desarrollo de un capitalismo criminal", S. 116.

322 Die FARC stützte sich auf die Mao-Ideologie. Nach Mao muss der Revolutionär sich in den Volksmassen bewegen, wie ein Fisch im Wasser.

323 Vgl. Romero, „Democratización Política y contra reforma paramilitar en Colombia", S. 341.

324 Vgl. Gutiérrez/Barón, „Estado, control territorial paramilitar y orden político en Colombia", S. 288 f.

Die „Säuberungsmaßnahmen“ der paramilitärischen Gruppen wurden mit Unterstüzung durch die von Drogenhändlern gegründete Organisation *Muerte a Secuestradores* (MAS, Tod den Entführern) und den Streitkräften durchgeführt.[325] MAS war eine Todesschwadron der Drogenbarone, die anlässlich der Entführung der Schwester eines Mitglieds des Medellín-Drogenkartells im Dezember 1981 ins Leben gerufen worden war. Spätestens 1984 wurde diese Allianz zwischen Paramilitärs und Drogenhändlern deutlich intensiviert. Neben der Verfolgung des antikommunistischen und antisubversiven Ziels übernahmen die paramilitärischen Gruppen neue Aufgaben, die häufig in Konflikt mit den Interessen ihrer ursprünglichen Förderer gerieten.[326]

3 Die Konsolidierung der Allianz zwischen Paramilitärs und Drogenhändlern

Zumindest drei Faktoren waren entscheidend für die Festigung der Allianz zwischen Drogenbaronen und Paramilitärs Mitte der 1980er Jahre: Erstens geriet ACDEGAM in eine finanzielle Krise, weil die Förderung durch die Viehzüchter und Militärs die steigenden Kosten, vor allem für die Ausbildung paramilitärischer Einheiten, kaum abdeckte. Die Drogenhändler boten sich daher als überaus finanzkräftige Alternative zur weiteren Unterstützung der paramilitärischen Funktionen des Verbands an.[327] Dies wurde, zweitens, dadurch begünstigt, dass die mächtigsten Drogenbarone dieser Zeit, bspw. Pablo Escobar und Gonzalo Rodríquez Gacha, zu bedeutenden Landbesitzern[328] und damit zu regionalen Eliten, insbesondere im Magdalena Medio, geworden waren.[329] Die Allianz mit den Paramilitärs ermöglichte es den Kartellbossen, die gesellschaftliche Ordnung in der Region zugunsten ihrer politischen und ökonomischen Interessen entscheidend zu beeinflussen.[330] Drittens reagierte die Regierung Betancur auf die Expansion der Drogenmafia nicht mit einer konsistenten

---

325 Vgl. ebd., S. 288; ebenso Javier Giraldo, „El paramilitarismo: una criminal política de Estado que devora el país“, http://www.javiergiraldo.org/spip.php?article76, S. 4–6 (letzter Zugriff am 22.01.2013).

326 Vgl. Medina, „El narco-paramilitarismo. Lógicas y procesos en el desarrollo de un capitalismo criminal“, S. 110.

327 Vgl. ebd., S. 126.

328 Nach offiziellen Angaben wurden zwischen 1982 und 1988 ca. eine Million Hektar der produktivsten Ländereien Kolumbiens von den Drogenhändlern erworben. Siehe Manuel Iturralde, *Castigo, liberalismo autoritario y justicia penal de excepción*, Bogotá 2010, S. 91.

329 Vgl. Gutiérrez/Barón, „Estado, control territorial paramilitar y orden político en Colombia“, S. 289.

330 Vgl. Grupo de Memoria Histórica, *La Rochela*, S. 290 f.; dazu auch Rodrigo Uprimny, „El ‚laboratorio‘ colombiano: narcotráfico, poder y administración de justicia“, in: Boaventura de Sousa Santos, Mauricio García Villegas (Hrsg.), *El caleidoscopio de las justicias en Colombia*, Bd. 1, Bogotá 2001, S. 371–414, hier S. 376–379.

Antidrogenpolitik, sondern mit Geheimverhandlungen und neuen Steuergesetzen, die die Einbeziehung der illegalen Drogenressourcen in den legalen Finanz- und Wirtschaftskreislauf begünstigten.[331]

Diese Haltung der Regierung werteten führende Drogenhändler als politische Zustimmung zu ihrer „gesellschaftlichen Integration“ und strebten nun ihrerseits in die Politik, um u. a. die Abschaffung des Auslieferungsvertrags zwischen Kolumbien und den Vereinigten Staaten zu erwirken. So wurde bspw. Pablo Escobar 1982 als Abgeordneter in den kolumbianischen Kongress gewählt.[332]

4 Die Expansion des Paramilitarismus im Rahmen des Ausnahmezustands

Im April 1984 wurde der Justizminister Rodrigo Lara Bonilla, der Regierung zufolge im Auftrag der Drogenmafia, ermordet. Daraufhin wurde der Ausnahmezustand, der bereits in Teilen des Landes aufgrund eines Überfalls der Guerilla verhängt worden war, im ganzen Land ausgerufen.[333] Im Rahmen des Ausnahmezustands, der mehr als sieben Jahre ununterbrochen verhängt blieb,[334] fanden gravierende Reformen der Justiz, vor allem der Strafjustiz, statt. So wurde bspw. Militärgerichten die Zuständigkeit für die Verurteilung von Zivilisten übertragen, die wegen Drogenhandels unter Verdacht standen.[335] Darüber hinaus wurden u. a. die folgenden Maßnahmen ergriffen: die Durchführung kurzer Prozesse statt ordentlicher Strafverfahren, die Inhaftierung Verdächtiger bis zu 20 Tage bevor sie vor dem zuständigen Militärgericht erscheinen durften[336] sowie eine *carte blanche* für die Geheimdienste bezüglich jeglicher Form der Überwachung.[337] Bereits zehn Tage nach der Ermordung des Ministers wurden 152 Personen festgenommen und 408 Hausdurchsuchungen durchgeführt.[338]

---

331 Vgl. ebd., S. 377; Iván Orozco Abád, *Combatientes, rebeldes y terroristas. Guerra y derecho en Colombia*, 2. Aufl., Bogotá 2006, S. 260–263. Der Autor bezieht sich hier auf die Gesetze 9 und 13 von 1983.

332 Siehe ebd., S. 263. Pablo Escobar pflegte zu sagen: „Lieber ein Grab in Kolumbien, als eine Gefängniszelle in den Vereinigten Staaten.“ Diese Überzeugung der Drogenhändler bzw. der Paramilitärs hat sich im Laufe des bewaffneten Konflikts deutlich gewandelt.

333 Vgl. Francisco Leal Buitrago, *El oficio de la guerra. La seguridad nacional en Colombia*, Bogotá 1994, S. 110 f.

334 Vgl. Iturralde, *Castigo, liberalismo autoritario y justicia penal de excepción*, S. 81.

335 Dekret 1042, 1056 und 1058 von 1984, zitiert nach ebd., S. 82.

336 Dekret 1071 von 1984, zitiert nach ebd.

337 Dekret 1042 von 1984, zitiert nach ebd.

338 Vgl. *Semana*, Nr. 106, 1984, zitiert nach Mauricio García Villegas, „Constitucionalismo perverso“, in: Boaventura de Sousa Santos, Mauricio García Villegas (Hrsg.), *El caleidoscopio de las justicias en Colombia*, Bd. 1, Bogotá 2001, S. 317–370, hier S. 338.

Trotz des kurze Zeit später offen ausgebrochenen „Kriegs gegen den Drogenhandel“[339] konsolidierten die Drogenhändler ihre Macht in den Regionen, dank der Allianz mit den paramilitärischen Gruppen sowie der Dezentralisierung der Verwaltung ab 1988.[340] Diese bot den Drogenhändlern die Gelegenheit, graduell in die regionalen politischen Strukturen einzudringen.[341] Dabei kam es nicht nur im Kampf gegen die Guerilla, sondern auch im Streben nach politischer und ökonomischer Macht zu Begegnungen und vielfältigen Formen der Zusammenarbeit zwischen Paramilitärs, Militärs, regionalen Eliten, Drogenhändlern sowie Politikern der traditionellen Parteien.[342] Die Heterogenität dieses Bündnisses lässt sich dadurch erklären, dass es sich bei den genannten Gruppen um die besitzenden Eliten Kolumbiens handelte, die trotz bestehender Differenzen ein gemeinsames Interesse an der Aufrechterhaltung des Status Quo besaßen.[343]

Dank der Drogenressourcen erfolgte ab 1985 eine entscheidende Qualifizierung der paramilitärischen Organisationen. Eine Reihe militärischer Ausbildungsschulen wurde von ACDEGAM mit der Unterstützung der Streitkräfte und internationaler Söldner gegründet.[344] Yair Klein, ein israelischer Waffenhändler und Söldner, sowie einige englische Söldner waren die wichtigsten Ausbilder von Paramilitärs in dieser Zeit.[345] An dem Drill nahmen u. a. die Castaño-Brüder Fidel, Carlos und Vicente

---

339 Dazu Orozco Abád, *Combatientes, rebeldes y terroristas*, S. 269–272.

340 Vgl. Romero, *Paramilitares y autodefensas*, S. 16–18, 62–102, 223 ff.

341 Vgl. Medina, „El narco-paramilitarismo. Lógicas y procesos en el desarrollo de un capitalismo criminal“, S. 115. Das Ausmaß der Infiltrierung der Paramilitärs und Drogenhändler in die staatlichen Strukturen war so gravierend, dass viele Autoren von einer Institutionalisierung des politischen Projekts der Drogenhändler durch den Paramilitarismus reden. So bspw. ebd.; zudem Romero, „Democratización Política y contra reforma paramilitar en Colombia“, S. 337 ff.

342 Vgl. Medina, „El narco-paramilitarismo. Lógicas y procesos en el desarrollo de un capitalismo criminal“, S. 116.

343 Siehe Raul Zelik, „Staat und Gewaltzustand – Der kolumbianische Paramilitarismus vor dem Hintergrund der Debatte um Neue Kriege und Failed States“, o. J., S. 2, http://www.raulzelik.net/kritik-literatur-alltag-theorie/110-staat-gewaltzustand-kolumbianischer-para-militarismus (letzter Zugriff am 20.01.2013).

344 Vgl. Gutiérrez/Barón, „Estado, control territorial paramilitar y orden político en Colombia“, S. 290; ebenso David Adams, „Vínculos entre paramilitares y drogas: antes y después de la desmovilización“, in: Elvira María Restrepo, Bruce Bagley (Hrsg.), *La desmovilización de los paramilitares en Colombia. Entre el escepticismo y la esperanza*, Bogotá 2011, S. 69–97, hier S. 71; Grupo de Memoria Histórica, *La Rochela*, S. 299.

345 Nach Aussagen von Klein wurde er Mitte der 1980er vom Agrarminister, den Streitkräften und ACDEGAM eingestellt. Seine Aufgabe bzw. die Aufgabe seines Sicherheitsunternehmens war es, die linke Guerilla aus einigen Regionen Kolumbiens zu vertrieben. Yair Klein sowie seine Kollegen Melnik Ferry und Tzedaka Abraham wurden von einem kolumbianischen Gericht wegen der Unterstützung terroristischer Organisationen verurteilt. Die kolumbianische Regierung beantragte seine

teil, die schon damals als *Sicarios* (Killer) im Auftrag der Drogenbarone arbeiteten und zu der Todesschwadron MAS gehörten.[346] Die spätere Führungsposition der Castaño-Brüder sollte eine wesentliche Rolle bei der weiteren Strukturierung des Paramilitarismus spielen.[347]

Aber nicht nur die Ressourcen der Drogenmafia, sondern auch ihre „Kriegstaktiken" beeinflussten den Paramilitarismus. So verwendeten die Paramilitärs Gewaltexzesse und Terror als Methoden zur Unterwerfung der Zivilbevölkerung.[348] Konfliktforschern zufolge ist der Terror im Laufe des bewaffneten Konfliktes in Kolumbien immer wieder als langfristiger Neutralisationsmechanismus benutzt worden, nicht als willkürliche Vernichtungsmethode.[349] Die Massaker dienten den Paramilitärs somit dazu, jeden möglichen zivilgesellschaftlichen Widerstand langfristig zu verhindern[350] und ihre „Kontra-Agrarreform" zu konsolidieren. Tausende Landstücke wurden von Bauern aus Angst verlassen, was die Durchführung wichtiger makroökonomischer Projekte später begünstigen sollte.[351] Die Gewalt der Paramilitärs, die sich als „Antiguerillakämpfer" zu berechtigen versuchten, richtete sich dabei paradoxerweise nicht primär gegen die Guerilleros, sondern vor allem gegen politische und soziale Bewegungen.

5 Die Reaktionen der Paramilitärs auf die politischen Erfolge der Opposition

Bereits ab Mitte der 1980er Jahre wurde ein erschreckender Anstieg politischer Ermordungen und verschwunden gelassener Personen registriert. Wurden 1980 sechs Personen als verschwunden gemeldet, stieg diese Zahl bereits 1983, während

Auslieferung. Kurz danach wurde er in Moskau festgenommen. Sein Rechtsanwalt beantragte vor dem Europäischen Gerichtshof für Menschenrechte (EGMR) die Ablehnung des Auslieferungsantrags, mit der Begründung, er bedeute eine De-facto-Todstrafe für Klein. Im Mai 2008 verfügte der EGMR, die Auslieferung zu stoppen und argumentierte, dass eine Auslieferung an Kolumbien die Grundrechte Kleins gefährden könnte. Vgl. Grupo de Memoria Histórica, *La Rochela*, S. 299.

346 Vgl. Adams, „Vínculos entre paramiltiares y drogas", S. 70 f.

347 Vgl. Medina, „El narco-paramilitarismo. Lógicas y procesos en el desarrollo de un capitalismo criminal", S. 111.

348 Vgl. ebd., S. 115.

349 Eine ausführliche Analyse über den „Terror" als Kriegsstrategie in dem kolumbianischen Konflikt findet sich bei Eric Lair, „El terror, recurso estratégico de los actores armados: reflexiones en torno al conflicto colombiano", in: *Análisis Político*, 37 (1999), S. 61–73.

350 Vgl. Grupo de Memoria Histórica, *La Rochela*, S. 300. Das Komitee für die Geschichtsschreibung des Konfliktes stützt sich auf Statistiken einer der wichtigsten Menschenrechtsorganisationen und macht darauf aufmerksam, dass allein im Jahre 1988 60 Massaker mit der Teilnahme von ACDEGAM stattfanden.

351 Vgl. Medina, „El narco-paramilitarismo. Lógicas y procesos en el desarrollo de un capitalismo criminal", S. 135.

der Friedensverhandlungen der Regierung Betancur, auf über 100 an. Die Mehrheit dieser politisch motivierten Taten, deren Opfer zumeist Aktivisten sozialer Bewegungen, Mitglieder von Menschenrechtsorganisationen und Gewerkschaftler waren, wurde sogar von offizieller Seite den Paramilitärs zugerechnet.[352] Zugleich sank bemerkenswerterweise jedoch die Zahl politisch bedingter Festnahmen von ca. 6.800 auf 1.325 im selben Zeitraum.[353]

Im Mai 1985 entstand die sozialistische Partei *Unión Patriótica* (UP) im Rahmen der Friedensverhandlungen Betancurs mit der linken Guerilla. Die UP präsentierte sich als eine Oppositionspartei gegen die traditionellen politischen Parteien Kolumbiens, die diese wiederum als politischen Arm der FARC betrachteten.[354] Bei den Präsidenschafts- und Regionalwahlen 1986 erzielte die UP unerwartete Erfolge und konnte mehrere Kongressabgeordnete, Stadtverordnete und Bürgermeister stellen.[355] Als Reaktion auf die Gründung der UP wurde die paramilitärische Organisation *Muerte a Revolucionarios del Nordeste antioqueño* (MRN, Tod den Revolutionären des Nordostens Antioquias) ins Leben gerufen.[356] Zugleich wurde die militärische Offensive gegen die FARC „mangels fehlenden Friedenswillens" intensiviert.[357] Nach einem Jahr waren bereits 300 UP-Mitglieder ermordet worden.[358] Zwischen 1982 und 1997 wurden tausende weitere Parteimitglieder und Sympathisanten systematisch liquidiert und es kam allein in Remedios und Segovia, zwei Städten im Norden des Landes, in denen die UP besonders aktiv war, zu 14 Massakern, 347 politischen Hinrichtungen und ca. 200 selektiven Tötungen.[359]

Menschenrechtsorganisationen wie *Amnesty International* machten schon damals auf die Beteiligung der Militärs an den Taten aufmerksam.[360] Die Regierung wies jedoch die Vorwürfe zurück und erklärte die Verbrechen zu „Einzelfällen".[361] Es gab sogar Fraktionen des Staates, die weiterhin die Bildung der sogenannten „Selbstverteidigungsgruppen" zu rechtfertigen suchten.[362] Zudem wurden neue Leitlinien für die Streitkräfte geschaffen, in denen die „Selbstverteidigungsgruppen" als

---

352 Nach Angaben des Generalprokurators im Jahre 1983. Siehe ebd., S. 325.

353 Vgl. García Villegas, „Constitucionalismo perverso", S. 325.

354 Vgl. Mario Aguilera Peña, *Las FARC: La guerrilla campesina, 1949–2010. Ideas circurlares en un mundo cambiante?*, Bogotá 2010, S. 88 f.

355 Vgl. ebd., S. 89; ebenso Romero, *Paramilitares y autodefensas*, S. 198 f.

356 Vgl. Romero, *Paramilitares y autodefensas*, S. 198.

357 Vgl. Aguilera Peña, *Las FARC: La guerrilla campesina, 1949–2010*, S. 89.

358 Vgl. Socorro Ramírez, Luis Alberto Restrepo, *Actores en conflicto por la paz*, Bogotá 1988, S. 266, zitiert nach ebd., S. 89.

359 Vgl. Grupo de Memoria Histórica, *Silenciar la Democracia. Las masacres de Remedios y Segovia 1982–1997*, Bogotá 2010, S. 15–26.

360 Vgl. *El Mundo*, 05.05.1988, S. 9, zitiert nach Romero, *Paramilitares y autodefensas*, S. 201.

361 Vgl. ebd.

362 Vgl. Grupo de Memoria Histórica, *La Rochela*, S. 291. Das Komitee bezieht sich hier vor allem auf die öffentlichen Erklärungen des ehemaligen Verteidigungsministers.

quasi-militärischer Verband angesehen wurden.[363] Zu keinem Zeitpunkt wurde eine offizielle Klarstellung zur Teilnahme der Militärs sowie der Verwicklung einiger Politiker präsentiert.[364] Wenngleich der Umfang der Beteiligung von Streitkräften, Paramilitärs und Politikern der traditionellen Parteien an der Verfolgung der UP-Partei je nach Quelle variiert, konvergieren alle Untersuchungen darin, dass zumindest die Streitkräfte an allen Taten mitwirkten.[365]

Exkurs: Die Massaker von Remedios und Segovia – Vernichtung der politischen Opposition

Eine der blutigsten Episoden der Vernichtung der UP bildeten die Massaker von Remedios und Segovia, zwei Städte im Norden der Region Antioquia, in denen die UP besonders aktiv war. Als im März 1988 die UP die Direktwahl des Bürgermeisters in Segovia gewonnen hatte, drückte der zuständige Militärkommandant Alejandro Londoño Tamayo seine Glückwünsche so aus: „Jetzt weiß ich wenigstens, dass in dieser Stadt kein Schuss mehr den Falschen treffen kann, denn hier sind alle Subversive."[366] Einige Monate später bekam die Bevölkerung Segovias die Konsequenzen ihrer politischen Wahl zu spüren: Militäreinheiten patrouillierten ständig durch die Stadt und bedrohten die Bevölkerung. Der Stadtrat verlangte daraufhin mehrfach vom Generalstaatsanwalt eine Reaktion auf die Bedrohungen; dieser blieb jedoch untätig.[367] Am 26. Oktober, einen Tag vor einem geplanten Generalstreik in der Stadt, befahlen Polizisten und Militärs den Einwohnern, sich in der Nacht in ihren Häusern einzuschließen. Währenddessen wurden die Wände und Mauern der Stadt mit Ankündigungen bestrichen, die von dem paramilitärischen Killertrupp MRN unterzeichnet waren: „Tod den Kommunisten. Gott liebt Segovia so sehr, dass er uns schickt, Segovia zu befreien."[368]

Am Tag des Massakers, dem 11. November 1988 um ca. 18:40 Uhr, fuhr eine Gruppe bewaffneter Männer in drei Geländefahrzeugen auf den Hauptplatz von Segovia und in die Innenstadt von Remedios und begann das Massaker. Einige der Opfer wurden von den Killertrupps, die mit Namenslisten in die Häuser eintraten,

---

363 Die Leitlinie EJC-3–10 listet als Unterstützer im Antiguerillakampf auf: „Die Artilleriegruppe, [...] der Geheimdienst, die Experten in psychologischer Kriegsführung, [...] die Luftverteidigung, die Flotten, die Nationalpolizei und die Selbstverteidigungsjuntas." Übers. F. D., zitiert nach ebd., S. 292. Mehr dazu Giraldo, „El paramilitarismo: una criminal política de Estado que devora el país", S. 3.

364 Vgl. García Villegas, „Constitucionalismo perverso", S. 326.

365 Siehe Grupo de Memoria Histórica, *Silenciar la Democracia*, S. 15 ff.; Romero, *Paramilitares y autodefensas*, S. 17–42, 193 ff.; Romero, „Democratización Política y contra reforma paramilitar en Colombia", S. 337 ff.; Orozco Abád, *Combatientes, rebeldes y terroristas*, S. 251–253.

366 Zitiert nach Heinz Mayer, *Kolumbien. Der schmutzige Krieg*, Hamburg 1990, S. 154.

367 Vgl. ebd.

368 Vgl. ebd., S. 155.

vor ihren Familien ermordet. Andere wurden in den Bars oder auf den Straßen erschossen.[369] Obwohl die Polizei permanent auf dem Hauptplatz war und das Bataillon *Bomboná* für die Sicherheit der Stadt „zuständig" war, reagierten weder die Polizei noch die Streitkräfte auf die Schüsse.[370] Einige Hinrichtungen wurden sogar direkt vor den Polizeikommandos und der Kaserne der Streitkräfte durchgeführt, „ohne dass auch nur ein Soldat den Opfern zu Hilfe gekommen wäre."[371] Die Militärs ließen sogar die Fahrzeuge der paramilitärischen Truppen die Kontrollposten auf der Landstraße zwischen Segovia und Remedios passieren.[372]

Nach Aussagen von Alonso de Jesús Baquero alias „Vladimir", einem der wichtigsten Paramilitärs der 1990er Jahre, sollen Fraktionen der Streitkräfte das Massaker geplant haben. Eine Liste von 20 zu ermordenden Personen wurde von Oberst Navas, Oberst Londoño und Alonso de Jesús Baquero im Vorfeld der Morde erstellt.[373] Jedoch kamen insgesamt 46 Personen, u. a. zehn Frauen, vier Kinder und ein alter Mann, ums Leben. Weitere 60 Personen wurden verletzt.[374] Die meisten Opfer waren Hausfrauen, Bergmänner und Maurer der Region.[375]

Dem Komitee für die Geschichtsschreibung des Konfliktes in Kolumbien zufolge stellten die Massaker von Segovia und Remedios eine *De-facto*-Kriminalisierung des politischen Pluralismus und einen Versuch dar, die „Demokratie zum Schweigen zu bringen". Nach dem Massaker mussten nicht nur die Opfer, sondern auch die Überlebenden schweigen: Sie durften keine Anzeige erstatten und diejenigen, die dennoch den Mut hatten, die Täter anzuzeigen, wurden von den staatlichen Instanzen ignoriert, von den Tätern bedroht und im schlimmsten Fall ermordet. Die Hinterbliebenen konnten überdies nicht trauern, denn die automatische Stigmatisierung der Linken und ihre Gleichsetzung mit Subversion führten dazu, dass sie ihre politische Identität negierten und sich selbst für das Schicksal ihrer Angehörigen verantwortlich machten.[376]

Als die Massaker von Remedios und Segovia verübt wurden, waren bereits mehrere internationale Menschenrechtsabkommen ratifiziert worden, die den Staat zur Ermittlung und Bestrafung der Taten verpflichteten. Im November 1988 wurde eine Ermittlungskommission eingerichtet, die für die ersten Phasen des Ermittlungsverfahrens zuständig war.[377] Dank der Aussagen mehrerer Zeugen wurden einige der wichtigsten Täter, vor allem die paramilitärische Gruppe MRN, als Verantwortliche des Massakers identifiziert. Das Komitee für die Geschichtsschreibung des

369 Vgl. Grupo de Memoria Histórica, *Silenciar la Democracia*, S. 62–71.
370 Vgl. ebd., S. 73–83.
371 Vgl. Mayer, *Kolumbien. Der schmutzige Krieg*, S. 157.
372 Vgl. Grupo de Memoria Histórica, *Silenciar la Democracia*, S. 75.
373 Rechtssache Nr. 7583 von 1988, Aussage von Alonso de Jesús Baquero Agudelo, Palmira, 29.11.1995. Originalheft Nr. 53, S. 174–193, zitiert nach ebd., S. 76–77.
374 Vgl. ebd., S. 62.
375 Vgl. ebd., S. 81–83.
376 Vgl. ebd., S. 22 f.
377 Vgl. ebd., S. 231–234.

Konfliktes misst dieser ersten Ermittlung zwar eine gewisse Bedeutung bei, weist allerdins darauf hin, dass die komplexe kriminelle Struktur des Verbrechens bzw. die Verwicklung von Militärs, Paramilitärs, Drogenhändlern und Politikern immer noch nicht aufgedeckt worden ist.[378]

Die Vernichtung der UP sowie die Ermordung anderer sozialistischer Politiker im Laufe der 1980er Jahre waren Romero zufolge Teil einer reaktionären „Kontra-Reform" in Kolumbien, in deren Rahmen demokratische Prozesse verhindert werden sollten, die die politische Inklusion linksgerichteter Parteien und ökonomische Umverteilung zum Ziel hatten.[379]

6 Willkürgewalt als Mittel zur Herstellung der Ordnung

Im Dezember 1986 wurde Guillermo Cano, der Herausgeber von *El Espectador*, der zweigrößten Zeitung in Kolumbien, im Auftrag der Drogenbarone ermordet. Für die Regierung diente dieser aufsehenerregende Mordanschlag als Rechtfertigung für zahlreiche neue Ausnahmegesetze, die die Befugnisse der Militärs erweitern sollten.[380] Im März 1987 änderte der Oberste Gerichtshof jedoch seine Rechtsprechung in Bezug auf die Militärgerichtsbarkeit innerhalb des Ausnahmezustandes und erklärte die Anwendung der Militärjustiz für Zivilisten für verfassungswidrig.[381]

Daher wurde eine erneute Justizreform in Gang gesetzt, um „schwerste Verbrechen" weiterhin gesondert behandeln zu können. Die neue Strafjustiz war Iturralde zufolge eine Ausnahmejustiz, die zwar formal unabhängig sein sollte, in der Praxis aber von der Exekutive abhängig war.[382] Die sogenannte *Justicia especializada* (Spezielle Justiz) übernahm von den Militärgerichten nicht nur die sachliche Zuständigkeit für Taten wie Terrorismus, Erpressung, Entführungen[383] und Drogenhandel,[384] sondern auch die Verfahrensabläufe: Kurze Prozesse, ein in der Praxis unbefristeter Freiheitsentzug der Beschuldigten und die Abschaffung der Strafaussetzung zur Bewährung gehörten zu der alltäglichen Praxis der „Speziellen Gerichte".[385]

378 Vgl. ebd., S. 235–238.

379 Siehe Romero, „Democratización Política y contra reforma paramilitar en Colombia", S. 337 ff.

380 Der am 1. Mai 1984 ausgerufene Ausnahmezustand dauerte sieben Jahre, zwei Monate und fünf Tage. Vgl. García Villegas, „Constitucionalismo perverso", S. 328.

381 Autoren wie Iturralde machen darauf aufmerksam, dass die Bildung eines neuen Obersten Gerichtshofes nach der Ermordung seiner Mitglieder während der Besetzung des Justizpalasts im Jahr 1985 die Änderung der Rechtsprechung bezüglich des Ausnahmezustandes entscheidend begünstigte. Vgl. Iturralde, *Castigo, liberalismo autoritario y justicia penal de excepción*, S. 86.

382 Siehe ebd., S. 87.

383 Dekret 466 von 1987, zitiert nach ebd., S. 88.

384 Dekret 468 und 1203 von 1987, zitiert nach ebd.

385 Dekret 468, 565, 1203 und 1204 von 1987, zitiert nach ebd.

Im August 1987 wurden wiederum Mordanschläge, diesmal gegen drei Menschenrechtsaktivisten, und die Ermordung von Studenten als Rechtfertigung herangezogen, eine „neue" Strafgerichtsbarkeit, die *Justicia de Orden Público*[386] (Justiz für die öffentliche Ordnung), umzusetzen. Im Wesentlichen handelte es sich dabei um eine simple Kopie der Speziellen Justiz, deren sachliche Zuständigkeit auf Verbrechen gegen die Meinungsfreiheit erweitert wurde.[387]

Im Oktober 1987 wurde Jaime Pardo Leal, der Präsident der *Unión Patriótica*, ermordet. Wenig später, im Januar 1988 wurden drei führende Gewerkschaftler von Paramilitärs und der Generalprokurator, Carlos Mauro Hoyos, von den Drogenhändlern liquidiert.[388] Diese Ereignisse wurden einige Tage später von der Regierung als Legitimation für eines der repressivsten Gesetze seit Ende der 1970er Jahre präsentiert,[389] das *Estatuto para la defensa de la Democracia*[390] (das Statut zur Verteidigung der Demokratie). Das Gesetz war allerdings bereits mehrere Monate vor den Mordanschlägen ausgearbeitet worden. Es handelte sich um ein Antiterrorgesetz, das sich auf ähnliche Gesetze in Europa stützte[391] und dem eine weite Definition von „Terrorismus" zugrundelag. Unter „terroristischen Handlungen" wurden demnach zahlreiche Verhaltensweisen subsumiert, die mit dem bewaffneten Konflikt oder mit sozialen Protesten verbunden waren. So wurden u. a. Sabotage, die Unterstützung von Bauernmärschen ohne offizielle Genehmigung, die öffentliche Rede, der Besitz subversiver Propaganda sowie die widerrechtliche Aneignung von Uniformen und Waffen der Streitkräfte als „Terrorismus" kriminalisiert.[392] Daraus resultierte eine höchst repressive Strafverfolgung, die sich überwiegend gegen Studenten und Gewerkschaftler richtete und die Iturralde zufolge die organisierte Kriminalität bzw. Drogenhandel, Paramilitarismus und Guerilla kaum berührte.[393]

Die skandalöse Zunahme der Gewalt erreichte zwischen 1986 und 1991 im Durchschnitt 51 bis 92 Ermordungen pro 100.000 Einwohner.[394] Allein in Urabá, einer wirtschaftlich bedeutenden Region im Westen des Landes, wurden 1986 mehr

---

386 Später *Justicia Regional* (Regionale Justiz) genannt.

387 Dekret 1631 von 1987, zitiert nach Iturralde, *Castigo, liberalismo autoritario y justicia penal de excepción*, S. 94 f.

388 Vgl. ebd., S. 97.

389 Vgl. García Villegas, „Constitucionalismo perverso", S. 338. Nach García wurde dieses Antiterrorgesetz sowie zwölf weitere Gesetzesverordnungen, die zwischen 1986 und 1991 erlassen wurden, in das ordentliche Strafgesetzbuch einbezogen.

390 Dekret 180 von 1988, zitiert nach Iturralde, *Castigo, liberalismo autoritario y justicia penal de excepción*, S. 97.

391 Siehe ebd., S. 98.

392 Vgl. ebd., S. 99.

393 Vgl. ebd., S. 99–101.

394 Das war der Zeitraum, in dem die ersten drei Direktwahlen von Bürgermeistern stattfanden und die UP die traditionellen konservativen und liberalen Parteien aus den Rathäusern in vielen Regionen Kolumbiens verdrängte. Vgl. Romero, *Paramilitares y autodefensas 1982–2003*, S. 181.

als 700 Personen, vor allem Gewerkschaftsmitglieder, ermordet.[395] Trotz der Verabschiedung des „Statuts zur Verteidigung der Demokratie“ eskalierte die politische Gewalt zunehmend. Zehn Tage vor den ersten Direktwahlen von Bürgermeistern in der Region wurden 42 Personen getötet, u. a. Studenten und Gewerkschaftler. Verantwortlich für die Ermordungen waren der ehemalige Bürgermeister von Puerto Boyacá, Luis Rubio, und Fidel Castaño, zwei weithin bekannte Paramilitärs in Kolumbien.[396]

Auf diese Zuspitzung der Gewalt reagierte der 1986 neu gewählte Präsident Virgilio Barco (1986–1990) nicht mit einer Überprüfung seiner bis dato verfehlten Sicherheitspolitik, sondern mit einer Verschärfung der Repression. Daher rief er in Urabá einen „speziellen“ Ausnahmezustand im Rahmen des bereits verhängten aus. Der „Ausnahmenzustand innerhalb eines Ausnahmenzustandes“ ermöglichte es der Regierung, einen hohen Militär zum Gouverneur der Region zu ernennen. Die Ernennung erfolgte ungeachtet von Vorwürfen, dass die Militärs für die Ermordungen in Urabá mitverantwortlich gewesen seien[397] und der Tatsache, dass der Paramilitär Fidel Castaño seinen Einfluss in der Region mit der Unterstützung von Einheiten der Polizei und der Streitkräfte gewaltsam ausdehnte.[398] Untersuchungen stellten die Beteiligung von Einheiten der Streitkräfte und der Paramilitärs an den gewalttätigen Aktionen in der Region mehrfach fest, ohne dass bis heute eine systematische Strafverfolgung der Verbrechen stattgefunden hat.[399]

Die Regierung Barco reagierte erst 1989 auf Druck der Opposition sowie nationaler und internationaler Menschenrechtsorganisationen mit spezifischen Maßnahmen auf die Taten der Paramilitärs. So wurden eine Kommission von Experten[400] und das sogenannte *Comité Antisicarial*, eine bewaffnete Gruppe „zur Bekämpfung des Paramilitarismus“, eingerichtet.[401] Darüber hinaus wurde das Antiterrorgesetz reformiert und der Paramilitarismus durch das Dekret Nr. 1194 für illegal deklariert.[402] Interessanterweise wurde dieses Dekret nicht wie üblich in das ordentliche Strafrecht einbezogen.[403] Nach Angaben des Komitees für die Geschichtsschreibung des Konfliktes und Paramilitarismusexperten[404] erwiesen sich die Maßnahmen als nicht tauglich, um die paramilitärischen Strukturen zu zerschlagen und die übergeordneten Strukturen

---

395 Siehe Iturralde, *Castigo, liberalismo autoritario y justicia penal de excepción*, S. 89.
396 Vgl. Romero , *Paramilitares y autodefensas 1982–2003*, S. 197.
397 Vgl. Iturralde, *Castigo, liberalismo autoritario y justicia penal de excepción*, S. 104.
398 Siehe Romero, *Paramilitares y autodefensas 1982–2003*, S. 196–201.
399 Vgl. ebd., S. 196–198.
400 Dekret 813 von 1989, zitiert nach ebd., S. 292; ebenso Leal Buitrago, *El oficio de la guerra. La seguridad nacional en Colombia*, S. 125.
401 Dekret 814 von 1989, zitiert nach Grupo de Memoria Histórica, *La Rochela. Memorias de un crimen contra la justicia*, S. 292.
402 Dekret 1194 von 1989, zitiert nach ebd., S. 292.
403 Vgl. Leal Buitrago, *El oficio de la guerra. La seguridad nacional en Colombia*, S. 125.
404 Vgl. Giraldo, „El paramilitarismo: una criminal política de Estado que devora el país“, S. 9.

des Phänomens zu entlarven.[405] Zudem konnten sie wie auch die Instrumente der repressiven Strafjustiz, die nach Abschaffung der Militärjustiz zur Bekämpfung schwerer Menschenrechtsverletzungen eingerichtet worden war, weitere Massaker, zum Teil in denselben Städten, u. a. Segovia (1996) und Remedios (1997), nicht verhindern.

Ende der 1980er und zu Beginn der 1990er Jahre wurden drei Präsidentschaftskandidaten ermordet, der überaus populäre liberale Kandidat Luis Carlos Galán (1989), der Kandidat der UP, Bernardo Jaramillo (1990), sowie der Kandidat der demobilisierten Guerillagruppe M-19, Carlos Pizarro (1990).[406] Diese Ereignisse führten zu einem verschärften Kampf gegen den Drogenhandel, der wiederum zahlreiche Attentate der Drogenbarone zur Folge hatte, u. a. die Sprengung des Hauptsitzes der Zeitung *El Espectador*, eines Flugzeugs mit 107 Passagieren sowie der Zentrale des Geheimdienstes *Departameto Administrativo de Seguridad* (DAS).[407] Die Regierung reagierte abermals mit einer fragwürdigen Justizreform, in deren Rahmen die Identität der Richter und Zeugen im Strafprozess verdeckt und damit geschützt werden sollte.[408] Zugleich wurde die öffentliche Anhörung abgeschafft. Diese Maßnahmen, in Kolumbien als *Justicia sin Rostro* (Gesichtslose Justiz) oder *Justicia Regional* bekannt, wurden mit Verweis auf die Bedrohungen des Justizpersonals durch die organisierte Kriminalität gerechtfertigt.[409] Allerdings denunzierten Menschrechtsaktivisten Manipulationen der *Justicia sin Rostro* zugunsten der Verdeckung der von den Militärs und Paramilitärs begangenen Taten.[410]

Exkurs: Das Massaker von La Rochela – Systemunrecht[411] und Straflosigkeit

In La Rochela, einem Bezirk im Zentrum des Magdalena Medio, wurden 1989 zwölf Justizbeamte ermordet, die für die Ermittlungen mehrerer Fälle von Verschwindenlassen und selektiven Ermordungen durch Paramilitärs, die Streitkräfte und Drogen-

---

405 Vgl. Grupo de Memoria Histórica, *La Rochela. Memorias de un crimen contra la justicia*, S. 293.

406 Vgl. Iturralde, *Castigo, liberalismo autoritario y justicia penal de excepción*, S. 108.

407 Siehe ebd., S. 110.

408 Dekret 1191 von 1990, zitiert nach ebd., S. 111. Die Richter blieben in einer Kabine und sprachen mit dem Beschuldigten mit verzerrter Stimme. Dazu Claude Katz, Luis Carlos Nieto García, *Jueces anónimos. Justicia ciega*, Federación Internacional de las Ligas de Derechos Humanos, Paris 1996, S. 7, http://www.derechos.org/nizkor/colombia/doc/jueces.html (letzter Zugriff am 20.05.2013).

409 Vgl. Rodrigo Uprimny, „Las transformaciones de la administración de justicia en Colombia", in: Boaventura de Sousa Santos, Mauricio García Villegas (Hrsg.), *El caleidoscopio de las justicias en Colombia*, Bd. 1, Bogotá 2001, S. 261–315, hier S. 288–289.

410 Vgl. Javier Giraldo, „Cronología de hechos reveladores del Paramilitarismo como política de Estado", 20.08.2004, S. 46, http://www.javiergiraldo.org/spip.php?article75 (letzter Zugriff am 20.05.2013).

411 So die Bezeichnung des Komitees für die Geschichtsschreibung des Konfliktes. Vgl. Grupo Memoria Histórica, *La Rochela*, S. 167.

händler zuständig waren.[412] Die Beamten mussten ihre Ermittlungen, wie in den meisten Regionen, ohne Ressourcen und vor allem ohne staatlichen Schutz in einem der umkämpftesten und gefährlichsten Gebiete des Landes durchführen.[413] Bevor die Untersuchungen begonnen wurden, bat die aus 15 Justizbeamten bestehende Ermittlungskommission die Streitkräfte immer wieder um Begleitschutz, jedoch ohne Erfolg. Am 16. Januar 1989 musste die Kommission mehrere Zeugen in der Region anhören, die über kein Geld verfügten, um sich eine Reise zu den beiden zuständigen Amtsgerichten zu leisten. Auf dem Weg wurden die ermittelnden Beamten von 15 bewaffneten Männern aufgehalten, die sich als FARC-Guerilleros unter der Leitung von „Comandante Ernesto" vorstellten und anboten, die Justizbeamten gegen mögliche Angriffe zu beschützen. „Comandante Ernesto" war der Paramilitär Julián Jaimes, der mit Alonso de Jesús Baquero alias „Vladimir" diese Region kontrollierte.[414]

Einige Stunden später kamen mehrere Geländefahrzeuge an den Ermittlungsort der Kommission. Weitere bewaffnete Männer stiegen aus, die sich wiederum als Guerilleros präsentierten, und warnten die Ermittler vor der Präsenz der Armee in der Umgebung. Sie schlugen den Beamten vor, eine Entführung zu simulieren und sich Fesseln anlegen zu lassen. Auf diese Weise sollten sie in dem Fall eines Kreuzfeuers als Geiseln erkannt und geschützt werden. Die Mitglieder der Kommission wurden daraufhin festgebunden und mit den Autos auf die Landstraße gefahren.[415] Auf der Landstraße Richtung Barrancabermeja stiegen die bewaffneten Männer aus und feuerten mit Maschinengewehren in die Geländewagen. Einige Minuten später gaben sie den schwer verletzten Justizbeamten einen Fangschuss.[416]

An dem Massaker hatten einige Militärs, Paramilitärs, Drogenhändler und Politiker der Region ein großes Interesse. So befürchtete u. a. der Paramilitär Henry Pérez, der mit seinem Vater Gonzalo Pérez zu ACDEGAM gehörte und neben anderen

---

412 Über das Massaker in La Rochela sprach 2007, fast 20 Jahre nach der Tat, der Interamerikanische Gerichtshof für Menschenrechte sein Urteil, demzufolge der kolumbianische Staat die Schaffung und Expansion der paramilitärischen Gruppen juristisch unterstützt hat. Siehe Corte Interamericana de Derechos Humanos (Corte IDH), *Masacre de La Rochela vs. Colombia*, Urteil C-163 vom 11.05.2007. Allerdings handelt es sich nach der Ansicht des Komitees für die Geschichtsschreibung des Konfliktes um einen immer noch ungelösten Fall, bei dem der tatsächliche Hintergrund des Massakers noch nicht aufgedeckt wurde. Vgl. Grupo de Memoria Histórica, *La Rochela*, S. 13 ff.

413 Vgl., ebd., S. 35 ff. Über die schwierigen Bedingungen, unter denen die Justizbeamten in den gewalttätigsten Regionen Kolumbiens Ermittlungen durchführen müssen siehe Mauricio García Villegas, *Jueces sin Estado. La justicia colombiana en zonas de conflicto armado*, Bogotá 2008.

414 Vgl. Grupo de Memoria Histórica, *La Rochela*, S. 69.

415 Vgl. ebd.

416 Vgl. ebd., S. 69–73.

Paramilitärs[417] und Militärs für das Verschwindenlassen, die Folter und die spätere Ermordung von 19 Kaufleuten in der Region verantwortlich war,[418] dass die Ermittlungskommission ihn für diese Taten zur Verantwortung ziehen würde. Darüber hinaus wollten die zwei mächtigen Drogenhändler Gonzalo Rodríguez Gacha und Pablo Escobar durch das Massaker vermeiden, dass die Kommission Kokaplantagen in dem Ermittlungsgebiet entdeckte. Der Regionalpolitiker Tiberio Villareal schließlich bat den Paramilitär Henry Pérez mit Unterstützung des Majors Oscar Echandía und des Generals Yanine Díaz[419] darum, die Justizbeamten zu ermorden und die Ermittlungsakten zu rauben, weil er vermutete, dass die Ermittlungskommission weder mit dem Fall der liquidierten 19 Kaufleute, noch mit den Kokaplantagen, sondern mit dem Korruptionsfall, in dessen Rahmen er öffentliche Aufträge an Paramilitärs vergeben hatte, beschäftigt war.[420]

Kurz nach dem Massaker übernahm eine neue Ermittlungskommission die Untersuchungen, die wiederum erheblich durch die Militärs behindert wurde. Die Justizbeamten nutzten alle denkbaren Wege, um den Drohungen der betroffenen Streitkräfte zu entgehen und Aussagen von den verschreckten Bewohnern zu erhalten.[421] Einige Monate später wurden aufgrund hinreichenden Beweismaterials Haftbefehle gegen die mutmaßlichen Täter, u. a. Militärs der Region, erlassen und der Paramilitär Julián Jaimes, der das Massaker koordiniert hatte, wurde festgenommen. Die Untersuchung der Kommission stieß jedoch wegen der Unterschlagung von Beweismaterial und fehlender Kooperation durch die Streitkräfte auf zahlreiche

417 Der Paramilitär Ramón Isaza, der für die Führung paramilitärischer Gruppen im Magdalena Medio Antioqueño zuständig war, und Iván Roberto Duque alias „Ernesto Baéz", der die paramilitärische Todesschwadron *Movimiento de Reconstrucción Nacional* (MORENA, Bewegung des nationalen Wiederaufbaus) gegründet hatte, sollen ebenso an der Planung des Massakers teilgenommen haben. Vgl. ebd., S. 62.

418 Siehe Corte IDH, *19 Comerciantes vs. Colombia*, C-109 vom 05.07.2004.

419 Mehrere Personen sagten im Laufe der immer noch nicht beendeten Strafverfolgung aus, dass der General Yanine Díaz dem Paramilitär Vladimir 200 Millionen Pesos für die Ermordung der Justizbeamten gegeben haben soll. Für den General habe es sich jedoch um keine erfolgreiche Aktion gehandelt, weil es Überlebende gab. Die Paramilitärs sollten seinen Name nie erwähnen und er sollte die Öffentlichkeit davon überzeugen, dass die Verantwortlichen für das Massaker Guerilleros waren. General Yanine Díaz, der bereits gestorben ist, wurde von der Militärjustiz freigesprochen. Aussage von Efrén Galeano López, Leibwächter des Generals Yanine, Cúcuta 29.08.1995, zitiert nach Grupo de Memoria Histórica, *La Rochela*, S. 65 f.

420 Aussage von Alonso de Jesús Baquero Agudelo am 30.08.1996 vor der regionalen Staatsanwaltschaft in Santiago de Cali, zitiert nach ebd., S. 58.

421 Die Justizbeamten versuchten, sich als Bauern zu verkleiden, eine Geheimsprache zu erfinden und Leute, die mit Überlandbussen in die Provinzen fuhren, zu vernehmen. So konnten sie ihre Ermittlungen durchführen, ohne sich selbst und die Zeugen in Gefahr zu bringen. Vgl. ebd., S. 86–89.

Schwierigkeiten.[422] Das Komitee für die Geschichtsschreibung des Konfliktes konstatierte mehr als 20 Jahre nach dem Massaker, dass sich die Beteiligten zum Teil bis heute einer juristischen Strafverfolgung entziehen[423] und eine moralische Verantwortung für das Verbrechen ablehnen. So erklärte der Paramilitär „Vladimir", dass das Massaker aus rein strategischen Gründen ein Fehler war: es habe dem Ruf der Paramilitärs schwer geschadet, weil es sich bei den Opfern um Angehörige der Staatsmacht gehandelt habe.[424]

7 Vom Abbau eines prekären Rechtsstaats zum Aufbau eines repressiven Strafrechtsstaats[425]

Der neu gewählte Präsident César Gaviria (1990–1994) verabschiedete 1991 eine neue Verfassung, in deren Rahmen wichtige demokratische Institutionen wie eine Generalstaatsanwaltschaft,[426] ein Verfassungsgericht,[427] ein Ombudsmann sowie der Rechtsbehelf der Verfassungsbeschwerde geschaffen und die Grundlagen einer Liberalisierung der Ökonomie gelegt wurden.[428] Vergleichbare Änderungen im Sicherheitsbereich fanden jedoch nicht statt.[429] So blieb die verfassungsrechtliche Regulierung des Ausnahmezustands, der in der abgeschafften Verfassung von 1886 als Belagerungszustand konzipiert war,[430] im Wesentlichen unberührt. Auch in der Praxis kam es zu einer erneuten Verschärfung der repressiven Ausnahmejustiz.[431] Zwischen 1984 und 1991 wurden insgesamt 237 Notverordnungen im Rahmen der verhängten Ausnahmezustände erlassen. 45 davon wurden in ordentliche Gesetze transformiert,[432] unter anderem diejenigen, die den Kern der Ausnahmejustiz bildeten.[433]

1990 erließ Gaviria das *Estatuto para la defensa de la Justicia* (Statut zur Verteidigung der Justiz), das eine Sammlung alter Ausnahmegesetze war und auf

422 Vgl. ebd., S. 93–114.
423 Vgl. ebd., S. 85.
424 Vgl. ebd., S. 67.
425 Dieser Ausdruck stammt von Wacquant. Siehe Loïc Wacquant, *Bestrafen der Armen. Zur neoliberalen Regierung der sozialen Unsicherheit,* Opladen u. a. 2009, S. 77 ff., 129 ff.
426 Die Aufgaben der Generalstaatsanwaltschaft wurden zuvor von dem Generalprokurator erfüllt.
427 Die Funktionen eines Verfassungsgerichts wurden vor der Verabschiedung der neuen Verfassung von dem Obersten Gerichtshof übernommen.
428 Vgl. Iturralde, *Castigo, liberalismo autoritario y justicia penal de excepción,* S. 113.
429 Siehe Leal Buitrago, *El oficio de la guerra. La seguridad nacional en Colombia,* S. 129.
430 Art. 121 der Verfassung von 1886 regelte den Belagerungszustand.
431 Vgl. García Villegas, „Constitucionalismo perverso", S. 333 ff.; ebenso Iturralde, *Castigo, liberalismo autoritario y justicia penal de excepción,* S. 118 ff.
432 Vgl. García Villegas, „Constitucionalismo perverso", S. 334 f.
433 Vgl. Iturralde, *Castigo, liberalismo autoritario y justicia penal de excepción,* S. 120.

die Bekämpfung der „Feinde des Staates und der Gesellschaft" zielte:[434] Demnach verblieb die sachliche Kompetenz für Verbrechen der organisierten Kriminalität weiterhin bei der in den 1980er Jahren implementierten Justiz, die Grundrechte der Beschuldigten im Strafprozess wurden weiter eingeschränkt, Personen- und Hausdurchsuchungen durch die Streitkräfte waren ohne richterlichen Beschluss zulässig und gegen Urteile konnte keine Berufung eingelegt werden.[435] Durch den Übergangsartikel Nr. 8 erfolgte zudem eine graduelle Integration der Ausnahmegesetze in das ordentliche Strafgesetz.

Die trotz einiger progressiver Neuerungen im Sicherheitsbereich, u. a. der erstmaligen Benennung eines Zivilisten zum Verteidigungsminister und zum Leiter des Geheimdienstes, nach wie vor repressive Sicherheitsstrategie spiegelte sich bspw. in zwei Ausnahmezuständen zwischen 1992 und 1993[436] sowie einem Dekret, das die *Habeas Corpus* außer Kraft setzte, um wegen „drohender Fluchtgefahr" Gefangene länger in Untersuchungshaft festhalten zu können.[437] Diese drastischen Maßnahmen standen im starken Kontrast zu einer äußerst milden Kriminalpolitik in Bezug auf die Drogenhändler, die im Rahmen der sogenannten *Política de sometimiento a la justicia o de reducción de penas* (Politik der Unterwerfung unter die Justiz oder zur Verminderung von Strafen) Vorteile wie eine minimale Strafverfolgung oder gar Begnadigungen im Austausch gegen Geständnisse und Informationen erhalten konnten.[438] Trotz der staatlichen Großzügigkeit dauerten die Attentate, selektiven Ermordungen und Erpressungen durch die Drogenkartelle so lange weiter an, bis das von ihnen ersehnte Auslieferungsverbot in die Vereinigten Staaten in die neue Verfassung aufgenommen wurde. Im Juni 1991 erschien der meistgesuchte Drogenbaron Kolumbiens, Pablo Escobar, schließlich freiwillig vor Gericht und wurde kurz darauf in das von ihm gewählte Gefängnis *La Catedral* (die Kathedrale) gebracht, das er zuvor selbst hatte bauen lassen.[439] In der Tat zeigte „die Politik der Unterwerfung" wie unterwürfig die Justiz gegenüber der organisierten Kriminalität war. Obwohl offizielle Angaben Escobar für zahlreiche Terrorattentate Ende der 1980er Jahre verantwortlich machten, konnte die Justiz, trotz all der ihr zur Verfügung stehenden repressiven Instrumentarien, keinen einzigen Beweis dafür erbringen. Die Möglichkeit, ein Verfahren gegen ihn einzuleiten, hing letztlich von seinem Geständnis ab.[440]

---

434 Dekret 2790 von 1990, zitiert nach ebd., S. 121.

435 Darüber hinaus wurden Betroffene oftmals dauerhaft ohne Anklage und Rechtsbeistand in Untersuchungshaft gehalten, die Identität der Richter und Zeugen konnte verdeckt werden, der Richter konnte die von der Verteidigung beabsichtige Beweisantragstellung ablehnen, wenn nach seiner Meinung das Verfahren dadurch in Gefahr gebracht werden konnte. Vgl. ebd., S. 123–125.

436 Vgl. ebd., S. 130.

437 Dekret 1156 von 1992, zitiert nach ebd., S. 131 f.

438 Vgl. ebd., S. 127.

439 Vgl. ebd., S. 127–129.

440 Vgl. ebd., S. 129 f.

Allerdings konnten weder der erneute Ausnahmezustand noch die repressiven Strafgesetze verhindern, dass Escobar im Juli 1992 aus dem Gefängnis floh. Das Ereignis erregte aufgrund der offensichtlichen Ineffizienz und Korruption der Justiz einen Sturm der öffentlichen Entrüstung. Ungeachtet der scharfen Kritik an der *Política de Sometimiento a la Justicia* führte die Regierung Gaviria sie weiter fort und bezog sie mittels einer Reform des Strafprozessrechts sogar in das ordentliche Strafverfahren ein.[441]

8 Die Zentralisierung der paramilitärischen Strukturen

Im Laufe der 1990er Jahre fand die Konsolidierung der Paramilitärs als „drittem Kriegsakteur" statt.[442] Die wichtigsten Erscheinungsformen dieser neuen Generation von Paramilitärs waren: Die Todesschwadron *Perseguidos por Pablo Escobar* (PEPES) zu Beginn der 1990er Jahre, die paramilitärische Organisation *Autodefensas campesinas de Córdoba y Urabá* (ACCU) ab Mitte der 1990er Jahre und der Dachverband *Autodefensas unidas de Colombia* (AUC) am Ende der 1990er Jahre. Bei der Bildung und Expansion der drei Gruppen spielten die Castaño-Brüder, insbesondere der spätere Kommandant des AUC-Verbands Carlos Castaño, die Paramilitärs Diego Murillo, Ernesto Baez und Salvatore Mancuso sowie der General der Streitkräfte Rito Alejo del Río eine entscheidende Rolle.[443]

Die Castaños, die zum engen Kreis Pablo Escobars gehörten, distanzierten sich vom Medellín-Kartell aufgrund interner Konflikte und begannen, wichtige Informationen über den Drogenbaron der Polizei zu übermitteln.[444] Mit dem unter dem Decknamen „Don Berna" bekannten Paramilitär Diego Murillo und anderen Mitgliedern des Kartells organisierten sie die *Perseguidos por Pablo Escobar* (PEPES, Die von Pablo Escobar Verfolgten).[445] In Allianz mit dem Drogenkartell aus Cali, das

441 Vgl. Leal Buitrago, *El oficio de la guerra. La seguridad nacional en Colombia*, S. 154–158.

442 Vgl. Zelik, *Die kolumbianischen Paramilitärs*, S. 103 f.; ebenso Medina, „El narcoparamilitarismo. Lógicas y procesos en el desarrollo de un capitalismo criminal", S. 110–112.

443 Vgl. Medina, „El narco-paramilitarismo. Lógicas y procesos en el desarrollo de un capitalismo criminal", S. 111; ebenso Zelik, *Die kolumbianischen Paramilitärs*, S. 117. Die Castaño-Brüder Fidel und Carlos gehörten dem Medellín-Kartell an, in dem sie als *Sicarios* (Auftragsmörder) tätig waren, während Vicente Castaño für die Routen und den Transport der Drogen in die USA zuständig war. Die Beziehung der Brüder mit Pablo Escobar ging auf die 1980er Jahre zurück, als die FARC ihren Vater entführt und ermordeten haben soll. Vgl. Adams, „Vínculos entre paramiltiares y drogas", S. 70.

444 Vgl. Zelik, *Die kolumbianischen Paramilitärs*. S. 106.

445 Vgl. Mauricio Aranguren, *Mi confesión. Carlos Castaño revela sus secretos*, Bogotá 2001, S. 147, zitiert nach Zelik, *Die kolumbianischen Paramilitärs*, S. 107; ebenso Adams, „Vínculos entre paramiltiares y drogas", S. 72.

damals mit dem Medellín-Kartell verfeindet war, der kolumbianischen Polizei und der US-Antidrogenbehörde DEA bildeten sie den *Bloque de Búsqueda* zur Ergreifung Escobars.[446] Nachdem Escobar im Dezember 1993 nach mehr als einem Jahr von dem *Bloque de Busqueda* in Medellín ermordet wurde, löste sich PEPES auf und einige seiner Mitglieder schlossen sich anderen paramilitärischen Einheiten an.[447] Zelik zufolge handelte es sich bei PEPES „um eine parapolizeiliche, mit staatlicher Unterstützung agierende Gruppe."[448]

Während der neuen Regierung des liberalen Präsidenten Ernesto Samper (1994–1998) wurde zudem der Aufbau privater Sicherheitsorganisationen vorangetrieben. Durch ein von Präsident Gaviria erlassenes Dekret[449] wurden 1994 die *Asociaciones comunitarias de convivencia rural* (CONVIVIVIR, Gemeinschaftliche Vereinigungen des ländlichen Zusammenlebens) geschaffen, die als Quasi-Bürgerwehren in vielen Regionen des Landes agierten.[450] Diese Sicherheitskooperativen wurden von den Streitkräften mit Logistik und Waffen unterstützt und arbeiteten eng mit ihnen zusammen.[451] Obwohl die Regierung behauptete, dass die CONVIVIR nicht mit den paramilitärischen Gruppen kooperierten,[452] stellten nationale und internationale Menschenrechtsorganisationen das Gegenteil fest: „Die CONVIVIR übten eine Scharnierfunktion zwischen Militärs und illegalen Paramilitärs aus und unterstanden vielfach direkt der AUC-Führung."[453] Untersuchungen der Interamerikanischen Menschenrechtskommission zufolge nahmen die Menschenrechtsverletzungen durch die Legalisierung der CONVIVIR spürbar zu.[454] 1997 erklärte das Verfassungsgericht die Sicherheitskooperativen zwar an sich

---

446 Vgl. ebd.

447 Siehe ebd.; Leal Buitrago, *El oficio de la guerra. La seguridad nacional en Colombia*, S. 161.

448 Vgl. Zelik, *Die kolumbianischen Paramilitärs*, S. 107.

449 Dekret 356 von 1994, zitiert nach Iturralde, *Castigo, liberalismo autoritario y justicia penal de excepción*, S. 162.

450 Siehe ebd.

451 Siehe Comisión Colombiana de Juristas (Hrsg.), *Derechos humanos en Colombia: 3er informe de la Comisión Interamericana de Derechos Humanos*, Bogotá 1999, S. 165–168, http://www.coljuristas.org/documentos/libros_e_informes/ddhh_en_colombia_3er_informe_de_la_CIDH.pdf (letzter Zugriff am 24.09.2015).

452 Aussage des ehemaligen Innenministers Horacio Serpa, *Alternativa*, 8 (1997), zitiert nach Noche y Niebla, *Deuda con la humanidad*, S. 10.

453 Vgl. Comisión Colombiana de Juristas, *Boletín Nr. 27, Serie sobre los derechos de las víctimas y la aplicación de la ley 975 – „Todas las CONVIVIR eran nuestras"*, Bogotá 2008, zitiert nach Zelik, *Die kolumbianischen Paramilitärs*, S. 116 f.; ebenso Human Rights Watch, *Los lazos que unen: Colombia y las relaciones militares-paramilitares*, New York 2000, S. 17, http://www.acnur.org/t3/uploads/pics/134.pdf?view=1 (letzter Zugriff am 09.10.2015).

454 Siehe Comisión Colombiana de Juristas (Hrsg.), *Derechos humanos en Colombia: 3er informe de la Comisión Interamericana de Derechos Humanos*, Bogotá 1999, S. 165–171.

für verfassungskonform, nicht jedoch ihren Gebrauch von Waffen. Dem Gericht zufolge wurde das staatliche Gewaltmonopol in Frage gestellt, wenn die CONVIVIR Waffen der Streitkräfte benutzten.[455] Nach dem Urteil agierten die CONVIVIR nicht mehr offen und zumeist in Allianz mit Paramilitärs.[456]

Ebenfalls 1994 wurden die *Autodefensas campesinas de Córdoba y Urabá* (ACCU, Ländliche Selbstverteidigungsgruppen von Córdoba und Urabá) im Nordwesten Kolumbiens gegründet, die fortan das Machtzentrum des Paramilitarismus bildeten.[457] In Urabá dauerten die Konfrontationen zwischen Guerilleros, Militärs und Paramilitärs ungehindert mit hoher Intensität an. Dabei trugen die Präsenz der 17. Heeresbrigade der Streitkräfte unter dem Befehl des Generals Rito Alejo del Río, der u. a. von seinem zweiten Kommandeur beschuldigt wurde, die Paramilitärs zu unterstützen,[458] sowie die Implementierung einer repressiven Sicherheitspolitik des damaligen Gouverneurs von Antioquia Álvaro Uribe Vélez, in deren Rahmen die CONVIVIR offen gefördert wurden, deutlich zur Verschlimmerung der Gewalt in der Region bei. Sechs Monate nach der Ernennung Uribes war die Mordrate allein in Urabá um 387 % angestiegen und der Paramilitarismus hatte sich signifikant verbreitet.[459] Ähnlich wurde der Einfluss der Militärs wahrgenommen: „Als General Rito Alejo in den 1990er Jahren in *Urabá* diente, verwandelte sich diese Region in ein neues Zentrum des Paramilitarismus in Kolumbien", erklärte Gloria Cuartas, ehemalige Bürgermeisterin von Apartadó, einem Bezirk in Urabá.[460]

1997 wurde der Dachverband der Paramilitärs *Autodefensas unidas de Colombia* (AUC, Vereinigte Selbstverteidigungsgruppen Kolumbiens)[461] von Carlos Castaño mit Unterstützung von Sympathisanten aus Politik und Wirtschaft gegründet, in dem unter anderem die mittlerweile deutlich angewachsene und sich auf andere

---

455 CC, Urteil C-527 von 1997.

456 Vgl. Iturralde, *Castigo, liberalismo autoritario y justicia penal de excepción*, S. 163.

457 Vgl. ebd., S. 109.

458 Im Mai 1996 erklärte Oberst Alfonso Velásquez, der als zweiter Kommandeur der 17. Heeresbrigade diente, dass die Paramilitärs in der Region Urabá von General Rito Alejo del Río gefördert worden seien. Oberst Velásquez wurde u. a. wegen Gehorsamsverweigerung entlassen, während General Rito Alejo noch ein Jahr als Führer der Brigade im Amt blieb. Vgl. ebd., S. 195 f.

459 *El Tiempo*, 30.08.1995, S. 6A, zitiert nach Romero, *Paramilitares y autodefensas*, S. 195.

460 Interview mit Gloria Cuartas, Bürgermeisterin von Apartadó, zitiert nach Zelik, *Die kolumbianischen Paramilitärs*, S. 118.

461 Die AUC bestand u. a. aus den folgenden Einheiten: *Autodefensas campesinas de Córdoba y Urabá* (Dep. Córdoba und Antioquia), *Bloque Bananero* (Urabá/Dep. Antioquia), *Bloque Cacique Nutibara* (Dep. Antioquia), *Bloque Capital* (Bogotá), *Bloque Calima* (Dep. Valle del Cauca), *Bloque Catatumbo* (Dep. Norte de Santander), *Bloque Centauros* (Dep. Aurauca und Casanare), *Bloque Central Bolívar* (Dep. Bolívar, Antioquia und Putumayo), *Bloque Elmer Cárdenas* (Dep. Antioquia). Siehe Zelik, *Die kolumbianischen Paramilitärs*, S. 39.

Regionen ausdehnende ACCU aufgingen.[462] Mithilfe des AUC versuchten die Paramilitärs, allen voran ihr Führer Carlos Castaño das politische Profil der Organisation zu schärfen und ihre Strukturen zu zentralisieren und konsolidieren.[463] Dies wurde durch eine langfristig verfolgte Medienstrategie mit wohlwollender Unterstützung der führenden Medien Kolumbiens begünstigt, in deren Mittelpunkt der AUC-Kommandant Castaño sich als „Gegen-Guerillero" profilieren konnte.[464] Dem zeitweise hochpopulären Führer der Paramilitärs war dabei vor allem daran gelegen, das „politische Programm" des paramilitärischen Kampfes zu verbreiten und den AUC als eine von den Drogenhändlern unabhängige Organisation zu präsentieren, obwohl bzw. weil die Beziehungen mit den Drogenbaronen offensichtlich waren.[465]

Die Verstärkung der Beziehungen zwischen Streitkräften und Paramilitärs ab Mitte der 1990er Jahre wurde durch die andauernde Regierungskrise von Präsident Samper begünstigt. Samper wurde beschuldigt, seinen Wahlkampf mit Ressourcen des Cali-Kartells finanziert zu haben. Obwohl der Präsident sowohl von dem Generalstaatsanwalt, als auch von der Ermittlungskommission des Parlaments „aus Mangel an Beweisen" freigesprochen wurde, richtete sich seine politische Aufmerksamkeit hauptsächlich auf seinen Machterhalt und die Ablenkung der öffentlichen Diskussion von dem Korruptionsskandal.[466]

Im August 1995 rief Samper zum ersten Mal den Ausnahmezustand aus[467] mit der Begründung, die Eskalation der Gewalt im Land sei die eigentliche Ursache der politischen Krise. In der Notverordnung Nr. 1.370 wurden diesmal nicht nur die organisierte Kriminalität, sondern auch die „Alltagskriminalität" als „Feinde der Gesellschaft" definiert. Zahlreiche Strafen wurden deutlich verschärft, vor allem jene für Vermögensverbrechen,[468] und andere Straftaten wurden neu geschaffen, z. B. die *omisión de denuncia*[469] (unterlassene Anzeige). Nach der Meinung des Präsidenten sollte dieser Straftatbestand die Zusammenarbeit zwischen Streitkräften und Zivilbevölkerung im Kampf gegen die organisierte Kriminalität fördern.[470] In

---

462 Siehe Camilo Echandía Castilla, *Dos décadas de escalamiento del conflicto armado en Colombia 1986–2006*, Bogotá 2006, S. 35.

463 Siehe Medina, „El narco-paramilitarismo. Lógicas y procesos en el desarrollo de un capitalismo criminal", S. 111.

464 Vgl. Zelik, *Die kolumbianischen Paramilitärs*, S. 109 f.; ebenso Medina, „El narco-paramilitarismo. Lógicas y procesos en el desarrollo de un capitalismo criminal", S. 111.

465 Vgl. ebd.; dazu García Peña, „La relación del Estado colombiano con el fenómeno paramilitar: por el esclarecimiento histórico", S. 62.

466 Vgl. Iturralde, *Castigo, liberalismo autoritario y justicia penal de excepción*, S. 154–156.

467 Dekret 1370 von 1995, zitiert nach ebd., S. 158.

468 Dekret 1410 von 1995, zitiert nach ebd., S. 160.

469 Dekret 1590 von 1995, zitiert nach ebd., S. 161

470 Vgl. ebd.

der Realität bedeutete die Anzeigepflicht jedoch, dass Zivilisten in gewalttätigen Regionen wie Urabá sich entscheiden mussten, entweder ihr Leben zu riskieren, wenn sie sich an die Streitkräfte oder die Justizinstanzen wegen Taten der Paramilitärs wandten, oder eine Freiheitsstrafe in Kauf zu nehmen, wenn sie ihr Leben nicht in Gefahr bringen wollten.

Zwei Monate nach der Verhängung des Ausnahmezustandes erklärte das Verfassungsgericht ihn für verfassungswidrig. Seiner Argumentation zufolge war die gewalttätige Lage im Land, die von der Regierung als eine akute Bedrohung präsentiert worden war, keine Ausnahmesituation, sondern ein permanenter Zustand, dessen Verbesserung strukturelle Reformen benötigte.[471] Samper reagierte auf das Urteil des Verfassungsgerichts mit einem Gesetzentwurf, um die Ausnahmegesetze in ein ordentliches Gesetz zu transformieren. Das Parlament verabschiedete daraufhin zwei Gesetze, die die repressiven Maßnahmen der Regierung beinhalteten.[472] Im darauffolgenden Jahr erließ Präsident Samper aus Anlass der Ermordung eines konservativen Politikers erneut den Ausnahmezustand, der wegen der Befürchtung eines militärischen Putsches diesmal für verfassungskonform erklärte wurde.[473] Die Regierung erschuf in dessen Rahmen sogenannte *Zonas especiales de Orden Público* (besondere Gebiete der öffentlichen Ordnung), in denen aufgrund der prekären Sicherheitslage das Militär die vollständige Kontrolle übernahm und dazu die Befugnis erhielt, Grundrechte der Bevölkerung ohne richterlichen Beschluss einzuschränken.[474]

Die konkreten Maßnahmen der Regierung in Reaktion auf die paramilitärischen Massaker waren ambivalent: Einerseits wurde eine Sondereinheit zur Bekämpfung des Paramilitarismus gegründet, der sogenannte *Bloque de Búsqueda*, andererseits wurde ein Gesetz verabschiedet, in dessen Rahmen sowohl die Guerilla als auch die Paramilitärs als *delinquentes políticos* (politische Delinquenten) qualifiziert werden und bestimmte strafrechtliche Vergünstigten erhalten konnten.[475] Darüber hinaus wurden erste Versuche unternommen, mit den Paramilitärs zu verhandeln. So wurde im Juli 1998 ein Abkommen, das sogenannte *Acuerdo del Nudo de Paramillo* (Abkommen von Nudo de Paramillo), zwischen der Regierung, einigen Paramilitärs und Vertretern der Zivilgesellschaft getroffen. Es sah keine wirkliche Entwaffnung der Organisation oder eine zukünftige strafrechtliche Verfolgung der von den Paramilitärs begangenen Taten vor, sondern die Etablierung einer politischen Basis für spätere „Friedensverhandlungen" (Abs. 2, 3, 5 des Abkommens).[476]

---

471 CC, Urteil C-466 von 1995.

472 Gesetz 228 von 1996 und Gesetz 365 von 1997, zitiert nach Iturralde, *Castigo, liberalismo autoritario y justicia penal de excepción*, S. 164.

473 CC, Urteil C-027 von 1996, zitiert nach ebd., S. 169.

474 Dekret 717 von 1996, zitiert nach ebd., S. 167.

475 Siehe García Peña, „La relación del Estado colombiano con el fenómeno paramilitar: por el esclarecimiento histórico", S. 62.

476 Vgl. ebd., S. 63.

Exkurs: Das Massaker von Mapiripán – Terror gegen die Zivilbevölkerung als Methode

Im Juli 1997 verübten die ACCU in Mapiripán, einem kleinen Dorf des Departements Meta im Südwesten Kolumbiens, ein Massaker, bei dem etwa 49 Personen binnen fünf Tagen brutal ermordet wurden. Mapiripán war aufgrund seiner Stellung als regionalem Zentrum des Koka-Handels sowie für die Bekämpfung der in der Gegend als Ordnungsmacht auftretenden FARC-Guerilla von strategisch wichtiger Bedeutung.[477] Die Paramilitärs besetzten Mapiripán und errichteten ein regelrechtes Terrorregime: Im örtlichen Schlachthof wurden jeden Abend, nachdem der Strom abgeschaltet worden war, verschleppte Dorfbewohner zu Tode gefoltert, geköpft, zerhackt und anschließend auf den Straßen ausgestellt. Später wurden die Leichenreste in den Guaviare-Fluss geworfen, um die Spuren des Verbrechens zu verwischen.[478] Nach einem Urteil des Interamerikanischen Gerichtshofs für Menschenrechte[479] wurde das Massaker von den von Carlos Castaño geführten ACCU-Paramilitärs und hochrangigen Militärs gemeinsam geplant und durchgeführt.[480] Die Schlächter wurden demzufolge mit Unterstützung der Armee aus dem weit entfernten Urabá eingeflogen und erhielten ihre Waffen für die Morde von den Militärs. Nach dem Massaker seien sie zudem von der Luftwaffe vor einem Guerillaangriff geschützt worden.[481] Trotz des Urteils des Interamerikanischen Gerichtshofs für Menschenrechte kam es 1998 und 2002 erneut zu Massakern in Mapiripán.[482]

9 Vom „Krieg gegen die Drogen" zum „Krieg gegen den Terror": Auswirkungen des „Plan Colombia" auf die Wahrnehmung des Konfliktes

Der konservative Präsident Andrés Pastrana (1998–2002) begann seine Amtszeit mit der Signalisierung seiner Dialogbereitschaft mit den linken Guerillagruppen, die sich ihrerseits unter zwei Bedingungen zu erneuten Friedensverhandlungen bereit erklärten: die Errichtung einer entmilitarisierten Zone zur Durchführung der Ver-

477 Vgl. Zelik, *Die kolumbianischen Paramilitärs*, S. 302.
478 Vgl. ebd., S. 176 f.
479 Corte IDH, *Masacre de Mapiripán vs. Colombia*, Urteil C-134 vom 15.09.2005.
480 Ein aus diesem Grund schwer belasteter Militär ist Brigadegeneral Jaime Humbergo Uscátegui, der 2007 von einem Gericht jedoch freigesprochen wurde. Vgl. Zelik, *Die kolumbianischen Paramilitärs*, S. 117.
481 Vgl. ebd., S. 117, 302.
482 Siehe Centro Nacional de Memoria Histórica, *Rutas del conflicto: Mapiripán*, o.J., http://rutasdelconflicto.com/busqueda.php?clave=mapirip%E1n&Buscar=Buscar (letzter Zugriff am 10.11.2015).

handlungen sowie der Bekämpfung der paramilitärischen Strukturen.[483] Beidem kam die Regierung nach. Als Maßnahmen gegen den Paramilitarismus wurde erstens die Abschaffung der Sicherheitskooperativen CONVIVIR verordnet, zweitens wurden die Paramilitärs von der Anerkennung als „politische Delinquenten" und damit von weitreichen strafrechtlichen Vergünstigungen ausgeschlossen und drittens wurden zwei Militärs, General Rito Alejo del Río und General Fernando Millán, die der Unterstützung von Paramilitärs beschuldigt wurden, entlassen.[484] Die Streitkräfte reagierten empört auf die Regierungsinitiative und organsierten eine Veranstaltung zur Ehrung der belasteten Militärs, an der auch der zukünftige Präsident Álvaro Uribe und sein Innenminister Fernando Londoño teilnahmen. Die Umsetzung der Maßnahmen, wie auch die von Vorgängerregierungen angekündigte Einrichtung von Sondereinheiten zur Bekämpfung der paramilitärischen Gruppen, kam jedoch nur zögerlich voran und blieb zum Teil gänzlich aus.[485]

Die Paramilitärs dehnten ihren Einfluss trotz der angekündigten Bekämpfung durch die Regierung kontinuierlich aus und drückten ihren Widerstand gegen die Friedensverhandlungen gewaltsam aus: Anfang 1999 nahm die Zahl der paramilitärischen Massaker wieder deutlich zu. Zudem drohten sie, die entmilitarisierte Zone der Verhandlungen anzugreifen, und entführten die Senatorin Piedad Córdoba, eine bekannte Oppositionspolitikerin, um ihre Anerkennung als politische Delinquenten zu erpressen.[486] Die Sabotage der Friedensverhandlungen durch die Paramilitärs führte schließlich zur Unterbrechung der Gespräche vonseiten der FARC und zu deren Abbruch durch die zweitgrößte Guerillabewegung *Ejército de Liberación Nacional* (ELN, Nationale Befreiungsarmee).[487]

Die Friedensverhandlungen mit den linken Guerillas wurden jedoch nicht nur durch die Kampfhandlungen der Paramilitärs beinträchtigt, sondern auch durch eine militarisierte Wende in der Kriminalpolitik:[488] auf Druck der US-amerikanischen Regierung wurde der sogenannte „Plan Colombia", ein zentrales Element der US-

483 Vgl. Eric Lair, „Transformaciones y fluidez de la guerra en Colombia: un enfoque militar", in: Gonzalo Sánchez, Eric Lair (Hrsg.), *Violencias y estrategias colectivas en la región andina. Bolivia, Colombia, Ecuador, Perú y Venezuela,* Bogotá 2004, S. 103–143, hier S. 118.

484 Vgl. García Peña, „La relación del Estado colombiano con el fenómeno paramilitar: por el esclarecimiento histórico", S. 63.

485 Vgl. ebd., S. 64 f.

486 Vgl. ebd., S. 65.

487 Vgl. Iturralde, *Castigo, liberalismo autoritario y justicia penal de excepción,* S. 183; ebenso García Peña, „La relación del Estado colombiano con el fenómeno paramilitar: por el esclarecimiento histórico", S. 65.

488 Vgl. García Peña, „La relación del Estado colombiano con el fenómeno paramilitar: por el esclarecimiento histórico", S. 65; ebenso Leal Buitrago, „Militares y paramilitares en Colombia", S. 55 f.

Strategie zur Bekämpfung des Drogenhandels in der Andenregion, eingeführt.[489] Der „Plan Colombia" sah vor allem zwei wesentliche Ziele vor: Die Bekämpfung des Drogenanbaus durch die Zerstörung von Kokafeldern oder Laboratorien zur Kokaingewinnung sowie die Rückeroberung der Hauptanbaugebiete der Kokapflanze im Süden und Südwesten des Landes, in denen die Guerilla herrschte.[490] Die Verfolgung dieser Ziele hatte deutliche Auswirkungen auf die interne Wahrnehmung und Behandlung des bewaffneten Konfliktes. Der Kampf gegen die Subversion bzw. die linken Guerillas und der Kampf gegen die Drogenhändler transformierten sich in einen undifferenzierten „Kampf gegen den Terror".[491]

In diesem neuen „Bedrohungsszenario" wurde jede Kriminalität in Kolumbien als „extreme" Kriminalität präsentiert, deren Bekämpfung daher „extreme", also ausnahmerechtliche Maßnahmen verlangte.[492] Infolgedessen wurden strafrechtliche „Reformen" durchgeführt: z. B. die Einrichtung einer „neuen" ausnahmerechtlichen Strafgerichtsbarkeit, die sogenannte *Justicia Especializada* (Spezialisierte Justiz), eine veränderte Version der sogenannten „Regionalen Justiz" der 1980er Jahre. Im Rahmen der *Justicia Especializada* war u. a. die Anonymität der Staatsanwälte und Zeugen bei Verfahren gegen Terrorismus, Paramilitarismus, Drogenhandel, Entführung und Geldwäsche „in Ausnahmefällen" zulässig. Darüber hinaus wurden eine Verlängerung der Untersuchungshaft und weitere Beschränkungen der vorläufigen Haftentlassung aufrechterhalten.[493]

Wenig später erließ die Regierung erneut zwei Ausnahmegesetze, die von der Generalstaatsanwaltschaft zuvor eingeführte progressive Reformen des Strafgesetzbuchs und der Strafprozessordnung einschränkten: das *Ley para la Seguridad y la Defensa Nacional* (Gesetz zur Verteidigung der nationalen Sicherheit) von 2001 sowie das Gesetz 733 von 2002.[494] Mittels des „Gesetzes zur Verteidigung der nationalen Sicherheit" wurde das Militär dazu ermächtigt, gegen Zivilisten zu ermitteln und sie festzunehmen, obwohl dies in der Verfassung explizit verboten war.[495] Das Gesetz 733 verschärfte nochmals die Freiheitsstrafen für Taten wie Terrorismus, Drogenhandel, Entführung und *concierto para delinquir* (Absprache zur Begehung von Straftaten).[496]

489 Vgl. Diana Rojas, „Estados Unidos y la guerra en Colombia", in: Francisco Gutiérrez, María Emma Wills, Gonzalo Sánchez Gómez (Hrsg.), *Nuestra Guerra sin Nombre. Transformaciones del conflicto en Colombia*, Bogotá 2006, S. 39–69, hier S. 49 f.

490 Vgl. ebd., S. 50.

491 Vgl. ebd., S. 41.

492 Vgl. Iturralde, *Castigo, liberalismo autoritario y justicia penal de excepción*, S. 191–196.

493 Vgl. ebd., S. 201 f.

494 Vgl. ebd., S. 211.

495 Vgl. ebd., S. 213.

496 Vgl. ebd., S. 211 f.

Nach drei Jahren wurden die Friedensverhandlungen zwischen der Regierung Pastrana und der FARC-Guerilla im Februar 2002 endgültig abgebrochen. Das Scheitern des Friedensprozesses war nach der Meinung von Konfliktforschern nicht nur das Resultat der Sabotage durch die Paramilitärs, sondern auch der ambivalenten Kriminalpolitik gegenüber dem bewaffneten Konflikt.[497] Die misslungenen Friedensgespräche mit der linken Guerilla, die Wirtschaftskrise des Landes und die Veränderung der äußeren Umstände nach den Anschlägen vom 11. September 2001 bereiteten den Weg für ein gesellschaftliches Klima, in dem sich die Positionierung des Paramilitarismus in Staat und Gesellschaft radikal änderte.

10 Die „Politik der demokratischen Sicherheit" und die Übernahme der Logik des Paramilitarismus durch die Regierung Uribe

Die Verankerung der „Sicherheit" als Wert *par excellence* in der nationalen und internationalen Öffentlichkeit begünstigte die Wahl von Álvaro Uribe Vélez (2002–2010) zum neuen Präsidenten Kolumbiens.[498] Dieser hatte in seinem Wahlprogramm, von ihm als „*Manifiesto Democrático*" (demokratisches Manifest) bezeichnet, Sicherheitsthemen einen zentralen Stellenwert eingeräumt und propagierte in seiner Kampagne vor allem folgende Punkte: den Aufbau eines „kommunitären Staates" (Punkt 5), die Fortführung des sogenannten „Kriegs gegen die Drogen" (Punkt 31) und die Implementierung einer von ihm so genannten „*Política de Seguridad democrática*" (Politik der demokratischen Sicherheit, Punkt 27). Darüber hinaus plante er weitere Maßnahmen zur „Bekämpfung des Terrorismus" (Punkt 33) sowie weitreichende Reformen der Strafjustiz wie die Verschärfung von Strafen und des Jugendstrafrechts und die Privatisierung des Strafvollzugs (Punkt 32, 34, 36).[499]

Die „Politik der demokratischen Sicherheit" bestand insbesondere aus sechs Maßnahmen: der Erhebung einer neu geschaffenen Sicherheitssteuer, deren Einnahmen dazu dienen sollten, den Kampf der Militärs gegen „die Terroristen" zu finanzieren; dem Aufbau einer Bürgerwehr; der Schaffung eines Informantennetzwerks aus Zivilisten, das mit den Geheimdiensten und Sicherheitsdiensten zusammenarbeiten sollte; der Aussetzung von Kopfgeldern für „Terroristen"; der Aussetzung von Belohnungen für desertierte Kämpfer sowie der Einrichtung von sogenannten

497 Vgl. García Peña, „La relación del Estado colombiano con el fenómeno paramilitar: por el esclarecimiento histórico", S. 65; ebenso Leal Buitrago, „Militares y paramilitares en Colombia", S. 55 f.

498 Vgl. Leal Buitrago, „Militares y paramilitares en Colombia", S. 56.

499 Vgl. Álvaro Uribe Vélez, *Manifiesto Democrático*, Bogotá, S. 1, 4, 5, http://www.mineducacion.gov.co/1621/articles-85269_archivo_pdf.pdf (letzter Zugriff am 13.08.2013); dazu auch Iturralde, *Castigo, liberalismo autoritario y justicia penal de excepción*, S. 231–234.

Zonas de Rehabilitación (Rehabilitierungszonen) in Regionen mit starker Präsenz der Guerilla.[500]

Für die Umsetzung der „Politik der demokratischen Sicherheit“ erließ Uribe wie seine Vorgänger den Ausnahmezustand und ergriff zahlreiche ausnahmerechtliche Maßnahmen, die u. a. mit einem Anschlag der FARC-Guerilla am Tag des Amtsantritts von Uribe gerechtfertigt wurden.[501] Die Regierung präsentierte die Guerilla dabei als „allmächtigen Feind“, der lediglich mithilfe der „unentbehrlichen“, repressiven Maßnahmen „besiegt“ werden könne.[502] Dazu gehörten bspw. Reformen der sogenannten „Speziellen Justiz“[503] und die Erteilung weiterer Befugnisse an die Streitkräfte.[504]

Uribe griff auf die schon in der Vergangenheit angewendete Strategie des „Ausnahmezustands innerhalb eines Ausnahmezustands“ zurück, diesmal jedoch mit einer nicht unbedeutenden Veränderung: Zuvor war die Ausdehnung des Ausnahmezustands auf lokaler Ebene mit Zustimmung der Zentralregierung beschlossen worden. Unter der Regierung Uribe behielt sich der Präsident allein das Recht dieser Entscheidung vor.[505] Die Maßnahmen bezogen sich insbesondere auf Einschränkungen bürgerlicher Grundrechte und die Einsetzung einer Militärverwaltung. 2003 errichtete Uribe die von ihm sogenannten *Zonas de Rehabilitación* in drei Departementen des Landes, Bolívar, Sucre und Arauca, mit der Begründung, dass sich der bewaffnete Konflikt in diesen Regionen deutlich verschärft hätte. Im Gegensatz dazu stellte das Verfassungsgericht fest, dass die Gewalt in diesen Departementen nicht sonderlich zugenommen hätte.[506] Konfliktforscher kamen daraufhin zu dem Schluss, dass die ausnahmerechtlichen Maßnahmen vor allem darauf abzielten, die wichtigsten Ölraffinerien des Landes vor möglichen Attentaten der Guerilla zu beschützen. Im Einklang damit verschärfte die Regierung die Strafen für Tatbestände gegen die nationalen Ölreserven.[507]

Neben der Einrichtung der *Zonas de Rehabilitación* zählte ein bereits in seinem Wahlprogramm angekündigtes Antiterrorgesetz, das vor allem die Legalisierung von Festnahmen und Hausdurchsuchungen ohne richterlichen Beschluss vorsah, zu den Eckpfeilern von Uribes Sicherheitspolitik. Das Gesetz setzte aufgrund seiner offensichtlich verfassungswidrigen Inhalte allerdings eine Verfassungsreform voraus,

500 Vgl. Leal Buitrago, „Militares y paramilitares en Colombia“, S. 56.

501 Dekret 1837 von 2002. Der Ausnahmezustand wurde zwei Mal mittels der Dekrete 2555 von 2002 und 245 von 2003 verlängert, zitiert nach Iturralde, *Castigo, liberalismo autoritario y justicia penal de excepción*, S. 234 f.

502 Vgl.ebd., S. 236 f.

503 Dekret 2001 von 2002, zitiert nach ebd., S. 237.

504 Dekret 2002 von 2002, zitiert nach ebd.

505 Dekret 2929 von 2002, zitiert nach ebd., S. 238.

506 Urteil des Verfassungsgerichtes C-122 von 2003, zitiert nach ebd., S. 239.

507 Das Dekret 1900 von 2002 verschärfte die Freiheitstrafen wegen Sabotage von Ölraffinerien auf bis zu 12 Jahre und wegen Erdölraub bis zu 10 Jahre. Zitiert nach ebd., S. 240.

in deren Rahmen die Streitkräfte, die Generalstaatsanwaltschaft und die Geheimdienste im „Kampf gegen den Terrorismus" über ausnahmerechtliche Befugnisse unbegrenzter Dauer verfügen sollten.[508] Laut dem Antiterrorgesetz waren Festnahmen und Hausdurchsuchungen durch die Streitkräfte ohne richterliche Anordnung bei Verdacht auf „terroristische Aktionen" zulässig. Darüber hinaus durften Militärs und Geheimdienste in „Notfällen" jede Art von Kommunikation überwachen. Trotz der Kritik mehrerer nationaler und internationaler Menschenrechtsorganisationen sowie des UN-Hochkommissars für Menschenrechte wurde das Antiterrorgesetz im Dezember 2003 verabschiedet.[509]

Die Auswirkungen der Sicherheitspolitik Uribes und insbesondere des Antiterrorgesetzes waren gravierend: Tausende massenhafte Festnahmen wurden ohne richterlichen Beschluss und dank falscher Aussagen oder Beweise durchgeführt. Die festgenommenen Personen, zu denen u. a. Universitätsdozenten, Menschenrechtsaktivisten und Mitglieder von Gewerkschaften gehörten, wurden von anonymen Zeugen als „Guerilleros" denunziert und in den wichtigsten Massenmedien als „Terroristen" präsentiert. Obwohl die meisten dieser Strafverfahren später aus Mangel an Beweisen eingestellt wurden, blieb die damit einhergehende Stigmatisierung der Beschuldigten bestehen.[510] Ermittlungen der Wochenzeitschrift *Semana* zufolge beschränkte sich diese Verfolgung nicht nur auf kritische Wissenschaftler und oppositionelle Politiker, sondern umfasste sogar die Richter des Obersten Gerichtshofes, die zu diesem Zweck auf die Suchlisten des Geheimdienstes DAS gesetzt und anschließend den Paramilitärs übergegeben wurden.[511]

In einer öffentlichen Rede behauptete der Präsident, dass die Festnahmen zwar umfassend, aber nicht willkürlich seien und gebot die Streitkräfte sogar zur Eile an: „Statt 40 oder 50 sollten lieber 200 Terroristen jeden Sonntag festgenommen werden".[512] Auf die Forderungen des Präsidenten reagierte die Polizei mit Unterstützung der Generalstaatsanwaltschaft unverzüglich. Sie nahm allein in Risaralda,

---

508 Vgl. ebd., S. 259 f. Das Antiterrorgesetz wurde von dem Verfassungsgericht erst acht Monate nach seiner Verabschiedung aufgrund von Verfahrensfehlern als verfassungswidrig erklärt. Vgl. CC, Urteil C-816 von 2004.

509 *Acto Legislativo* Nr. 02/2003, zitiert nach Iturralde, *Castigo, liberalismo autoritario y justicia penal de excepción*, S. 259–261.

510 Vgl. Oficina del Alto Comisionado de las Naciones Unidas para los Derechos Humanos (OACNUDH), *Informe de la Alta Comisionada de las Naciones Unidas para los Derechos Humanos sobre la situación de los derechos humanos en Colombia*, E/CN.4/2005/10, 28.02.2005, S. 27, http://www.hchr.org.co/documentoseinformes/informes/altocomisionado/Informe2004_esp.pdf (letzter Zugriff am 13.10.2015); dazu Iturralde, *Castigo, liberalismo autoritario y justicia penal de excepción*, S. 263 f.

511 Siehe *Semana*, „La cacería a los magistrados de la Corte Suprema de Justicia", 25.04.2009, http://www.semana.com/nacion/articulo/la-caceria-magistrados-corte-suprema-justicia/102430-3 (letzter Zugriff am 13.10.2015).

512 Zitiert nach Iturralde, *Castigo, liberalismo autoritario y justicia penal de excepción*, S. 256.

einem kleinen Departement im Zentrum des Landes, 117 Personen, zu denen der Bürgermeister und andere Beamte gehörten, wegen „Abspache zur Begehung von Straftaten und Subversion" fest. Fast einen Monat später wurden 48 dieser Personen wegen Mangels an Beweisen wieder freigelassen. Zwei Jahre später wurden 62 weitere Personen freigelassen, weil die gegen sie vorgebrachten Beweise illegal waren. Einer der Beschuldigten starb während der Untersuchungshaft.[513] Ein anderes dramatisches Beispiel von massenhaften Festnahmen fand in Arauca statt, der Hauptstadt einer der erdölreichsten Regionen Kolumbiens: Am 12. November 2002 wurden 2000 Personen wegen Subversion festgenommen. Bemerkenswert ist die Tatsache, dass solche kollektiven Festnahmen wegen Paramilitarismus so gut wie nie vorkamen.[514]

Die beispiellose Verhaftungswelle führte zu einer chronischen Überbelegung der Gefängnisse und außerdem zu einer kontinuierlichen Missachtung der Menschenrechte der Inhaftierten. Die Überbelegungsrate der Gefängnisse stieg zwischen 2002 und 2004 von 15,6 % auf 36,4 %. Die Zahl der Gefangen nahm in etwa dem gleichen Zeitraum von 49.170 auf 62.448 zu.[515] Der neue Generalstaatsanwalt rechtfertigte die Festnahmen mit der Begründung, es gäbe Regionen, in denen die ganze Bevölkerung sich entschlossen habe, Gewalttaten zu begehen.[516] Mit den Maßnahmen zielte die Regierung vor allem auf die Neutralisierung der von ihr so genannten „sozialen Basis der Guerilla" bzw. „der Terroristen"[517] – eine bemerkenswerte Ähnlichkeit zur Logik des Paramilitarismus.

Während die Regierung mit der Unterstützung wichtiger Massenmedien ihre „demokratische Sicherheit" als Erfolgsmodell propagierte, wurden die Gewaltexzesse der Streitkräfte und die Fragwürdigkeit der offiziellen Statistiken zur „Bekämpfung des Terrorismus" aufgedeckt. Neben dem Skandal über die Überwachung und Verfolgung von Richtern, Wissenschaftlern, Journalisten, Gewerkschaftlern und Politikern durch den Geheimdienst DAS, der direkt dem Präsidenten unterstellt war, kam der Skandal der sogenannten *falsos positivos* (falsche Erfolge) ans Licht: die Militärs töteten planmäßig Zivilisten, die sie anschließend als „im Kampf gefallene Kämpfer" deklarierten.[518] Es handelte sich dabei zumeist um arme junge Männer, Bettler und Arbeitslose, deren Ermordung durch die von der Regierung ausgesetzten Kopfgelder und andere Prämien für die Militärs, wie Medaillen, Beförderungen

513 Dazu *El Tiempo*, „Después de dos años se demostró que 111 detenidos en captura masiva de Quinchía eran inocentes", 03.08.2005, zitiert nach ebd., S. 256.

514 Vgl. ebd., S. 257 f.

515 Consejo Nacional de Política Económica y Social, *Documento CONPES Nr. 3277. Estrategia para la expansión de la oferta nacional de cupos penitenciarios y carcelarios*, Bogotá, 15.03.2004, zitiert nach ebd., S. 258.

516 Vgl. ebd., S. 257.

517 Vgl. ebd., S. 268 f.

518 Vgl. Noche y Niebla, *Deuda con la Humanidad 2. 23 años de falsos positivos (1988–2011)*, Banco de datos de derechos humanos y violencia política – CINEP, Bogotá 2011, S. 6.

oder Sonderurlaube, deutlich begünstigt wurde. Die Hauptmotivation für die *falsos positivos* war dem UN-Sonderberichterstatter für extralegale, summarische und willkürliche Hinrichtungen zufolge jedoch die andauernde Straflosigkeit der Taten der Streitkräfte, die zu diesem Zeitpunkt auf 98,5 % beziffert wurde.[519]

Untersuchungen des Forschungsinstituts CINEP zufolge wurden von 1984 bis 2011 zumindest 951 Fälle von *falsos positivos* mit 1.741 Opfern registriert.[520] Obwohl die Generalstaatsanwaltschaft im Jahr 2004 in mehr als 2.300 Fällen von *falsos positivos* ermittelt hatte, wurde bis 2010 aus diesem Grund keine Person verurteilt und auch kein Angehöriger entschädigt.[521] Uribe wies diesbezüglich jede Verantwortung von sich und reagierte auf den Skandal mit der Entlassung einiger Soldaten, Generäle und des Armeechefs Montoya. Allerdings blieb der ehemalige Verteidigungsminister und heutige Präsident, Juan Manuel Santos, weiterhin im Amt.

Die Regierung versuchte der öffentlichen Kritik zu entgehen und präsentierte die Resultate der „Politik der demokratischen Sicherheit" dagegen als Erfolg: Sowohl das Verteidigungsministerium[522] als auch die nationale Planungsagentur *Departamento Nacional de Planeación* (DNP)[523] registrierten während der ersten Regierungsperiode Uribes einen kontinuierlichen Rückgang an Morden, Massakern, Terrorakten und Entführungen sowie eine erfolgreiche Offensive gegen die Kokaproduktion. Dies hätte sich auf das Wirtschaftswachstum und den Anstieg der Investitionen positiv ausgewirkt.[524] Allerdings war der Rückgang der Massaker zu einem erheblichen Teil darauf zurückzuführen, dass die Regierung mit den Paramilitärs, die Hauptverantwortlichen für diese Verbrechen, in Verhandlungen über ihre Demobilisierung eingetreten war.[525] Die Zahlen zur Bekämpfung der linken Guerillas waren ebenfalls widersprüchlich: Laut offiziellen Angaben wurden zwischen 2002 und 2007 50.464 Guerilleros festgenommen, ermordet oder demobilisiert. Im gleichen Zeitraum

---

519 Vgl. ebd., S. 7.

520 Ebd.; dazu *Semana*, „Falsos positivos: 23 años de horror", 21.11.2011, http://www.semana.com/nacion/articulo/falsos-positivos-23-anos-horror/249729-3 (letzter Zugriff am 09.10.2015).

521 Siehe Gerhard Dilger, „Junge Männer mussten für die Statistiken sterben", in: *Die Welt*, 16.06.2010, http://www.welt.de/politik/ausland/article8069394/Junge-Maenner-mussten-fuer-die-Statistik-sterben.html (letzter Zugriff am 16.08.2013).

522 Ministerio de Defensa, *Logros de la política de consolidación de la seguridad democrática – PCSD*, Bogotá Juni 2010, S. 10–30, http://www.mindefensa.gov.co/irj/go/km/docs/Mindefensa/Documentos/descargas/estudios%20sectoriales/info_estadistica/Logros%20de%20Politica%20CSD%20Junio%202010.pdf (letzter Zugriff am 16.08.2013).

523 Departamento Nacional de Planeación, *Dirección de Justicia y Seguridad- Dirección de evaluación a Políticas Públicas. Boletín en resultados en seguridad democrática*, Bogotá 2007, S. 5, 6, 7, 15, https://www.dnp.gov.co/Portals/0/archivos/documentos/DEPP/Seguimiento_Resultados/Boletin_Seguridad.pdf (letzter Zugriff am 16.08.2013).

524 Vgl. ebd., S. 3.

525 Vgl. Iturralde, *Castigo, liberalismo autoritario y justicia penal de excepción*, S. 266.

sei die Anzahl der Guerilleros von 20.600 auf 12.499, also um 8.101, gesunken. Der frappante Unterschied zwischen beiden Statistiken bedeutet entweder, dass die Rekrutierungsfähigkeit der Guerillera enorm gewesen sein muss, weil für 100 verlorene Kämpfer 84 neue rekrutiert wurden, oder dass die von der Regierung präsentierten Statistiken geschönt wurden.[526]

11 Der Einfluss des Paramilitarismus auf die Wahlen 2002–2006

Bei den Präsidentschafts- und Parlamentswahlen von 2002 sowie den Gouverneurs- und Bürgermeisterwahlen von 2003 fanden auffallende Unregelmäßigkeiten in Regionen mit deutlicher Präsenz der Paramilitärs statt:[527] Vor den Wahlen stieg die Zahl der Massaker und selektiver Tötungen signifikant an und neue politische Parteien tauchten auf, die die traditionellen Parteien, Konservative und Liberale, rasch verdrängten.[528] In einigen der größten Regionen Kolumbiens, u. a. Magdalena, Córdoba, César, Sucre, Antioquia und Santander, kandidierten zumeist nicht mehr als zwei Kandidaten, einer pro Kammer des Parlaments[529], die beide den neuen Parteien angehörten.[530] Interessanterweise erhielten einige Kandidaten die politische Mehrheit in Regionen, in denen sie politisch kaum bis gar nicht verwurzelt waren.[531] Bei den Gouverneurs- und Bürgermeisterwahlen von 2003 wurden zum Teil Kandidaten ohne jeglichen Herausforderer gewählt, weil diese zuvor aus Furcht um ihr Leben zurückgetreten waren.[532] 26 Senatoren, 251 Bürgermeister und ca. 4.000 Gemeinderäte wurden so zwischen 2002 und 2003 in Regionen mit starker

---

526 Vgl. José Fernando Isaza, Diógenes Campos, „Consideraciones cuantitativas sobre la evolución reciente del conflicto", in: *Análisis Político*, 65 (2009), S. 3–12, zitiert nach ebd., S. 267.

527 Vgl. Claudia López, „Del control territorial a la acción Política", in: *Arcanos*, 11 (2005), S. 40–49, hier S. 40 f.

528 Siehe León Valencia, „Los caminos de la alianza entre los paramilitares y los políticos", in: Mauricio Romero (Hrsg.), *Parapolítica, la ruta de la expansión paramilitar y los acuerdos políticos*, Bogotá 2007, S. 11–58, hier S. 31–34.

529 Der kolumbianische Kongress setzt sich aus zwei Kammern zusammen: *Cámara de Representantes* (Repräsentantenhaus) und *Senado* (Senat). Der Senat besteht aus 102 Senatoren, das Repräsentantenhaus aus 166 Abgeordneten.

530 Vgl. ebd., S. 40–44.

531 Vgl. López, „Del control territorial a la acción Política", S. 41 f.

532 Beispielhaft genannt sei hier der Fall der Wahl des Gouverneurs Trino Luna in Magdalena, dessen Bruder alias „*El Halcón*" ein führender Paramilitär in Cesar war. Vgl. *El Tiempo*, „Nervios en Congreso por rumor de que Corte llamará a más Políticos", 17.11.2006, http://www.eltiempo.com/archivo/documento/MAM-2281972 (letzter Zugriff am 13.10.2015); dazu López, „Del control territorial a la acción Política", S. 42.

Präsenz der Paramilitärs gewählt.[533] Bei der anschließenden Paralamentswahl von 2006 wurden mehrere Koalitionen zwischen den 2002 neu gegründeten Parteien gebildet, die ihre Sitze im Kongress auf diese Weise deutlich vermehren konnten: Nicht weniger als 83 Parlamentarier dieser Parteien wurden in den von den Paramilitärs kontrollierten Gebieten gewählt.[534]

Paramilitarismusforscher haben dieses Zweckbündnis zwischen Paramilitärs und Politikern zur Machtgewinnung und -sicherung als „bewaffneten Klientelismus" bezeichnet. Diese Art klientelistischer Beziehungen ist vor allem an der karibischen Küste Kolumbiens (Córdoba, Cesar, Magdalena und Sucre) weit verbreitet, die als „Bunker" der paramilitärischen Organisationen gilt.[535]

Obgleich Unregelmäßigkeiten bei Wahlen oder die Verfolgung politischer Interessen mithilfe von Gewalt in Kolumbien, insbesondere auf der lokalen und regionalen Ebene, nichts Neues war, ist bemerkenswert, dass durch diese Form des „bewaffneten Klientelismus" die zentralstaatlichen Institutionen deutlich beeinflusst werden konnten. So erklärte der nach der angeblichen Ermordung von Carlos Castaño im April 2004[536] wichtigste Führer der Paramilitärs, Salvatore Mancuso, dass 35 % der Abgeordneten in Beziehungen mit den Paramilitärs gestanden haben sollen.[537] Einige Paramilitarismusforscher gehen daher davon aus, dass zwischen 2002 und 2006 eine radikale Transformation des kolumbianischen Staates bzw. eine „Paramilitarisierung Kolumbiens" stattfand.[538]

12 Etablierung des Paramilitarismus im Zentrum der Macht: Auswirkungen eines „neuen Gesellschaftsvertrags"

Die Dimensionen des Zweckbündnisses zwischen Politikern und Paramilitärs wurden im Rahmen des sogenannten „Parapolitik"-Skandals ab 2005 aufgedeckt. Demnach wurde insbesondere Nordkolumbien von mafiösen Machtnetzwerken kontrolliert, die sich vor allem nach den Wahlen von 2002 auch auf die zentral-

---

533 Siehe Valencia, „Los caminos de la alianza entre los paramilitares y los políticos", S. 30–37.

534 Vgl. ebd., S. 30.

535 Vgl. Iturralde, *Castigo, liberalismo autoritario y justicia penal de excepción*, S. 279.

536 Ein unwiderlegbarer Beweis von Castaños Tod steht bis heute aus. Vgl. Zelik, *Die kolumbianischen Paramilitärs*, S. 131 f.

537 Siehe Valencia, „Los caminos de la alianza entre los paramilitares y los políticos", S. 26.

538 Vgl. Romero, „Democratización Política y contra reforma paramilitar en Colombia"; Zelik, *Die kolumbianischen Paramilitärs*, S. 170; Claudia López (Hrsg.), *Y refundaron la patria... De cómo mafiosos y políticos reconfiguraron el Estado colombiano*, Bogotá 2010; Iturralde, *Castigo, liberalismo autoritario y justicia penal de excepción*, S. 280; so auch *El Tiempo*, „La paramilitarización de Colombia", 26.09.2004, http://www.eltiempo.com/archivo/documento/MAM-1529056 (letzter Zugriff am 22.10.2015).

staatlichen Institutionen erstreckten. Die Infiltration des Paramilitarismus war dabei nicht nur auf die Exekutive und die Legislative beschränkt, auch Vertreter des Justizapparats und des staatlichen Geheimdienstes DAS unterhielten gute Beziehungen zu den Paramilitärs.[539]

Darüber hinaus kam ans Licht, dass im Juli 2001, während des Präsidentschaftswahlkampfs Uribes, ein Pakt zwischen einigen Politikern der späteren Regierungskoalition und den Paramilitärs geschlossen worden war. Es handelte sich dabei um den sogenannten *Pacto de Ralito* (Pakt von Ralito), bei dem sich nach bisherigen Erkenntnissen vier paramilitärische Kommandanten, 26 Politiker, die meisten davon Abgeordnete und Gouverneure, und sechs Zivilisten, einige von ihnen Viehzüchter, für eine „Neugründung der Nation" entschlossen.[540] Im Laufe der Ermittlungen gegen die Paramilitärs Salvatore Mancuso und Ernesto Báez zwischen 2007 und 2009 erklärten diese, dass etwa hundert Politiker aus Córdoba, Sucre, Bolívar und Magdalena an der Versammlung in einer Finca in Santa Fé de Ralito im Departement Córdoba teilgenommen hätten, „weil dieses Bündnis von beiden Parteien als natürlich betrachtet wurde."[541] Den Aussagen der Paramilitärs zufolge geschah dies

539 Beispielhaft genannt sei hier der Fall der damaligen Generalsekretärin der kolumbianischen Generalstaatsanwaltschaft Judith Morantes García, die die Nichte des im Parapolitikskandal beschuldigten Senators Álvaro García ist. Darüber hinaus gehörte die Regionalstaatsanwältin Tatiana Morena zum Freundeskreis des Gouverneurs von Sucre, Salvador Arana Sus, der für das Massaker in Macayepo verantwortlich gemacht wurde. Sie versuchte im Laufe des Prozesses gegen Arana Sus den Kronzeugen zu diskreditieren. Der belastete Politiker wurde später von Präsident Álvaro Uribe als Diplomat in Chile ernannt. Siehe Zelik, *Die kolumbianischen Paramilitärs*, S. 134. Weitere Details über das Bündnis zwischen Paramilitärs und Abgeordneten kamen Ende 2006 ans Licht, als der Computer von alias „Jorge 40", einem paramilitärischen Kommandanten der AUC-Einheit *Bloque Norte*, von der Justiz untersucht wurde. Auf dem Laptop des Paramilitärs wurden Dateien gefunden, die die Allianzen im Norden des Landes sowie ihre Vernichtungsstrategie gegen soziale Aktivisten und Gewerkschaftler in Barranquilla, der Hauptstadt der Provinz Atlántico, darstellten. Darüber hinaus wurden Listen von Ermordungen gefunden, die zwischen 2004 und 2005, d. h. während der Verhandlungen mit der Uribe-Regierung, begangen wurden. Ferner tauchten Namenslisten von Politikern auf, die bei ihrer Machterlangung die Unterstützung der paramilitärischen Organisationen erhalten haben sollen. Siehe Zelik, *Die kolumbianischen Paramilitärs*, S. 135–137; *Semana*, „El computador de Jorge 40", 02.09.2006, http://www.semana.com/nacion/articulo/el-computador-de-jorge-40/80765-3 (letzter Zugriff am 28.08.2013); Valencia, „Los caminos de la Alianza entre los paramilitares y los políticos", S. 51.

540 Siehe Josef Oehrlein, „Pakt mit dem Teufel", in: *Frankfurter Allgemeine Zeitung*, Nr. 33, 08.02.2007, S. 5, http://www.faz.net/aktuell/politik/ausland/kolumbien-pakt-mit-dem-teufel-1408422.html (letzter Zugriff am 28.08.2013).

541 Vgl. Aussagen des Paramilitärs Ernesto Báez, zitiert nach *Verdad abierta*, „La historia detrás del ‚pacto de ralito'", o. J., http://www.verdadabierta.com/las-victimas/2103-la-historia-detras-del-del-pacto-de-ralito (letzter Zugriff am 28.08.2013).

freiwillig, die involvierten Politiker behaupteten allerdings, unter Druck gesetzt worden zu sein. Für die Paramilitärs sei das Ziel des Pakts gewesen, die politische Macht zu erobern, da die militärische von ihrer Seite bereits gesichert worden sei.[542]

Nach der Generalstaatsanwaltschaft war der „Pakt von Ralito" jedoch nicht nur eine Strategie zur Machteroberung, sondern auch ein taktisches Manöver, um Vorteile bei einer voraussehbaren Verhandlung mit der Regierung zu erzielen.[543] Diese Ansicht wird von verschiedenen Paramilitarismusforschern geteilt, die davon ausgehen, dass die Paramilitärs mithilfe der regionalen Machtverhältnisse beabsichtigten, eine signifikante Fraktion ihnen gewogener Abgeordneter im Parlament zu erreichen. Diese sollte eine vorteilhafte legale Basis für ihre zukünftigen Demobilisierungen schaffen.[544] Zwischen 2002 und 2008 wurden von diesen „Parapolitikern" insgesamt acht Gesetzentwürfe vorgeschlagen oder in besonderem Maße unterstützt.[545] Dabei handelte es sich um die politische Reform von 2003, die Verfassungsreform zur Wiederwahl des Präsidenten von 2004, eine zweite vorgeschlagene politische Reform 2007, das Biotreibstoffgesetz, das Statut zur Agrarentwicklung, das Forstgesetz, das Gesetz zur Bereinigung der Titulierung von Immobilieneigentum und das sogenannte „Gerechtigkeits- und Friedensgesetz", das die Basis für die Demobilisierungen der Paramilitärs bildete.[546] Bei den Gesetzgebungsverfahren aller Initiativen arbeiteten die „Parapolitiker" in den drei wichtigsten Fachausschüssen des Parlaments, die sich mit den ökonomischen, politischen und strafrechtlichen Angelegenheiten beschäftigen.[547]

Mehrere Autoren kommen daher zu dem Schluss, dass in der Amtszeit von Álvaro Uribe (2002–2010) eine graduelle Transformation des Staates zugunsten der Interessen der paramilitärischen Organisationen und der Drogenhändler stattfand.[548]

---

542 Vgl. ebd.; einige der unterzeichnenden Politiker wurden wegen *concierto para delinquir agravado* verurteilt und mit einer Freiheitsstrafe bestraft, während andere freigesprochen wurden.

543 Vgl. ebd.

544 Vgl. Elisabeth Ungar, Juan Felipe Cardona, Mauricio García Villegas, Rodrigo Uprimny, „Confluencia de los poderes legislativo y ejecutivo en la reconfiguración del Estado", in: Claudia López Hernández (Hrsg.), *Y refundaron la patria... De cómo mafiosos y políticos reconfiguraron el Estado colombiano*, Bogotá 2010, S. 267–455, hier S. 268.

545 Vgl. ebd., S. 270.

546 Vgl. ebd. S. 271–274.

547 Vgl. ebd., S. 270.

548 Siehe Mauricio Romero, Ángela Olaya, Hernán Pedraza, „Privatización, paramilitares y políticos: el robo de los recursos de la salud en la costa Caribe", in: Mauricio Romero (Hrsg.), *La economía de los paramilitares: Redes de corrupción, negocios y política*, Bogotá 2011, S. 15–73; ebenso Vilma Franco, Juan Diego Restrepo, „Empresarios palmeros, poderes de facto y despojo de tierras en el bajo atrato", in: Mauricio Romero (Hrsg.), *La economía de los paramilitares: Redes de corrupción, negocios y política*, Bogotá 2011, S. 269–410.

13 Die Verhandlungen zwischen der Regierung und den Paramilitärs: Eine fragwürdige Kehrtwende in der Kriminalpolitik

Als die paramilitärischen Organisationen 2002 von den USA auf die Liste der meistgesuchten Terroristen der Welt gesetzt wurden, kündigte die Regierung Uribe ihre Bereitschaft an, mit ihnen in Verhandlungen zu treten.[549] Uribe, der die Friedensverhandlungen Pastranas mit den linken Guerillas scharf kritisiert hatte, verfolgte dabei eine vollkommen andere „Friedensstrategie" als sein Vorgänger: Einerseits verschärfte er die militärische Offensive gegen die linken Guerillagruppen, andererseits verhandelte er mit den paramilitärischen Führern über die Demobilisierung ihrer Einheiten.[550] Im Gegensatz zu seinen Vorgängern leugnete Uribe die Existenz eines bewaffneten Konfliktes in Kolumbien und präsentierte die Gewalt im Land als „Terrorismus".[551] Mit der Konfliktleugnung schloss er auch die soziale Ungerechtigkeit sowie die fortdauernde ökonomische, politische und soziale Exklusion einiger Sektoren der Gesellschaft als Ursachen der Gewalt aus.[552] Für ihn reduzierte sich das Problem auf die terroristischen Aktivitäten einiger weniger.

Als Vorbedingungen für die Verhandlungen verlangte die Regierung, dass die paramilitärischen Organisationen auf die Durchführung terroristischer Akte verzichten und mit ihrer Beteiligung am Drogenhandel aufhören sollten. Beide Bedingungen wurden von den Paramilitärs zu diesem Zeitpunkt nicht erfüllt.[553] Darüber hinaus suggerierte die Regierung, dass die paramilitärischen Gruppen beinahe besiegt seien und sich den staatlichen Forderungen fügen müssten.[554] Die tatsächliche Situation zu Beginn der Verhandlungen wich jedoch deutlich von den Darstellungen der Regierung ab: Im Gegenteil konstatierten offizielle Angaben einen Höhepunkt des Paramilitarismus.[555] Trotz dieser Ambivalenzen schloss die Regierung Uribe im Juli 2003 ein Abkommen mit den Paramilitärs: das sogenannte „Abkommen von Ralito",[556] in dessen Rahmen sich die paramilitärischen Organisationen zur

---

549 Vgl. Leal Buitrago, „Militares y Paramilitares en Colombia", S. 59.

550 Vgl. ebd., S. 57; ebenso Iturralde, *Castigo, liberalismo autoritario y justicia penal de excepción*, S. 269.

551 Vgl. *Semana*, „Sí hay guerra, señor presidente", 06.02.2005, http://www.semana.com/portada/articulo/si-guerra-senor-presidente/70763-3 (letzter Zugriff am 10.10.2015).

552 Vgl. Iturralde, *Castigo, liberalismo autoritario y justicia penal de excepción*, S. 243.

553 Dazu u. a. Comisión Colombiana de Juristas, *Colombia: El espejismo de la justicia y la paz. Balance sobre la aplicación de la ley 975 de 2005*, Bogotá 2008, S. 18–21.

554 Vgl. Iturralde, *Castigo, liberalismo autoritario y justicia penal de excepción*, S. 270 f.

555 Laut Angaben des Verteidigungsministeriums wurde die Zahl der Paramilitärs allein im Jahr 2000 auf 8.150 beziffert und eine bedeutende territoriale Ausdehnung registriert. Zitiert nach ebd., S. 272.

556 Die Ähnlichkeit der Namensgebung mit dem „Pakt von Ralito" zwischen Paramilitärs und Politikern von 2001 ist frappant.

Demobilisierung bis zum Jahr 2005, zu einer Lokalisierung ihrer Einheiten in festgesetzten Gebieten sowie zu einem einseitigen Waffenstillstand[557] verpflichteten.[558] Im Gegenzug bot die Regierung den Paramilitärs Immunität während der Verhandlungen an und schuf gemeinsam mit dem Kongress einen legalen Mechanismus, der ihnen eine spezielle Behandlung bei der Strafverfolgung ihrer Taten zugestand.[559]

Die Interpretationen des „Abkommens von Ralito" auf dem Höhepunkt der paramilitärischen Macht variieren: Während er für Medina ein „Elitenpakt" zur Legalisierung und Konsolidierung der mafiösen Netzwerke der neuen paramilitärischen Eliten auf der einen und eine Kontrollierung der für die Regierung ausufernden paramilitärischen Großverbrechen auf der anderen Seite darstellte,[560] geht Iturrualde davon aus, dass die äußeren Umstände, d. h. die Aufnahme von Paramilitärs auf die Liste der meistgesuchten Terroristen der Welt sowie die Möglichkeit, in die USA ausgeliefert zu werden oder durch den internationalen Strafgerichtshof verurteilt zu werden, eine entscheidende Rolle bei der Demobilisierungsbereitschaft der paramilitärischen Organisationen spielten.[561]

Während der Verhandlungen mit der Regierung gerierten sich die paramilitärischen Führer in zahlreichen Live-Interviews in den Leitmedien des Landes als „demokratische Freiheitskämpfer". Der Höhepunkt dieser medialen Kampagne bildete der Auftritt der führenden paramilitärischen Kommandanten vor dem kolumbianischen Kongress im Juli 2004.[562] Die Versuche, sich als politisch motivierten Akteur darzustellen, sollte einerseits ihre Stigmatisierung als Drogenhändler und Terroristen vor allem vor der internationalen Öffentlichkeit überwinden und andererseits eine Qualifizierung als *delinquentes políticos* ermöglichen. Die damit einhergehenden strafrechtlichen Vergünstigungen sollten den paramilitärischen Gruppen u. a. eine Auslieferung in die Vereinigten Staaten ersparen und auf der nationalen Ebene eine minimale Strafverfolgung bescheren.[563]

---

557 Der Ombudsmann stellte während der Verhandlungen jedoch keinen Waffenstillstand vonseiten der Paramilitärs fest. Zwischen Juli 2003 und September 2004 wurden im Gegenteil mehr als 340 gewalttätige Akte der Paramilitärs registriert. Defensoría del Pueblo, *Seguimiento al cese de hostilidades*, Bogotá 2004, zitiert nach Iturralde, *Castigo, liberalismo autoritario y justicia penal de excepción*, S. 277.

558 Vgl. ebd.; sowie García Peña, „La relación del Estado colombiano con el fenómeno paramilitar: por el esclarecimiento histórico", S. 67.

559 Vgl. Iturralde, *Castigo, liberalismo autoritario y justicia penal de excepción*, S. 269.

560 Vgl. Medina, „El narco-paramilitarismo. Lógicas y procesos en el desarrollo de un capitalismo criminal", S. 107, 135–138.

561 Vgl. Iturralde, *Castigo, liberalismo autoritario y justicia penal de excepción*, S. 273.

562 Vgl. Silke Oldenburg, Kristofer Lengert, „Der Weg der paramilitärischen ‚Autodefensas Unidas de Colombia' zur politischen Anerkennung", in: *Lateinamerika Analysen*, 14 (2006), S. 3–36, hier S. 9–31.

563 Vor diesem Hintergrund lässt sich erklären, wieso fünf der meistgesuchten kolumbianischen Drogenhändler im Hinblick auf die Verhandlungen mit der Regierung sich dem AUC anschlossen. Vgl. Iturralde, *Castigo, liberalismo autoritario y justicia penal de excepción*, S. 275 f.

Die Demobilisierungen einiger paramilitärischer Einheiten und die Auflösung des AUC sind allerdings nicht mit einem Verschwinden des Paramilitarismus gleichzusetzen: Zum einen wurden nach den Verhandlungen und Demobilisierungen immer mehr Nachfolgegruppen registriert, die sich von früheren Generationen der Paramilitärs kaum unterscheiden, sodass vielfach von einer vierten Generation von Paramilitärs und damit einer Kontinuität des Phänomens gesprochen wird.[564] Zum anderen beschränkt sich der Paramilitarismus nicht auf die Existenz bewaffneter Gruppen. Diese bilden mehreren Paramilitarismusforschern zufolge vielmehr einen Teil eines umfassenderen Netzwerks an mafiösen Machtstrukturen zwischen Politik, Drogenhandel und regionalen Eliten, dessen Auflösung erst eine echte „Demobilisierung" des Paramilitarismus bedeuten würde.[565]

14 Zusammenfassung

In diesem Kapitel wurde die Geschichte des Paramilitarismus in ihren Grundzügen skizziert. Dabei lag der Fokus der Darstellung nicht nur auf den Transformationen der paramilitärischen Organisationen, sondern auch auf den untrennbar damit verbundenen staatlichen Ausnahmeregelungen und kriminalpolitischen Zielsetzungen.

Diese knappe Darstellung des Paramilitarismus hat gezeigt, dass seit dem „Statut zur nationalen Verteidigung", das die legale Basis des Paramilitarismus bildete (1), eine teils offene, zum Großteil aber verdeckte Zusammenarbeit zwischen staatlichen Institutionen, insbesondere den Streitkräften, und den paramilitärischen Einheiten stattfand. So war bspw. das Bataillon *Bárbula* maßgeblich an der Bildung der ersten paramilitärischen Gruppen durch ACDEGAM im Magdalena Medio beteiligt (2). Auch nach der sich konsolidierenden Allianz zwischen Paramilitärs und Drogenhändlern (3) spielten die Streitkräfte und von ihnen eingestellte internationale Söldner eine entscheidende Rolle bei der militärischen Professionalisierung und weiteren Strukturierung der paramilitärischen Gruppen (4). Auch bei der Verfolgung und systematischen Ermordung der politischen Opposition, vor allem der sozialistischen *Unión Patriótica*, arbeiteten Militärs und Paramilitärs zum Teil eng zusammen (5).

Zahlreiche repressive Reformen der Strafjustiz, zumeist innerhalb von Ausnahmezuständen, bildeten die staatlichen Reaktionen auf die Kämpfe gegen die Drogenbarone und die Guerilla, die sich alsbald zu einem undifferenzierten „Krieg gegen den Terror" transformierten (6, 7). Diese kriegerische Kriminalpolitik war von Ambivalenzen und fragwürdigen Auswirkungen gekennzeichnet: übermäßige Härte gegen Oppositionelle und „gewöhnliche Kriminelle" auf der einen und strafrecht-

564 Vgl. Zelik, *Die kolumbianischen Paramilitärs*, S. 139–141.

565 Vgl. Medina, „El narco-paramilitarismo. Lógicas y procesos en el desarrollo de un capitalismo criminal", S. 136; Iturralde, *Castigo, liberalismo autoritario y justicia penal de excepción*, S. 277; Zelik, *Die kolumbianischen Paramilitärs*, S. 139–141.

liche Milde und Vergünstigungen für die organisierte Kriminalität auf der anderen Seite.

Die Zentralisierung der paramilitärischen Verbände fand ebenfalls mit staatlicher Unterstützung statt (8): So z. B. die parapolizeiliche Schwadron PEPES, die durch ein Dekret legalisierten Sicherheitskooperativen CONVIVIR, die in Córdoba und Urabá aktiven und mit der 17. Heeresbrigade eng zusammenarbeitenden ACCU und der mithilfe von sympathisierenden Politikern gegründete Dachverband AUC.

Die repressiven Reformen der Strafjustiz und die Einführung ausnahmerechtlicher Strafgerichtsbarkeiten wurden im Rahmen des von den USA initiierten „Plan Colombia" und der von Álvaro Uribe eingeführten „Politik der demokratischen Sicherheit" fortgesetzt und zum Teil drastisch verschärft (9, 10).

Nach dem „Abkommen von Ralito" und den Wahlen Mitte der 2000er Jahre wurde die Verbindung zwischen Paramilitärs und Politikern intensiviert, die sich in einem „bewaffneten Klientelismus" und einer bis in die Regierung, den Kongress, den Justizapparat und den Geheimdienst reichenden „Parapolitik" niederschlug (11, 12). Die Verhandlungen zwischen der Regierung Uribe und den Paramilitärs sowie die Verabschiedung des Gerechtigkeits- und Friedensgesetzes als Grundlage für die Strafverfolgung der paramilitärischen Taten fanden in diesem Kontext statt (13).

IV Die Strafverfolgung der paramilitärischen Taten im Rahmen des Gerechtigkeits- und Friedensverfahrens

> Die Zwänge, denen die Justiz in Zeiten des Übergangs unterliegt, haben ihren Ursprung in der Komplexität der jeweiligen Situation und ihrer Umstände. Sie erfordern eine Archäologie der Machtverhältnisse, die jeder Herrschaft den ihr angemessenen Platz einräumt. Es gibt kein Patentrezept für den Umgang mit einer repressiven Vergangenheit.
>
> Gary Smith, „Ein normatives Niemandsland? Zwischen Gerechtigkeit und Versöhnungspolitik in jungen Demokratien".

Die Verfolgung der paramilitärischen Taten in Kolumbien lässt sich einer nationalen Strafverfolgungsvariante zuordnen: Sie erfolgt in der Mehrzahl der Fälle im Rahmen des sogenannten „Gerechtigkeits- und Friedensgesetzes", das 2005 in Kraft trat und rückwirkend[566] auf die schweren Menschenrechtsverletzungen der paramilitärischen Gruppen angewendet wird. Das auf dem Gesetz basierende Verfahren wird gemeinhin als Ausgangspunkt des kolumbianischen „Übergangsprozesses" bezeichnet und bildet somit den Kern dieser Arbeit.

Die Ermittlungen innerhalb des Verfahrens werden von einer speziell zu diesem Zweck geschaffenen Abteilung der Generalstaatsanwaltschaft durchgeführt, der *Unidad Nacional de Fiscalías para la Justicia y la Paz de la Fiscalía General de la Nación* (UNFJP). Die gerichtliche Zuständigkeit liegt bei ebenfalls für dieses Verfahren errichteten Gerichten, *Tribunales de Justicia y Paz.*[567] Darüber hinaus kommen dem Ombudsmann zwei Funktionen zu: die Bestellung eines Verteidigers für die Paramilitärs, wenn ihnen die Mittel zur Bezahlung eines Verteidigers ihrer Wahl fehlen,[568] und die Gewährleistung einer rechtlichen Unterstützung für die Opfer.[569] Ferner wurde durch das Gesetz die *Comisión Nacional de Reparación y Reconciliacón* (CNRR) geschaffen, die u. a. für die Beratung der Opfer und die Kontrolle des Verfahrens zuständig ist. Zu ihr gehört die *Grupo de Memoria Histórica*, die für die Geschichtsschreibung des Konfliktes verantwortlich ist[570] und der für

566 Das Gesetz wird auf die Taten angewendet, die vor den Demobilisierungen der Paramilitärs begangen wurden.

567 Siehe Unidad Nacional de Fscalías para la Justicia y Paz, *Estructura Organizacional UNJYP*, Bogotá, http://www.fiscalia.gov.co:8080/Organigrama.htm (letzter Zugriff am 30.09.2015); dazu Ambos, *Procedimineto de la ley de Justicia y Paz*, S. 38 f.

568 Art. 14 Gesetz 975 von 2005.

569 Art. 34 Gesetz 975 von 2005.

570 Art. 50–51 Gesetz 975 von 2005, alte Fassung.

die Wahrheitsfindung und der Sichtbarmachung der Opfer in dem Prozess eine entscheidende Rolle zukommt.

Die paramilitärischen Verbechen werden jedoch nicht nur im Rahmen des GuFG verfolgt, sondern auch durch die ordentliche Justiz. Diese beschäftigt sich mit den Taten der Paramilitärs, die nicht bereit sind, an dem GuF-Prozess teilzunehmen, aus diesem ausgeschlossen wurden oder nur in Bezug auf einige von ihnen begangene Verbrechen am GuF-Verfahren teilnehmen. Darüber hinaus ist die ordentliche Strafjustiz für Politiker, die den Paramilitarismus unterstützten, sogenannte „Parapolitiker", und einige Militärs zuständig, die das kriminelle Phänomen ebenfalls duldeten oder förderten. Die übrigen Militärs werden im Rahmen der Militärjustiz verurteilt.

In Bezug auf das materielle Strafrecht können Prinzipien und Normen des Humanitären Völkerrechts, des Völkerstrafrechts, des Verfassungsrechts sowie des nationalen Strafrechts angewendet werden. Bezüglich des Strafverfahrensrechts kommen dagegen das GuFG, weitere Normen, die sich mit der Eingliederung von Mitgliedern bewaffneter Gruppen beschäftigen, sowie die Strafprozessordnung in Betracht.[571] Darüber hinaus wurden vor und nach dem Inkrafttreten des GuFG, das die legale Basis der meisten Demobilisierungen der Paramilitärs bildete, zahlreiche Dekrete zur Reglementierung der Verhandlungen mit den Paramilitärs und des gegen sie eingerichteten Prozesses erlassen.

Im Folgenden werden zunächst die sogenannten „Gesetze zur Wiedereingliederung in die Gesellschaft" dargestellt (1.1), die als Vorläufer des GuFG angesehen werden können, sowie der Gesetzgebungsprozess des GuFG und einige zentrale Gesetzentwürfe skizziert (1.2). In einem Exkurs wird der Straftatbestand des sogenannten *delito político* (politisches Delikt) näher beleuchtet, dessen Kenntnis für den weiteren Gang der Untersuchung wesentlich ist.

Daran anschließend werden das GuFG (2.1) sowie das darin vorgesehene Verfahren beschrieben (2.2). Die Darstellung beruht neben dem Gesetz primär auf den von der Exekutive zur Reglementierung des Gesetzes erlassenen Verordnungen und die darauf bezogene Rechtsprechung des Obersten Gerichtshofes und des Verfassungsgerichtes. Dabei sind die Handlungen bzw. Unterlassungen der Staatsorgane von besonderer Bedeutung, da sie Hinweise auf den Grad des Übergangs in Kolumbien geben.

Daraufhin werden die Verurteilungen der in die USA ausgelieferten paramilitärischen Kommandanten und die dadurch entstehenden Probleme für das GuF-Verfahren dargelegt (3).

Im Anschluss wird die Verfahrenspraxis des GuF-Prozesses anhand der im Rahmen der Feldforschung durchgeführten Experteninterviews und Beobachtungen der Anhörungen skizziert (4). Die Materialien werden exemplarisch präsentiert, um die Rolle des Strafrechts innerhalb des kolumbianischen „Übergangsprozesses" erfassen zu können.

---

571 Laut einer Komplementaritätsklausel in Art. 62 Gesetz 975 von 2005 kommt bei allen nicht durch das GuFG geregelten Aspekten das Gesetz 782 von 2002 sowie die Strafprozessordnung zur Anwendung.

Obwohl die Beschreibung des GuFG und des in ihm vorgesehenen Verfahrens der aktualisierten Fassung entspricht, wird die Reform des GuFG von 2012 im fünften Abschnitt gesondert in ihren Grundzügen dargestellt (5). Diese wurde im Anschluss an eine Verfassungsreform erlassen, die der sogenannten „Transitional Justice" verfassungsrang verlieh und die laufenden Friedensverhandlungen mit der FARC-Guerilla begünstigen sollte.

Schließlich wird die Strafverfolgung der paramilitärischen Taten im Rahmen der ordentlichen Justiz anhand des Falls der sogenannten „Parapolitiker", Politiker, die wegen Verbindungen mit Paramilitärs angeklagt wurden, skizziert (6) und einige kritische Anmerkungen zum GuF-Verfahren dargelegt (7). Zuletzt werden die wesentlichen Punkte dieses Kapitels zusammengefasst (8).

Ein wesentlicher Aspekt dieses Kapitels betrifft die staatlichen Verhaltensweisen vor, während und nach der Demobilisierungen der Paramilitärs sowie im Rahmen des GuF-Verfahrens. Sie geben Aufschluss über den Grad des „Übergangs" in Kolumbien in Abwesenheit eines System- oder Regierungswechsels.

1 Vorläufer des Gerechtigkeits- und Friedensgesetzes

Vor der Verabschiedung des GuFG existierten bereits eine Reihe von Gesetzen, deren Zweck die Demobilisierung und Reintegration von Mitgliedern bewaffneter Gruppen war. Die in diesen Gesetzen enthaltenen strafrechtlichen Vergünstigungen waren für bestimmte, politisch motivierte Straftatbestände vorgesehen, sogenannte *delitos políticos*, und sollten Anreize zur Demobilisierung bilden. Im Folgenden wird zunächst ein Überblick über diese Gesetze, die sogenannten „Gesetze zur Wiedereingliederung in die Gesellschaft" (*leyes de incorporación a la vida civil*) gegeben (1.1), daran anschließend der Straftatbestand des *delito político* aufgrund seiner Schlüsselstellung im Rahmen der Demobilisierungen diskutiert (Exkurs) und schließlich der Gesetzgebungsprozess des GuFG mit den wesentlichen Gesetzesentwürfen in Umrissen dargestellt (1.2). Ein besonderer Fokus liegt dabei auf den Verhaltensweisen der damaligen Regierung Uribe in Bezug auf das Phänomen des Paramilitärismus und die gesetzliche Normierung der Demobilisierung der paramilitärischen Einheiten.

1.1 Die legale Basis der Friedensverhandlungen: „Gesetze zur Wiedereingliederung in die Gesellschaft"

Den legalen Rahmen der Friedensverhandlungen zwischen der Regierung Uribe und den paramilitärischen Gruppen bildeten die sogenannten „Gesetze zur Wiedereingliederung in die Gesellschaft": das Gesetz 418 von 1997, das dieses reformierende Gesetz 782 von 2002 sowie das Dekret 128 von 2003.

Das Gesetz 418 stammte noch aus der Regierungszeit Pastranas und war ursprünglich für die Friedensverhandlungen mit der FARC-Guerilla bestimmt.[572] Es

572 Das Gesetz wurde durch das Gesetz 548 von 1999 verlängert.

ermöglichte der Regierung, mit illegalen bewaffneten Gruppen (*grupos armados organizados al margen de la ley*, GAOML) zu verhandeln. Voraussetzung dafür war die Anerkennung ihres politischen Status durch die Regierung sowie die Bereitschaft zur Rückkehr ins zivile Leben. Darüber hinaus konnten die Mitglieder der bewaffneten Gruppen strafrechtliche Vergünstigungen wie Begnadigungen oder vorzeitige Verfahrenseinstellungen erhalten, wenn sie lediglich *delitos políticos* wie Aufstand, Verschwörung und damit zusammenhängende Verbrechen begangen hatten. Ausgeschlossen waren diese Vergünstigungen jedoch für „grässliche Verbrechen" wie Terrorismus, Entführung und Völkermord.[573] Da die Paramilitärs nicht als *delincuentes políticos* qualifiziert worden waren, kam dieses Gesetz für die ab 2002 geplanten Verhandlungen nicht in Betracht. Daher wurde das Gesetz 782 zu dessen Reformierung erlassen.

Nach dem neuen Gesetz 782 konnte die Regierung in Verhandlungen mit bewaffneten Gruppen eintreten, ohne zuvor ihren politischen Status anerkannt zu haben.[574] Allerdings blieb diese Einschränkung in Bezug auf die im Gesetz 418 geregelten strafrechtlichen Vergünstigungen bestehen.[575] Die Regierung konnte somit zwar mit den paramilitärischen Gruppen in Verhandlungen treten, diese jedoch nicht in den Genuss der Strafmilderungen und Begnadigungen kommen.[576] Dies wurde durch das Dekret 128 von 2003 geändert.

So sah das Dekret u. a. vor, dass demobilisierte Personen einer bewaffneten Gruppe, denen ein hauptsächlich aus Regierungsvertretern zusammengesetztes Komitee, das *Comité Operativo para la Dejación de Armas* (CODA), ihre Zugehörigkeit zur Gruppe sowie ihre Bereitschaft zur Rückkehr ins zivile Leben bescheinigt hatte, das Recht auf Begnadigung, Strafaussetzung oder Verfahrenseinstellung hätten. Während die Gesetze 418 und 782 diese Vergünstigungen für „unpolitische" Verbrechen wie Verbrechen gegen die Menschlichkeit oder Kriegsverbrechen ausgeschlossen hatten, begrenzte das Dekret 128 diesen Ausschluss lediglich auf diejenigen Personen, gegen die wegen dieser Art von Verbrechen ein Strafprozess geführt wurde oder bereits ein rechtskräftiges Urteil gesprochen worden war.[577]

Die Juristenorganisation *Comisión Colombiana de Juristas*[578] sowie *Amnesty International*[579] kritisierten das Dekret scharf, weil das Kriterium für den Ausschluss von strafrechtlichen Vergünstigungen, u. a. Amnestien und Begnadigungen, nicht

573 Art. 50 Abs. 1–2 Gesetz 418 von 1997.
574 Art. 3–5 und Art. 19 Gesetz 782 von 2002.
575 Art. 19, Art. 23 und Art. 24 Gesetz 782 von 2002.
576 Vgl. Huber, *La ley de Justicia y Paz*, S. 136.
577 Art. 21 Dekret 128 von 2003. Darüber hinaus wurde in Art. 13 des Dekrets eine strafrechtliche Vergünstigung eingefügt, die das Gesetz 782 nicht vorsah: die Strafaussetzung.
578 Vgl. Comisión Colombiana de Juristas, *Colombia: La metáfora del desmantelamiento de los grupos paramilitares*, S. 120–122.
579 Vgl. Amnesty International, *Amnesty Report 2010: Kolumbien*, Berlin 2010, http://www.amnesty.de/jahresbericht/2010/kolumbien (letzter Zugriff am 05.03.2014).

allein die Schwere der Tat, sondern letztlich die Anhängigkeit eines Strafverfahrens war. Da Strafprozesse gegen Mitglieder bewaffneter Gruppen bis dato nur in Ausnahmefällen durchgeführt worden waren, eröffnete das Dekret die Möglichkeit einer De-facto-Amnestie für tausende Paramilitärs.[580] Die Juristenorganisation wies zudem darauf hin, dass nach dem Dekret die Entscheidung zur Erteilung der Vergünstigungen dem regierungsnahen CODA-Komitee oblag und nicht wie im Gesetz 782 Richtern.[581]

Exkurs: Der Straftatbestand des „delito político"

Der Straftatbestand des sogenannten *„delito político"* (politisches Delikt) ist in Kolumbien ein strafprivilegiertes Verbrechen:[582] Nicht nur das in der Verfassung festgelegte Begnadigungsrecht,[583] die mögliche Einstellung eines Strafprozesses[584] und das Auslieferungsverbot für politische Verbrecher,[585] sondern vor allem die Möglichkeit, später an der Politik teilzunehmen,[586] sind einige der Privilegien eines *delincuente político.* Aus diesem Grund kämpfen alle Konfliktparteien kontinuierlich um die Anerkennung ihrer Taten als *delitos políticos.*

Obwohl bereits die Verfassungen des 19. Jahrhundets das *delito político* erwähnten, ist eine präzise Formulierung des Straftatbestandes durch den Gesetzgeber bis heute ausgeblieben.[587] So wurden unter „politischen Verbrechen" zumeist Straftatbestände wie Rebellion, Aufstand[588] und Verschwörung subsumiert. Darüber hinaus wurde ab 1863 die Anerkennung des sogenannten „Belligerenz"-Status als Voraussetzung möglicher Verhandlungen mit den Regierungen gesetzlich vorgesehen.[589] Die Unbestimmtheit des Straftatbestandes führte nicht nur dazu, dass über die Verantwortlichkeit konkreter Taten zum Teil willkürlich entschieden wurde, sondern auch, dass die Grenzen zwischen „herkömmlicher Kriminalität" und „politischen Verbrechen" verschwammen.[590]

---

580 Vgl. Comisión Colombiana de Juristas, *Colombia: La metáfora del desmantelamiento de los grupos paramilitares*, S. 121.

581 Vgl. ebd.

582 Vgl. Antonio Vicente Arenas, *Comentarios al Código Penal Colombiano*, Bd. II, Parte Especial, Bogotá 1989, S. 19.

583 Art. 201 T-30 und Art. 150 Verfassung von 1991.

584 Gesetz 782 von 2002.

585 Art. 35 Verfassung von 1991.

586 U. a. Art. 179 Nr. 1, Art. 191 und Art. 323 Verfassung von 1991.

587 Art. 30 der Verfassung von 1886 hob die Todesstrafe für politische Verbrechen auf und übertrug die gesetzliche Definition des *delito político* dem Gesetzgeber. Vgl. Mario Aguilera Peña, „Refundemos la nación: Perdonemos a delincuentes políticos y comunes", in: *Análisis Político*, 76 (2012), S. 5–40, hier S. 8; dazu ebenso Luis Carlos Pérez, *Derecho Penal. Partes general y especial*, Bd. III, Bogotá 1986, S. 124.

588 In Kolumbien sind Rebellion und Aufstand zwei unterschiedliche Straftatbestände.

589 Vgl. Aguilera Peña, „Refundemos la nación", S. 8.

590 Vgl. ebd., S. 10–11.

Die Bemühungen zur näheren Bestimmung des *delito político* begannen mit der Frage nach dem zu schützenden Rechtsgut: Während die Strafgesetze aus dem Jahr 1936 als Rechtsgüter „die Verfassungsordnung und die innere Sicherheit des Staates" bezeichneten, wurde ab 1974 „die Verfassungs- und legale Ordnung" als Rechtsgut angesehen.[591] Darüber hinaus wurde versucht, Teile des Straftatbestands stärker zu gewichten: Einerseits wurde der objektive Tatbestand hervorgehoben, andererseits der subjektive Tatbestand priorisiert[592] und als „scheinbarer oder realer Altruismus mit dem Ziel, die bestehende politische Ordnung partiell oder vollständig zu ändern" definiert.[593]

Trotz dieser Ansätze beschränkten die Gesetze des 20. und 21. Jahrhunderts das *delito político* grundsätzlich auf drei Straftatbestände gegen die verfassungsrechtliche Ordnung: *Rebelión* (Rebellion)[594], *Sedición*[595] (Aufstand) und *Asonada*[596] (etwa: Zusammenrottung). Im Rahmen der neuen Verfassung von 1991 versuchte das Verfassungsgericht, die „politischen Verbrechen" von anderen Straftatbeständen eindeutiger zu unterscheiden und erklärte einige während des bewaffneten Konfliktes begangene Taten ausdrücklich zu „unpolitischen Verbrechen".[597]

1.2 Der Gesetzgebungsprozess des Gerechtigkeits- und Friedensgesetzes

Da weder das Gesetz 782 noch das Dekret 128 eine Strafverfolgung der Paramilitärs vorsahen, die mit den völkerrechtlichen Verpflichtungen des kolumbianischen Staates vereinbar gewesen wäre, war für die geplanten Demobilisierungen der

591 Siehe Pérez, *Derecho Penal*, S. 121.

592 Siehe ebd., S. 124 f.

593 CSJ, Urteil vom 12.12.1984, zitiert nach Arenas, *Comentarios al Código Penal Colombiano*, S. 20.

594 Art. 467 Gesetz 599 von 2000 definiert den Tatbestand *Rebelión* wie folgt: „Los que mediante el empleo de las armas pretendan derrocar al Gobierno Nacional, o suprimir o modificar el régimen constitucional o legal vigente, incurrirán en prisión de seis (6) a nueve (9) años [...] a multa de cien (100) a doscientos (200) salarios mínimos legales mensuales vigentes [...]".

595 Art. 468 des Gesetzes 599 von 2000 bestimmt den Tatbestand *Sedición* folgendermaßen: „Los que mediante el empleo de las armas pretendan impedir transitoriamente el libre funcionamiento del régimen constitucional o legal vigentes, incurrirán en prisión de dos (2) a ocho (8) años [...] y multa de cincuenta (50) a cien (100) salarios mínios legales mensuales vigentes [...]".

596 Art. 469 des Gesetzes 599 von 2000 definiert *Asonada*: „Los que en forma tumultaria exigieren violentamente de la autoridad la ejecución u omisión de algún acto propio de sus funciones, incurrirán en prisión de uno (1) a dos (2) años [...]".

597 Im Art. 127 des außer Kraft gesetzten Strafgesetzbuchs von 1980, das Dekret 100 von 1980, stand: „Die Rebellen werden für die im Kampf begangenen Taten keine Strafe erhalten, sofern diese keine grausame Taten oder Terrorismus sind." Der Artikel wurde von dem Verfassungsgericht für verfassungswidrig erklärt. Vgl. CC, Urteil C-456 von 1997; dazu auch Aguilera Peña, „Refundemos la nación", S. 11.

paramilitärischen Gruppen abermals ein neues Gesetz notwendig.[598] Im Verlauf des etwa 23 Monate dauernden Gesetzgebungsprozesses wurden insgesamt zehn Gesetzentwürfe eingebracht, die in unterschiedlichem Maße eine Strafverfolgung der Paramilitärs vorsahen.

So verzichtete die erste Gesetzesinitiative der Regierung, der sogenannte *Alternatividad-Penal*-Entwurf,[599] weitgehend auf eine Strafverfolgung der Paramilitärs, insofern diese sich zum Friedensprozess und ihrer Demobilisierung verpflichteten. Stattdessen wurden mit Verweis auf eine mögliche Gefährdung des Versöhnungsprozesses Alternativen zur Freiheitsstrafe vorgeschlagen, die die Wiederherstellung des gesellschaftlichen Lebens fördern sollten.[600] Beobachter des Prozesses kritisierten jedoch, dass dadurch einer umfassenden Straflosigkeit der paramilitärischen Verbrechen Vorschub geleistet würde[601] und somit keine angemessene rechtsstaatliche Antwort auf das geschehene Unrecht gegeben würde.[602]

Der von der Opposition vorgelegte Gesetzentwurf 180 sah dagegen eine ernsthafte Strafverfolgung der Paramilitärs vor und stellte darüber hinaus die Rechte der Opfer und nicht die Reintegration der Täter in den Mittelpunkt.[603] Zugleich betonte er die Verpflichtung des kolumbianischen Staates, alle von den Paramilitärs begangenen Verbrechen sowie die Rolle des Staates bei der Transformation des kriminellen Phänomens aufzuklären.[604] Die Strafverfolgung sollte ferner auf der Grundlage des zum Tatzeitpunkt geltenden Rechts erfolgen und damit Vergünstigungen wie eine alternative Strafe ausschließen.[605] Strafmilderungen von bis zu einem Drittel der Strafe waren lediglich unter der Voraussetzung eines vollständigen

598 Ausführlich dazu Huber, *La ley de Justicia y Paz*, S. 3–45.

599 Gesetzentwurf 085 von 2003. Dt.: Alternativen zur Strafen.

600 Vgl. Fundación Social, *Ley de alternatividad penal y justicia transicional: documento de recomendaciones*, Bogotá 2007, S. 41.

601 Vgl. Alejandro Aponte, „Estatuto de Roma y procesos de paz: reflexiones alrededor del ‚proyecto de alternatividad penal' en el caso colombiano", in: Kai Ambos, Ezechiel Malarino, Jan Woischnik (Hrsg.), *Temas actuales de Derecho Penal Internacional. Contribuciones de América Latina, Alemania y España*, Montevideo 2005, S. 83–116, hier S. 87.

602 Vgl. Cornelius Prittwitz, „La relación entre ‚Justicia' y la pena privativa de la libertad", in: Fundación Ideas para la Paz (Hrsg.), *Cuadernos del Conflicto. Justicia, Verdad y Reparación en medio del conflicto*, Bogotá 2005, S. 30.

603 Gesetzinitiative der Parlamentarierin Piedad Córdoba. Vgl. Nicolás Palau van Hissenhoven, *Trámite de la Ley de Justicia y Paz: Elementos para el control cuidadano al ejercicio del poder político*, Bogotá 2006, S. 104.

604 Vgl. die Begründung des Entwurfes in Congreso de la República de Colombia, *Gaceta del Congreso* 796, Bogotá, 09.12.2004.

605 Art. 3 Gesetzentwurf 180 von 2004. Die reguläre Freiheitsstrafe für Völkermord liegt nach dem kolumbianischen Strafgesetzbuch (Gesetz 599 von 2000) bei 30 bis 40 Jahren (Art. 101). Dies gilt ebenso für die Freiheitsstrafe für den Mord einer nach dem Humanitären Völkerrecht zu schützenden Person (Art. 135).

Geständnisses vorgesehen.[606] Obwohl die Gesetzesinitiative der Opposition mit den internationalen Verpflichtungen des kolumbianischen Staates weitgehend vereinbar war, fand sie unter anderem aufgrund fehlender Anreize für eine Demobilisierung der Paramilitärs und ihre Mitwikung an der Aufklärung der Taten keine ausreichende Unterstützung im Parlament.

Eine Mittelposition zwischen diesen beiden Extremen nahm der von Senatoren unterschiedlicher Parteien ausgearbeitete Gesetzentwurf 208, der sogenannte Pardo-Parody-Entwurf, ein.[607] Dieser erkannte die Notwendigkeit einer möglichst umfassenden Strafverfolgung der paramilitärischen Taten an, sah jedoch unter gewissen Voraussetzungen[608] weitreichende Strafmilderungen vor, u. a. eine vorzeitige Verfahrenseinstellung (*resolución inhibitoria*)[609] für *delitos políticos* sowie eine bedingte Freilassung nach der Verbüßung von zwei Fünfteln der festgesetzten Strafe (*libertad condicional*)[610] für völkerrechtliche Kernverbrechen, um hinreichende Anreize zur Demobilisierung zu setzen.[611] Darüber hinaus sprach der Entwurf an mehreren Stellen von der Existenz eines bewaffneten Konfliktes und der Anwendbarkeit des Humanitären Völkerrechts.[612] Die Anerkennung des bewaffneten Konfliktes war gegenüber den meisten anderen Gesetzentwürfen ein wesentlicher Forschritt, der Implikationen für die Wahrnehmung der internationalen Verpflichtungen des kolumbianischen Staates im Rahmen des Übergangsprozesses mit sich brachte.[613]

Im Anschluss an den Pardo-Parody-Entwurf wurde schließlich eine erneute Gesetzesinitiative der Regierung vorgelegt: der Entwurf 211, der die Grundlage für das Gesetz 975 von 2005, das sogenannte „Gerechtigkeits- und Friedensgesetz" bilden sollte.[614] Im Gegensatz zum Pardo-Parody-Entwurf, von dem weite Teile

---

606 Art. 24 Gesetzentwurf 180 von 2004.

607 Benannt nach den Senatoren Rafael Pardo und Gina Parody. Vgl. Palau van Hissenhoven, *Trámite de la Ley de Justicia y Paz*, S. 106.

608 Die Voraussetzungen waren ein vollständiges Geständnis des fraglichen Paramilitärs, die Ab- bzw. Rückgabe seiner Güter, die Übernahme der Verantwortung für die ihm zugeschriebenen Taten, eine öffentliche Entschuldigung bei den Opfern sowie die Bereitschaft zur Zusammenarbeit mit dem Justizsystem. Vgl. Art. 26 und Art. 31 Gesetzentwurf 208 von 2005.

609 Art. 24 Gesetzentwurf 208 von 2005.

610 Art. 23–35 Gesetzentwurf 208 von 2005; dazu auch Manuel Quinche, *Los estándares de la Corte Interamericana y la Ley de Justicia y Paz*, Bogotá 2009, S. 147. In keinem Fall sollten jedoch weniger als fünf und mehr als zehn Jahre verbüßt werden, es sei denn, dass der fragliche Paramilitär bereits seine Strafzeit verbüßt hatte und weniger als fünf Jahre übrig blieben. Vgl. Art. 30 Gesetzentwurf 208 von 2005.

611 Vgl. Congreso de la República de Colombia, *Gaceta del Congreso* 27, Bogotá, 04.02.2005, S. 11; dazu Quinche, *Los estándares de la Corte Interamericana y la Ley de Justicia y Paz*, S. 145.

612 U. a. Art. 4–8, Art. 19 und Art. 47 Gesetzentwurf 208 von 2005.

613 Vgl. Congreso de la República de Colombia, *Gaceta del Congreso* 27, S. 12.

614 Dazu Kai Ambos, „Stellungnahme zu den kolumbianischen Gesetzesentwürfen im Rahmen des Demobilisierungsprozesses der Regierung Uribe mit ‚bewaffneten

übernommen wurden, erkannte dieser Entwurf die Existenz des bewaffneten Konfliktes in Kolumbien nicht an,[615] obwohl die Anwendbarkeit des Humanitären Völkerrechts vorgesehen war.[616] Ebenso wurden die Paramilitärs nicht als solche und erst recht nicht als Konfliktpartei, sondern als *Autodefensas* (Selbstverteidigungsgruppen) bezeichnet.[617] Die strafrechtlichen Vergünstigungen der *resoulción inhibitoria*[618] für „politische Verbrechen", die wie bereits im Pardo-Parody-Entwurf auf den Straftatbestand *concierto para delinquir* (Absprache zur Begehung von Straftaten) erweitert wurden, und der *libertad condicional*[619] für völkerrechtliche Kernverbrechen wurden von dem Pardo-Parody-Entwurf übernommen, ihre Gewährung jedoch flexibilisiert: So wurde bspw. weder ein vollständiges Geständnis noch eine Abgabe der Güter des Paramilitärs zur Wiedergutmachung der Opfer verlangt.[620] Zudem wurde die bedingte Freilassung unter Umständen, aufgrund anderer Vergünstigungen oder einer kumulativen Strafminderung, bereits nach einer bedeutend geringeren Haftstrafe als fünf Jahren gewährt.[621] Diese strafrechtlichen Privilegien konnten dem Entwurf zufolge denjenigen Paramilitärs zukommen, die auf von dem Präsidenten erstellten Listen, sogenannte *listas de elegibles*, gesetzt worden waren.[622]

Die Erteilung weitreichender Befugnisse für die Exekutive im Rahmen der geplanten Strafverfolgung der Paramilitärs bildete eine grundlegende Gemeinsamkeit so gut wie aller Gesetzentwürfe. So kam dem Präsidenten bspw. im *Alternatividad-Penal*-Entwurf die Entscheidung der Vorbedingungen einer Strafaussetzung zu[623] und im Pardo-Parody-Entwurf sowie im Entwurf 211 die Funktion der Erstellung der *listas de elegibles* zur möglichen Erteilung strafrechtlicher Vergünstigungen.[624] Darüber hinaus war die Regierung in den meisten Fällen für die Überprüfung der von den Paramilitärs abgegebenen Informationen vor den eigentlichen Ermittlungen der Staatsanwaltschaft zuständig.[625]

Gruppen'", in: Gruppe Friedensentwicklung (FrieEnt) (Hrsg.), *Demobilisierung, Reintegration und Straflosigkeit in Kolumbien. Chancen und Risiken für externe Akteure*, Bonn 2004, S. 32–39, hier S. 39.

615 Art. 1 und Art. 4 Gesetzentwurf 211 von 2005; dazu Ambos, „Stellungnahme zu den kolumbianischen Gesetzesentwürfen im Rahmen des Demobilisierungsprozesses der Regierung Uribe mit ‚bewaffneten Gruppen'", S. 39.

616 Art. 1 Gesetzentwurf 211 von 2005.

617 Art. 7 Gesetzentwurf 211 von 2005.

618 Art. 16 Gesetzentwurf 211 von 2005.

619 Art. 17 Gesetzentwurf 211 von 2005.

620 Art. 12.2, Art. 13.1. und Art. 12.3 Gesetzentwurf 211 von 2005.

621 Art. 18 Gesetzentwurf 211 von 2005.

622 Art. 9 und Art. 10 Gesetzentwurf 211 von 2005.

623 Art. 2 Gesetzentwurf 085 von 2003.

624 Art. 9 und Art. 10 Gesetzentwurf 208 von 2005; Art. 9 und Art. 10 Gesetzentwurf 211 von 2005.

625 Art. 10 Gesetzentwurf 208 von 2005; Art. 10 Gesetzentwurf 211 von 2005.

2 Das Gerechtigkeits- und Friedensgesetz

Am 25. Juli 2005 wurde das Gesetz 975, das sogenannte „Gerechtigkeits- und Friedensgesetz", eine modifizierte Fassung der Regierungsinitiative 211, unter dem Titel: „Zur Reintegration von Mitgliedern illegaler bewaffneter Gruppen [Original: grupos armados organizados al margen de la ley], die effektiv zum nationalen Frieden beitragen sowie andere Bestimmungen für humanitäre Abkommen" verabschiedet.[626] Die ursprüngliche Bezeichnung des Gesetzes im Verlauf des Gesetzgebungsprozesses war „Gesetz zur Wahrheit, Gerechtigkeit und Wiedergutmachung" und wurde erst kurz vor der Verabschiedung in „Gerechtigkeits- und Friedensgesetz" geändert.[627] Diese kurzfristige Namensänderung spiegelt die Schwerpunktverlagerung der Regierung von den Rechten der Opfer auf die politische Rhetorik des Friedens wider.[628]

Im Folgenden werden wir uns zunächst mit den Grundlagen des GuFG (2.1) und daran anschließend mit den in ihm vorgesehenen Verfahren (2.2) befassen. 2012 wurde das GuFG zum Teil grundlegend reformiert. Diese Änderungen werden in der Beschreibung als solche kenntlich gemacht. In Abschnitt 5 werden darüber hinaus die wesentlichen Neuerungen der Gesetzesreform zusammenfassend dargestellt.

2.1 Grundlagen

2.1.1 Transitional Justice *als Kriminalpolitik*

Das Gesetz 975 von 2005 sieht eine spezielle Kriminalpolitik für den Übergangsprozess in Kolumbien vor, die sich an den Prinzipien wiederherstellender Gerechtigkeit orientieren soll:[629] im Mittelpunkt des Prozesses sollen Versöhnung, Reintegration und Wiedergutmachung und nicht die Verfolgung von Straftaten als Normverletzungen stehen.[630] Diese kriminalpolitischen Grundlagen bestimmen die „Singularität" des Gesetzes, in dessen Rahmen rechtsstaatliche Prinzipien wie das Verhältnismäßigkeits- und das Gleichheitsprinzip zugunsten eines dauerhaften Friedens relativiert werden können.[631] Die im Gesetz vorgesehene alternative Strafe, die im Vergleich zu der im Strafgesetzbuch festgelegten deutlich milder ist,[632] lässt

626 Gesetz 975 von 2005, Übers. F.D.

627 Vgl. Quinche, *Los estándares de la Corte Interamericana y la Ley de Justicia y Paz*, S. 161.

628 Vgl. ebd.

629 Art. 2 Dekret 3391 von 2006.

630 Vgl. CSJ, Urteil vom 03.10.2008, Nr. 30442, S. 21.

631 Vgl. CSJ, Urteil vom 25.09.2007, Nr. 28250, S. 17.

632 Die reguläre Strafe für Völkermord nach dem kolumbianischen Strafgesetzbuch (Gesetz 599 von 2000) liegt bei 30 bis 40 Jahren (Art. 101). Dies gilt ebenso für die Freiheitsstrafe für den Mord einer nach dem Humanitären Völkerrecht zu schützenden Person (Art. 135).

sich dem Obersten Gerichtshof zufolge mit den besonderen Anfoderungen eines Übergangsprozesses erklären, innerhalb dessen die Prinzipien des Friedens mit denen der Gerechtigkeit abgewogen werden müssten.[633]

2.1.2 Der Zweck des Gesetzes

Die deklarierten Zwecke des Gesetzes sind laut Artikel 1 die Ermöglichung von Friedensprozessen, die individuelle und kollektive Reintegration von Mitgliedern illegaler bewaffneter Gruppen in das zivile Leben sowie die Gewährung der Rechte der Opfer auf Wahrheit, Gerechtigkeit und Wiedergutmachung.[634] Unter „illegalen bewaffneten Gruppen" werden dabei sowohl die linken Guerillas als auch die paramilitärischen Organisationen verstanden.[635]

Obwohl das Gesetz den Friedensprozess als Hauptziel vorsieht, verhält es sich uneindeutig in Bezug auf die Anerkennung des innerstaatlichen bewaffneten Konfliktes in Kolumbien. So wird bspw. nicht von „Konfliktbeteiligten", sondern von „Mitgliedern illegaler bewaffneter Gruppen" gesprochen. Diese mehrdeutige Haltung des Gesetzgebers spiegelt sich u. a. in der unscharfen Definition der Geltungsbereiche des Gesetzes wider.

Neben diesem Aspekt wirft der erste Artikel des Gesetzes Probleme bezüglich der Zweckdienlichkeit von zugleich individuellen und kollektiven Demobilisierungsmaßnahmen auf.[636] So wurde befürchtet, dass die Möglichkeit individueller Demobilisierungen einer vollständigen Auflösung der paramilitärischen Strukturen zuwiderlaufen könnte. Angesichts der Wiederbewaffnung mehrerer paramilitärischer Gruppen hat sich dies mittlerweile bewahrheitet.[637] Jedoch spiegelt das Zugeständnis, nur Teile paramilitärischer Einheiten zu entwaffnen, den prekären Zustand der damaligen Demobilisierungen wider.[638] Nicht alle Paramilitärs wurden demobilisiert und nicht alle, die sich demobilisierten, waren Paramilitärs.[639]

---

633 Vgl. CSJ, Urteil vom 19.10.2006, Nr. 26154, S. 8–10.

634 Art. 1 Abs. 1 Gesetz 975 von 2005.

635 Art. 1 Abs. 2 Gesetz 975 von 2005.

636 Vgl. Quinche, *Los estándares de la Corte Interamericana y la Ley de Justicia y Paz*, S. 161 f. Dazu Ambos, *Procedimiento de la ley de Justicia y Paz*, S. 17.

637 Siehe *El Espectador*, „Mancuso reconoce el rearme paramilitar", 05.04.2008, http://www.elespectador.com/noticias/politica/articulo-mancuso-reconoce-el-rearme-paramilitar (letzter Zugriff am 22.10.2015); Comisión Colombiana de Juristas, *Colombia: La metáfora del desmantelamiento de los grupos paramilitares*, S. 79 ff.

638 Siehe bspw. die Stellungnahme des Abgeordneten Rivera bei der Debatte um den ersten Artikel des Gesetzes in Congreso de la República de Colombia, *Gaceta del Congreso* 355, Bogotá, 13.06.2005.

639 Über den Skandal der gefälschten Demobilisierungen siehe u. a. Comisión Colombiana de Juristas, *Colombia: El espejismo de la justicia y la paz*, S. 18–28.

2.1.3 *Geltungsbereiche des Gerechtigkeits- und Friedensgesetzes*

2.1.3.1 *Persönlicher Geltungsbereich*

Das Gesetz 975 richtet sich an Mitglieder illegaler bewaffneter Gruppen, die sich individuell oder kollektiv demobilisiert haben und zur nationalen Versöhnung einen entscheidenden Beitrag leisten.[640] Obgleich das Gesetz offiziell für beide „illegale bewaffnete Gruppen", Paramilitärs und Guerillas, vorgesehen war, wurde es *de facto* für die Verhandlungen mit den Paramilitärs konzipiert und zum überwiegenden Teil bei deren Strafverfolgung angewendet. Lediglich einzelne Guerilleros wurden im Rahmen des Gesetzes verurteilt.[641]

Jedoch werden auch nicht alle demobilisierten Paramilitärs im Rahmen des GuFG strafverfolgt, sondern nur diejenigen, die ihre Bereitschaft zur Teilnahme an dem Verfahren erklärt haben und von der Regierung auf die *listas de elegibles* gesetzt wurden.[642] Aus dem persönlichen Geltungsbereich sind zudem Amtsträger ausgeschlossen, die als Anstifter, Mittäter oder Gehilfen an den Taten, die den Mitgliedern illegaler bewaffneter Gruppen vorgeworfen werden, beteiligt gewesen waren.[643]

2.1.3.2 *Materieller Geltungsbereich*

Art. 2 des Gesetzes normiert die Strafverfolgung von „Mitgliedern illegaler bewaffneter Gruppen, die Täter oder Mittäter von Straftaten sind, die während und anlässlich der Zugehörigkeit zu diesen Gruppen begangen wurden" sowie die Gewährung strafrechtlicher Vergünstigungen innerhalb dieses Prozesses unter Anwendung sogenannter Priorisierungskriterien.[644]

Das GuFG wird prinzipiell in Bezug auf in dem geltenden Strafgesetzbuch (Gesetz 599 von 2000) vorgesehene Straftatbestände angewendet.[645] Ausnahmen bilden die als *delitos políticos* bezeichneten Straftatbestände Rebellion, Aufstand und damit verbundene Verbrechen, für die im Gesetz 782 von 2002 besondere strafrechtliche Privilegien wie Amnestien und Begnadigungen vorgesehen sind, sowie die Straftatbestände *concierto para delinquir simple* (etwa: Absprache zur Begehung von Straftaten), *utilización ilegal de uniformes e insignias* (etwa: Benutzung von Wehruniformen ohne Genehmigung), *instigación a delinquir simple* (etwa: einfache Anstiftung zur

---

640 Art. 2 Gesetz 975 von 2005.

641 Dazu *Verdad abierta*, „Las Farc en Justicia y Paz", 25.10.2015, http://www.verdadabierta.com/justicia-y-paz/10-anos-de-justicia-y-paz/6039-las-farc-en-justicia-y-paz (letzter Zugriff am 02.11.2015).

642 Art. 10 Gesetz 975 von 2005, modifiziert durch Art. 1 Gesetz 1592 von 2012.

643 Vgl. Ambos, *Procedimiento de la ley de Justicia y Paz*, S. 23.

644 Art. 2 Abs. 1 Gesetz 975 von 2005.

645 Vgl. Ambos, *Procedimiento de la ley de Justicia y Paz*, S. 23; Alejandro Aponte, *El proceso penal especial de Justicia y Paz. Alcances y límites de un proceso penal concebido en clave transicional*, Centro Internacional de Toledo para la Paz – CITpax, Madrid 2011, S. 30.

Begehung einer Straftat) und *fabricación, tráfico y porte de armas y municiones* (etwa: Herstellung, Handel und Tragen von Waffen ohne Genehmigung), für die laut Arikel 69 des GuFG[646] ebenfalls die Privilegien des Gesetzes 782 gelten.[647]

Aufgrund der definitorischen Unschärfe des Gesetzes in Bezug auf dessen Anwendungsbereich kam es im Laufe des Gerechtigkeits- und Friedensverfahrens jedoch vermehrt zu juristischen Schwierigkeiten, die durch Urteile des Obersten Gerichtshofes und des Verfassungsgerichts beigelegt werden mussten: Zunächst versuchte die Regierung mehrfach, die Paramilitärs als „politische Delinquenten" zu qualifizieren und ihnen somit die im Vergleich zu den Strafmilderungen des GuFG weit großzügigeren Vergünstigungen des Gesetzes 782 zukommenzulassen. So sah bspw. der mittlerweile für verfassungswidrig erklärte Artikel 71 des GuFG vor, die paramilitärischen Gruppen in den Täterkreis des strafprivilegierten Tatbestands *Sedición* (Aufstand) aufzunehmen und sie demnach als *delincuentes políticos* zu behandeln.[648] Dies wurde u. a. in den Strafprozessen von den Angeklagten und der Verteidigung aufgenommen, die stets für sich reklamierten, „politische Verbrecher" zu sein. Der Oberste Gerichtshof war daher gezwungen, sich mehrfach mit der Anwendbarkeit des GuFG auf die als *delitos políticos* bezeichneten Straftatbestände auseinanderzusetzen. In Anlehnung an frühere Entscheidungen sowie Entscheidungen des Verfassungsgerichts stellte der Oberste Gerichtshof diesbezüglich klar, dass die paramilitärischen Taten keine „politische Verbrechen" seien und sie somit von den im Gesetz 782 vorgesehenen Vergünstigungen ausgeschlossen seien.[649]

Eine weitere Schwierigkeit betraf die Frage, wie Mitglieder illegaler bewaffneter Gruppen strafrechtlich zu behandeln seien, denen nur die reine Organisationszugehörigkeit (*mera pertenencia*) zu den illegalen bewaffneten Gruppen vorgeworfen wurde.[650] Diese Paramilitärs leiteten wiederum aus dem Umstand, dass ihnen keine weitere strafbare Handlung vorgeworfen wurde, ab, „politische Delinquenten" zu sein, denen die entsprechenden Privilegien des Gesetzes 782 zustanden. In seinem Urteil vom 11. Juli 2007 subsumierte der Oberste Gerichtshof die reine Organisationszugehörigkeit jedoch unter den Straftatbestand *concierto para delinquir agravado* (Absprache zur Begehung von Völkerrechtsverbrechen und anderen schweren Straftaten), bei dem es sich um einen Straftatbestand handelt, für den im Gegensatz zu anderen Tatbeständen wie dem verwandten *concierto para delinquir simple* die Vergünstigungen des Gesetzes 782 nicht gelten.[651] Dieses Urteil warf die Frage auf,

---

646 Art. 69 Gesetz 975 von 2005.

647 Dazu Ambos, *Procedimiento de la ley de Justicia y Paz*, S. 23.

648 Art. 71 Gesetz 975 von 2005. Die Verfassungswidrigkeit wurde erklärt durch CC, Urteil C-370 von 2006.

649 Vgl. bspw. CSJ, Urteil vom 11.07.2007, Nr. 26945; CSJ, Urteil vom 05.12.2007, Nr. 27955; CSJ, Urteil vom 23.05.2007, Nr. 27213; CSJ, Urteil vom 31.07.2009, Nr. 31539; dazu ausführlich Huber, *La ley de Justicia y Paz*, S. 378–415.

650 Dazu siehe Ambos, *Procedimiento de la ley de Justicia y Paz*, S. 23 f.

651 Vgl. CSJ, Urteil vom 11.07.2007, Nr. 26945, S. 20 ff.

wie mehr als 19.000 Paramilitärs zu behandeln seien,[652] die von den Privilegien des Gesetzes 782 ausgeschlossen waren, nicht von der Regierung auf die *listas de elegibles* gesetzt worden waren und somit nicht an dem GuF-Verfahren teilnahmen und denen darüber hinaus lediglich die Zugehörigkeit zu den paramilitärischen Organisationen vorgeworfen wurde.

Die Regierung reagierte auf diese Problemlage mit dem Gesetz 1312 von 2009, das die Erweiterung des Anwendungsbereichs des Opportunitätsprinzips in der Strafprozessordnung[653] vorsah. Dem Gesetz zufolge hatte die Staatsanwaltschaft die Möglichkeit zur Verfahrenseinstellung auch dann, wenn die demobilisierten Mitglieder illegaler bewaffneter Gruppen nicht von der Regierung zur Teilnahme an dem Gerechtigkeits- und Friedensverfahren vorgeschlagen worden waren und kein Ermittlungsverfahren wegen vor oder nach der Demobilisierung begangener Taten anhängig war, mit Ausnahme eines Verfahrens wegen der reinen Organisationszugehörigkeit, der Benutzung von Wehruniformen ohne Genehmigung sowie des illegalen Tragens von Waffen. Die Einstellung sollte unter der Voraussetzung erfolgen, dass die fraglichen Paramilitärs ihre Bereitschaft zur Reintegration ins zivile Leben zeigten und eidesstaatlich versicherten, keine weiteren Straftaten begangen zu haben.

Die Erweiterung des Anwendungsbereichs des Opportunitätsprinzips wurde vom Verfassungsgericht mit der Begründung für verfassungswidrig erklärt, eine Einstellung des Verfahrens unter den genannten Voraussetzungen widerspreche der staatlichen Verfolgungspflicht strafbarer Handlungen, aus denen Menschenrechtsverletzungen entstehen können.[654] Daraufhin erließ die Regierung das Gesetz 1424 von 2010, in dem eine Strafverfolgung der 19.000 nicht am GuF-Verfahren teilnehmenden Paramilitärs gemäß des zum Tatzeitpunkt geltenden Rechts vorgesehen ist.[655] Im Laufe des Strafverfahrens ist im Falle der reinen Organisationszugehörigkeit ein Antrag auf bedingte Aussetzung des Strafvollzugs möglich.[656]

Weitere Auslegungsschwierigkeiten ergeben sich durch die Bezeichnung der paramilitärischen Taten als „Straftaten, die während und anlässlich der Zugehörigkeit zu illegalen bewaffneten Gruppen begangen wurden“, statt als konfliktbezogene Taten. Dies spiegelt die Tendenz der Regierung Uribe wider, den innerstaatlichen bewaffneten Konflikt in Kolumbien zu leugnen und hat Konsequenzen für die Strafermittlungsbehörden. Bei diesen herrschte im Laufe des GuF-Verfahrens keine Ei-

---

652 Dazu *Verdad abierta*, „Corte constitucional tumba principio de oportunidad para 19 mil desmovilizados“, o. J., http://www.verdadabierta.com/la-historia/2870-corte-constitucional-tumba-principio-de-oportunidad-para-20-mil-desmovilizados (letzter Zugriff am 07.10.2015).

653 Art. 321–330 Gesetz 906 von 2004.

654 CC, Urteil C-936 von 2010.

655 Art. 5 Gesetz 1424 von 2010.

656 Art. 7 Gesetz 1424 von 2010.

nigkeit darüber, ob die paramilitärischen Taten als gewöhnliche Verbrechen oder Verstöße gegen das Humanitäre Völkerrecht zu bewerten seien.[657]

2.1.3.3 *Zeitlicher Geltungsbereich*

Art. 72 der alten Fassung des Gerechtigkeits- und Friedensgesetzes regelte den zeitlichen Geltungsbereich des Gesetzes: Alle Taten, die nach dem 25. Juli 2005, dem Inkrafttreten des Gesetzes, begangen wurden, wurden aus seinem Anwendungsbereich ausgeschlossen. Damit sollte verhindert werden, dass sich Personen, die keine Mitglieder illegaler bewaffneter Gruppen waren, in den GuF-Prozess einschleichen konnten, um in den Genuss der strafrechtlichen Vergünstigungen zu gelangen.[658] Da jedoch zugleich der Zeitpunkt der Demobilisierung ein Ausgangspunkt für die Anwendung des Gesetzes bildet und nicht alle Demobilisierungen vor dem Inkrafttreten des Gesetzes stattfanden, kam es zu zahlreichen Schwierigkeiten bei der genauen Bestimmung des zeitlichen Geltungsbereichs des Gesetzes.[659]

In der reformierten Fassung wurde das Problem dadurch behoben, dass die Anwendbarkeit des Gesetzes vom Zeitpunkt des Inkrafttretens abweicht. So bezieht sich die zeitliche Geltung laut dem neuen Art. 72 in Bezug auf kollektive Demobilisierungen „ausschließlich auf Taten, die vor dem Zeitpunkt der Demobilisierung begangen wurden" und in Bezug auf individuelle Demobilisierungen „ausschließlich auf Taten, die vor dem Zeitpukt der Demobilisierung begangen wurden und in jedem Fall vor dem 31. Dezember 2012."[660]

2.1.4 *Die alternative Strafe*

Ein wesentliches Element des GuF-Verfahrens bildet die darin vorgesehene *pena alternativa* (alternative Strafe), die denjenigen Mitgliedern illegaler bewaffneter Gruppen gewährt wird, die zum Friedensprozess beitragen, mit der Justiz zusammenarbeiten, die Opfer entschädigen und zur Reintegration bereit sind.[661] Grundlegend handelt es sich dabei um die Aussetzung des regulären Strafvollzugs, der durch eine Freiheitsstrafe von mindestens fünf bis maximal acht Jahren ersetzt wird.[662]

Als Grundvoraussetzung für den Zugang zum GuF-Verfahren und somit zum Erhalt der alternativen Strafe sieht das Gesetz, wie bereits die von der Regierung vorgelegten Gesetzentwürfe, die Einbeziehung der potentiell Begünstigten in die von der Regierung aufgestellten *listas de elegibles* vor.[663] Zudem mussten die kol-

---

657 Interview mit Leonardo Cabana Fonseca, Staatsanwalt für Gerechtigkeit und Frieden, UNFJP, Bogotá, 07.03.2012.
658 Vgl. Ambos, *Procedimiento de la ley de Justicia y Paz*, S. 26.
659 Siehe dazu die Diskussion in CSJ, Urteil vom 24.02.2009, Nr. 30999.
660 Art. 72 Gesetz 975 von 2005, modifiziert durch Art. 36 Gesetz 1592 von 2012.
661 Art. 3 Gesetz 975 von 2005.
662 Vgl. ebd. Siehe auch Ambos, *Procedimiento de la ley de Justicia y Paz*, S. 108.
663 Art. 10 Abs. 1 Gesetz 975 von 2005.

lektiv demobilisierten Paramilitärs die folgenden Bedingungen erfüllen: Die Demobilisierung und Auflösung der entsprechenden bewaffneten Gruppe,[664] die Abgabe aller illegal erworbener Güter,[665] die Entlassung aller rekrutierten Kinder,[666] die Unterlassung weiterer Verbrechen[667] und die Freilassung aller entführter Personen.[668] Darüber hinaus wurden nur jene illegalen bewaffneten Gruppen zugelassen, die sich nicht zum Drogenhandel oder zur ungerechten Bereicherung organisiert hatten.[669] Individuell demobilisierte Mitglieder illegaler bewaffneter Gruppen, in der Regel Deserteure, müssen ähnliche Bedingungen erfüllen.[670]

2.1.5 Die gesetzliche Opferdefinition

Das Gesetz bezeichnet als „unmittelbare Opfer" diejenigen, deren Grundrechte durch Taten der illegalen bewaffneten Gruppen verletzt wurden.[671] Die alte Fassung des Gesetzes fügte darüber hinaus den Begriff eines „mittelbaren Opfers" ein, mit dem die Eheleute und Blutsverwandten ersten Grades einer ermordeten oder verschwunden gelassenen Person bezeichnet wurden.[672]

Das Verfassungsgericht erklärte den Artikel für verfassungskonform unter der Voraussetzung, die Opferdefinition auf alle geschädigten Personen eines Verbrechens zu erweitern. Eine willkürliche Begrenzung des Opferkreises stellte dem Gericht zufolge einen Verstoß gegen das Grundrecht auf Zugang zum Gericht und gerichtlichen Schutz dar.[673] Eine Limitierung der Opfer, nicht nur aufgrund des Konsanguinitätskriteriums, sondern auch aufgrund der Art des Verbrechens, verstoße gegen den Gleichheitssatz: Die Ausschließung anderer Verbrechen außer Tötung oder zwangsweises Verschwindenlassen sei daher inakzeptabel. Alle Familienangehörigen, die in ihren Rechten unabhängig von der konkreten Tat verletzt wurden, haben dem Gericht zufolge einen Anspruch auf Entschädigung.[674] Diese Interpretation des Verfassungsgerichts wurde in der Reform des Gesetzes übernommen.[675]

Darüber hinaus bezieht das Gesetz Mitglieder der Streitkäfte, die durch Taten der illegalen bewaffneten Gruppen schwer verletzt wurden, sowie Angehörige ge-

664 Art. 10.1 Gesetz 975 von 2005.
665 Art. 10.2 Gesetz 975 von 2005.
666 Art. 10.3 Gesetz 975 von 2005.
667 Art. 10.4 Gesetz 975 von 2005.
668 Art. 10.6 Gesetz 975 von 2005.
669 Art. 10.5 Gesetz 975 von 2005.
670 Art. 11 des Gesetzes 975 von 2005.
671 Art. 5 Abs. 1 Gesetz 975 von 2005.
672 Art. 5 Abs. 2 Gesetz 975 von 2005, alte Fassung.
673 Vgl. CC, Urteil C-370 von 2006, S. 304.
674 Vgl. ebd., S. 306–308. Siehe dazu Huber, *La ley de Justicia y Paz*, S. 113–118.
675 Art. 5 Abs. 6 Gesetz 975 von 2005, modifiziert durch Art. 2 Gesetz 1592 von 2012.

fallener Soldaten in die Opferdefinition ein.[676] Interessanterweise wird der Opferstatus zugewiesen, unabhängig davon, ob der Täter identifiziert, festgenommen oder verurteilt wird.[677]

2.1.6 *Die Rechte der Opfer in dem Gesetz*

2.1.6.1 *Das Recht auf Gerechtigkeit*

Der kolumbianische Staat ist laut Art. 6 der alten Fassung des Gesetzes dazu verpflichtet, eine effektive Strafverfolgung der für die Taten der illegalen bewaffneten Gruppen verantwortlichen Personen durchzuführen.[678] Darüber hinaus ist es seine Pflicht, den Geschädigten Schadenersatz zu leisten und alle ihm zu Verfügung stehenden Maßnahmen zur zukünftigen Vermeidung solcher Menschenrechtsverletzungen zu ergreifen.

Die reformierte Fassung des Gesetzes widmet sich nicht mehr so ausführlich dem Recht auf Gerechtigkeit und verweist zur genaueren Bestimmung auf das Gesetz 1448 von 2011, dem sogenannten „Opferentschädigungs- und Landrückgabe-Gesetz", das ebenfalls als Instrument der Übergangsjustiz verstanden wird.[679] Dennoch formuliert der neue Art. 6 des Gesetzes 975 das Recht der Opfer auf Teilnahme am Strafverfolgungsprozess.[680]

2.1.6.2 *Das Recht auf Wahrheit*

Laut Art. 7 des Gerechtigkeits- und Friedensgesetzes haben die Gesellschaft und insbesondere die Opfer das unveräußerliche Recht, die Wahrheit über die von den illegalen bewaffneten Gruppen begangenen Taten sowie über den Verbleib der Entführten und Verschwundenen zu erfahren.[681] Die Ermittlungen und Hauptverfahren sollen daher mit dem Ziel durchgeführt werden, den Opfern die Geschehnisse aufzuklären.[682] Ungeachtet dessen können zukünftig weitere außerstrafrechtliche Maßnahmen zur Wahrheitsfindung eingesetzt werden.[683]

Aufgrund zahlreicher Beschwerden von Menschenrechtsorganisationen, die in eine Verfassungsbeschwerde mündeten, setzte sich das Verfassungsgericht mit der Frage auseinander, ob die Gewährung einer so milden Strafe für Völkerrechtsver-

---

676 Art. 5 Abs. 4 und 5 Gesetz 975 von 2005; mit der Vereinbarung des Artikels mit den Genfer Konventionen und den Zusatzprotokollen I und II, die Teile des kolumbianischen Verfassungsrechts bilden, setzte sich das Verfassungsgericht auseinander, siehe CC, Urteil C-575 von 2006, zitiert nach Huber, *La ley de Justicia y Paz*, S. 119 f.

677 Art. 5 Abs. 3 Gesetz 975 von 2005, modifiziert durch Art. 2 Gesetz 1592 von 2012.

678 Art. 6 Abs. 1 Gesetz 975 von 2005, alte Fassung.

679 Art. 1 und Art. 8 Gesetz 1448 von 2011.

680 Art. 6 Gesetz 975 von 2005, modifiziert durch Art. 4 Gesetz 1592 von 2012.

681 Art. 7 Abs. 1 Gesetz 975 von 2005.

682 Art. 7 Abs. 2 Gesetz 975 von 2005.

683 Art. 7 Abs. 3 Gesetz 975 von 2005.

brechen wie der im Gesetz vorgesehenen alternativen Strafe *ohne* die Voraussetzung eines vollständigen Geständnisses aller Taten mit dem Recht der Opfer und der Gesellschaft auf die Wahrheit des Geschehenen vereinbar und darüber hinaus verfassungskonform sei.[684] Nach dem Gesetz sind die Paramilitärs im Rahmen des Verfahrens allein dazu verpflichtet, sich zu den von der Staatsanwaltschaft vorgeworfenen Taten zu äußern und über die von ihnen begangenen Taten zu informieren.[685]

Nach Auffassung des Gerichtes sah das Gesetz keine eindeutigen Mechanismen zur Aufdeckung des Paramilitarismus als komplexes kriminelles Phänomen vor. Somit könne das Recht der Opfer auf Wahrheit nicht hinreichend gewährleistet werden. Zudem seien in dem Gesetz keine Konsequenzen für Falschaussagen oder das Vertuschen von Taten festgesetzt. Die einzige Pflicht der Paramilitärs im Laufe des Gerechtigkeits- und Friedensverfahrens bestehe darin, die ihnen vorgeworfenen Straftaten anzunehmen (*acceptar los hechos imputados*). Dabei werde unzureichend berücksichtigt, dass die staatliche Ermittlung der Verbrechen auf erhebliche Schwierigkeiten, wie ungenügendes Beweismaterial und Bedrohungen für das zuständige Justizpersonal, stoße.[686]

Aus den genannten Gründen erklärte das Gericht einige Artikel des Gesetzes, u. a. Teile des Art. 25, der sich auf weitere strafrechtliche Vergünstigungen wegen nachträglich verurteilter Taten sowie auf eine Strafmilderung aufgrund kumulativer alternativer Strafen bezieht, für verfassungswidrig. Außerdem wies es darauf hin, dass die Aussagen der Paramilitärs wahrhaftig und vollständig sein müssten.[687]

Auffallend ist, dass in Bezug auf andere umstrittene Mechanismen des Gesetzes das Verfassungsgericht der oben dargestellten Argumentationsweise nicht folgte. Dies ist bspw. bei der bestätigten Verfassungskonformität von Art. 18 der Fall, in dem die Dauer des Ermittlungsverfahrens auf lediglich 60 Tage festgelegt wird, obwohl das Gericht die Komplexität der zu erforschenden Sachverhalte anerkannte.[688] Seiner Begründung zufolge ist diese Zeit nicht nur ausreichend, sondern entspricht den Untersuchungs- und Ermittlungspflichten der Staatsanwaltschaft.[689]

2.1.6.3 Das Recht auf Wiedergutmachung

Art. 8 des Gesetzes umfasst sieben Formen der Wiedergutmachung:[690] Die sogenannte *Restitución*, bei der verschiedene Maßnahmen zur Wiedereinsetzung des Opfers in den vor dem Verbrechen bestandenen Zustand ergriffen werden; ein materieller

684 Vgl. CC, Urteil C-370 von 2006, S. 260–261.
685 Art. 17 Gesetz 975 von 2005.
686 Vgl. CC, Urteil C-370 von 2006, S. 263–265.
687 Vgl. ebd., S. 266 f.
688 Vgl. ebd., S. 281.
689 Vgl. ebd., S. 283.
690 Art. 8 Gesetz 975 von 2005.

Schadensersatz; die physische und psychologische Rehabilitierung der Opfer; eine moralische Entschädigung, die in der Wiederherstellung der Würde der Opfer und der Verbreitung der Wahrheit über die Geschehnisse besteht; die sogenannten *Garantías de no repetición*, Garantien zur Nicht-Wiederholung der Gewalttaten, worunter u. a. die Demobilisierung und Auflösung der illegalen bewaffneten Gruppen verstanden wird; und schließlich die symbolische Wiedergutmachung. Zudem sieht das Gesetz eine psycho-soziale Wiederherstellung der von der Gewalt betroffenen Gemeinschaften vor.

Mit der Gewährleistung des Rechts auf Wiedergutmachung befasste sich wiederum das Verfassungsgericht bei der Überprüfung der Verfassungskonformität des Gerechtigkeits- und Friedensgesetzes. Nach der alten Fassung des Gesetzes waren lediglich die illegal erworbenen Güter der Paramilitärs für die Entschädigung der Opfer vorgesehen, vorausgesetzt, dass diese dem Paramilitär zur Verfügung standen.[691] Das Gericht beschäftigte sich daher mit der Frage, ob die Paramilitärs verpflichtet seien, nicht nur illegal erlangtes, sondern ihr gesamtes Vermögen zum Zweck der Wiedergutmachung der Opfer einzubringen.[692]

Dem Verfassungsgericht zufolge behält auch in sogenannten „Übergangsprozessen" das allgemeine Prinzip Gültigkeit, dass eine Person, die einen Schaden verursacht, Schadenersatz zu leisten hat. Daher gebe es keinen verfassungsrechtlichen Grund, die gesamten Entschädigungen für die paramilitärischen Taten aus dem öffentlichen Haushalt zu bestreiten und somit den Bürgern die Lasten der materiellen Wiedergutmachung aufzubürgen. Ansprüche gegen den Staat könnten nur dann geltend gemacht werden, wenn der Staat selbst wegen seinen Handlungen oder Unterlassungen für begangenes Leid verantwortlich sei oder wenn das Vermögen der Täter unzureichend sei.[693]

Die Pflicht des Schädigers zur Entschädigung der Opfer umfasst demnach sein ganzes Vermögen und eine Pfändung der von den Paramilitärs legal erworbenen Güter ist zulässig.[694] Dieser Entschädigungspflicht dürfen sich die Paramilitärs nicht entziehen. So wird von dem Verfassungsgericht eine Aufstellung aller Güter derjenigen erwartet, die nach den Begünstigungen des Gesetzes streben, die auch geheime oder Dritten übertragene Vermögensbestände umfasst.[695] Diese Änderungen wurden teilweise in der Reform des Gesetzes übernommen.[696]

---

691 Art. 10.2, Art. 11.5, Art. 13.4, Art. 17, Art. 18 und Art. 46 Gesetz 975 von 2005, alte Fassung.

692 Vgl. CC, Urteil C-370 von 2006, S. 297.

693 Vgl. ebd., S. 298.

694 Vgl. ebd., S. 300.

695 Vgl. ebd., S. 301. Auf diese u. a. Gründe stützte sich die Entscheidung des Gerichtes über die Verfassungswidrigkeit von Teilen von Art. 10.2, Art. 11.5, Art. 13.4, Art. 17 Abs. 2, Art. 18 Abs. 2 und Art. 46 wurde für verfassungskonform erklärt.

696 Über die Reichweite der Wiedergutmachung bzw. der sog. Restitution siehe CC, Urteil C-715 von 2012.

2.1.6.4 Das Recht auf Zugang zum Gericht

Art. 37 des Gesetzes anerkennt die Rechte der Opfer auf effektiven Zugang zum Gericht: u.a. das Recht, angehört zu werden; eine Garantie ihrer Sicherheit; das Recht, über die Möglichkeiten einer Gewährleistung ihrer Interessen, die gerichtlichen Entscheidungen sowie die zulässigen Rechtsmittel informiert zu werden; sowie eine rechtliche und psychologische Unterstützung im Laufe des Verfahrens.[697]

2.2 Das Gerechtigkeits- und Friedensverfahren

Um die alternative Freiheitsstrafe zu erhalten, müssen sich die demobilisierten Mitglieder illegaler bewaffneter Gruppen dem in dem GuFG vorgesehenen Verfahren unterziehen. Dieses besteht aus einer administrativen und einer gerichtlichen Phase, die sich wiederum in zwei Stufen, eine vorprozessuale (*ciclo preprocesal*) und eine prozessuale (*ciclo procesal*), gliedert. Das Verfahren endet mit der Verhängung der alternativen Strafe, wenn alle dafür vorgesehenen gesetzlichen Voraussetzungen erfüllt wurden.[698]

In der administrativen Phase (*fase administrativa*) werden die demobilisierten Paramilitärs identifiziert und ihre Mitgliedschaft bestätigt, um die *listas de elegibles* zu erstellen. Sie umfasst insbesondere die kollektiven und individuellen Demobilisierungen,[699] die Bestätigung der Demobilisierungen durch die Regierung und die sogenannte *postulación*, die Erstellung der Listen zur Abgabe an die Staatsanwaltschaft für Gerechtigkeit und Frieden.

Darauf folgt die gerichtliche Phase (*fase judicial*), die aus zwei Verfahrensabschnitten besteht: einem sogenannten *ciclo preprocesal* unter der Leitung der Staatsanwaltschaft für Gerechtigkeit und Frieden und einem sogenannten *ciclo procesal* unter der Leitung der Tribunale für Gerechtigkeit und Frieden. Der *ciclo preprocesal* gliedert sich wiederum in zwei Stufen: die Voruntersuchungen und die eigentlichen Ermittlungen. Im Laufe dieser Phase finden u.a. die sogenannten *versiones libres* und die Anhörung zur *formulación de la imputación* statt. Der *ciclo procesal* beginnt mit der Überprüfung der sogenannten *formulación de cargos* und endet in der Regel mit einem Urteil.[700] Nach der Rechtsprechung des Obersten Gerichtshofes kann das GuF-Verfahren in drei Fällen vorzeitig beendet werden: bei einem Ausschluss des demobilisierten Paramilitärs aus dem Verfahren, bei dem sogenannten *archivo de diligencias* und bei der *preclusión de la investigación.*[701]

---

697 Art. 37 Gesetz 975 von 2005.

698 Vgl. CSJ, Urteil vom 27.08.2007, Nr. 27873, S. 12.

699 Die Demobilisierungen sind Teil eines komplexen und langfristigen Prozesses, der in Kolumbien als *desarme, desmovilización y reintegración* (DD&R, Entwaffnung, Demobilsierung und Reintegration) bezeichnet wird. Mit den Einzelheiten dieses Prozesses können wir uns in dieser Arbeit nicht beschäftigen.

700 Vgl. CSJ, Urteil vom 27.08.2007, Nr. 27873, S. 14.

701 Vgl. CSJ, Urteil vom 31.07.2009, Nr. 31539, S. 36.

Im Folgenden werden die oben genannten Phasen des Verfahrens überblicksartig dargestellt.

2.2.1 Schema des Gerechtigkeits- und Friedensverfahrens

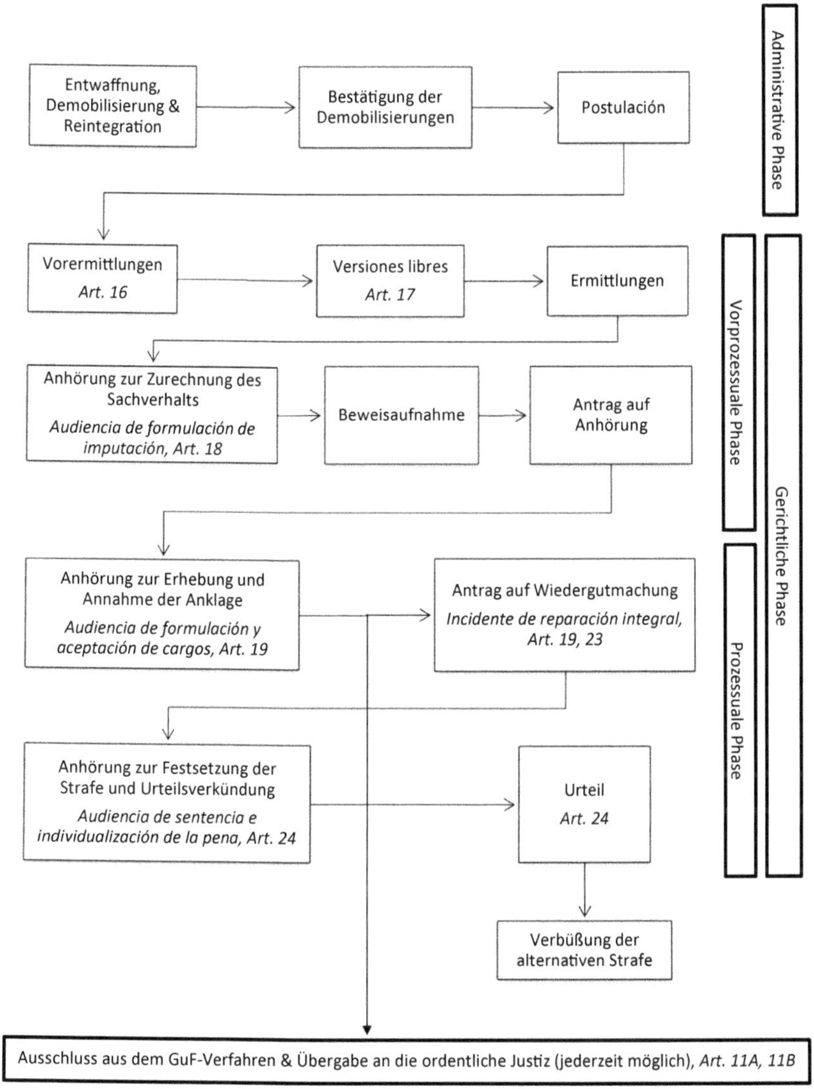

2.2.2 *Die administrative Phase des Verfahrens*

2.2.2.1 *Die Demobilisierungen der Paramilitärs*

Mit der Demobilisierung der paramilitärischen Gruppen begann die administrative Phase des Gerechtigkeits- und Friedensverfahrens. Art. 9 des Gesetzes definiert die Demobilisierung als einen Akt, die Waffen niederzulegen und die illegale bewaffnete Gruppe aufzulösen.[702] Das Gesetz differenziert dabei zwischen zwei Formen von Demobilisierungen, die verschiedentlich normiert sind, u. a. durch die Gesetze 418 von 1997 und 782 von 2002, und für die unterschiedliche Voraussetzungen für die Teilnahme am GuF-Verfahren vorgesehen sind: kollektive (Art. 10) und individuelle (Art. 11).

Für die kollektiven Demobilisierungen der paramilitärischen Einheiten, die ab 2003 stattfanden, war der ehemalige Friedenskommissar (*Alto Comisionado para la Paz*) zuständig, der der Regierung unterstellt war. Zu seinen Aufgaben zählten u. a., die Rahmenbedingungen der Demobilisierungen mit den illegalen bewaffneten Gruppen abzusprechen und das Datum der jeweiligen Verhandlungen und Demobilisierungen zu bestätigen.[703] Für individuelle Demobilisierungen, im Grunde Desertionen, sind bestimmte sozioökonomische und juristische Anreize vorgesehen. Die Deserteure müssen dafür vor einer staatlichen Behörde, bspw. der Staatsanwaltschaft, der Armee oder der Polizei, erscheinen. Diese informiert das Verteidigungsministerium, um eine erste materielle Unterstützung für die Demobilisierten und ihre Familienangehörigen zu gewährleisten.[704]

Mitglieder der illegalen bewaffneten Gruppen, die bereits eine Freiheitsstrafe verbüßten, konnten sich kollektiv oder individuell demobilisieren. In diesem Fall oblag dem Präsident bzw. dem Friedenskommissar in seinem Auftrag eine Aussetzung der Freiheitsstrafe[705] oder eine Aufhebung des Haftbefehls[706] bei der entsprechenden staatlichen Instanz zu beantragen.

2.2.2.2 *Bestätigung der Demobilisierungen*

Nach den kollektiven Demobilisierungen stellten die paramilitärischen Kommandanten Listen ihrer Untergebenen auf, die als Beweis der Zugehörigkeit der Demobilisierten zu den illegalen bewaffneten Gruppen gelten. Diese Listen wurden dem Friedenskommisar übergeben und bildeten die Voraussetzung für die Teilnahme am

702 Art. 9 Abs. 1 Gesetz 975 von 2005.

703 Art. 1 Abs. 1 und Art. 6 Dekret 3391 von 2006.

704 Dekret 128 von 2003.

705 Art. 2 Dekret 880 von 2008.

706 Art. 1 Dekret 614 von 2009. Sowohl dieses Dekret als auch das Dekret 880 wurden zur Reglementierung von Art. 61 Gesetz 975 erlassen. Art. 61: „Der Präsident der Republik ist im Rahmen dieses Gesetzes berechtigt, die zuständige Behörde um eine Strafaussetzung zur Bewährung und um die alternative Strafe zugunsten der Mitglieder der bewaffneten Gruppen, mit denen humanitäre Absprachen getroffen wurden, zu bitten." Übers. F. D.

Reintegrationsprozess.[707] Ab dem Zeitpunkt der Bestätigung durch den Friedenskommisar erlangten die Mitglieder der illegalen bewaffneten Gruppen offiziell den Status von Demobilisierten.[708]

Für die Verifizierung der individuellen Demobilisierungen ist das *Comité Operativo para la dejación de Armas* (Operatives Komitee für den Waffenstillstand, CODA), verantwortlich.[709]

Bei denjenigen Paramilitärs, die bereits eine Freiheitstrafe verbüßten, wurden die gegen sie erlassenen Urteile als Belege für die Zugehörigkeit zu den illegalen bewaffneten Gruppen gewertet.[710]

2.2.2.3 Postulación

Die sogenannten *listas de elegibles* (etwa: Kandidatenlisten) als Voraussetzung für das Gerechtigkeits- und Friedensverfahren wurden von der Regierung erstellt und der Generalstaatsanwaltschaft übergeben. Sie konnten identisch mit den von den Kommandanten der Paramilitärs erstellten Listen sein.[711] Darüber hinaus konnten sie Namen von Paramilitärs enthalten, die zu diesem Zeitpunkt eine Freiheitsstrafe verbüßten und nicht von den entsprechenden paramilitärischen Führern als Mitglieder ihrer Einheiten bestätigt worden waren.[712] Der Akt der Übergabe der Listen der Regierung an die Staatsanwaltschaft wird als *postulación* (etwa: Nominierung) bezeichnet. Die von der Regierung nominierten Paramilitärs werden im Laufe des GuF-Verfahrens dementsprechend nicht als Angeklagte, sondern als *postulados* bzw. *elegibles* (etwa: Kandidaten für potentielle Vergünstigungen) tituliert.

2.2.3 Die gerichtliche Phase des Verfahrens

2.2.3.1 Ciclo preprocesal

a) Vorermittlungen

Sobald die Generalstaatsanwaltschaft die *listas de elegibles* entgegennimmt, beginnt das GuF-Verfahren.[713] Die für die Ermittlungen im Rahmen des Prozesses zuständige Abteilung für Gerechtigkeit und Frieden fängt mit Vorermittlungen an, um erste

707 Art. 1 Dekret 3360 von 2003.

708 Vgl. Ambos, *Procedimiento de la ley de Justicia y Paz*, S. 60.

709 Dekret 128 von 2003 sowie Art. 1 Abs. 1 und Art. 6 Dekret 3391 von 2006.

710 Paragraf Art. 10 Gesetz 975 von 2005.

711 Art. 3 Dekret 4760 von 2005. Das Ermessen des Friedenskommisars bei der Erstellung der Kandidatenlisten ist jedoch nicht unbeschränkt. Der Friedenskommisar ist z.B. nicht berechtigt, die Eintragung eines Paramilitärs auf die Listen abzulehnen, soweit er nicht beweisen kann, dass der Paramilitär die *requisitos de elegibilidad* (Voraussetzungen zur Gewährung der Begünstigungen des Gesetzes) nicht erfüllt hat. Vgl. Huber, *La ley de Justicia y Paz*, S. 199–202.

712 Art. 1 Paragraf 2 Dekret 4719 von 2008.

713 Art. 16 Gesetz 975 von 2005.

Hinweise und Beweismittel zur Bestimmung der strafrechtlichen Verantwortlichkeit und der notwendigen Entschädigung der Opfer zu gewinnen.[714] Diese Vorermittlungen sollen in einem angemessen Zeitraum durchgeführt werden, der gesetzlich nicht weiter bestimmt ist.[715] Nach der Rechtsprechung des Verfassungsgerichtes richtet sich die Angemessenheit der Dauer u. a. nach der Komplexität des Einzelfalls und dem Umfang der Mitwirkung von Beschuldigten und Opfern.[716] Die Ermittlungen von Einzelfällen wurden durch die Verfassungsreform und die darauf folgende Reform des GuFG entscheidend modifiziert.[717] Von diesem Zeitpunkt sollten sich sowohl die Vorermittlungen als auch die übrigen Phasen des Verfahrens an sog. Priorisierungs- und Selektionskriterien orientieren. Diesen zufolge sollten sich die Ermittlungen lediglich auf Völkerrechtsverbrechen (*crímenes internacionales*) und die sog. Hauptverantwortlichen konzentrieren.[718]

b) Versiones libres

A) Grundlagen

Sobald die Vorermittlungen abgeschlossen sind und die auf den *listas de elegibes* stehenden Paramilitärs ihre Zustimmung zur Teilnahme an dem Verfahren erklärt haben,[719] beginnen die sogenannten *versiones libres* (freie Versionen). In diesem Abschnitt des Prozesses informiert der *postulado* mit seiner Verteidigung über die zeitlichen und örtlichen Umstände der von ihm anlässlich der Mitgliedschaft in der illegalen bewaffneten Gruppe begangenen Taten und die ihm für die Wiedergutmachung der Opfer zur Verfügung stehenden Güter.[720]

Diese Anhörung ist der Verfahrensabschnitt mit der größten Bedeutung für die Aufdeckung der paramilitärischen Verbrechen.[721] Jedoch hängt der Ablauf der *versiones libres* wesentlich von der Bereitschaft der Paramilitärs zur Zusammenarbeit mit den Justizorganen ab.

---

714 Art. 4 Dekret 4760 von 2005 sowie CSJ, Urteil vom 27.08.2007, Nr. 27873; CSJ, Urteil vom 28.07.2008, Nr. 29992; CSJ, Urteil vom 18.02.2009, Nr. 30775.

715 Paragraf Dekret 2898 von 2006 sowie Art. 1 Dekret 4417 von 2006.

716 Vgl. CC, Urteil C-272 von 1999; CC, Urteil SU-961 von 1999; CC, Urteil C-774 von 2001; CC, Urteil C-1154 von 2005; CC, Urteil T-771 von 2006, zitiert nach Ambos, *Procedimiento de la ley de Justicia y Paz*, S. 77.

717 Sog. *Acto Legislativo* Nr. 1 vom 31.07.2012; Gesetz 1592 von 2012.

718 Vgl. CC, Urteil C-579 von 2013, S. 60.

719 Art. 1 Dekret 4417 von 2006; nach der Reform des Gesetzes 975 von 2005 müssen die Vorermittlungen unter Berücksichtigung von Priorisierungskriterien stattfinden. Siehe Art. 16 A Gesetz 975 von 2005, eingefügt durch Art. 13 Gesetzes 1592 von 2012.

720 Art. 17 Gesetz 975 von 2005, Art. 4 Dekret 4760 von 2005 sowie Art. 1 Dekret 2898 von 2006, modifiziert durch das Dekret 4417 von 2006.

721 Vgl. Ambos, *Procedimiento de la ley de Justicia y Paz*, S. 78.

B) Ablauf und Teilnahme der Opfer

Die *versiones libres* können sich vor allem aufgrund der Komplexität der zu untersuchenden Sachverhalte, aber auch wegen der Beteiligung von zum Teil mehreren Opfern und Paramilitärs[722] über einige Sitzungen erstrecken.[723] Zu Beginn der ersten Anhörung wird der *postulado* darüber informiert, dass er sich entweder durch einen Verteidiger seiner Wahl oder durch einen durch den Ombudsmann bestellten verteidigen lassen kann. Darüber hinaus weist der zuständige Staatsanwalt den Paramilitär darauf hin, dass die *versión libre* die einmalige Gelegenheit ist, ein vollständiges und wahrhaftiges Geständnis über seine Zugehörigkeit zu den paramilitärischen Einheiten und seine in diesem Zusammenhang begangenen Taten abzulegen. Daran anschließend wird der Paramilitär u.a. zu seinen Aufgaben im Rahmen der Mitgliedschaft in den paramilitärischen Organisationen befragt. Schließlich lokalisiert der Staatsanwalt mit Unterstützung anderer staatlicher Institutionen die Opfer, um sie zu einer weiteren Sitzung vorzuladen.[724]

In den Anhörungen ist der Paramilitär verpflichtet, zu jeder Tat über Datum, Tatort, Beweggründe, Mittäter, Opfer und andere Umstände Auskunft zu geben. Wenn die Tatsachendarstellung und die Vernehmung zu Ende gehen, können die Opfer durch ihre Vertreter über den Staatsanwalt nach Ergänzungen oder Erklärungen fragen und ihrerseits Beweise vorlegen.[725] Es ist ihnen jedoch nicht gestattet, im Laufe der *versiones libres* dem *postulado* direkt Fragen zu stellen. Dem Obersten Gerichtshof zufolge sind die *versiones libres* mit der Vernehmung innerhalb eines ordentlichen Ermittlungsverfahrens vergleichbar, für die nicht die Opfer, sondern ein staatliches Organ zuständig sei. Die Möglichkeit einer Befragung durch die Opfer wäre daher lediglich im Rahmen der Hauptverhandlung, nicht während der Ermittlungen gegeben. Im Gegenteil, so die Auffassung des Gerichts, würde dadurch der „natürliche" Ablauf des Verfahrens beeinträchtigt.[726] Auffallend ist allerdings, dass der Oberste Gerichtshof in anderen Entscheidungen darauf hinwies, dass das Gerechtigkeits- und Friedensverfahren ein Verfahren *sui generis* sei, das sich nicht ohne Weiteres mit einem ordentlichen Strafverfahren vergleichen lasse.[727]

---

722 Die *versiones libres* können seit der Reform des Gesetzes individuell oder gemeinsam mit anderen Paramilitärs durchgeführt werden. Paragraf Art. 17 Gesetz 975 von 2005, modifiziert durch Art. 14 Gesetz 1592 von 2012.

723 Art. 5 Dekret 4760 von 2005 und Art. 4, Fiscalía General de la Nación, *Resolución Interna*, Nr. 0-3998 von 2006, Bogotá.

724 Vgl. ebd., Art. 4 Buchstabe a.

725 Vgl. ebd., Buchstabe b.

726 Vgl. CSJ, Urteil vom 02.10.2007, Nr. 27484, S. 28–33.

727 Vgl. u.a. CSJ, Urteil vom 07.12.2005, Nr. 24549; CSJ, Urteil vom 19.10.2006, Nr. 26154; CSJ, Urteil vom 25.09.2007, Nr. 28250.

Die Opfer, die während der *versiones libres* den Ort der Anhörung nicht betreten können und in einem separaten Raum eine Liveübertragung verfolgen,[728] dürfen dem Staatsanwalt die für sie wesentlichen Fragen an den Paramilitär lediglich vorschlagen.[729] Allerdings können die Opfer dem Staatsanwalt relevante Informationen und andere Beweismittel zur Aufklärung der Taten übermitteln.[730]

Grundsätzlich ist die Teilnahme der Opfer berechtigt, wenn sie den ihnen erlittenen Schaden in einer zusammengefassten Form beweisen.[731] Unbeschadet der Tatsache, dass die Beweismittel nützlich für eine Beschleunigung des Verfahrens sein können, wurde die Beweispflicht der Opfer aufgrund mehrerer Entscheidungen des Verfassungsgerichts stark reduziert. Der Opferstatus hängt somit nicht primär von objektiven Kriterien oder Beweisen, sondern dem subjektiv empfundenen Schmerz des Opfers ab.[732] Nach Auffassung des Gerichts hat das Recht der Opfer auf Gerechtigkeit, im Sinne eines Zugangs zum Gericht, Verfassungsrang. Die effektive Teilnahme am Verfahren drücke sich beispielsweise dadurch aus, dass die Opfer über den Ablauf des Verfahrens informiert würden, dass sie zu allen relevanten Informationen des Ermittlungsverfahrens Zugang hätten und dass sie weitere Beweise beibringen könnten.[733]

Der Staatsanwalt ist dazu verpflichtet, im Rahmen des sogenannten *Programa metodológico de la investigación* (etwa: Ermittlungsplan) unter Berücksichtigung der sog. Priorisierungs- und Selektionskriterien Ermittlungen zur Überprüfung der Wahrhaftigkeit der Aussagen des *postulado* durchzuführen.[734]

c) Audiencia de formulación de la imputación

A) Grundlagen

Wenn aus den Beweismitteln oder den Aussagen des Paramilitärs in der *versión libre* die Schlussfolgerung gezogen wird, dass der demobilisierte Paramilitär an einer oder mehrerer Straftaten beteiligt war, beantragt der Staatsanwalt gemäß Art. 18 des GuFG beim zuständigen Richter[735] die Eröffnung der *audiencia de formulación de la imputación* (Anhörung zur Zurechnung des Sachverhaltes).

---

728 Art. 4 und Art. 5, Fiscalía General de la Nación, *Resolución Interna*, Nr. 0–0387 von 2007, Bogotá sowie Art. 6, Fiscalía General de la Nación, *Resolución Interna*, Nr. 0–2296 von 2007, Bogotá.

729 Art. 2 d) Dekret 315 von 2007.

730 Vgl. ebd., b).

731 Vgl. ebd., Art. 5, Art. 3–4 Dekret 315 von 2007 sowie Art. 2–3, Fiscalía General de la Nación, *Resolución Interna*, Nr. 0–4773 von 2007, Bogotá.

732 Vgl. CC, Urteil T-188 von 2007. Die Entscheidung bezieht sich allerdings nicht explizit auf den Opferstatus im Rahmen des Gerechtigkeits- und Friedensgesetzes, sondern des Gesetzes 782 von 2002. Zitiert nach Huber, *La ley de Justicia y Paz*, S. 222.

733 Vgl. CC, Urteil C-370 von 2006, S. 287.

734 Vgl. Art. 17 Gesetz 975 von 2005.

735 Der zuständige Richter ist in diesem Fall der sogenannte *Magistrado con función de control de Garantías*, der in dieser Anhörung nicht nur auf Antrag, sondern von Amts wegen eine Beweisaufnahme beantragen kann.

Ziel dieser Anhörung ist es, dem Paramilitär die strafrechtlich relevanten Taten mitzuteilen, wegen derer gegen ihn ermittelt wird,[736] und ihm zu erklären, dass er dafür möglicherweise eine strafrechtliche Verantwortung übernehmen muss. Insofern wird der Zurechnung eine kommunikative Funktion beigemessen.[737] Sie impliziert darüber hinaus eine Unterbrechung der Strafverfolgungsverjährung.[738]

Der zuständige Richter, der sogenannte *Magistrado con función de control de Garantías*, ist für die nach der Anhörung stattfindende Überprüfung der formellen und materiellen Rechtmäßigkeit der Zurechnung zuständig. In Bezug auf die formelle Rechtmäßigkeit ist er u.a. dazu verpflichtet, die *postulación* des Paramilitärs, seine Mitgliedschaft in einer illegalen bewaffneten Gruppe und seine Bereitschaft, einen Beitrag zum nationalen Frieden zu leisten, zu bestätigen. Ferner muss er prüfen, ob die zurechenbaren Taten in den Geltungsbereich des Gesetzes fallen.[739] Bezüglich der materiellen Rechtmäßigkeit ist der Richter verpflichtet, die Begründungen der Zurechnung durch die Staatsanwaltschaft nachzuprüfen.

Exkurs: Der Straftatbestand des „concierto para delinquir"

Der Ausgangspunkt der Zurechnung im Rahmen des Gerechtigkeits- und Friedensverfahrens bildet laut der Rechtsprechung des Obersten Gerichtshofs der Straftatbestand *concierto para delinquir agravado*. Dies wird durch den persönlichen Geltungsbereich des Gerechtigkeits- und Friedensgesetzes begründet, der die Mitglieder illegaler bewaffneter Gruppen, die sich individuell oder kollektiv demobilisiert haben und einen entscheidenden Beitrag zur nationalen Versöhnung leisten,[740] umfasst.[741]

Art. 340 Abs. 1 des kolumbianischen Strafgesetzbuchs beschreibt den Straftatbestand *concierto para delinquir simple* folgendermaßen: „Wenn mehrere Personen beschließen, Straftaten zu begehen, wird jeder von ihnen allein aufgrund dieser Handlung mit einer Freiheitsstrafe von drei (3) bis zu sechs (6) Jahren bestraft."[742]

Abs. 2 normiert den Straftatbestand *concierto para delinquir agravado* wie folgt: „Wenn die Absprache darauf gerichtet ist, Völkermord, zwangsweises Verschwindenlassen, Folter, Vertreibung, Mord, Terrorismus, Drogenhandel, Entführung, Erpressung, unrechtmäßige Bereicherung, Geldwäsche [...] zu begehen, beträgt die Freiheitsstrafe acht (8) bis zu achtzehn (18) Jahre. [...] Die Freiheitsstrafe wird für

---

736 Nach der Reform des Gesetzes bezieht sich dies lediglich auf Taten innerhalb sog. *patrones de macrocriminalidad* (Makrokriminalitätsmuster).

737 Vgl. CSJ, Urteil vom 08.06.2007, Nr. 27484, S. 24.

738 Art. 18 Gesetz 975 von 2005.

739 Vgl. CSJ, Urteil vom 12.05.2009, Nr. 31150, S. 28.

740 Art. 2 Gesetz 975 von 2005.

741 Vgl. CSJ, Urteil vom 31.07.2009, Nr. 31539, zitiert nach Centro Internacional para la Justicia Transicional, *El proceso penal de justicia y paz. Compilación de autos de la Sala de Casación penal de la Corte Suprema de Justicia*, Bogotá 2009, S. 266 f.

742 Art. 340 inc. 1 Strafgesetzbuch, Gesetz 599 von 2000

diejenigen, die die Vereinigung gründen, fördern, leiten oder finanzieren, um die Hälfte erhöht."[743]

Nach Auffassung des Obersten Gerichtshofes stellt ein von den Paramilitärs begangenes *concierto para delinquir agravado* ein völkerrechtliches Verbrechen dar, weil die Absprache mit dem Ziel getroffen worden sei, Völkerrechtsverbrechen zu begehen.[744] Die Argumentation des Gerichts stützte sich vor allem auf dessen Interpretation einiger Menschenrechtsabkommen und des Römischen Statuts des Internationalen Strafgerichtshofs, die durch den kolumbianischen Staat ratifiziert wurden.[745]

Das *concierto para delinquir agravado* als eine Art Völkerrechtsverbrechen lasse sich bspw. aus Art. III Buchstabe b der Völkermordkonvention ableiten, der die Verschwörung zum Völkermord ausdrücklich unter Strafe stellt. Zu dem gleichen Schluss kam das Gericht nach seiner Auslegung der UN-Antifolterkonvention. Gemäß Art. 4 (1) trage jeder Vertragsstaat dafür Sorge, dass nach seinem Strafrecht nicht nur alle konkreten Folterhandlungen, sondern auch die versuchte Folterung und Handlungen, die eine Mittäterschaft oder Teilnahme an einer Folterung darstellten, als Straftaten gelten.[746]

Ebenfalls sind nach seiner Interpretation des IStGH-Statuts nicht nur die Handlungen der Täter oder Mittäter von Völkerrechtsverbrechen, sondern auch die Vorbereitungshandlungen, denen das *concierto para delinquir agravado* zugeordnet werden könne, zu bestrafen. Diese Vorbereitungshandlungen beinhalten dem Gericht zufolge die zwei Bestandteile des *concierto para delinquir agravado*: die Absprache zur Begehung von Völkerrechtsverbrechen und die Zugehörigkeit zur illegalen bewaffneten Gruppe.[747]

Für einige Autoren trifft diese Interpretation jedoch nicht zu, da die Verschwörung oder *conspiracy*, die dem *concierto para delinquir agravado* entspreche, in dem IStGH-Statut nicht vorgesehen sei.[748] Darüber hinaus müsse das *concierto para delinquir agravado* von der Rechtsfigur der „gemeinschaftlichen kriminellen Unternehmung" *(Joint Criminal Enterprise)*, die von den UN-Tribunalen für das ehemalige Jugoslawien und Ruanda angewendet wurde, sowie von der Beihilfe und anderen Formen der Täterschaft und Mittäterschaft unterschieden werden.[749]

---

743 Vgl. ebd., inc. 2–3.

744 Vgl. CSJ, Urteil vom 10.04.2008, Nr. 29472, S. 18.

745 Der kolumbianische Staat ratifizierte das Römische Statut im August 2002 und es trat im November 2002 in Kraft. Siehe Gesetz 742 von 2002. Aufgrund einer von der kolumbianischen Regierung gewählten Opt-Out-Klausel des Art. 124 des Statuts war der Internationale Strafgerichtshof für Kriegsverbrechen allerdings erst ab November 2009 zuständig. Dazu Ambos, *El Marco Jurídico de la Justicia de Transición*, S. 186 f.

746 Vgl. ebd., S. 20.

747 Vgl. ebd., S. 18, 21–22.

748 Stattdessen sieht Art. 25 Abs. 3 d) IStGH-Statut eine Form der kollektiven Beteiligung an der Tat vor. Siehe Ambos, *Procedimiento de la ley de Justicia y Paz*, S. 132.

749 Vgl. ebd., S. 133.

B) Imputaciones parciales

Aufgrund der Komplexität und der großen Anzahl der zu untersuchenden Fälle entschied der Oberste Gerichtshof, dass die Staatsanwaltschaft unvollständige Zurechnungen formulieren kann, wenn der Paramilitär nicht alle von ihm begangene Taten in einer ersten *versión libre* darstellt. In diesem Fall kann der Staatsanwalt die zunächst dargelegten Taten untersuchen und zurechnen, während die Aussagen des Paramilitärs in einer zweiten oder dritten Sitzung ergänzt werden. Nach der Auffassung des Obersten Gerichtshofes stellen diese sogenannten *imputaciones parciales* (partielle Zurechnungen) keinen Verstoß gegen die Rechte auf Wahrheitsfindung und Gerechtigkeit der Opfer dar, weil sie das Verfahren und damit zusammenhängende Entschädigungen beschleunigen würden.[750] Allerdings erklärte das Gericht in späteren Entscheidungen, dass die *imputaciones parciales* nur ausnahmsweise durchgeführt werden sollten, um einen Missbrauch dieses Mechanismus zu verhindern.[751] Darüber hinaus bedeute die Annahme der partiellen Zurechnungen durch den Paramilitär keine Befreiung von seiner Pflicht zur Abgabe eines vollständigen Geständnisses.[752]

Die partiellen Zurechnungen sind dennoch auf umfangreiche Kritik gestoßen. So überzeugt das Argument des Obersten Gerichtshofes, dass die *imputaciones parciales* das Verfahren beschleunigten, nationale und internationale Beobachter des Prozesses nicht: Irgendwann müssten die partiellen Zurechnungen in einer Gesamtzurechnung zusammengefasst werden und könnten das Verfahren somit in einer späteren Phase behindern.[753] Nach der Auffassung der Juristenorganisation *Comisión Colombiana de Juristas* wird durch die partiellen Zurechnungen zudem eine Fokussierung auf die isolierten Taten einzelner begünstigt und dadurch der systematische Charakter der paramilitärischen Verbrechen vernachlässigt.[754]

d) Abschluss der Ermittlungen

Nach der *audiencia de formulación de la imputación* werden die Ermittlungen bezüglich der von dem *postulado* gestandenen Taten sowie weiteren, die ihm zu Last gelegt wurden, fortgesetzt. Innerhalb von maximal 60 Tagen müssen alle Ermittlungen abgeschlossen sein.[755] Daran anschließend bittet der Staatsanwalt den zuständigen

---

750 Vgl. CSJ, Urteil vom 23.07.2008, Nr. 30120, S. 32–33; ebenso CSJ, Urteil vom 09.02.2009, Nr. 30955.

751 Vgl. CSJ, Urteil vom 31.07.2009, Nr. 31539, S. 9.

752 Vgl. CSJ, Urteil vom 22.05.2009, Nr. 31582, S. 16 in Anlehnung an CC, Urteil C-370 von 2006.

753 Vgl. Comisión Colombiana de Juristas, *Colombia: La metáfora del desmantelamiento de los grupos paramilitares*, S. 214 f.; ebenso Ambos, *Procedimiento de la ley de Justicia y Paz*, S. 96.

754 Vgl. Comisión Colombiana de Juristas, *Colombia: La metáfora del desmantelamiento de los grupos paramilitares*, S. 216.

755 Das Verfassungsgericht akzeptierte diese Frist als einen angemessenen Zeitraum für Ermittlungen im Rahmen des Verfahrens und erklärte, sie stelle keinen Ver-

Richter, die sogenannte *audiencia de formulación y aceptación de cargos* (Anhörung zur Erhebung und Annahme der Anklage) zu eröffnen.[756]

2.2.3.2 Ciclo procesal

a) Audiencia de formulación y aceptación de cargos

In der durch die Reform des Gesetzes zwei zuvor separate Anhörungen zusammenfassenden *audiencia de formulación y aceptación de cargos* kann der *postulado* die ihm zugerechneten Taten gestehen.[757]

Die Anklageschrift besteht zumindest aus den folgenden Punkten: der Identifizierung und Darstellung der illegalen bewaffneten Gruppe, der persönlichen Daten des Demobilisierten, einer Beschreibung der ihm vorgeworfenen und während sowie anlässlich zur Zugehörigkeit zur illegalen bewaffneten Gruppe begangenen Taten inklusive ihres systematischen Charakters, einer Aufzählung der durch die Gruppe angerichteten Schäden inklusive einer Identifizierung der Opfer sowie einer Darstellung der zur Wiedergutmachung der Opfer abgegebenen Güter.[758] Darüber hinaus beinhaltet sie die Bestätigung der Anklagepunkte durch den Paramilitär sowie deren materielle und formelle Überprüfung. Nach der Auffassung des Obersten Gerichtshofes erweist sich die Anklageschrift als der wichtigste Bestandteil des Gerechtigkeits- und Friedensverfahrens.[759]

Sobald die Anklageschrift bei dem zuständigen Richter eingereicht wird, erfüllt dieser grundsätzlich drei Funktionen: die Überprüfung ihres Inhalts, die Befragung des demobilisierten Paramilitärs zu den von ihm bestätigten Anklagepunkten und die Entscheidung über die Zuweisung des Falls an die ordentliche Justiz. Diese ist laut Art. 19 und Art. 21 des Gesetzes zuständig, sofern der Paramilitär die ihm zur Last gelegten Verbrechen nicht oder nur teilweise bestätigt oder wenn er die von ihm in der *versión libre* dargestellten Taten zurücknimmt.[760]

b) Incidente de reparación integral

Wird von dem Opfer bzw. den Opfern oder dem Staatsanwalt ein sogenannter *incidente de reparación integral* (Antrag auf Wiedergutmachung) gestellt, ordnen die Richter der *sala de conocimiento* unmittelbar seine Bearbeitung an. Dazu wird eine

---

stoß gegen die Rechte der Opfer auf Gerechtigkeit und Wahrheitsfindung dar. Vgl. CC, Urteil C-370 von 2006. Nichtsdestoweniger ist eine außerordentliche Fristverlängerung bis zu der doppelten Zeit nach Art. 6 Abs. 2 Dekret 4760 von 2005 bzw. Art. 158 Strafprozessordnung, Gesetz 906 von 2004, zugelassen.

756 Art. 18 Abs. 3 Gesetz 975 von 2005.

757 Art. 19 Abs. 1 und 2 Gesetz 975 von 2005, modifiziert durch Art. 21 Gesetz 1592 von 2012.

758 Vgl. CSJ, Urteil vom 28.05.2008, Nr. 29560.

759 Vgl. CSJ, Urteil vom 08.06.2007, Nr. 27484, S. 21 sowie CSJ, Urteil vom 28.05.2008, Nr. 29560, S. 17.

760 Vgl. CSJ, Urteil vom 21.09.2009, Nr. 32022, S. 112.

Anhörung einberufen, in der die angestrebte Form der Wiedergutmachung geklärt wird und die dem Antrag zugrunde liegenden Beweise eingebracht werden.[761]

Der Antrag wird zurückgewiesen, wenn der Antragsteller kein Opfer ist oder wenn die geforderten Schadenersatzzahlungen bereits geleistet wurden. Gegen diese Entscheidung kann Berufung eingelegt werden.[762]

Wird der Antrag zugelassen, findet eine *conciliación* (Schlichtung) zwischen den Verfahrensteilnehmern statt. Einigen sich die beteiligten Paramilitärs und die Opfer, wird diese Vereinbarung der Entscheidung über die Wiedergutmachung beigefügt. Andernfalls werden die für die Sache relevanten Beweismittel eingebracht, bevor die endgültige Entscheidung über die Wiedergutmachung getroffen wird. Das Ergebnis der Schlichtung wird in das Urteil integriert.[763]

Stellt das Opfer keinen Antrag auf eine Wiedergutmachung, darf dem Paramilitär die Gewährung der alternativen Strafe aus diesem Grund nicht verwehrt werden.[764] Zur Feststellung des Schadensumfangs werden von den Richtern u. a. die begangene Straftat und ihre Umstände, die besondere Gefährdungssituation des Opfers, das Ausmaß der Zerstörung seines Lebensplans und sein finanzieller Verlust berücksichtigt.[765] Hierbei muss der den Opfern erlittene Schaden lediglich in einer zusammengefassten Form bewiesen werden.[766]

c) Verfahrensabschluss

A) Das Urteil im Rahmen des GuF-Verfahrens

Die sogenannte *audiencia de sentencia e individualización de la pena* (Anhörung zur Festsetzung der Strafe und Urteilsverkündung) bildet im Normalfall den Abschluss des Verfahrens. Darin werden u. a. die Begründung der strafrechtlichen Verantwortungszurechnung, die Haupt- und Nebenstrafen, die Gewährung der alternativen Strafe oder die Gründe, sie zu verweigern, sowie das Ergebnis der Schlichtung des Antrags auf Wiedergutmachung dargelegt.[767]

Nach Auffassung des Verfassungsgerichtes bezieht sich ein Urteil im Rahmen des Gerechtigkeits- und Friedensgesetzes sowohl auf die *pena ordinaria* (ordentliche Strafe) als auch auf die *pena alternativa*. Allerdings wird die Vollstreckung der ordentlichen Strafe ausgesetzt, während die alternative Strafe nach Erfüllung der in dem Gesetz und anderen Verordnungen festgesetzten Auflagen vollstreckt wird.[768]

761 Art. 23 Abs. 1–2 Gesetz 975 von 2005.
762 Vgl. ebd., Abs. 3.
763 Vgl. ebd., Abs. 4.
764 Vgl. ebd., Paragraf 2.
765 Vgl. Comisión Nacional de Reparación y Reconciliación, *Recomendación de criterios de reparación y de proporcionalidad restaurativa*, zitiert nach Huber, *La ley de Justicia y Paz*, S. 280.
766 Vgl. CC, Urteil T-188 von 2007, zitiert nach ebd., S. 281.
767 Art. 24 Gesetz 975 von 2005.
768 Vgl. CC, Urteil C-370 von 2006, S. 248, über die Verfassungsmäßigkeit des Gesetzes 975.

Der Gewährung der alternativen Strafe geht die richterliche Überprüfung der Erfüllung aller gesetzlichen Voraussetzungen voraus.[769] Diese wurden von der Rechtsprechung[770] des Obersten Gerichtshofes folgendermaßen zusammengefasst:

a) Die Zugehörigkeit zu einer illegalen bewaffneten Gruppe (*grupos armados organizados al margen de la ley*; Art. 1–2 Gesetz 975 von 2005).
b) Die Täterschaft oder Mittäterschaft von Straftaten, die während und anlässlich der Zugehörigkeit zu diesen Gruppen begangen wurden und die von den Vorteilen des Gesetzes 782 von 2002 ausgeschlossen sind (Art. 2 Gesetz 975 von 2005).
c) Die vor der Regierung vorgelegte schriftliche Willenserklärung des Paramilitärs über seine Bereitschaft zur Teilnahme an dem Gerechtigkeits- und Friedensverfahren mit der eidesstattlichen Erklärung, dass er die Voraussetzungen der Art. 10 und 11 des Gesetzes erfüllen wird (Art. 3 Dekret 4760 von 2005).
d) Je nachdem, ob es sich um eine kollektive oder individuelle Demobilisierung handelt, wird die Auflösung der bewaffneten Gruppe (Art. 2 und 10.1 Gesetz 975 von 2005) oder die individuelle Demobilisierung und die Niederlegung der Waffen gefordert (Art. 2 und 11.3 Gesetz 975 von 2005).
e) Die Abgabe der illegal erworbenen Güter (Art. 10.2 und 11.5 Gesetz 975 von 2005).
f) Die Unterlassung weiterer Verbrechen, u. a. gegen die politischen Rechte der Bevölkerung (Art. 10.4 und 11.4 Gesetz 975 von 2005).
g) Dass die Gruppe sich nicht zum Drogenhandel oder zur ungerechten Bereicherung organisiert hatte (Art. 10.5 und 11.6 Gesetz 975 von 2005).
h) Wenn es sich um eine kollektive Demobilisierung handelt, wird die Entlassung aller rekrutierten Kinder gefordert (Art. 10.3 Gesetz 975 von 2005).
i) Wenn es sich um eine kollektive Demobilisierung handelt, wird die Freilassung aller entführten Personen gefordert (Art. 10.6 Gesetz 975 von 2005).
j) Wenn es sich um eine individuelle Demobilisierung handelt, muss eine Vereinbarung mit der Regierung getroffen werden (Art. 11.2 Gesetz 975 von 2005).
k) Wenn es sich um eine individuelle Demobilisierung handelt, wird die Abgabe wichtiger Informationen und die Kooperation zur Auflösung der entsprechenden bewaffneten Gruppe gefordert (Art. 11.1 des Gesetzes 975 von 2005).
l) Die *postulación* (Art. 3 Dekret 4760 von 2005).
m) Ein vollständiges und wahrhaftiges Geständnis des Paramilitärs, das in der *versión libre* abgelegt werden muss und sich auf die aufgrund seiner Zugehörigkeit zu der illegalen bewaffneten Gruppe begangenen Taten beziehen muss (Art. 5 Dekret 4760 von 2005; Art. 2 Dekret 3391 von 2006).
n) Die Bestätigung der Willenserklärung des Paramilitärs über seine Bereitschaft zur Teilnahme an dem Gerechtigkeits- und Friedensverfahren, die dem zuständigen Staatsanwalt vorgelegt wird (Art. 1 Dekret 2898 von 2006).

769 Art. 24 Abs. 2 Gesetz 975 von 2005.
770 CSJ, Urteil vom 24.02.2009, Nr. 30999, S. 52–56.

o) Der entscheidende Beitrag des Paramilitärs zur nationalen Versöhnung und zum nationalen Frieden (Art. 2 Gesetz 975 von 2005; Art. 3 und 8 Dekret 4760 von 2005; Art. 2 Dekret 3391 von 2006).
p) Die Kooperation des Paramilitärs mit den Justizbehörden zur Aufklärung der Taten (Art. 29 Gesetz 975 von 2005) und zu einer effektiven Gewährleistung der Rechte auf Wahrheit, Gerechtigkeit und Wiedergutmachung (Art. 3 und 8 Dekret 4760 von 2005; Art. 2 Dekret 3391 von 2006).
q) Die Versicherung des Paramilitärs, keine weitere Taten zu begehen (Art. 3 Paragraf 4 Dekret 4760 von 2005; Art. 2 Dekret 3391 von 2006).
r) Die Entschädigung der Opfer (Art. 42 und 44 Gesetz 975 von 2005; Art. 3 und 8 Dekret 4760 von 2005 sowie Art. 2 Dekret 3391 von 2006).
s) Die Versicherung des Paramilitärs, sich um seine Resozialisierung durch eine Beschäftigung, ein Studium oder eine Lehre zu bemühen (Art. 29 Gesetz 975 von 2005; Art. 3 und 8 Dekret 4760 von 2005).
t) Der Beitrag des demobilisierten Paramilitärs zur Demobilisierung der bewaffneten Gruppe, zu der er gehörte (Art. 29 Gesetz 975 von 2005).

Die Überprüfung der Auflagen obliegt dem entsprechenden Tribunal für Gerechtigkeit und Frieden. Das Tribunal bestimmt zudem die Verpflichtungen des Paramilitärs bezüglich der Abgabe seiner Güter zur Entschädigung der Opfer.[771]

Nach Verbüßung der alternativen Freiheitstrafe und der Erfüllung aller Auflagen wird vom Tribunal eine Bewährungsfrist gewährt, deren Dauer die Hälfte der verhängten alternativen Strafe nicht überschreiten darf. Der demobilisierte Paramilitär ist im Laufe der Bewährung dazu verpflichtet, keine weiteren Straftaten zu begehen sowie über eine Wohnsitzänderung zu informieren. Nach Ablauf dieser Zeit und der Erfüllung der Verpflichtungen gilt die *pena ordinaria* als verbüßt. Andernfalls bzw. wenn die Person in dieser Zeit eine Straftat begeht oder ihren Pflichten nicht nachkommt, muss das Tribunal die Strafaussetzung widerrufen und die Vollstreckung der ordentlichen Strafe unter Berücksichtigung möglicher Milderungsgründe anordnen.[772]

Ursprünglich war im GuFG vorgesehen, dass die maximale Strafdauer der alternativen Strafe in keinem Fall überschritten werden dürfe.[773] Dies wurde von dem Verfassungsgericht für verfassungswidrig erklärt. Das Gericht ließ im Fall einer Strafhäufung von zuvor verhängten ordentlichen Strafen eine Überschreitung der maximalen Strafdauer zu. Nach dem Gericht stellte die gesetzliche Beschränkung eine offensichtliche Verkennung früherer Entscheidungen des Justizapparats und daher eine Verkennung der im Rahmen abgeschlossener Strafprozesse gewährleisteten Rechte der Opfer dar.[774]

771 Art. 24 Gesetz 975 von 2005.
772 Art. 29 Gesetz 975 von 2005.
773 Art. 20 Gesetz 975 von 2005.
774 Vgl. CC, Urteil C-370 von 2006, S. 254.

Jedoch legt das GuFG nicht dezidiert fest, wann die Fristen der alternativen Strafe beginnen. In der Verfolgungsrealität[775] besteht diesbezüglich noch keine Einigkeit und es werden zumindest fünf alternative Auslegungen diskutiert: vom Beginn der Demobilisierung bzw. der Abgabe der *listas de elegibles*;[776] ab der Erhebung der Anklage, d. h. wenn der Paramilitär die Anklagepunkte akzeptiert (*aceptación de cargos*); ab der Urteilsverkündung;[777] ab dem Inkrafttreten des Gerechtigkeits- und Friedensgesetzes[778] oder ab dem Moment, in dem der Paramilitär in eines der von dem Staat festgesetzten Gefängnisse gebracht wurde.[779]

Bezüglich der ersten Interpretation sah Art. 31 des Gesetzes vor, dass die Zeit, die die Paramilitärs in den Gebieten verbrachten, in denen die Verhandlungen mit der Regierung stattfanden (*zonas de concentración*), auf die alternative Freiheitsstrafe angerechnet werden sollte. Diese Dauer sollte allerdings 18 Monate nicht überschreiten. Das Verfassungsgericht erklärte den Artikel jedoch für verfassungswidrig, weil das Eintreten in die *zonas de concentración* freiwillig gewesen sei und die Grundrechte der Paramilitärs während des Aufenthalts in diesen Gebieten nicht eingeschränkt worden seinen. Darüber hinaus sei der Eintritt in diese Zonen nicht auf die Entscheidung eines Richters oder Staatsanwalts zurückgegangen. Aus diesen drei Gründen sei es unzulässig, den Aufenthalt in den *zonas de concentración* mit einer tatsächlichen Freiheitsstrafe gleichzusetzen.[780] Ungeachtet dessen versuchte

---

775 Dies bezieht sich auf die vor der Reform durchgeführte Feldforschung.

776 Diese Hypothese wird i. d. R. von der Verteidigung der Paramilitärs vertreten. Siehe den Fall *„El Iguano"*, zitiert in *Verdad abierta*, „Los enredos sobre la libertad de los ex paramilitares", 30.08.2012, http://www.verdadabierta.com/justicia-y-paz/juicios/650-autodefensas-unidas-de-colombia-auc/4185-icuando-empezaran-a-salir-libres-los-ex-paras (letzter Zugriff am 13.08.2014). Der Paramilitär Jorge Iván Laverde alias *„El Iguano"* wurde im Rahmen des Gerechtigkeits- und Friedensgesetzes u. a. wegen der Ermordung von 170 Personen und 25 Massakern mit der maximalen alternativen Strafe (acht Jahre) bestraft. Seine Verteidigung argumentierte, dass die Zeit, in der der Paramilitär mit der Regierung verhandelte und in den sog. *„Zonas de concentración"* blieb, auf die alternative Freiheitsstrafe angerechnet werden sollte. Der Oberste Gerichtshof lehnte in Anlehnung an die Entscheidung des Verfassungsgerichtes C-370 von 2006 die Argumentation ab, weil diese Zeit nicht in den vom Staat festgesetzten Gefängnissen verbüßt worden sei. Vgl. CSJ, Urteil vom 06.06.2012, Nr. 35637, S. 53–55, 408, 409.

777 Die Staatsanwaltschaft für Gerechtigkeit und Frieden sowie die *Procuraduría* befürworten meistens diese Interpretationen. Interview mit Leonardo Cabana Fonseca, Staatsanwalt für Gerechtigkeit und Frieden, UNFJP, Bogotá 07.03.2012.

778 Nach der Auffassung des Tribunals für Gerechtigkeit und Frieden. Vgl. *Verdad abierta*, „Los enredos sobre la libertad de los ex paramilitares".

779 Nach der Meinung des Obersten Gerichtshofes, vgl. die Entscheidung des Obersten Gerichtshofes anlässlich der von den Paramilitärs Edward Cobos Téllez und Uber E. Banquez Martínez eingeleiteten Berufung, CSJ, Urteil vom 27.04.2011, Nr. 34547, S. 357–361.

780 Vgl. CC, Urteil C-370 von 2006, S. 292–294.

die Regierung, mittels nachfolgend erlassener Dekrete die verfassungswidrige Anrechnung erneut für gültig zu erklären.[781]

Offensichtliche Unterschiede in der Interpretation gab es auch zwischen den Tribunalen für Gerechtigkeit und Frieden und dem Obersten Gerichtshof: Während für erstere die Fristen der alternativen Strafe ab dem Inkrafttreten des Gesetzes begannen, war für den Obersten Gerichtshof die tatsächliche Festnahme des Paramilitärs ausschlaggebend.[782] Zehn Jahre nach der Verabschiedung des Gesetzes wurden ohne einheitliche Rechtsprechung zu diesem zentralen Aspekt bereits die ersten Paramilitärs, darunter sechs paramilitärische Kommandanten, aus der Haft entlassen.[783]

B) Die außerordentliche Beendigung des GuF-Verfahrens

AA) Die Ausschließung aus den listas de elegibles

In der alten Fassung des GuFG war die Ausschließung eines Paramilitärs aus den *listas de elegibes* und somit aus dem Verfahren nicht vorgesehen. Da sich dieses Problem in der Praxis stellte, weil bspw. einige Paramilitärs schlicht nicht mehr an dem Verfahren teilnehmen wollten oder die darin geregelten Voraussetzungen nicht erfüllten, befasste sich der Oberste Gerichtshof in mehreren Entscheiden damit.[784] Die Reform des GuFG übernahm zum Großteil die Argumentationen des Gerichts und fügte zwei neue Artikel zur Normierung der Ausschließung ein: Art. 11 A, der die Gründe für eine Beendigung des Verfahrens und eine Ausschließung aus den *listas de elegibles* regelt, und 11 B, der den ausdrücklichen Verzicht des Paramilitärs auf die Teilnahme am Verfahren und die daraus resultierende Ausschließung aus den *listas de elegibles* normiert.[785]

Aus den *listas de elegibles* werden laut Art. 11 A u. a. diejenigen Paramilitärs ausgeschlossen, die sich weigern, weiterhin am Verfahren teilzunehmen, oder die darin

---

781 Siehe Art. 20 des von der Regierung erlassenen Dekretes 3391 von 2006 zur Reglementierung des Gerechtigkeits- und Friedensgesetzes. Dazu ebenfalls Ambos, *Procedimiento de la ley de Justicia y Paz*, S. 112 f.

782 Vgl. *Verdad abierta*, „Los enredos sobre la libertad de los ex paramilitares".

783 Vgl. *Semana*, „Los cinco exjefes paramilitares en libertad", 14.10.2015, http://www.semana.com/nacion/articulo/paramilitares-en-libertad-luego-de-someterse-justicia-paz/446093-3 (letzter Zugriff am 02.11.2015); *El Tiempo*, „‚Diego Vecino', el quinto exjefe paramilitar que recupera su libertad", 08.10.2015, http://www.semana.com/nacion/articulo/paramilitares-en-libertad-luego-de-someterse-justicia-paz/446093-3 (letzter Zugriff am 02.11.2015); *Verdad abierta*, „La libertad de los Paras", 27.07.2014, http://www.verdadabierta.com/justicia-y-paz/legislacion/5388-la-libertad-de-los-paras-semana (letzter Zugriff am 13.08.2014).

784 Vgl. u. a. CSJ, Urteil vom 27.08.2007, Nr. 27873; CSJ, Urteil vom 10.04.2008, Nr. 29472; CSJ, Urteil vom 11.03.2009, Nr. 31162; CSJ, Urteil vom 12.02.2009, Nr. 30998; CSJ, Urteil vom 04.04.2009, Nr. 31235; CSJ, Urteil vom 15.04.2009, Nr. 31181.

785 Art. 11 A Gesetz 975 von 2005, eingefügt durch Art. 5 Gesetz 1592 von 2012; Art. 11 B Gesetz 975 von 2005, eingefügt durch Art. 6 Gesetz 1592 von 2012.

vorgesehenen Voraussetzungen nicht erfüllen. Dies gilt ebenso für Paramilitärs, die nicht alle ihre erworbenen Güter offengelegt und für die Wiedergutmachung der Opfer abgegeben haben, deren gestandene Taten nicht während und anlässlich der Zugehörigkeit zu einer illegalen bewaffneten Gruppe begangen wurden oder die aufgrund nach der Demobilisierung begangener, vorsätzlicher Taten verurteilt wurden.[786]

Ein Ausschluss aus dem Verfahren kann zu jedem Zeitpunkt erfolgen und muss bei dem zuständigen Staatsanwalt beantragt werden. Eine freiwillige Beendigung durch den *postualdo* selbst ist ebenfalls während des gesamten Prozesses möglich und wird bei dem zuständigen Staatsanwalt oder Richter beantragt. Ist die Entscheidung über den Ausschluss gefallen, wird der Fall an die ordentliche Justiz übergeben, die das Verfahren gemäß der zum Tatzeitpunkt geltenden Strafgesetze weiterführt. Zugleich wird die Regierung darüber informiert, um den Demobilisierten formell von der Kandidatenliste zu streichen.[787]

BB) Preclusión de la investigación

Im Todesfall eines *postulado* und bei anderen nicht behebbaren Verfahrenshindernissen sowie bei Schuldausschließungsgründen kann der zuständige Staatsanwalt bei den Richtern der *sala de conocimiento* eine vorzeitige Verfahrensbeendigung, *preclusión de la investigación*, beantragen, die innerhalb des GuF-Verfahrens dann in Betracht kommt, wenn die *audiencia de imputación* bereits stattgefunden hat.[788] Diese stellt im Gegensatz zur Ausschließung aus dem Verfahren eine Entscheidung in der Sache dar, da eine Verfolgung nicht mehr stattfindet.[789] Gründe, Prozedur und Auswirkungen der *preclusión de la investigación* werden aufgrund der Komplementaritätsklausel durch die geltende Strafprozessordnung geregelt (Art. 331–335 Gesetz 906 von 2004).

CC) Archivo de diligencias

Bei dem *archivo de diligencias* handelt es sich um eine Verfahrenseinstellung durch die Staatsanwaltschaft, wenn sich im Laufe der Ermittlungen herausstellte, dass kein Straftatbestand erfüllt wurde.[790] Diese muss nach den *versiones libres* und vor der *audiencia de imputación* erfolgen. Eine Wiederaufnahme des Verfahrens ist in diesem Fall möglich, wenn die Entscheidung der Staatsanwaltschaft durch neue Beweise entkräftet wird. Näheres dazu regelt aufgrund der Komplementaritätsklausel die Strafprozessordnung (Art. 79 Gesetz 906 von 2004).

---

786 Art. 11 A Gesetz 975 von 2005, eingefügt durch Art. 5 Gesetz 1592 von 2012.

787 Art. 11 B Gesetz 975 von 2005, eingefügt durch Art. 6 Gesetz 1592 von 2012.

788 Vgl. CSJ, Urteil vom 31.07.2009, Nr. 31539, S. 39.

789 Art. 11 A Paragraf 2 Gesetz 975 von 2005.

790 Art. 27 Gesetz 975 von 2005.

3 Die Verurteilung der ausgelieferten Paramilitärs

Zwischen 2007 und 2009 versuchte die Regierung Uribe mehr als drei Dutzend paramilitärische Kommandanten wegen Drogenhandels in die USA ausliefern zu lassen und sie somit aus dem GuF-Verfahren auszuschließen.[791] Da dieser Fall nicht im GuFG vorgesehen war, befasste sich der Oberste Gerichtshof mit der Frage, ob die Auslieferung eines Demobilisierten mit einem Ausschluss aus dem Verfahren gleichzusetzen sei.[792] Im Folgenden wird zunächst ein Überblick über die Rechtslage der Auslieferungen in Kolumbien gegeben (3.1), sodann wird der Konflikt um die Auslieferungen der paramilitärischen Kommandanten (3.2) und die daraus resultierenden Probleme für das GuF-Verfahren (3.3) dargestellt. Ein besonderes Augenmerk liegt dabei auf den staatlichen Verhaltensweisen, die einen Indikator für den „Übergang" in Kolumbien geben.

3.1 Auslieferung zur Strafverfolgung nach kolumbianischem Recht: Ein Überblick

Nach Art. 35 der kolumbianischen Verfassung kann die Auslieferung im Rahmen von zwischenstaatlichen Abkommen und bei Nichtvorhandensein im Rahmen der entsprechenden Gesetze beantragt, bewilligt oder angeboten werden. Art. 490 bis 514 der kolumbianischen Strafprozessordnung regeln die leitenden Grundsätze der Auslieferung sowie das Auslieferungsverfahren, allerdings nur in groben Zügen.

Dem Innen- und Justizministerium obliegen das Angebot und die Bewilligung der Auslieferung einer Person, gegen die ermittelt wird oder die bereits verurteilt wurde.[793] Vor der Entscheidung der Regierung über eine Auslieferung benötigt sie die Zustimmung des Obersten Gerichtshofes.[794] Die Auslieferung ist jedoch unzulässig, wenn es sich um sogenannte *delitos políticos* handelt.[795]

Eine Voraussetzung für die Auslieferung bildet die beiderseitige Strafbarkeit: Die Handlung, wegen der die Person ausgeliefert werden soll, muss sowohl nach kolumbianischem Recht als auch nach dem Recht des ersuchenden Staates mit einer minimalen Freiheitsstrafe von vier Jahren bedroht sein. Eine weitere Voraussetzung ist, dass die Anklageerhebung in dem ersuchenden Staat bereits stattgefunden hat.[796]

Da die Auslieferung einer Person einen schweren Eingriff in ihre Freiheitsrechte darstellt, wird in den meisten Rechtsordnungen der Achtung der Menschenrechte bei der Bewilligung eine hohe Bedeutung beigemessen. Wenn die Tat in dem ersuchenden Staat mit der Todesstrafe bedroht ist, erfolgt nach kolumbianischem Recht

---

791 Siehe Comisión Colombiana de Juristas, *Colombia: La metáfora del desmantelamiento de los grupos paramilitares*, S. 255–311.
792 Siehe bspw. CSJ, Urteil vom 22.04.2008, Nr. 29559.
793 Art. 491 Gesetz 906 von 2004.
794 Vgl. ebd., Art. 492.
795 Art. 35 Verfassung von 1991.
796 Vgl. ebd., Art. 493.

die Übertragung daher nur unter der Bedingung einer Strafumwandlung. Unklar ist die Zulässigkeit der Auslieferung bei unmenschlichen oder erniedrigenden Behandlungen durch den ersuchenden Staat, weil das Gesetz hier ebenfalls fälschlicherweise von „Strafumwandlung" spricht.[797] Im Gegensatz dazu ist die Unzulässigkeit der Auslieferung aufgrund früherer Verurteilungen (*ne bis in idem*) ausdrücklich normiert.[798]

Art. 495 bis 499 regeln die ersten Phasen des Auslieferungsverfahrens bzw. die notwendigen Unterlagen für die Vorprüfung durch das Innen- und Justizministerium. Die Vorprüfung wird der Berufungskammer des Obersten Gerichtshofes übermittelt, bei der der Verteidiger des Auszuliefernden weitere Beweise anfordern kann.[799] 2011 wurden zudem zwei Paragraphen in das Gesetz einbezogen, die die Möglichkeit einer vereinfachten Auslieferung vorsehen.[800] Ihnen zufolge darf der Auszuliefernde auf das oben geschilderte Verfahren verzichten, um im Rahmen einer beschleunigten Beschlussfassung des Obersten Gerichtshofes ausgeliefert zu werden. Im dem regulären Verfahren ist die Berufungskammer des Obersten Gerichtshofes für eine formelle Überprüfung der Zulässigkeit der Auslieferung zuständig.[801] Das Innen- und Justizministerium ist an die negative Entscheidung des Gerichtes gebunden. Wenn sich das Gericht jedoch für die Zulässigkeit der Auslieferung entscheidet, wird es der Regierung überlassen, ihren Interessen gemäß die Auslieferung durchzuführen.[802]

Art. 504 normiert den Aufschub der Übergabe des Auszuliefernden. Im Falle einer vor dem Auslieferungsersuchen begangenen Straftat kann die Übergabe bis zur Beendigung des Verfahrens aufgeschoben werden. Bezüglich der Auslieferung der demobilisierten paramilitärischen Kommandanten, die an dem GuF-Verfahren teilnehmen, kam diese Regelung allerdings nicht in Betracht. Im Folgenden werden wir uns mit der Praxis dieser Auslieferungen sowie mit einigen daraus resultierenden Rechtsproblemen auseinandersetzen.

3.2 Die Auslieferung der paramilitärischen Kommandanten und der Versuch, sie aus dem GuF-Verfahren auszuschließen

Zwischen 2007 und 2009 wurden 23 Paramilitärs, die meisten von ihnen Kommandanten und Teilnehmer am GuF-Verfahren, in die Vereinigten Staaten ausgeliefert. Dies stieß auf zahlreiche Kritik von nationalen[803] und internationalen[804]

---

797 Vgl. ebd., Art 494 Abs. 2.

798 Vgl. ebd., Art. 494 Abs. 1.

799 Vgl. ebd., Art. 500.

800 Vgl. ebd., Art. 500 Paragraf 1 und 2.

801 Vgl. ebd., Art. 502.

802 Vgl ebd., Art. 501.

803 Siehe Comisión Colombiana de Juristas, *Colombia: La metáfora del desmantelamiento de los grupos paramilitares*, S. 254–311.

804 Siehe Human Rights Watch, *Rompiendo el control? Obstáculos a la justicia en las investigaciones de la mafia paramilitar en Colombia*, New York 2008, S. 72–94,

Menschenrechtsorganisationen, weil die Auslieferung zentraler Akteure des Paramilitarismus die Gewährleistung der Rechte der Opfer auf Wahrheit, Gerechtigkeit und Wiedergutmachung entscheidend zu beeinträchtigen drohte.

Ein erstes Problem tauchte auf, als die Regierung auf das Auslieferungsersuchen der Vereinigten Staaten mit der Ankündigung reagierte, den auszuliefernden Paramilitär aus dem GuF-Verfahren auszuschließen.[805] Hierbei handelt es sich um zwei unterschiedliche Verfahren, die von der Regierung und der Staatsanwaltschaft fälschlicherweise gleichgesetzt wurden: zum einen die Auslieferung eines Paramilitärs vor allem wegen Betäubungsmitteldelikten, zum anderen der Ausschluss dieses Paramilitärs aus dem GuF-Verfahren, in dessen Rahmen er u. a. wegen Verbrechen gegen die Menschlichkeit zur Verantwortung gezogen werden sollte. Der Regierung zufolge gab es Beweise für weitere Straftaten *nach* der Demobilisierung des Paramilitärs, was der Gewährung der strafrechtlichen Vergünstigungen des Gesetzes zuwidergestanden hätte. Darauf stützte die Regierung ihre Entscheidung, den Paramilitär aus dem GuF-Verfahren auszuschließen. Die Generalstaatsanwaltschaft ihrerseits wertete das Auslieferungsersuchen der Vereinigten Staaten als Beweis für die fraglichen Straftaten des Paramilitärs.[806]

In Anbetracht der Tatsache, dass ein Ausschluss aus dem Verfahren im GuFG nicht vorgesehen war, setzten sich die Tribunale für Gerechtigkeit und Frieden sowie der Oberste Gerichtshof mit dieser Gesetzeslücke auseinander. In mehreren Urteilen erklärten die Gerichte den Richtervorbehalt für den Ausschluss eines Paramilitärs aus dem GuF-Verfahren und versuchten damit, die Zuständigkeit der Exekutive zu beschränken.[807] Darüber hinaus wies der Oberste Gerichtshof darauf hin, dass auch gegen auszuliefernde Paramilitärs die Unschuldsvermutung gelte und diese nur durch ein ordentliches Verfahren und nicht durch ein Auslieferungsersuchen entkräftet werden könne. Die Regierung versuchte daraufhin, mittels eines Dekrets ihre Zuständigkeit für den Ausschluss von Personen aus dem GuF-Verfahren wiederherzustellen. Dies wurde wiederum vom Obersten Gerichtshof für verfassungswidrig erklärt.

3.3 Das Spannungsverhältnis zwischen der Auslieferung und der innerstaatlichen Gerichtsbarkeit im Rahmen des GuF-Verfahrens

Ein zweites Problem bezog sich auf die Teilnahme der ausgelieferten Paramilitärs am GuF-Verfahren sowie die Auswirkungen der Auslieferungen auf die Verwirklichung der Rechte der Opfer.

---

https://www.hrw.org/sites/default/files/reports/colombia1008sp.pdf (letzter Zugriff am 06.11.2015).

805 Es handelte sich um den Paramilitär Carlos Mario Jiménez Naranjo alias „Macaco". Vgl. Comisión Colombiana de Juristas, *Colombia: La metáfora del desmantelamiento de los grupos paramilitares*, S. 258.

806 Vgl. ebd., S. 260.

807 Vgl. u. a. CSJ, Urteil vom 26.10.2007, Nr. 28492; CSJ, Urteil vom 10.04.2008, Nr. 29472 sowie CSJ, Urteil vom 12.02.2009, Nr. 30998.

Neben dem Ausschluss aus dem GuF-Verfahren beschäftige sich der Oberste Gerichtshof auch mit der Zulässigkeit der Auslieferung der demobilisierten Paramilitärs. In einer ersten Entscheidung erklärte der Oberste Gerichtshof die Auslieferung unter der Voraussetzung für zulässig, dass der auszuliefernde Paramilitär im Rahmen seiner Teilnahme am Verfahren einen Beitrag zur Gewährleistung der Rechte der Opfer zu leisten habe. Darüber hinaus wies das Gericht die Regierung auf ihre völkerrechtliche Pflicht zur Strafverfolgung der paramilitärischen Taten hin.[808] Damit schuf der Oberste Gerichtshof eine neue Voraussetzung für die Auslieferung demobilisierter Paramilitärs.

Obwohl die ausgelieferten Paramilitärs somit weiter an dem GuF-Verfahren teilnehmen können, ist dessen praktische Umsetzung durch die Auslieferungen der paramilitärischen Kommandanten in die Vereinigten Staaten erheblich beeinträchtigt worden. So kritisierte u. a. die Interamerikanische Menschenrechtskommission, dass die Auslieferung nicht nur ein Hindernis für die Ermittlungen, sondern auch und vor allem für die tatsächliche Beteiligung der Opfer an dem Verfahren, z.B. durch eine direkte Interaktion zwischen Opfern und Tätern, darstellt.[809] Der für die Ermittlungen gegen den obersten paramilitärischen Kommandanten Salvatore Mancuso zuständige Staatsanwalt für Gerechtigkeit und Frieden Leonardo Cabana bestätigte dies mit den Worten:

> Vor der Auslieferung Mancusos am 14. Mai 2008 wurden mehr als 3000 Straftaten aufgedeckt, u. a. solche, in die Politiker aus den Departements Córdoba, Norte de Santander und Magdalena sowie Staatsanwälte wegen Beziehungen mit den paramilitärischen Gruppen involviert waren. [...] Nach der Auslieferung konnte das Verfahren erst im November 2009 fortgesetzt werden. Die Auslieferung erlaubte es dem Paramilitär auch, die von ihm bereits abgegebenen Aussagen zu manipulieren.[810]

Nach der ersten Auslieferung insistierten die Opfer auf einen Aufschub der Übergabe mit der Forderung, das Verfahren des Paramilitärs im Rahmen des GuF-Prozesses zuvor abzuschließen.[811] Der kolumbianischen Strafprozessordnung zufolge kann die Übergabe aufgeschoben werden, wenn die auszuliefernde Person vor der Auslieferung eine Straftat in Kolumbien begangen hat.[812] Trotz dieser bestehenden Regelung erließ die Regierung ein Dekret, das sich auf die Übergabe von Mitgliedern der bewaffneten Gruppen bezog. Das Dekret sieht vor, die Möglichkeit eines Aufschubs der Übergabe aufzuheben, sofern die Regierung „als einzig zuständige Instanz"

---

808 Siehe CSJ, Urteil vom 22.04.2008, Nr. 29559.

809 Siehe Comisión Interamericana de Derechos Humanos (CIDH), *Communicado de prensa número 21/08*, 14 de mayo de 2008, http://www.cidh.oas.org/Comunicados/Spanish/2008/21.08sp.htm (letzter Zugriff am 10.08.2015).

810 Interview mit Leonardo Cabana Fonseca, Staatsanwalt für Gerechtigkeit und Frieden, UNFJP, Bogotá 07.03.2012.

811 Vgl. Comisión Colombiana de Juristas, *Colombia: La metáfora del desmantelamiento de los grupos paramilitares*, S. 260.

812 Vgl. Art. 504 Gesetz 906 von 2004.

entscheidet, ob der fragliche Paramilitär einen Beitrag zur Wahrheitsfindung und Wiedergutmachung leistet.[813] Dadurch missachtete die Regierung erneut die Rechtsprechung des Obersten Gerichtshofes bezüglich des Richtervorbehalts für solche Entscheidungen im Rahmen des Ausschlusses aus dem GuF-Verfahren.

Delikaterweise nahmen die Bemühungen der Regierung, die paramilitärischen Kommandanten auszuliefern, just zu dem Zeitpunkt zu, als deren Aussagen im Rahmen des GuF-Verfahrens die Verbindungen zwischen Politikern und Paramilitarismus zu Tage förderten.[814]

Acht Jahre nach den Auslieferungen der wichtigsten paramilitärischen Anführer bestehen nach wie vor enorme Schwierigkeiten für die Opfer, an den Verfahren in den Vereinigten Staaten teilzunehmen. Im Jahr 2016 wird erstmalig den Angehörigen eines von den Paramilitärs Ermordeten die Möglichkeit gegeben, ihre Stimme in einem Verfahren wegen Drogenhandels in den USA zu erheben. Die Ausgelieferten verbüßen durchschnittlich zehn Jahre Freiheitsstrafe. Nach der Verbüßung besteht für sie zudem die Möglichkeit, eine Aufenthaltserlaubnis zu erhalten und für ihre Familien politisches Aysl zu beantragen.[815] Dieser Umstand behindert die Wahrheitsfindung im Rahmen des GuF-Prozesses dauerhaft.

4 Das Gerechtigkeits- und Friedensverfahrensverfahren in der Praxis

In diesem Abschnitt werden die Ergebnisse der Feldforschung präsentiert, um ein Bild der Praxis der gerichtlichen Phase des GuF-Verfahrens bis 2012 zu skizzieren. Es werden daher die konkrete Umsetzung des in 2.2 beschriebenen Verfahrens in Umrissen dargestellt sowie die der Praxis inhärenten Dynamiken aufgezeigt. Das Hauptaugenmerk liegt dabei auf der Rolle der wesentlichen Beteiligten des Prozesses: den Paramilitärs (4.1) und den Opfern (4.2). Ferner wird der Umgang mit dem kriminellen Phänomen des Paramilitarismus in den Anhörungen illustriert (4.3).

4.1 Die Paramilitärs im Verfahren

Der oberste paramilitärische Kommandant Salvatore Mancuso erklärte am zweiten Tag seiner *versión libre* in den Vereinigten Staaten, dass es zwischen dem ehemaligen AUC-Führer Carlos Castaño und ihm zu Unstimmigkeiten bezüglich der Beseitigung der von den Paramilitärs getöteten Leichen gekommen sei. Castaño hatte nach Aussagen mehrerer paramilitärscher Kommandanten den

813 Vgl. Art. 2 und Paragraf Dekret 2288 von 2010.

814 Vgl. Human Rights Watch, *Rompiendo el control? Obstáculos a la justicia en las investigaciones de la mafia paramilitar en Colombia*, S. 89 f.

815 Vgl. Deborah Sontag, „Extraditions to America benefited Colombian warlords“, in: *International New York Times*, 12.09.2016, S. 5.

Befehl gegeben, Krematorien zu errichten und die Kadaver zu verbrennen, um die Zahlen der Morde und Massaker in den offiziellen Statistiken zu senken. Mancuso fügte sich zwar den Anweisungen Castaños, bekräftigte aber seinen Unmut darüber: „Wenn wir sie mit Recht ermordet haben, wozu sollten wir sie verstecken?“[816]

Diese Einstellung der Paramilitärs in Bezug auf ihre Taten ist in den Anhörungen häufig zu hören: So versichern einige *postulados*, die Massaker seien bedauerlich, aber notwendig gewesen[817] und andere, dass sie für einen „edlen Zweck“ begangen wurden.[818] Im Allgemeinen rechtfertigen die Paramilitärs ihre Verbrechen mit ihrem „antisubversiven Kampf“ gegen die Guerilla.[819] Auffallend ist, dass die Logik der „Selbstverteidigung“ gegen die Subversion teilweise von den Richtern und Staatsanwälten übernommen wird. In einer Anhörung wird ein Paramilitär gefragt, wieso seine Einheit einen Mann ermordert habe:

> Opfervertreter: „In Aguachica [Stadt im Departement Cesar] befindet sich der Vater des Opfers, der nicht offen sprechen möchte. Er möchte wissen, wieso sie seinen Sohn ermordet haben.“
>
> Paramilitär: „Ich war der Befehlshaber dieser Zone. Wir haben ihn ermordet, weil er den Informationen meiner Informanten zufolge Kollaborateur der Guerilla war.“
> Richerin: „Worauf basierten diese Informationen?“
>
> Paramilitär: „Ich habe nichts verifiziert. Es kam eine Information und wir haben ihn getötet. Wir haben stets schnell gehandelt. Ich wusste, dass dieses Opfer ein Gehilfe der Guerilla war.“[820]

---

816 *Verdad abierta*, „El crematorio del bloque Catatumbo“, o.J., http://www.verdadabierta.com/justicia-y-paz/1188-el-crematorio-del-bloque-catatumbo (letzter Zugriff am 17.10.2015).

817 So z.B. der Paramilitär Edward Cobo Téllez alias „Diego Vecino“ in einer *versión libre*. Vgl. *El Heraldo*, „‚Diego Vecino‘ reconoció haber apoyado a políticos en los Montes de María“, 14.02.2008, zitiert nach Comisión Colombiana de Juristas, *Colombia: La metáfora del desmantelamiento de los grupos paramilitares*, S. 132.

818 Bspw. der Paramilitär José Gregorio Mangones Lugo alias „Tijeras“ in einer *versión libre*. Vgl. *El Heraldo*, „Jalón de orejas a ‚Tijeras‘ por irrespeto a las víctimas“, 20.08.2008, zitiert nach Comisión Colombiana de Juristas, *Colombia: La metáfora del desmantelamiento de los grupos paramilitares*, S. 134.

819 Siehe Comisión Colombiana de Juristas, *Colombia: La metáfora del desmantelamiento de los grupos paramilitares*, S. 131.

820 Anhörung zur Überprüfung der formellen und materiellen Rechtmäßigkeit der Anklage, Postulado: Javier Antonio Quintero Coronel, Frente Hector Julio Peinado Becerra de las ACCU, Richter: Alexandra Valencia und Léster María González, Tribunal de Justicia y Paz de Bogotá (mit Übertragung nach Aguachica), 05.-06.03.2012.

In einer anderen Anhörung fragt die zuständige Richterin den Staatsanwalt über den Inhalt der *versiones libres* mehrerer Paramilitärs in Bezug auf die Ermordung eines Bürgermeisters, der Mitglied der *Unión Patriótica* war, ob dieser mit Unterstützung einer Guerillagruppe gewählt worden sei.[821]

Ein ähnliches Phänomen ist bezüglich der Beschreibungen der paramilitärischen Taten zu beobachten: Die von den Paramilitärs verwendete Militärsprache, mithilfe derer die Hinrichtungen und Massaker zumeist als „Job" oder „Operation" bagatellisiert werden, wurde bspw. in den Vernehmungen der *versiones libres* durch einige Staatsanwälte übernommen.[822]

Die Entschuldigungen der Paramilitärs gegenüber den Opfern und die Akzeptierung der Zurechnung fallen in der Regel schablonenhaft aus und übermitteln selten das Vorhandesein eines Unrechtsbewusstseins. Oft werden Phrasen formuliert wie:

> Juancho Prada [Paramilitär] akzeptiert die Taten im Rahmen der Befehlskette und bittet um Verzeihung für diese entsetzlichen Taten.[823]

Dabei fällt auf, dass die *postulados* von sich in der dritten Person sprechen, oftmals sogar mit ihrem innerhalb der bewaffneten Gruppe verwendeten Alias.

Die Ernsthaftigkeit der Entschuldigungen wird von einigen Opfern angezweifelt, weil die Paramilitärs teilweise in den Anhörungen lachen und sich über das Verfahren lustig machen.[824] In Ausnahmefällen kommt es jedoch zu glaubwürdigen Reuebekenntnissen: So kam es nach einer *versión libre* in Medellín zu einer direkten Begegnung zwischen einem Paramilitär und der Mutter eines von ihm ermordeten Opfers, die trotz der makaberen Details über den Mord ihres Sohnes die Geste der Wahrheit des Täters anerkannte. Sie erklärte sich als Mutter allerdings unfähig, ihm zu verzeihen. Der Paramilitär erwiderte daraufhin, dass er sie um keine Verzeihung bitten könne, da er sich selbst nicht verzeihen könne.[825]

Obwohl die Aussagen der Paramilitärs in den *versiones libres* einen wichtigen Beitrag zur Aufdeckung zahlreicher von ihnen begangener Taten geleistet haben,

---

821 Anhörung zur Zurechnung des Sachverhalts, Postulados: u. a. Daniel Rendón Herrera, Bloque Héroes de los Llanos de las AUC, Richter: Teresa Ruíz, Tribunal de Justicia y Paz de Bogotá, 21.02.2012.

822 Siehe Centro Internacional de Toledo para la Paz, *Observatorio Internacional: DDR – Ley de Justicia y Paz. Informe primera fase*, Madrid 2008, S. 38.

823 Anhörung zur Überprüfung der formellen und materiellen Rechtmäßigkeit der Anklage, Postulado: Juan Francisco Prada Márquez, Frente Héctor Julio Peinado Becerra de las ACCU, Richter: Alexandra Valencia und Léster María González, Tribunal de Justicia y Paz de Bogotá, 11.01.-30.01.2012.

824 Anhörung zur Zurechnung des Sachverhalts, Postulados: u. a. Daniel Rendón Herrera, Bloque Héroes de los Llanos de las AUC, Richter: u. a. Alexandra Valencia, Tribunal de Justicia y Paz de Bogotá (mit Übertragung nach Villavicencio), 21.03.2012.

825 Vgl. Centro Internacional de Toledo para la Paz, *Observatorio Internacional: DDR – Ley de Justicia y Paz. Informe primera fase*, Madrid 2008, S. 45.

bilden sie häufig die alleinige Grundlage für die Verfahren. Der Staatsanwaltschaft ist es in vielen Fällen nicht möglich, die Versionen der Paramilitärs zu bestätigen bzw. zu widerlegen.[826] Sie werden somit im Laufe des Prozesses oftmals zur einzigen Perspektive auf die Geschehnisse, mithin zur unüberprüfbaren „Wahrheit". Einige Straftaten wie die Rekrutierung von Kindern, Vergewaltigung, Folter, Drogenhandel und die gewaltsame Vertreibung der Zivilbevölkerung werden dadurch im Rahmen des Prozesses kaum thematisiert.[827] In den *versiones libres* und somit auch im Verfahren bilden dementsprechend zumeist individuelle Ermordungen den Schwerpunkt.[828]

Darüber hinaus werden die Verteidiger der *postulados* nicht müde zu betonen, dass ohne die Bereitschaft der Paramilitärs, am GuF-Verfahren teilzunehmen, die meisten ihrer Taten weiterhin straflos geblieben wären.[829] Wegen vieler paramilitärischer Verbrechen wurden bereits von lokalen Staatsanwaltschaften Ermittlungen angestellt, die jedoch häufig aufgrund von Bedrohungen der Paramilitärs und mangelnder Ressourcen eingestellt wurden.[830] In den Anhörungen werden die Gründe für die Verfahrenseinstellungen allerdings nicht thematisiert.[831]

---

826 Anhörung zur Überprüfung der formellen und materiellen Rechtmäßigkeit der Anklage, Postulados: Ramón M. Isaza Arango, Walter Ochoa Gisao, John Fredy Gallo Bedoya, Luis Eduardo Zuluaga Arcila, Oliverio Isaza Gómez, Autodefensas Campesinas del Magdalena Medio, Richter: Eduardo Castellanos, Tribunal de Justicia y Paz de Bogotá (mit Übertragung in das Picota-Gefängnis, in dem Ramón Isaza einsitzt), 27.02.-02.03.2012.

827 Vgl. Human Rights Watch, *Rompiendo el Control? Obstáculos a la justicia en las investigaciones de la mafia paramilitar en Colombia*, S. 40 f.; Comisión Colombiana de Juristas, *Colombia: La metáfora del desmantelamiento de los grupos paramilitares*, S. 135.

828 Um Massaker als solche Einzelmorde erscheinen zu lassen, wurden teilweise Leichen in verschiedene Bezirke verteilt. Interview mit Germán Russi Casallas, Staatsanwalt für Gerechtigkeit und Frieden, UNFJP, Bogotá, 09.02.2012.

829 Z. B. Anhörung zur Ausschließung aus dem GuF-Verfahren, Postulado: Hader Anibal Lorza Rodríguez, Autodefensas Campesinas del Magdalena Medio, Richter: Eduardo Castellanos, Tribunal de Justicia y Paz de Bogotá, 02.03. und 09.03.2012.

830 Dazu auch García Villegas, *Jueces sin Estado*; So auch Interview mit Iván Augusto Gómez Celis, Staatsanwalt für Gerechtigkeit und Frieden, UNFJP, Bogotá, 23.01.2012.

831 Z. B. Anhörung zur Überprüfung der formellen und materiellen Rechtmäßigkeit der Anklage, Postulado: Juan Francisco Prada Márquez, Frente Héctor Julio Peinado Becerra de las ACCU, Richter: Alexandra Valencia und Léster María González, Tribunal de Justicia y Paz de Bogotá, 11.01.-30.01.2012; Anhörung zur Überprüfung der formellen und materiellen Rechtmäßigkeit der Anklage, Postulados: Ramón M. Isaza Arango, Walter Ochoa Gisao, John Fredy Gallo Bedoya, Luis Eduardo Zuluaga Arcila, Oliverio Isaza Gómez, Autodefensas Campesinas del Magdalena Medio, Richter: Eduardo Castellanos, Tribunal de Justicia y Paz de Bogotá (mit Übertragung in das Picota-Gefängnis, in dem Ramón Isaza einsitzt), 27.02.-02.03.2012.

4.2 Die Opfer im Verfahren

Ein Opfer aus Castillo, einem Dorf im Departement Meta, wagt es, in einer Anhörung zur Zurechnung des Sachverhalts das Wort direkt an die anwesenden Paramilitärs zu richten:

> Es ist wichtig für die Gewährleistung des Rechts auf die Wahrheit, aber vor allem für eine Nicht-Wiederholung dieser Taten, dass Klarheit in Bezug auf die hier zugerechneten Taten geschaffen wird. Ich möchte betonen, dass dieser Anschlag politisch war. Ich bin ehemaliges Mitglied der UP [Unión Patriótica] und dass ich hier bin, ist ein reines Wunder. Um Bürgermeister Correa zu ermorden, haben sie 17 Bauern am Ariarí-Fluss getötet. Danach töteten sie weitere Personen in Granada. Die Vernichtung der UP war die politische Leitlinie dieser Tage. Im Jahr 2002 flohen mehr als 5000 Einwohner der Gemeinde Castillo in Meta. Es gab Ermordungen und Verschwundene. Ich bitte die postulados, von den Verbindungen zwischen den AUC [Autodefensas unidas de Colombia] und den Streitkräften, zum Beispiel Hauptmann W. Wilsón Lizaraso, zu berichten. Außerdem möchte ich die postulados nach meinen verschwundenen Familienangehörigen fragen.

Die zuständige Richterin wies die Bitte des Opfers jedoch ab:

> Beziehen Sie sich bitte wieder auf den betreffenden Fall. Ich bin sehr darauf bedacht gewesen, dass hier nichts von den Streitkräften enthüllt wird. Das ist Thema einer anderen Ermittlung. Die Verschwundengelassenen liegen ebenfalls nicht in meinem Aufgabenbereich. Bitte beziehen Sie sich auf die Vertreibung. Berichten Sie alles, was Sie über diese Straftat sagen können.[832]

Im Gegensatz zu der entschlossenen Intervention dieses Opfers sind die meisten an den Anhörungen teilnehmenden Angehörigen sehr verängstigt und trauen sich zumeist nicht, in Anwesenheit der Paramilitärs zu sprechen, geschweige denn sie direkt anzureden. Die ihnen laut GuFG zustehende juristische Begleitung ist oft mangelhaft: die vollkommen überlasteten Opfervertreter sind zum Teil schlecht bis überhaupt nicht vorbereitet und greifen selten in das Verfahren ein. Zum Beispiel waren in einer Anhörung des obersten paramilitärischen Kommandanten Salvatore Manuso drei Opfervertreter zugegen, von denen jeder einzelne für mehr als 350 Fälle zuständig war.[833] In anderen Anhörungen tauchen die juristischen Begleiter der Opfer erst gar nicht auf, sodass diese vollkommen auf sich gestellt sind.[834]

832 Anhörung zur Zurechnung des Sachverhalts, Postulados: u.a. Daniel Rendón Herrera, Bloque Héroes de los Llanos de las AUC, Richter: Teresa Ruíz, Tribunal de Justicia y Paz de Bogotá, 21.02.2012.

833 Anhörung zur Zurechnung des Sachverhalts, Postulados: u.a. Salvatore Mancuso Gómez, Bloque Catatumbo de las ACCU, Tribunal de Justicia y Paz de Barranquilla, Übertragung verfolgt in Bogotá, 22.02.2011.

834 Anhörung zur Zurechnung des Sachverhalts, Postulados: u.a. Daniel Rendón Herrera, Bloque Héroes de los Llanos de las AUC, Richter: u.a. Alexandra Valen-

Darüber hinaus sind viele Opfer, zumeist arme Bauern aus entlegenen Regionen des Landes, *de facto* von einer Beteilung an den Verfahren ausgeschlossen, weil sie über unzureichende finanzielle Mittel verfügen, um zu den Anhörungen oder Übertragungsorten zu fahren.[835] Die Video-Übertragungen der Vernehmungen gestalten sich aufgrund technischer Schwierigkeiten oft als ungeeignet, eine effektive Teilnahme der Opfer zu gewährleisten.[836] Zudem werden viele Opfer, deren Vertreter sowie Zeugen durch Drohungen von der Tataufklärung abgehalten.[837] Schließlich verhindert die Langwierigkeit und Komplexität des Verfahrens, dass die Opfer, die zum Großteil juristische Laien sind und denen wenig Zeit zur Verfügung steht, einen raschen Zugang zu den Informationen über ihre Angehörigen erhalten. Die Opfer müssen teilweise wochenlang verschiedenste Sitzungen besuchen und Unmengen an sich wiederholenden Informationen über sich ergehen lassen, bis ihr Fall an die Reihe kommt, wegen dem allein sie an den Anhörungen teilnehmen. Sie verlieren daher oft vorschnell das Interesse und erscheinen nicht mehr zu den Sitzungen.[838] Daher ist eine angemesse Integration der Opfer innerhalb der kurzen Zeit, die sie an dem Verfahren direkt beteiligt sind, von entscheidender Bedeutung für eine effektive Gewährleistung ihrer Rechte.

Ein positives, leider die Ausnahme bildendes Beispiel dafür bildet eine von der Richterin Alexandra Valencia geleitete Anhörung zur Zurechnung des Sachverhalts:[839]

> Opfer: „Die Opfer in Villavicencio möchten wissen, wann die sie betreffenden Themen zur Sprache kommen."
>
> Staatsanwalt: „Die Anhörungen finden von März bis Mai statt [die Anhörung findet am 21. März statt]. Im Mai fangen wir mit den nächsten 100 Fällen an und behandeln etwa fünf pro Tag. Also werden sie im Mai etwas über die sie betreffenden Themen hören."

---

cia, Tribunal de Justicia y Paz de Bogotá (mit Übertragung nach Villavicencio), 21.03.2012; Anhörung zur Überprüfung der formellen und materiellen Rechtmäßigkeit der Anklage, Postulado: Javier Antonio Quintero Coronel, Frente Hector Julio Peinado Becerra de las ACCU, Richter: Alexandra Valencia und Léster María González, Tribunal de Justicia y Paz de Bogotá (mit Übertragung nach Aguachica), 05.-06.03.2012.

835 Interview mit Élcida Molina, Opfervertreterin, Comisión Colombiana de Juristas, Bogotá, 11.02.2011.

836 Interview mit Jaime Charry, Staatsanwalt für Gerechtigkeit und Frieden, UNFJP, Bogotá, 14.02.2012.

837 Interview mit Germán Russi Casallas, Staatsanwalt für Gerechtigkeit und Frieden, UNFJP, Bogotá, 09.02.2012.

838 Interview mit Leonardo Cabana Fonseca, Staatsanwalt für Gerechtigkeit und Frieden, UNFJP, Bogotá, 07.03.2012.

839 Anhörung zur Zurechnung des Sachverhalts, Postulados: u. a. Daniel Rendón Herrera, Bloque Héroes de los Llanos de las AUC, Richter: u. a. Alexandra Valencia, Tribunal de Justicia y Paz de Bogotá (mit Übertragung nach Villavicencio), 21.03.2012.

Richterin: „Wir werden den anwesenden Opfern Priorität einräumen, damit sie zu Wort kommen und die für sie wichtigen Informationen einfordern können. Da wir nur allzu gut wissen, dass die Opfer im Allgemeinen nur einmal an den Anhörungen teilnehmen und nicht mehr wieder kommen, lassen Sie uns diese Gelegenheit nutzen, um die Opfer anzuhören, die sich hier im Saal befinden."

Opfer im Saal: „Ich arbeite in einer Finca und mir wurden nur zwei Tage hierfür freigegeben."

Opfer in Villavicencio: „Es gibt ein Opfer, das nicht im Saal sein möchte. Andere Opfer kommen mit vielen Schwierigkeiten aus weit entfernt gelegenen Gemeinden."

Die Richterin erteilt den Opfern das Wort.

Ein erstes Opfer aus Villavicencio berichtet über ihre seit der Ermordung ihres Mannes sehr angespannte finanzielle Situation.

Die Richterin ermutigt das Opfer, weiterhin für ihre Familie zu kämpfen.

Der verantwortliche Paramilitär bittet um Verzeihung für die Tat.

Richterin darauf empört: „Was heißt für Sie eigentlich ‚um Verzeihung bitten'? Sagen Sie dem Opfer etwas Überzeugenderes!"

Andere Opfer bevorzugen, nichts zu sagen.

Ein Opfer: „Mein Vater wurde von einer der hier anwesenden Personen ermordert. Ich fordere diese Person auf, sich bei meiner Mutter, die ebenfalls im Saal ist, zu entschuldigen."

Der verantwortliche Paramilitär: „Ich war es, der ihn exekutiert hat. Es war ein Befehl."

Richterin: „Ihnen muss bewusst sein, dass ‚Befehle zu erhalten' Sie nicht von Ihrer Verantwortung befreit. Diese Art von Befehle dürfen in diesem Land nie mehr ausgesprochen werden."

Paramilitär: „Es wird nicht mehr vorkommen, wenigstens nicht von meiner Seite."

Opfer flehend: „Bitte bereuen Sie, was Sie getan haben. Es darf nie wieder vorkommen!"

Anderes Opfer im Saal: „Mein Mann wurde ermordet. Er hat zwei kleine Kinder hinterlassen. Ich hatte bis heute keine psychologische Unterstützung für meinen Sohn. Das einzige was er will, ist, denjenigen kennzulernen, der seinen Papa getötet hat. Er ist mit Rachegefühlen groß geworden, die ich nicht beherrschen kann."

Paramilitär: „Ich möchte Sie und Ihre Kinder um Verzeihung bitten. Wenn Ihr Sohn mich kennenlernen möchte: hier bin ich."

Opfer: „Ich verzeihe Ihnen nicht. Möge Gott Ihnen verzeihen, ich nicht."

Weiteres Opfer im Saal: „Meinen Sohn haben sie ermordert, weil er angeblich ein Subversiver war. Ich möchte, dass sie das Ansehen und den Namen meines Sohnes reinwaschen. Die, die ihn getötet haben, sagten, er gehöre zu einer subversiven Gruppe. Der einzigen Gruppe, der mein Sohn angehörte, war die Musikgruppe der Kirche. Damit hat er uns beim Lebensunterhalt geholfen."

Die Richterin beginnt, der Mutter Fragen über das Opfer zu stellen: über sein Musikstudium, seine Persönlichkeit, seine Freizeitbeschäftigungen etc. Nach einer Weile schließt sie mit den Worten: „Der Name ihres Sohnes muss nicht reingewaschen werden, weil dieser Name nie befleckt wurde. Ihr Sohn war, wie Sie gesagt haben, ein ehrlicher Junge, einer, der die Musik geliebt hat, der seine Familie unterstützt hat. Das und kein anderer war Ihr Sohn."

Das Opfer weint bitterlich und bedankt sich bei der Richterin.

Die zweite anwesende Richterin: „Señora, es ist sehr wichtig, dass Sie und alle heute hier anwesenden Opfer dieser Herren verstehen, dass die postulados nicht dazu berechtigt sind, die Namen ihrer Kinder, Männer oder Familienangehörigen reinzuwaschen. Wir werden ihnen diese Macht nicht geben. Das sind Personen, die das Gesetz übertreten haben."

Opfer: „Das verstehe ich, aber bei wem soll ich dann darum bitten, dass der Name meines Sohnes rein wird?"

Zweite Richterin: „Der Name ihres Sohnes war nie befleckt. Weil diejenigen, die ihn diskreditiert haben, Verbrecher sind. Das wäre, als würden wir ihnen eine Macht zusprechen, die sie nicht haben."

Erste Richterin: „Möchten Sie die betreffenden postulados hören?"

Opfer: „Nein, ich möchte die postulados nicht hören. Ich glaube nicht an ihre Ernsthaftigkeit. Ich habe gesehen, wie sie in anderen Anhörungen gelacht haben. Sie haben nicht nur meinen Sohn ermordet und meine Tochter verwundet, sondern meine gesamte Familie zerstört."

4.3 Der Umgang mit dem kriminellen Phänomen innerhalb des Verfahrens

Mit Mancuso war es möglich, zu sehen, dass es sich [beim Paramilitarismus] um ein Unternehmen handelte. Der postualdo erlaubte es, die wirtschaftlichen Strukturen der Organisation zu visualisieren. Der einzige Aspekt, den Manucso nie an andere delegierte, war die Kontrolle des Drogenhandels. Alle sind im Grunde Glieder innerhalb des Drogenhandels: Darum bedurfte es einer sozialen, militärischen und ökonomischen Kontrolle des Lokalen. Es war notwendig, den Feind zu vertreiben und sich mithilfe der sozialen Kontrolle in der Zone zu positionieren. [...] Ecopetrol [der größte Erdölkonzern Kolumbiens] zum Beispiel hat Gebühren für die Hilfe der Paramilitärs gezahlt. Der Handel mit fossilen Brennstoffen, legal oder illegal, die Kraftstoffunternehmen bezahlten auch an den AUC. Die Bevölkerung, die Gesellschaft zahlte und wer nicht zahlte, wurde markiert. [...] Bei dem Antrag auf Wiedergutmachung gegen „El iguano" wurde bei der Bezifferung des kollektiven Schadens deutlich, dass die staatlichen Institutionen, Staatsanwaltschaft, Polizei zum Beispiel, mit den „Selbstverteidigungsgruppen" zusammenarbeiteten.[840]

Im Laufe des Prozesses bemühen sich einige Staatsanwälte darum, die Komplexität des kriminellen Phänomens zu erfassen und dessen Makrostrukturen zu entlarven. Für sie handelt es sich daher nicht um einzelne voneinander zu isolierende Straftaten, sonden um ein Großverbrechen.

Es gab auch Fälle, in denen aufgedeckt wurde, warum es „notwendig" war, gewöhnliche Menschen zu töten, um größere Ziele zu verfolgen. Wir untersuchten bspw., was hinter der Ermordung des Ombudmannes einer Region steckte und fanden heraus, dass er der erste war, der die Präsenz des AUC in der Zone öffentlich angeklagt hatte. Was man mit postualdos wie Mancuso, der der Kommandant der „Selbstverteidigungsgruppen" war, suchte, waren Taten, die auf einer höheren Ebene waren.[841]

Manche Staatsanwälte sind daher der Meinung, dass bei der Zurechnung strafrechtlicher Verantwortung dogmatische Figuren angewendet werden sollen, die die Verantwortlichkeit von Ausführern und Anführern der Taten sichtbar machen. So entschied sich bspw. der für die ersten *versiones libres* des obersten Kommandanten der Paramilitärs Salvatore Mancuso zuständige Staatsanwalt für Gerechtigkeit und Frieden Leonardo Cabana dazu, die mittelbare Täterschaft innerhalb organisierter Machtapparate für die paramilitärischen Führer und Mittäterschaft für die Ausführer der paramilitärischen Verbrechen zu verwenden.

Unabhängig von der strittigen dogmatischen Diskussion über die Angemessenheit bestimmer Zurechnungsfiguren[842] stellt die Einstellung Cabanas eher eine Ausnahme dar. Andere interviewte Staatsanwälte sowie die im Rahmen der Feldforschung besuchten Anhörungen deuten darauf hin, dass sich das Verfahren vor allem um tausende Einzelmorde dreht. Dabei wird deutlich, dass weite Teile des Prozesses improvisiert sind und das Justizpersonal auf die Komplexität der Taten bei weitem nicht vorbereitet war.[843] Die Richter und Staatsanwälte sind nach wie vor in ihren alltäglichen Rollen gefangen und denken in Mustern herkömmlicher Kriminalität: Sie wurden quasi über Nacht zu „Richtern und Staatsanwälten für Gerechtigkeit und Frieden".

---

840 Interview mit Leonardo Cabana Fonseca, Staatsanwalt für Gerechtigkeit und Frieden, UNFJP, Bogotá, 07.03.2012.

841 Ebd.

842 Dazu siehe Velásquez Velásquez, „Paramilitärische Führer und kriminelle Machtapparate".

843 Interview mit Jaime Charry, Staatsanwalt für Gerechtigkeit und Frieden, UNFJP, Bogotá, 14.02.2012; Interview mit Germán Russi Casallas, Staatsanwalt für Gerechtigkeit und Frieden, UNFJP, Bogotá, 09.02.2012.

In Bezug auf die „Kommunikationsfunktion“ der strafrechtlichen Zurechnung gibt es häufig Unstimmigkeiten zwischen Richtern und Staatsanwälten, die letztlich das zurechnen, was der zuständige Richter verlangt:

> Richterin: „Wieso haben sie die Beteiligung [des Paramilitärs] als mittelbare Täterschaft und nicht als unechte Mittäterschaft bezeichnet?“
>
> Staatsanwalt: „Ich habe nichts gegen die unechte Mittäterschaft, aber mir erscheint die mittelbare Täterschaft angemessener.“
>
> Richterin: „Die mittelbare Täterschaft wird angewendet, wenn es kein Wissen um die Taten gibt oder ein isoliertes Wissen. Hier haben die postulados die Tat organisiert. Die mittelbare Täterschaft ist eine fremde Theorie, die auf die Situation in diesem Land angewendet werden kann. Aber meiner Auffassung nach kann man sie nicht einfach dafür auf die Kommandanten anwenden, dass sie Kommandanten sind.“[844]

Bezüglich des Umgangs mit dem Rückwirkungsverbots gibt es ebenso unterschiedliche Standpunkte. Die Staatsanwaltschaft für Gerechtigkeit und Frieden vertritt die Ansicht, dass die paramilitärischen Taten im Rahmen der zum Tatzeitpunkt geltenden Strafgesetze zugerechnet und verfolgt werden. In der Praxis wird dies als *principio de legalidad estricta* (striktes Legalitätsprinzip) bezeichnet. Demzufolge werden die Taten in der Regel nicht als Verstöße gegen das Humanitäre Völkerrecht und Völkerrechtsverbrechen, sondern als gewöhnliche Kriminalität behandelt. Die Tribunale für Gerechtigkeit und Frieden hingegen stehen auf dem Standpunkt, bestimmte Straftatbestände rückwirkend anzuwenden. Dies betrifft die Straftatbestände des Humanitären Völkerrechts und einige Völkerrechtsverbrechen, die erst im Juli 2000 in das kolumbianische Strafgesetzbuch einbezogen wurden.[845]

Diese unterschiedlichen Ansätze spiegeln sich in den Anhörungen wider. So zum Beispiel in einer Anhörung zur Zurechnung des Sachverhalts, in der es um Erpressung und zwangsweise Überführung der Bevölkerung geht:

> Opfervertreter: „Die Straftaten entnehmen sie aus dem allgemeinen Teil des Strafgesetzbuchs und nicht dem Humanitären Völkerrecht. Diese Straftaten sind jedoch keine gewöhnlichen Verbrechen, sondern Verstöße gegen das Humanitäre Völkerrecht.“
>
> Die Richterin geht nicht auf die Intervention des Opfervertreters ein und gibt keine Argumente für ihr Vorgehen.
>
> Daraufhin entsteht eine angespannte Diskussion zwischen der Staatsanwältin und der Richterin.

---

844 Anhörung zur Zurechnung des Sachverhalts, Postulados: u. a. Daniel Rendón Herrera, Bloque Héroes de los Llanos de las AUC, Richter: Teresa Ruíz, Tribunal de Justicia y Paz de Bogotá, 21.02.2012.

845 Interview mit Leonardo Cabana Fonseca, Staatsanwalt für Gerechtigkeit und Frieden, UNFJP, Bogotá, 07.03.2012.

Staatsanwältin: „Ich versuche, die Verhaltensweisen innerhalb des Plans und der Politik dieser bewaffneten Gruppe einzuordnen. Wenn es innerhalb dieses Plans Befehle auszuführen galt, ist die Frage, wieso die zwangsweise Überführung stattfand. [...]"

Richterin: „Man kann nicht bei jedem Fall davon ausgehen, dass die zwangsweise Überführung auf eine Politik der illegalen bewaffneten Gruppe zurückgeht, um Land zu erobern. In vielen Fällen ist diese zwangsweise Überführung auf die Kriegstaktik der Gruppe zurückzuführen."[846]

5 Die Reform des Gerechtigkeits- und Friedensgesetzes im Rahmen des marco jurídico para la paz

In dem Bestreben, den mittlerweile abgeschlossenen Friedensprozess zwischen der Regierung und der linken FARC-Guerilla zu begünstigen, wurde im Juli 2012 eine Verfassungsreform durchgeführt, die als *marco jurídico para la paz* (Rechtlicher Rahmen für den Frieden) bezeichnet wird.[847] Diese Reform verlieh der sogenannten *Transitional Justice* Verfassungsrang in Kolumbien.[848] Sie führte in Anlehnung an Art. 22 der Verfassung, der den Frieden als Recht und Pflicht vorsieht,[849] zwei Übergangsartikel (Art. TRANS 66 und 67) in die Verfassung ein, in denen Instrumente der *Transitional Justice* festgelegt wurden.

Wenngleich die Verfassungsreform im Hinblick auf ein potenzielles Friedensabkommen zwischen der Regierung und der linken Guerilla konzipiert wurde, nahm die Reform des Gerechtigkeits- und Friedensgesetzes darauf Bezug. Demzufolge wurde das GuFG als ein Instrument der *Transitional Justice* eingestuft, wie es in der Verfassungsreform vorgesehen worden war.

Im Folgenden wird die Reform der Verfassung, der sogenannte „Rechtliche Rahmen für den Frieden", sowie ihre Umsetzung skizziert. Daran anschließend wird die Reform des Gerechtigkeits- und Friedensgesetzes, die im Rahmen der Verfassungsreform stattfand, dargestellt und die Standpunkte der darauf bezogenen strafrechtlichen Diskussion präsentiert.

---

846 Anhörung zur Zurechnung des Sachverhalts, Postulados: u. a. José del Carmen Viracacha Sicua, Bloque Subversión, Richter: Teresa Ruíz, Tribunal de Justicia y Paz de Bogotá, 01.03.2012.

847 Sog. *Acto Legislativo* Nr. 1 vom 31.07.2012.

848 Nach dem *Plan de Acción de casos a priorizar* der Generalstaatsanwaltschaft gehören zur sog. *Transitional Justice* in Kolumbien das Gerechtigkeits- und Friedensgesetz, das Gesetz 1424 von 2010 und das Gesetz 1448 von 2011, das sogenannte *Ley de Víctimas*.

849 Art. 22 Verfassung von 1991: „La paz es un derecho y un deber de obligatorio cumplimiento".

5.1 Grundlagen der Verfassungsreform

Nach dem neuen Übergangsartikel 66 besitzen die Instrumente der *Transitional Justice* einen „Ausnahmecharakter". Sie sollen zur Beendigung des internen bewaffneten Konfliktes, zur Erreichung eines stabilen und dauerhaften Friedens sowie zur Garantie einer Nicht-Wiederholung der Taten, der Sicherheit aller Kolumbianer und der Gewährleistung der Rechte der Opfer auf Wahrheit, Gerechtigkeit und Widergutmachung beitragen.

Zur Materialisierung dieser Ziele sollen mehrere Gesetze[850] erlassen werden, die, erstens, im Rahmen eines Friedensabkommens eine unterschiedliche strafrechtliche Behandlung von bewaffneten Gruppen, die im innerstaatlichen bewaffneten Konflikt Partei waren, und beteiligten Staatsbeamten festlegen sollen.[851] Zweitens sollen die gerichtlichen und außergerichtlichen Instrumente der Übergangsjustiz etabliert werden, um die staatliche Untersuchungs- und Bestrafungspflicht zu gewährleisten. In jedem Fall sollen für die Wahrheitsfindung und die Wiedergutmachung der Opfer außergerichtliche Mechanismen angewendet werden.[852] Drittens wird die Einrichtung einer Wahrheitskommission vorgeschrieben. Das Mandat der Kommission kann die Formulierung von Empfehlungen zur Anwendung der Instrumente der Übergangsjustiz beinhalten, einschließlich der Anwendung von sogenannten *criterios de selección* (Selektionskriterien).[853]

Der Reform zufolge sind die *criterios de priorización y selección* (Priorisierungs- und Selektionskriterien) Teil der Instrumente der Übergangsjustiz. Daher sollen bei der Verfolgung der im Rahmen des bewaffneten Konfliktes begangenen Verbrechen „Priorisierungskriterien" von dem Generalstaatsanwalt bestimmt werden.[854]

Im Rahmen der Übergangsjustiz und ohne Beeinträchtigung der staatlichen Verpflichtung, alle schweren Menschenrechtsverletzungen und Verstöße gegen das Humanitäre Völkerrecht zu ermitteln und zu bestrafen, kann zudem der kolumbianische Kongress mittels eines Gesetzes und auf Regierungsinitiative „Selektionskriterien" bestimmen. Diese sollen es erlauben, die Bemühungen der Ermittlungsverfahren auf die Hauptverantwortlichen der Verbrechen zu konzentrieren, die „den Charakter von systematisch begangenen Verbrechen gegen die Menschlichkeit, Völkermord oder Kriegsverbrechen aufweisen". Darüber hinaus kann der Kongress die Fälle und Vorbedingungen einer Aussetzung der Strafvollstreckung festsetzen. Zugleich können diejenigen Fälle definiert werden, in denen außergerichtliche Sanktionen,

---

850 Hierbei handelt es sich um sogenante *leyes estatutarias.* Nach der kolumbianischen Rechtsordnung werden diese Gesetze in der Verfassung explizit festgelegt. Sie haben in der Normenhierarchie einen höheren Rang als andere Gesetze und ihre Verabschiedung benötigt ein besonderes Verfahren: die absolute Mehrheit im Parlament und die vorherige Überprüfung durch das Verfassungsgericht.

851 Art. TRANS 66 Abs. 1, *Acto Legislativo* Nr. 1 vom 31.07.2012.

852 Art. TRANS 66 Abs. 2, *Acto Legislativo* Nr. 1 vom 31.07.2012.

853 Art. TRANS 66 Abs. 3, *Acto Legislativo* Nr. 1 vom 31.07.2012.

854 Art. TRANS 66 Abs. 4, *Acto Legislativo* Nr. 1 vom 31.07.2012.

alternative Strafen oder besondere Modalitäten des Strafvollzugs Anwendung finden. Schließlich kann der Kongress einen bedingten Verzicht auf die Strafverfolgung aller nicht ausgewählten Fälle autorisieren. Ein Gesetz soll ferner Schwere und Repräsentativität der Fälle berücksichtigen, um die Selektionskriterien festzulegen.[855]

Diese besondere strafrechtliche Behandlung mittels der Anwendung verfassungsrechtlicher Instrumente wird an die Erfüllung von Bedingungen geknüpft wie dem Niederlegen der Waffen, der Anerkennung von Verantwortung, einem Beitrag zur Wahrheitsfindung und zur umfassenden Wiedergutmachung der Opfer sowie der Freilassung der Entführten und der illegal rekrutierten Minderjährigen, die sich in der Gewalt der illegalen bewaffneten Gruppe befinden.[856] Der Kongress hat nach dem Vorlegen des ersten Gesetzentwurfes der Regierung vier Jahre Zeit, um alle Gesetze zu verabschieden, die den oben genannten Gegenstand regeln.[857]

Der Übergangsartikel Nr. 67 sieht vor, dass durch ein Gesetz geregelt wird, inwiefern diejenigen Straftaten, die mit dem sogenannten *delito político* verbunden sind, mit der Möglichkeit einer politischen Beteiligung kompatibel sind. Die Straftaten, die den Charakter von systematisch begangenen Verbrechen gegen die Menschlichkeit und Völkermord aufweisen, sollten in jedem Fall nicht als mit dem *delito político* verbundene Straftaten angesehen werden. Daraus folgt, dass diejenigen, die wegen dieser Taten verurteilt werden, sich weder politisch betätigen noch gewählt werden dürfen.[858]

5.2 Die praktische Umsetzung der Verfassungsreform

Zur Implementierung der Verfolgung der von den illegalen bewaffneten Gruppen begangenen Taten mit Berücksichtigung der „Priorisierungs- und Selektionskriterien“ wurde zunächst eine Richtlinie der Generalstaatsanwaltschaft erlassen, mittels derer diese Kriterien definiert wurden und eine „neue“ Ermittlungsmethode eingesetzt wurde.[859]

Ein Priorisierungskriterium ist der Richtlinie zufolge ein logischer Parameter, um die Ermittlungen auf bestimmte Situationen und Fälle zu fokussieren, um eine bessere Ausnutzung der administrativen und logistischen Ressourcen zu gewährleisten. Damit soll einer Überfrachtung des Gerechtigkeits- und Friedensprozesses entgegengewirkt werden[860] und die Effizienz, Wirksamkeit und Schnelligkeit des

855 Art. TRANS 66 Abs. 4, *Acto Legislativo* Nr. 1 vom 31.07.2012.
856 Art. TRANS 66 Abs. 5, *Acto Legislativo* Nr. 1 vom 31.07.2012.
857 Art. 2 Trans, *Acto Legislativo* Nr. 1 vom 31.07.2012.
858 Art. TRANS 67, *Acto Legislativo* Nr. 1 vom 31.07.2012.
859 Fiscalía General de la Nación, *Directiva* 0001, Bogotá, 04.10.2012: „Por medio de la cual se adoptan unos criterios de priorización de situaciones casos, y se crea un *nuevo* sistema de investigación penal y de gestión de aquéllos en la Fiscalía General de la Nación“.
860 „Die Idee der Priorisierung kam nach den Diskussionen über das kollabierende *Transitional Justice*-Modell. Beispielweise gibt es allein im Rahmen des Gerech-

Transitional Justice-Verfahrens gesichert werden. Ferner sollen sogenannte *patrones de macro-criminalidad* (Makrokriminalitätsmuster) und die *victimización masiva* (etwa: Viktimisierung im großen Ausmaß) festgestellt werden.[861]

Nach der Reform darf der Generalstaatsanwalt entscheiden, welchen der betreffenden Straftaten „Priorität" beigemessen wird. Darüber hinaus können die Strafverfolgungen mittels einer von dem Präsident vorgeschlagenen Gesetzinitiative „selektiv" durchgeführt werden, um sich lediglich auf die Hauptverantwortlichen zu konzentrieren.

„Hauptverantwortliche" sind nach der Richtlinie der Generalstaatsanwaltschaft: (i) diejenigen, denen innerhalb der Anordnungs- und Kontrollstruktur der kriminellen Organisation das Begehen von Straftaten im Verlauf der Ausführung von verbrecherischen Plänen bewusst war oder die die Taten in angemessener Weise vorhersehen konnten; (ii) in Ausnahmefällen werden ebenfalls diejenigen als Hauptverantwortliche eingestuft, die „besonders schwere Verbrechen" begangen haben, unabhängig davon, welche Stellung sie innerhalb der kriminellen Organisation einnahmen.

Daneben finden andere „Priorisierungskriterien" Anwendung: Zunächst sollen sogenannte „subjektive Kriterien" wie die Besonderheiten des Opfers, bspw. seine Zugehörigkeit zu einer ethnischen Minderheit oder seine gesellschaftliche oder politische Tätigkeit, und des Täters, ob es sich bspw. um einen Hauptverantwortlichen, Anstifter oder Mittäter handelt, beachtet werden. Darüber hinaus werden sogenannte „objektive Kriterien" berücksichtigt, die sich auf die Rechte des Opfers und der Gemeinschaft beziehen, die durch die Taten beeinträchtigt wurden. Dabei soll die „Repräsentativität" der Tat eine besondere Rolle spielen: Demnach werden Taten als besonders „repräsentativ" bezeichnet, die aufgrund ihrer besonderen Grausamkeit von „wesentlicher sozialer Bedeutung" sind. In der Praxis wird jedoch letztlich von jedem Staatsanwalt entschieden, welche Taten seiner Einschätzung nach „repräsentativ" sind.[862]

Der Richtline zufolge „erfüllt der Repräsentativitätsfaktor vielmehr symbolische Leistungen, die entscheidend in der Logik der *Transitional Justice* sind. [...] Dadurch wird das Strafrecht in die Dynamik der Übergangsjustiz eingesetzt und

---

tigkeits- und Friedensprozesses ca. 400.000 Straftaten, die schwerlich verurteilt werden können.", sagte der Leiter der *Unidad Nacional de Análisis y Contextos* (UNAC) der Generalstaatsanwaltschaft. Vgl. *Ámbito Jurídico*, „Alejando Ramelli: ‚Los sistemas procesales fracturaron la realidad de la guerra'", o.J., http://www.ambitojuridico.com/BancoConocimiento/N/noti-140114-08alejando_ramelli_los_sistemas_procesales_fracturaron_la_realida/noti-140114-08alejando_ramelli_los_sistemas_procesales_fracturaron_la_realida.asp?print=1 (letzter Zugriff am 25.06.2015). Ebenso Fiscalía para Justicia y Paz, *Plan de acción de casos a priorizar.*

861 Vgl. ebd.

862 In dem *Plan de Acción de casos a priorizar* der Staatsanwaltschaft für Gerechtigkeit und Frieden steht bspw., dass jeder Staatsanwalt die Repräsentativität der zu klärenden Taten bestimmten.

überwindet durch die symbolische Wirkung die Grenzen, die ihm seine eigenen Prinzipien und seine dogmatische Struktur auferlegen." Laut der Richtlinie verfolgt die Priorisierungsstrategie in dieser Hinsicht grundsätzlich zwei Ziele: Erstens die Nicht-Wiederholung der Taten und zweitens die Sensibilisierung des öffentlichen Bewusstseins für das Geschehene. Es handele sich dabei um ein auf der *Transitional Justice* basierendes Strafrecht, dessen Rolle im Hinblick auf massive Menschenrechtsverletzungen zwar beschränkt sei, die Symbolik des Schreckens der begangenen Taten jedoch zu illustrieren vermöge.[863]

Neben den subjektiven und objektiven Kriterien sieht die Richtlinie der Staatsanwaltschaft sogenannte „Komplementaritätskriterien" vor, die sich u. a. auf die Durchführbarkeit der Ermittlungen beziehen.[864]

Für die Generalstaatsanwaltschaft ist die Implementierung der oben dargestellten Priorisierungskriterien vor allem dadurch gerechtfertigt, weil eine Ermittlung „von Fall zu Fall"[865] im Rahmen der Transitional-Justice-Prozesse, zu denen das Gerechtigkeits- und Friedensverfahren gehört, materielle Differenzierungskriterien wie den Status des Opfers oder die Schwere der Tat nicht berücksichtige. Darüber hinaus sei diese „Einzelfallermittlungsstrategie" nicht in der Lage, *jeden* Sachverhalt zu klären,[866] was *de facto* zu einer undemokratischen und jeder Kontrolle entzogenen *Selektion* der zu klärenden Fälle führe. Dies behindere nicht nur eine effiziente Bekämpfung der organisierten Kriminalität, sondern resultiere in einem hohen Maß an Straflosigkeit.[867]

Die Verfassungsmäßigkeit des „Rechtlichen Rahmens für den Frieden" und der darin enthaltenen Selektions- und Priorisierungskriterien wurde in einem Urteil des Verfassungsgerichts bestätigt.[868] Darin setzte sich das Gericht mit der Frage auseinander, ob die Anwendung von Selektions- und Priorisierungskriterien bei der Ermittlung und Verurteilung der *schwersten* Verbrechen gegen die Menschen-

---

863 Siehe Fiscalía General de la Nación, *Directiva* Nr. 0001 vom 04.10.2012; dem prinzipiell zustimmend Alejandro Aponte, „Kann es einen Frieden mit Gerechtigkeit geben? Dilemmata im kolumbianischen Friedensprozess und die Funktion des Strafrechts", in: *Streitbare Strafrechtswissenschaft. Festschrift für Bernd Schünemann zum 70. Geburtstag am 1. November 2014*, hrsg. von Roland Hefendehl, Tatjana Hörnle, Luis Greco, Berlin u. a. 2014, S. 1031–1043, hier S. 1042 f.

864 Vgl. ebd.

865 In der Richtlinie der Generalstaatsanwaltschaft Nr. 0001 wird vom „*modelo de investigación vigente o el paradigma de investigación por casos*" (etwa: das aktuelle Ermittlungsmodell oder das Paradigma einer Einzelfallermittlung) gesprochen. In Wirklichkeit handelt es sich hierbei um die Strafverfolgungspflicht der Staatsanwaltschaft, bei einem Verdacht *jede* Straftat zu ermitteln.

866 Obwohl die Richtlinie der Generalstaatsanwaltschaft keinen Grund hierfür angibt, ist es allgemein bekannt, dass es sich um das Unvermögen der kolumbianischen Rechtspflege handelt, eine umfassende Strafverfolgung ansatzweise durchzuführen.

867 Fiscalía General de la Nación, *Directiva* Nr. 0001 vom 04.10.2012.

868 Siehe CC, Urteil C-579 von 2013.

rechte und das Humanitäre Völkerrecht der *Haupt*verantwortlichen eine Neukonstitution der Verfassung darstelle, weil die staatliche Verfolgungspflicht *aller* dieser Verbrechen dadurch außer Kraft gesetzt werde.[869] Das Verfassungsgericht kam zu dem Schluss, dass es sich hierbei um keine Verfassungsersetzung handele. Zugleich konstatierte es, dass die im „Rechtlichen Rahmen für den Frieden" enthaltenen Maßnahmen erforderlich seien, um die Rechte der Opfer und einen dauerhaften Frieden zu gewährleisten.[870] Abgesehen von den zahlreichen verfassungstheoretischen Problemen des Urteils wurden die Selektions- und Priorisierungskriterien nicht eindeutig(er) definiert. Darüber hinaus wurde die Behauptung des Gerichts, die Maßnahmen des „Rechtlichen Rahmens für den Frieden" seien für die Gewährleistung der Rechte der Opfer und eines dauerhaften Friedens *erforderlich*, durch keinerlei systematische Untersuchungen der Implementierung dieser Kriterien gestützt. Ferner wird in dem Urteil nicht thematisiert, wie die Taten behandelt werden sollen, die nach den Seletions- und Priorisierungskriterien nicht zugerechnet werden und welche Wechselwirkungen zwischen diesen nicht-verfolgten schweren Menschenrechtsverletzungen und der verfolgten ordinären Kriminalität bestehen. Schließlich wird durch die Einführung der Selektionskriterien ein bekanntes Problem der Kriminologie verschärft: die De-facto-Vorselektion der zu verfolgenden Taten durch Nicht-Anzeige und Einstellung der Verfahren.[871] An dieser Stelle ist die Einwirkung der Paramilitärs auf den Justizapparat und die Opfer zu betonen, die als faktischer Selektionsmechanismus wirkte.

5.3 Grundlagen der Reform des Gerechtigkeits- und Friedensgesetzes

Sieben Jahren nach seinem Inkrafttreten wurde das Gerechtigkeits- und Friedensgesetz reformiert.[872] Mittels der Reform wurden nicht nur wesentliche Schwerpunkte des „Rechtlichen Rahmens für den Frieden" in das GuFG eingefügt, sondern es wurde zugleich versucht, zahlreiche Probleme des Verfahrensablaufs zu überwinden. Im Folgenden werden einige der eingebrachten Änderungen skizzenhaft beleuchtet.

5.3.1 Die Durchführung des Gerechtigkeits- und Friedensverfahrens nach Priorisierungskriterien

Der Anwendungsbereich der Priorisierungskriterien erstreckt sich auf das gesamte Gerechtigkeits- und Friedensverfahren. Eine Ausdehnung des Ermessensspielraums der Staatsanwaltschaft bezüglich ihrer Ermittlungs- und Anklagepflicht

---

869 Vgl. ebd., S. 143.

870 Vgl. ebd., S. 384.

871 Siehe Fritz Sack, „Selektion und Selektionsmechanismen", in: Günther Kaiser, Hans-Jürgen Kerner, Fritz Sack, Harmut Schellhoss (Hrsg.), *Kleines Kriminologisches Wörterbuch*, 3. Aufl., Heidelberg 1993, S. 462–469, hier S. 468.

872 Mittels des Gesetzes 1592 vom 03.12.2012.

der im Rahmen des bewaffneten Konfliktes begangenen Taten ist bereits in Art. 2 des Gesetzes vorgesehen, der ein nach Priorisierungskriterien orientiertes Ermittlungs- und Hauptverfahren vorsieht. Laut Art. 16 bezieht sich diese Priorisierung nicht nur auf durch die Staatsanwaltschaft für Gerechtigkeit und Frieden neu eingeleitete, sondern schon in der ordentlichen Justiz begonnene Ermittlungen.[873] Unter Berücksichtigung der entsprechenden Kriterien soll sogar die Ausarbeitung und Durchführung des Ermittlungsplans der Staatsanwaltschaft zur Überprüfung der Wahrhaftigkeit der paramilitärischen Aussagen erfolgen.[874]

Darüber hinaus wird in Art. 15 von der Aufklärung sogenannter *patrones de criminalidad* (Kriminalitätsmuster) statt von „Sachverhalten"[875] gesprochen und in einer ersten Fassung der Reform sollte sogar die Teilnahme der Opfer an dem Verfahren mit Rücksicht auf Priorisierungskriterien bestimmt werden.[876]

5.3.2 *Der gescheiterte Versuch zur Abschaffung des* Incidente de Reparación

Obwohl die Reform eine umfassendere Opferdefinition vorsieht, die alle Angehörigen, und nicht nur Blutsverwandte ersten Grades, als Opfer anerkannte,[877] wurde der Antrag zur Wiedergutmachung durch einen *incidente de reparación de afectaciones* (etwa: Antrag zur Identifizierung der Schäden) ersetzt.

Für die kolumbianische Juristenorganisation *Comisión Colombiana de Juristas* stellte diese Änderung *de facto* die Abschaffung des Rechts auf Schadenersatz innerhalb des Gerechtigkeits- und Friedensprozesses und somit eine fundamentale Beschränkung der Rechte der Opfer dar. Die Novelierung sah nicht nur vor, dass der Anspruch auf Entschädigung lediglich in einem Verwaltungsverfahren erfolgte, in dem die maximale Schadenersatzsumme deutlich geringer war, sondern dass dem Opfer eine wichtige Gelegenheit an dem Verfahren teilzunehmen entzogen wurde.[878]

Darüber hinaus wurden mehrere andere Rechte der Opfer, z.B. ihr Recht auf Aufklärung des Schicksals von Verschwundenen oder ihr Persönlichkeitsrecht, in der Reform deutlich beeinträchtigt.[879]

Das Verfassungsgericht setzte sich daher mit dieser Problematik in zwei Urteilen auseinander und erklärte diesen Punkt der Reform für verfassungswidrig.[880]

---

873 Art. 16 Gesetz 975 von 2005, modifiziert durch Art. 12 Gesetz 1592 von 2012.

874 Art. 17 Gesetz 975 von 2005, eingefügt durch Art. 13 Gesetz 1592 von 2012.

875 Art. 15 Gesetz 975 von 2005, modifiziert durch Art. 15 Gesetz 1592 von 2012.

876 Siehe Art. 23 A Gesetz 975 von 2005, eingefügt durch Art. 23 Gesetz 1592 von 2012 vor der Überprüfung seiner Verfassungsmäßigkeit, CC, Urteil C-286 von 2014.

877 Art. 5 Gesetz 975 von 2005, modifiziert duch Art. 2 Gesetz 1592 von 2012.

878 Vgl. Gustavo Gallón, „Reparando la Reparación", in: *El Espectador*, 25.06.2014, http://www.elespectador.com/opinion/reparando-reparacion-columna-500670 (letzter Zugriff am 23.07.2015).

879 Vgl. ebd.

880 Es handelt sich um CC, Urteil C-180 von 2014 und CC, Urteil C-286 von 2014.

5.3.3 *Änderungen bezüglich des Verfahrensablaufs*

Die Rechtsprechung des Verfassungsgerichtes und des Obersten Gerichtshofes wurde in mehreren Punkten in der Reform übernommen. Ein Beispiel ist die Normierung der in dem GuFG nicht vorgesehenen Ausschließung der Paramilitärs aus den *listas de elegibles* und somit aus dem Gerechtigkeits- und Friedensverfahren. Wenngleich die Zuständigkeit und der verfahrensrechtliche Zeitpunkt für eine Entscheidung über einen Ausschluss in der Reform festgelegt wurden, wurden nicht alle Ausschließungsgründe normiert und den Richtern diesbezüglich weiterhin Ermessenspielraum eingeräumt.[881] Ferner schreibt die Reform u. a. die Rechtsfolgen eines Verzichts auf das Verfahren[882] sowie der Begehung weiterer Straftaten nach der Gewährleistung der *pena alternativa* und wegen des Beiseiteschaffens von Vermögensbeständen[883] vor.

Andere Änderungen beziehen sich auf im Rahmen eines ordentlichen Strafverfahrens bereits getroffene Entscheidungen, die innerhalb des Gerechtigkeits- und Friedensverfahrens widerrufen werden können. Dies wird insbesondere in den neuen Art. 18 A und Art. 18 B deutlich, denen zufolge eine bereits angeordnete Untersuchungshaft durch eine andere Maßnahme[884] ersetzt werden kann und eine bedingte Aussetzung des ordentlichen Strafvollzugs möglich ist.

Überdies wurden zur Beschleunigung des Verfahrens und zur Vermeidung von Doppelarbeit durch die zuständigen Justizorgane wichtige Maßnahmen wie die Zusammenlegung von Anhörungen ergriffen. Dies ist bspw. bei der in Art. 13 und 19 des reformierten Gesetzes normierten *audiencia de formulación y aceptación de cargos* der Fall, in der zwei Verfahrensstadien zusammengefasst wurden.

In Bezug auf andere wichtige Aspekte wurde jedoch die Gelegenheit versäumt, praktische Umsetzungsprobleme des Gesetzes endgültig zu lösen. Dies gilt insbesondere für den Beginn der Fristen der alternativen Strafe, wobei in der Praxis diesbezüglich auf die jüngere Rechtsprechung des Obersten Gerichtshofes zurückgegriffen wird.[885]

---

881 Art. 11 A Gesetz 975 von 2005, eingefügt durch Art. 5 Gesetz 1592 von 2012.

882 Ebd. sowie Art. 11 B Gesetz 975 von 2005, eingefügt durch Art. 6 Gesetz 1592 von 2012.

883 Ebd. sowie Art. 25 Gesetz 975 von 2005, modifiziert durch Art. 26 Gesetz 1592 von 2012.

884 Durch die in Art. 307 der kolumbianischen Strafprozessordnung geregelte *medidas de aseguramiento* (Maßnahmen zur Sicherung des Strafverfahrens) können entweder die Freiheit oder andere Grundrechte des Beschuldigten eingeschränkt werden.

885 Hier ist die Entscheidung des Obersten Gerichtshofes vom 05.03.104, Nr. 42835 von besonderer Bedeutung. Nach Auffassung des Gerichtes sind im Rahmen des Gerechtigkeits- und Friedensverfahrens zwei Faktoren zu berücksichtigen, wenn es um den Beginn der Fristen der alternativen Strafe geht: Wenn der Paramilitär zu dem Zeitpunkt der Demobilisierung keine Freiheitsstrafe verbüßt hatte, beginnen die Fristen der alternativen Strafe ab dem Moment seiner tatsächlichen

6 Die Strafverfolgung im Rahmen der ordentlichen Justiz: Der Fall der „Parapolitiker"

Im Rahmen der ordentlichen Justiz werden diejenigen Paramilitärs strafverfolgt, die nicht bereit sind, an dem GuF-Prozess teilzunehmen, aus diesem ausgeschlossen wurden oder sich nur in Bezug auf einige von ihnen begangene Verbrechen am GuF-Verfahren beteiligen. Zudem ist die ordentliche Strafjustiz für Politiker und einige Militärs zuständig, die den Paramilitarismus duldeten oder offen unterstützten. Weil der Kern dieser Arbeit die Verfolgung der Paramilitärs im Rahmen des Gerechtigkeits- und Friedensverfahrens bildet, werden wir uns im Folgenden nur skizzenhaft mit einigen Schwierigkeiten der Strafverfolgung der sogenannten „Parapolitiker" im Rahmen der ordentlichen Justiz auseinandersetzen. Unter „Parapolitik" wird in Kolumbien die Verflechtung zwischen nationalen und lokalen Politikern und den paramilitärischen Gruppen bezeichnet.

Ein erstes Problem betrifft die Gerichtsbarkeit des Obersten Gerichtshofes (Berufungskammer) für die Verfolgung von Politikern, gegen die wegen Verbindungen zu paramilitärischen Einheiten ermittelt wurde. Amtsträger können in der kolumbianischen Rechtsordnung ausschließlich durch die letzte Instanz, den Obersten Gerichtshof, strafverfolgt werden. Diese besondere strafrechtliche Behandlung wird als *fuero constitucional* bezeichnet.[886]

Für die meisten Politiker stellte eine solche Strafverfolgung einen Verstoß gegen das Recht auf ein faires Verfahren dar, vor allem aufgrund der ihrer Meinung nach Unanfechtbarkeit des Urteils. Mehr als 30 dieser Politiker traten daher von ihren Ämtern zurück, um wieder der normalen Gerichtsbarkeit zu unterliegen.[887] Die Generalstaatsanwaltschaft übernahm daraufhin die Ermittlungen, die zuvor in den Händen des Obersten Gerichtshofes lagen. Die Durchführung der Ermittlungsverfahren durch die Generalstaatsanwaltschaft wurde jedoch deutlich kritisiert. So kam es u. a. zu zahlreichen unbegründeten Prozessverzögerungen, fragwürdigen Verfahrenseinstellungen sowie der Nichtbeachtung von wichtigen Beweismitteln.[888] Angesichts dieser Defizite bei der Strafverfolgung setzte sich der Oberste Gerichtshof erneut mit seiner umstrittenen Gerichtsbarkeit auseinander. In Anlehnung an frühere Entscheidungen des Verfassungsgerichts stellte der Oberste Gerichtshof eine Gesamtschau auf das Recht auf ein faires Verfahren dar und argumentierte,

---

Festnahme. Wenn der Paramilitär zu dem Zeitpunkt der Demobilisierung seiner Gruppe bereits eine Freiheitsstrafe verbüßte, beginnen die Fristen ab dem Zeitpunkt der Demobilisierung der Gruppe.

886 Siehe Art. 186, Art. 235 u. Art. 251 Abs. 1 Verfassung von 1991; Art. 32 Gesetz 906 von 2004.

887 Siehe *El Tiempo*, „Congresistas acusados de parapolítica que renunciaron a curul vuelven a ser juzgados por la Corte", 15.09.2009, http://www.eltiempo.com/archivo/documento/CMS-6113107 (letzter Zugriff am 11.08.2015).

888 Siehe Human Rights Watch, *Rompiendo el control? Obstáculos a la justicia en las investigaciones de la mafia paramilitar en Colombia*, S. 99–120.

dass die Anfechtbarkeit einer richterlichen Entscheidung nur ein Bestandteil unter anderen dieses Rechtes sei.[889] Ferner wies er darauf hin, dass sogar bei der Strafverfolgung gegen Amtsträger einziginstanzliche Entscheidungen angefochten werden könnten.[890]

Über die Rechtfertigung seiner grundsätzlichen Zuständigkeit hinaus, versuchte der Oberste Gerichtshof diese auch *nach* der Amtsniederlegung der fraglichen Politiker aufrechtzuerhalten. Die kolumbianische Verfassung sieht in einem solchen Fall vor, dass die Gerichtsbarkeit des Obersten Gerichtshofes sich lediglich auf Straftaten begrenzt, die „in Verbindung mit den amtlichen Funktionen" des Politikers stehen.[891] Diese Taten wurden in der Rechtsprechung des Obersten Gerichtshofes stets als echte Amtsdelikte interpretiert.[892] Weil den Politikern vorgeworfen wurde, mithilfe gewalttätiger Unterstützung durch paramilitärische Einheiten Wählerstimmen erpresst und somit ihre Ämter als Abgeordnete erlangt zu haben, sowie die Paramilitärs geduldet, unterstützt und von ihren Verbrechen profitiert zu haben, kam diese Interpretation jedoch nicht mehr in Frage. Denn alle diese Handlungen wurden von dem Gericht unter den Straftatbestand *concierto para delinquir agravado* subsumiert, der wiederum nicht durch die Amtsträgerschaft der Politiker begründet wurde und somit nicht als echtes Amtsdelikt angesehen werden kann. Aus diesem Grund änderte der Oberste Gerichtshof seine bisherige Rechtsprechung dahingehend, dass die Verfassungsnorm sich nicht auf echte Amtsdelikte bezöge, sondern auf Straftaten, die in loser Verbindung mit den amtlichen Funktionen stünden. Aufgrund dieser buchstäblichen Auslegung konnte das Gericht seine Gerichtsbarkeit auch für die Strafverfolgung der bereits zurückgetretenen Politiker wiedergewinnen.[893]

Neben diesem und anderen primär strafprozessuellen Problemen erweist sich die Strafverfolgung der „Parapolitiker" auch aus der Perspektive des materiellen Strafrechts als schwierig. Wie bereits im Exkurs zum Straftatbestand des *concierto para delinquir* in Abschnitt 2.2.3.1c)A) erklärt wurde, wird nach dem kolumbianischen Strafgesetzbuch bereits die Absprache zur Begehung von Straftaten (*concierto para delinquir simple*)[894] sowie die Absprache zur Begehung besonders gravierender Straftaten wie bspw. Völkermord, Folter und Terrorismus (*concierto para delinquir agravado*)[895] unter Strafe gestellt. Der hier vor allem interessierende Straftatbestand des *concierto para delinquir agravado* wurde in den vergangenen Jahrzehnten mehrfach

889 CSJ, Urteil vom 01.09.2009, Nr. 31653.

890 Ebd. Hier bezieht sich der Oberste Gerichtshof auf die sogenannte *Acción de Revisión*, die nach der kolumbianischen Strafprozessordnung gegen alle vollstreckbaren Entscheidungen, die dieses Gericht als einzige oder zweite Instanz erlässt, zulässig ist.

891 Art. 235 Paragraf Verfassung von 1991.

892 Siehe bspw. CSJ, Urteil vom 23.05.2001, Nr. 17657; CSJ, Urteil vom 02.06.2004, Nr. 9121; CSJ, Urteil vom 03.08.2005, Nr. 2325.

893 Vgl. CSJ, Urteil vom 18.04.2007, Nr. 26942.

894 Art. 340 Abs. 1 Gesetz 599 von 2000.

895 Art. 340 Abs. 2 Gesetz 599 von 2000.

reformiert.[896] Eine wesentliche und für diesen Überblick besonders relevante Reform ist das Gesetz 1121 aus dem Jahr 2006. Vor der Reform war auch die Absprache zur Bildung, Unterstützung, Bewaffnung oder Finanzierung von illegalen bewaffneten Gruppen (*grupos armados al margen de la ley*) ein Bestandteil des Straftatbestands. Nach der Reform wurde dieser Teil jedoch gestrichen. In einem anderen durch die Reform modifizierten Straftatbestand, der sich auf die Finanzierung von Terrorismus und organisierte Kriminalität bezieht, wurde nicht die Absprache, sondern die Bildung, Unterstützung und Finanzierung von bewaffneten Gruppen einbezogen.[897]

In Bezug auf die Verurteilung der „Parapolitiker" bestehen ernsthafte Zweifel daran, ob der Straftatbestand *concierto para delinquir agravado* aufgrund der Reform noch anwendbar ist. Nach der Interpretation des Obersten Gerichtshofes handelt es sich bei der Reform weder um eine implizite noch um eine explizite Aufhebung der Komponente der Absprache zur Bildung illegaler bewaffneter Gruppen. Seiner Argumentation zufolge wurde diese in den ebenfalls modifizierten Artikel über die Finanzierung von Terrorismus und organisierter Kriminalität integriert.[898] Im Gegensatz dazu stellt für andere Interpreten die Änderung des Straftatbestands *concierto para delinquir agravado* eine Derogation der Absprache zur Bildung, Unterstützung und Finanzierung bewaffneter Gruppen dar, weshalb die Auffassung des Obersten Gerichtshofes unzutreffend sei und die Urteile gegen die „Parapolitiker" demzufolge einen Verstoß gegen das Legalitätsprinzip bildeten.[899]

Die umstrittene Strafbarkeit der Absprache ist darum besonders relevant, weil bewiesen ist, dass die AUC-Führung 2001 mit 32 Politikern einen Pakt zur „Neubegründung des Vaterlandes", den sogenannten „Pakt von Ralito", schloss.[900] Dieser Vertrag wird vom Obersten Gerichtshof als Beweis für die Absprache zur Bildung und Unterstützung der paramilitärischen Gruppen gewertet. Darüber hinaus ist es wichtig, zu betonen, dass Mario Uribe, einer der skandalösesten Fälle von „Parapolitik" und zugleich Cousin des Ex-Präsidenten Àlvaro Uribe Vélez,[901] den Gesetzentwurf zur Reform des Straftatbestands *concierto para delinquir agravado* in Bezug auf die Absprache einbrachte.

Gleichfalls umstritten ist die Rechtsprechung des Obersten Gerichtshofes bezüglich der selbständigen Strafbarkeit der Absprache zur Begehung von Völker-

896 Siehe bspw. Art. 208 Gesetz 95 von 1936, Art. 186 Dekret 100 von 1980, Art. 8 Gesetz 365 von 1997, Art. 4 Gesetz 589 von 2000, Art. 340 Gesetz 599 von 2000, Art. 8 Gesetz 733 von 2002, Art. 19 Gesetz 1121 von 2006.

897 Art. 345 Gesetz 599 von 2000.

898 Vgl. u. a. CSJ, Urteil vom 19.12.2007, Nr. 26118; CSJ, Urteil vom 16.05.2008, Nr. 26470; CSJ, Urteil vom 14.12.2009, Nr. 27491; CSJ, Urteil vom 26.01.2010, Nr. 23802.

899 Siehe bspw. die Argumentation in CC, Urteil C-309 von 2009.

900 Dieses Ereignis wurde sogar in der deutschen Presselandschaft kommentiert. Siehe Oehrlein, „Pakt mit dem Teufel".

901 Siehe dazu bspw. Sven Töniges, „Haftstrafe für ‚Parapolitiker' Mario Uribe", in: *Deutsche Welle*, 22.02.2011, http://www.dw.com/de/haftstrafe-f%C3%BCr-parapolitiker-mario-uribe/a-14860374 (letzter Zugriff am 14.08.2015).

rechtsverbrechen, die ebenfalls Teil des *concierto para delinquir agravado* ist, und von ihm als Vorbereitung dieser Straftaten verstanden wird. Seine Argumentation stützt sich dabei auf eine unzutreffende Auslegung des IStGH-Statuts, in dem nach der Auffassung des Gerichts die Planung und Vorbereitung eines Völkerrechtsverbrechens strafbar sind.[902]

7 Kritische Bemerkungen

7.1 Zur administrativen Phase

> Es haben sich 30.000 angebliche Paramilitärs demobilisiert. Die Mehrzahl davon waren keine Paramilitärs. Das haben wir bestätigt, weil sie bei den Befragungen absolut nichts von der Organisation wussten. Alle erschienen vorbereitet, mit einem auswendig gelernten Textbuch. Bei den Befragungen traf ich auf Analphabeten, die nicht mal unterschreiben konnten und trotzdem erschienen ihre Unterschriften auf den Listen als Mitglieder der paramilitärischen Organisation.[903]

Die administrative Phase des GuF-Verfahrens wies zahlreiche Schwierigkeiten auf: zum einen fanden die Verhandlungen zwischen der Regierung und den Paramilitärs ohne eine öffentliche Debatte statt, zum anderen wurden die ersten Demobilisierungen ab 2003 ohne gesetzliche Basis durchgeführt.[904] Dies begünstigte willkürlich erscheinende und intransparente politische Entscheidungen vor allem in Bezug auf die Erstellung der *listas de elegibles*. So wurden u. a. die unzureichende Überprüfung der auf den Listen erscheinenden Namen sowie die Manipulation der Demobilisierungen durch einige paramilitärische Kommandanten von Beobachtern des Prozesses kritisiert.[905] Darüber hinaus wurden andauernde Menschenrechtsverletzungen durch paramilitärische Einheiten während und nach der Demobilisierungen, die Wiederbewaffnung von Gruppen sowie massive Fälschungen im Rahmen des Verfahrens festgestellt.[906]

---

902 Siehe CSJ, Urteil vom 03.12.2009, Nr. 32672. Zur Thematik der Strafbarkeit der Planung und Vorbereitung von Völkerrechtsverbrechen siehe Werle, *Völkerstrafrecht*, S. 300, Rn. 673 ff.; ebenso Ambos, *Procedimiento de la Ley de Justicia y Paz*, S. 132 f.

903 Interview mit Jaime Charry, Staatsanwalt für Gerechtigkeit und Frieden, UNFJP, Bogotá, 14.02.2012.

904 Vgl. Ambos, *Procedimiento de la ley de Justicia y Paz*, S. 68.

905 Siehe Human Rights Watch, *Rompiendo el control? Obstáculos a la justicia en las investigaciones de la mafia paramilitar en Colombia*, S. 76 f.

906 Dazu u. a. Comisión Colombiana de Juristas, *Colombia: El espejismo de la Justicia y la Paz. Balance sobre la aplicación de la ley 975 de 2005*, S. 18–28; Comisión Nacional de Reparación y Reconciliación, *Disidentes, rearmados y emergentes: bandas criminales o tercera generación paramilitar?*, Bogotá 2007; Comisión Colombiana de Juristas, *Colombia: La metáfora del desmantelamiento de los grupos paramilitares*, S. 25–51; Human Rights Watch, *Herederos de los paramilitares: La Nueva Cara de*

Ein besonders markanter Fall betrifft die paramilitärische Organisation „Bloque Norte", die von dem Paramilitär Rodrigo Tovar Pupo alias „Jorge 40" geführt wurde: die Paramilitärs rekrutierten eine Vielzahl von Zivilisten, zumeist Bauern, Arbeitslose und Kriminelle, und trainierten sie für die Zeremonie der Waffenniederlegung und die anschließenden Befragungen durch die Staatsanwälte. Einige der wirklichen Paramilitärs nahmen dagegen nicht am Prozess teil, um die Kontrolle in Schlüsselregionen aufrechterhalten zu können.[907] Dies wird durch Aussagen der interviewten Staatsanwälte bestätigt:

> Einige ‚Paramilitärs' sagten: ‚Zu mir kamen Leute der Regierung und forderten mich auf, mich auf die Listen zu setzen.' Viele wurden auch gefoltert, damit sie sich als Paramilitärs ausgaben. Es gab einen Fall von einem Herren, der aufgrund einer Straftat eine ordentliche Strafe von 40 Jahren erhalten hat. Sie haben ihn überzeugt, sich als Paramilitär auf die Listen setzenzulassen ohne einer zu sein.[908]

Statt der offiziell geschätzten ca. 15.000 Paramilitärs wurden daher mehr als 35.000 Personen demobilisiert.[909] Nach Angaben der Staatsanwaltschaft für Gerechtigkeit und Frieden wurden von diesen insgesamt 4.643 von der Regierung als potentielle Bewerber (*postulados*) um die Vorteile des Gerechtigkeits- und Friedensgesetzes präsentiert.[910] Gegen 71 wurde das Verfahren nach ihrem Tod eingestellt und 1.587 verweigerten ihre Zustimmung, innerhalb des Prozesses verurteilt zu werden.[911] Diesen Informationen zufolge wird lediglich gegen etwa 8,5 % der kollektiv demobilisierten Paramilitärs im Rahmen des GuF-Verfahrens ermittelt. Der Rest, mehr als 30.350 Demobilisierte, sind nach Meinung der Juristenorganisation *Comisión Colombiana de Jursitas* demnach *de facto* amnestiert worden.[912]

Dass die intransparenten und ohne jegliche, politische wie juristische, Kontrolle durchgeführten Entscheidungen der Exekutive, wer auf die *listas de elegibles* gesetzt wurde und wer nicht, den Beginn des Demobilisierungsprozesses der paramilitä-

---

la Violencia en Colombia, New York 2010, https://www.hrw.org/sites/default/files/reports/colombia0210spwebwcover_0.pdf (letzter Zugriff am 06.11.2015).

907 Vgl. Human Rights Watch, *Rompiendo el control? Obstáculos a la justicia en las investigaciones de la mafia paramilitar en Colombia*, S. 76 f.

908 Interview mit Jaime Charry, Staatsanwalt für Gerechtigkeit und Frieden, UNFJP, Bogotá, 14.02.2012.

909 Vgl. Álvaro Villarraga Sarmiento, „Experiencias históricas recientes de reintegración de excombatientes en Colombia", in: *Colombia Internacional*, 77 (2013), S. 107–140, hier S. 127.

910 Die Angaben der Staatsanwaltschaft für Gerechtigkeit und Frieden sind der Antwort auf meine Anfrage vom 27.03.2012 entnommen.

911 Die Zahl der Teilnehmer am Prozess verringerte sich weiter, als der Oberste Gerichtshof die Qualifizierung der paramilitärischen Taten als *delitos políticos* untersagte. Interview mit dem Staatsanwalt Jaime Charry vom 14.02.2012.

912 Vgl. Comisión Colombiana de Juristas, *Colombia: La metáfora del desmantelamiento de los grupos paramilitares*, S. 121; Álvaro Villarraga Sarmiento, „Experiencias históricas recientes de reintegración de excombatientes en Colombia", S. 128.

rischen Einheiten darstellen, ist eine bedenkliche rechtsstaatliche Hypothek des gesamten Verfahrens. Die fragwürdige Rolle der Regierung bei der Erstellung der Kandidatenlisten bildete eine „Trichterfunktion“[913] in einer der wesentlichen Phasen des Prozesses, bei dem unzählige Verbrechen bis heute unentdeckt geblieben sind.

Über die defizitäre Konzipierung der administrativen Phase hinaus, ist auch deren Erfolg im Hinblick auf die Auflösung der paramilitärischen Strukturen und die Reintregration der ehemaligen Kämpfer in die Gesellschaft ernsthaft in Zweifel zu ziehen. So ist bewiesen, dass sich nicht alle bewaffneten Gruppen aufgelöst haben und mehrere derer, die am Prozess teilnahmen, sich mittlerweile wiederbewaffnet haben.[914] Diejenigen Demobilisierten, die nicht „rückfällig“ geworden sind, sind zumeist arbeitslos oder lediglich informell beschäftigt.[915]

7.2 Zur gerichtlichen Phase

7.2.1 Allgemeines

Im Allgemeinen zeichnet sich die gerichtliche Phase des GuF-Verfahrens durch Improvisationen und logistische Probleme aus. So kommt es bei den Übertragungen in andere Städte häufig zu technischen Schwierigkeiten und die Abläufe der Anhörungen werden immer wieder gestört. Die beteiligten Staatsanwälte und Opfervertreter klagen über mangelnde Ressourcen, zu hohe Arbeitslasten und geringe Unterstützung.[916] Alle Beteiligten scheinen auf die Komplexität des Prozesses und die Vielzahl der von den Paramilitärs berichteten Taten nicht vorbereitet gewesen zu sein. Die quasi über Nacht zu Trägern des kolumbianischen Transitionsprozesses gewordenen Richter und Staatsanwälte bleiben nach wie vor in ihren alten Rollen verhaftet und denken häufig in Mustern „herkömmlicher Kriminalität“.

7.2.2 Das Phänomen des Paramilitarismus

Laut Art. 10 des GuFG können Mitglieder der bewaffneten Gruppen, die sich im Rahmen der Verhandlungen mit der Regierung demobilisierten, an dem GuF-Verfahren teilnehmen und damit in den Genuss der alternativen Strafe kommen. Das komplexe Phänomen des Paramilitarismus wurde somit *ab initio* auf die bewaffneten Gruppen reduziert, wodurch die übergeordneten kriminellen Strukturen, die Rolle des Staates

---

913 In Anlehnung an Klaus Marxen, Gerhard Werle, *Die strafrechtliche Aufarbeitung von DDR-Unrecht. Eine Bilanz*, Berlin u. a. 1999, S. 234.

914 Siehe dazu u. a. Human Rights Watch, *Herederos de los paramilitares: La Nueva Cara de la Violencia en Colombia.*

915 Siehe *El Tiempo*, „‚Paras‘ que salgan libres deben entrar a ruta de reintegración“, 11.08.2014, http://www.eltiempo.com/politica/justicia/paramilitares-en-libertad-deberan-reintegrarse/14370378 (letzter Zugriff am 06.11.2015).

916 Interview mit Javier Tamayo, Staatsanwalt für Gerechtigkeit und Frieden, UNFJP, Bogotá, 22.02.2012; Interview mit Jaime Charry, Staatsanwalt für Gerechtigkeit und Frieden, UNFJP, Bogotá, 14.02.2012.

und gesellschaftlicher Eliten weitestgehend ausgeblendet wurde. In einzelnen Urteilen der Tribunale für Gerechtigkeit und Frieden versuchen die beteiligten Richter über dieses enge Verständnis des Paramilitarismus hinauszugehen und auch dessen Unterstützer und Finanziers für die Wiedergutmachung der Opfer heranzuziehen.[917]

Dennoch dreht sich das gesamte Verfahren im Grunde um die von den Paramilitärs in den *versiones libres* dargelegten Sachverhalte, die durch die Staatsanwaltschaft aufgrund ihrer mangelhaften Ausstattung kaum überprüft werden können. Dadurch werden einige Straftaten wie die Rekrutierung von Kindern, Vergewaltigung, Folter und Drogenhandel in den Anhörungen kaum thematisiert, obwohl sie unzweifelhaft zu den Erscheinungsformen des Phänomens gehören. Ein besonders frappantes Beispiel bildet der Drogenhandel: zwar lautet eine gesetzliche Voraussetzung zur Gewährung der alternativen Strafe, dass „die Gruppe sich nicht zum Drogenhandel oder zur illegalen Bereicherung organisiert hatte“[918], jedoch ist bekannt, dass die paramilitärischen Gruppen enge Verbindungen zum Drogenhandel unterhielten und viele ihrer Kommandanten zuvor Drogenhändler waren.[919] Die Überprüfung dieser gesetzlichen Voraussetzung gestaltet sich für die zuständigen Staatsanwaltäte daher schwierig; sie stützen sich häufig lediglich auf das interne Statut des AUC, in der der Drogenhandel nicht als Hauptziel der Organisation erwähnt wird. Darin werden die Paramillitärs vielmehr als eine antisubversive Organisation dargestellt, die im nationalen Interesse handele und die durch die linken Guerillas bedrohten Rechte der Bürger verteidige, die von dem Staat nicht gewährleistet würden.[920] Dies steht im starken Kontrast zu Aussagen wie denen des Staatsanwalts Cabana, der für den obersten Paramilitär Mancuso zuständig war: „alle sind im Grunde Glieder innerhalb des Drogenhandels.“[921]

Durch die Konzipierung des Verfahrens und der darin geradezu axiomatischen Funktion der paramilitärischen Aussagen werden die paramilitärischen Verbrechen und mithin das gesamte Phänomen in den meisten Anhörungen als tausende Individualmorde dargestellt. Ob die Taten dabei als Morde oder Verstöße gegen das Humanitäre Völkerrecht bzw. das Völkerstrafrecht zugerechnet werden, hängt im Wesentlichen davon ab, wie die beteiligten Staatsanwälte und Richter mit dem Rückwirkungsverbot umgehen. Erstere bevorzugen in der Regel die zum Tatzeitpunkt geltenden Strafgesetze, letztere hingegen legen größeren Wert auf die Zielsetzung der Gesetze und wenden daher häufiger die Normen des Humanitären Völkerrechts

917 So z.B. in den Entscheidungen des Tribunals für Gerechtigkeit und Frieden in dem Fall Edward Cobos Téllez und Uber Enrique Banquez. Vgl. TSJPB, Urteil vom 29.06.2010, Nr. 110016000253200680077, S. 144.

918 Art. 10.5 Gesetz 975 von 2005.

919 Vgl. u.a. Human Rights Watch, *Rompiendo el control? Obstáculos a la justicia en las investigaciones de la mafia paramilitar en Colombia*, S. 75.

920 Siehe bspw. das Urteil gegen Wilson Salazar alias „El Loro“. Vgl. TSJPB, Urteil vom 19.03.2009, Nr. 110016000253200680526, S. 30 und 41.

921 Interview mit Leonardo Cabana Fonseca, Staatsanwalt für Gerechtigkeit und Frieden, UNFJP, Bogotá, 07.03.2012.

an, die den Kontext der Taten besser wiedergeben. Aufgrund der Komplexität des Paramilitarisms ist eine pauschale Einordnung allerdings nur schwer möglich, da nicht alle Taten, die im Rahmen des Konfliktes begangen wurden, konfliktbezogene Taten waren.[922]

Ein weiteres Problem betrifft den Straftatbestand *concierto para delinquir agravado* (Absprache zur Begehung von Völkerrechtsverbrechen), der dem Obersten Gerichtshof zufolge den Angelpunkt der Zurechnungen innerhalb des GuF-Verfahrens bildet.[923] Nach dem kolumbianischen Strafgesetzbuch ist das zu schützende Rechtsgut dieses Straftatbestands die öffentliche Sicherheit, wodurch in einigen Urteilen der Tribunale für Gerechtigkeit und Frieden der Staat als *Opfer* erscheint.[924] Darüber hinaus wird der Tatbestand *concierto para delinquir agravado* in der Regel zusammen mit anderen Straftatbeständen wie Benutzung von Wehruniformen und Waffen ohne Genehmigung zugerechnet, wodurch die Verantwortung des Staates für die paramilitärischen Verbrechen noch weiter verschwimmt. Denn beim *illelagen* Tragen von Uniformen und Benutzen von Waffen der Streitkräfte wird *per definitionem* ausgeschlossen, dass die Paramilitärs mit diesen Materialien aktiv von Fraktionen der Streitkräfte unterstützt wurden und zum Teil sogar auf ihren Auftrag hin Massaker begingen. Einige Beispiele dieser Praxis wurden in Kapitel 3 eingehend beschrieben. Das Phänomen des Paramilitarismus scheint daher durch die bestehenden Zurechnungsfiguren nur ungenügend erfassbar, vor allem aber wird die Rolle des Staates getrübt.

7.2.3 Die Situation der Opfer

Die Teilnahme der Opfer an den Verfahren beschränkt sich in der Regel auf die einmalige Anwesenheit in den Anhörungen. Viele Opfer sind jedoch *de facto* auch davon ausgeschlossen, da sie über unzureichende Mittel verfügen, um in die Großstädte des Landes zu fahren. Die juristische und psychologische Betreuung ist aufgrund der Überforderung der Opfervertreter oft mangelhaft, sodass die Opfer in den Anhörungen zum Teil ganz auf sich allein gestellt sind. Eine angemessene Intervention zugunsten der Rechte der Opfer findet aus diesen Gründen nur selten statt und ist teilweise auf die Initiative von Richtern und Staatsanwälten angewiesen.

Darüber hinaus ist mitunter sogar der Status der Opfer in einigen Anhörungen umstritten: die Tatsache, dass eine ermordete Person „Guerillero“ oder „Bekannter der Guerilla“ war, wird von manchen Staatsanwälten als Rechtfertigungsgrund für dessen Tötung zumindest erwogen:

922 Ebd.
923 Vgl. u. a. CSJ, Urteil vom 31.07.2009, Nr. 31539, S. 9–11.
924 Vgl. bspw. TSJPB, Urteil vom 05.12.2011, Nr. 110016000253200782791, S. 172 und 196.

> Die Opfer waren Bekannte der Guerilla, obwohl die Staatsanwaltschaft die Opfer nicht bewertet, erachtet die Staatsanwaltschaft es als wichtig, dass die Opfer Bekannte der Guerilla waren.[925]

Der Opferstatus wird somit implizit infrage gestellt und die von den Paramilitärs verfolgte Rechtfertigungsstrategie, Subversive bekämpft zu haben, von dem beteiligten Justizpersonal übernommen.

Ferner ist auf die Entschädigungen durch den kolumbianischen Staat im Rahmen des GuF-Verfahrens hinzuweisen. Es ist zumindest bemerkenswert, dass für die armen Bürger in den ländlichen Regionen des Landes, die überproportional von dem Konflikt betroffen sind, die grundlegenden Rechte auf Bildung, eine Krankenversicherung und minimale staatliche Unterstützung erst anerkannt werden, nachdem sie oder ihre Angehörigen zu Opfern des bewaffneten Konfliktes wurden. Dies führt zuweilen dazu, dass der Opferstatus lediglich vorgetäuscht wird, um in den Genuss dieser „Grundrechte" zu gelangen.[926] Die Verantwortung des Staates für die Vernachlässigung weiter Teile der Bevölkerung, die eine wesentliche Ursache des Konfliktes bildet, wird durch die Entschädigungen, die den Betroffenen zweifelsohne immens helfen, tendenziell verdeckt. Doch selbst bei dieser verspäteten „Sozialpolitik via Gerichtsurteil" kommt es zu äußerst fragwürdigen Begründungen, wieso den Opfern gewisse Maßnahmen nicht gewährt werden sollen: So wurden bspw. den Kindern eines Opfers des Massakers von Mampuján Stipendien für eine Ausbildung verweigert, weil „ihr Lebensprojekt" auf dem Land sei und mit der Landwirtschaft zusammenhinge.[927] Den meisten Paramilitärs, wie auch Edwar Cobos Téllez, einem der Verantwortlichen für das Massaker von Mampuján, ist es hingegen gestattet, während ihres Gefängnisaufenthalts zu studieren.

7.2.4 *Die kommunikative Funktion des Verfahrens*

> Postulado: „Ich habe nichts zu sagen. Ich verstehe nichst von dem, was Sie [die Richterin] sagen, aber ich nehme die Anklage an..."[928]

---

925 Anhörung zur Zurechnung des Sachverhalts, Postulados: u. a. Daniel Rendón Herrera, Bloque Héroes de los Llanos de las AUC, Richter: Teresa Ruíz, Tribunal de Justicia y Paz de Bogotá, 21.02.2012.

926 Siehe u. a. *El Tiempo*, „Primeras condenas a falsas víctimas de la masacre de Mapiripán", 13.03.2015, http://www.eltiempo.com/politica/justicia/condenan-a-falsas-victimas-de-masacre-de-mapiripan-/15392716 (letzter Zugriff am 09.11.2015).

927 Vgl. CSJ, Urteil vom 27.04.2011, Nr. 34547, S. 330.

928 Anhörung zur Überprüfung der formellen und materiellen Rechtmäßigkeit der Anklage, Postulado: Javier Antonio Quintero Coronel, Frente Hector Julio Peinado Becerra de las ACCU, Richter: Alexandra Valencia und Léster María González, Tribunal de Justicia y Paz de Bogotá (mit Übertragung nach Aguachica), 05.-06.03.2012.

So wie dieser Paramilitär verstehen die meisten *postulados* die Inhalte und Ziele der Verfahren kaum: es geht ihnen zumeist lediglich darum, in den Genuss der *pena alternativa* zu gelangen. Sie kommen wie die Opfer in der Regel aus den armen Bevölkerungsschichten, sind häufig Analphabeten und juristische Laien. Die Langwierigkeit und Komplexität der Prozesse ist für alle Beteiligten ermüdend, vor allem für die Opfer, die oft mit hohen Erwartungen zu den Anhörungsorten kommen.

Obwohl die Paramilitärs die juristischen Formalia des Verfahrens selten verstehen, haben die Anhörungen eine andere, zweifelhafte pädagogische Funktion: zum einen verlieren sie die wenige Angst vor der Strafe und den wenigen Respekt, den sie vor dem Justizsystem hatten.[929] Sie lernen, dass sie für die Ermordung hunderter Personen lediglich eine relativ milde Strafe im Vergleich zur Dimension des angerichteten Schadens erhalten. Zum anderen wird auch für die unteren Ränge der Paramilitärs die gesamte Struktur der Organisation aufgedeckt. Sie erkennen, wie alles funktioniert hat und auch, dass es wiederbewaffnete Gruppen gibt. Das Verfahren wird somit für viele Paramilitärs, die nur geringe Chancen auf eine wirkliche Reintegration in die Gesellschaft haben, zur „Pädagogik des Verbrechens" wie der Staatsanwalt Cabana es bezeichnet.[930]

Der eigentliche Skandal ist jedoch, dass die Gesellschaft in den Prozessen so gut wie nicht vorhanden ist. Obwohl außer den *versiones libres* alle Anhörungen öffentlich sind, fanden die im Rahmen der Feldforschung besuchten Vernehmungen zumeist *ohne* jegliches Publikum statt. Die Öffentlichkeit, der neben den Prozessbeteiligten wesentliche Adressat der Verfahren, glänzt daher weitgehend durch Abwesenheit.

8 Zusammenfassung

In diesem Kapitel wurde die Strafverfolgung der paramilitärischen Taten im Rahmen des Gerechtigkeits- und Friedensverfahrens beschrieben. In einem ersten Schritt wurden die „Gesetze zur Wiedereingliederung in die Gesellschaft" als Vorläufer des Gerechtigkeits- und Friedensgesetzes dargestellt (1.1) und der Gesetzgebungsprozess des GuFG skizziert (1.2). Daran anschließend wurde das GuFG (2.1) sowie das darin beschriebene GuF-Verfahren (2.2) erläutert. Daraufhin wurden die Verurteilungen der in die USA ausgelieferten paramilitärischen Kommandanten und die in diesem Zuge entstandenen Probleme für das GuF-Verfahren dargelegt (3).

Im Anschluss wurde die Verfahrenspraxis des GuF-Prozesses anhand der im Rahmen der Feldforschung durchgeführten Experteninterviews und der besuchten Anhörungen exemplarisch illustriert (4). Im fünften Abschnitt wurde die Reform

929 Interview mit Leonardo Cabana Fonseca, Staatsanwalt für Gerechtigkeit und Frieden, UNFJP, Bogotá 07.03.2012.

930 Ebd.

des GuFG von 2012 in ihren Grundzügen dargestellt. Sodann wurde die Strafverfolgung der paramilitärischen Taten im Rahmen der ordentlichen Justiz anhand der „Parapolitiker" aufgezeigt (6).

Im siebten Abschnitt wurden einige kritische Anmerkungen zum Verfahren gemacht, die in Bezug auf die administrative Phase auf die fragwürdige Rolle der Exekutive, den Skandal der falschen Demobilisierungen sowie die Wiederbewaffnung paramilitärischer Einheiten hindeuteten (7.1). In Bezug auf die gerichtliche Phase wurden u. a. die konstanten Improvisationen, die Reduzierung des Phänomens des Paramilitarismus auf tausende Einzelmorde, die Verschleierung der Rolle des Staates bei den Verbrechen, die unzureichende Einbeziehung der Opfer und die Abwesenheit der Öffentlichkeit in den Anhörungen kritisiert (7.2).

Zwei wesentliche Punkte aus diesem Kapitel sind an dieser Stelle hervorzuheben: erstens ist auf die Verhaltensweisen der Regierung Uribe im Laufe des Gesetzgebungsprozesses sowie im Rahmen der Auslieferungen der paramilitärischen Kommandanten hinzuweisen. Es sind kontinuierliche Versuche auszumachen, die Taten der Paramilitärs als „politische Verbrechen" zu qualifizieren und damit *de facto* zu amnestieren sowie die Rechtsprechung des Obersten Gerichtshofes in Bezug auf die Auslieferungen der paramilitärischen Kommandanten zu umgehen und somit deren Partizipation im GuF-Verfahren einzuschränken. In den kritischen Bemerkungen wurden weitere Beispiele der fraglichen Rolle der Exekutive im Rahmen des Verfahrens beschrieben. Diese geben im Verbund mit den im dritten Kapitel dargestellten Informationen Aufschluss darüber, welche Rolle der Staat bei den Transformationen des Paramilitarismus, den Demobilisierungen der paramilitärischen Organisationen und der Strafverfolgung ihrer Taten gespielt hat.

V Die Rolle des Strafrechts in Übergangsprozessen ohne Übergang

Je savais que le bien comme le mal est affaire de routine,
que le temporaire se prolonge, que l'extérieur s'infiltre au dedans,
et que le masque, à la longue, devient visage.

Margarite Yourcenar, *Mémoires d'Hadrien.*

In diesem Kapitel werden die Überlegungen zur Frage der vorliegenden Untersuchung nach der Rolle des Strafrechts in Übergangsprozessen ohne Übergang dargelegt. Zu diesem Zweck werden zunächst Ansätze zu einer Einordnung des kriminellen Phänomens des Paramilitarismus skizziert (1). Dies hat Auswirkungen auf die darauffolgende Stellungnahme bezüglich des „Übergangs" in Kolumbien: es werden in der wissenschaftlichen Debatte bisher unterbelichtete Aspekte präsentiert, die die These des „Übergangsprozesses ohne Übergang" argumentativ unterfüttern (2). Daran anschließend wird die grundlegende Frage der Arbeit bezüglich der Rolle des Strafrechts in dem kolumbianischen „Transitionsprozess" diskutiert (3). Dazu wird erstens problematisiert, inwiefern das GuFG überhaupt als Strafrecht anzusehen ist (3.1) und zweitens erörtert, welche Rolle das Strafrecht im kolumbianischen Fall *nicht* gespielt hat, welche es gespielt hat und welche es potentiell spielen kann (3.2). Abschließend werden die wesentlichen Punkte dieses Kapitels zusammengefasst (4).

1 Das kriminelle Phänomen des Paramilitarismus: Ansätze einer Einordnung

Eine angemessene kriminologische Einordnung des Paramilitarismus ist aufgrund seiner komplexen Geschichte, die im dritten Kapitel eingehend beleuchtet wurde, im Rahmen dieser Arbeit nur bedingt möglich. Dennoch werden im Folgenden Ansätze zu einer solchen kriminalitätstheoretischen Erfassung des Phänomens herausgearbeitet. Dazu werden vor dem Hintergrund des im dritten Kapitel präsentierten Materials die im zweiten Kapitel dargelegten kriminologischen Konzepte erneut gesichtet und Abgrenzungen sowie Qualifizierungen vorgenommen.

1.1 Kriminalität der Mächtigen

Der Begriff der „Kriminalität der Mächtigen", der gemeinhin als „die Summe der Straftaten, die zur Stärkung oder Verteidigung überlegener Macht begangen werden"[931] definiert wird, trifft das Phänomen des Paramilitarismus in seiner ganzen Komplexität aus zwei basalen Gründen nicht:

931 Scheerer, „Kriminalität der Mächtigen", S. 246.

Erstens werden mit der begrifflichen Fokussierung auf das Motiv des Machterhalts ideologische Beweggründe ausgeblendet.[932] Dies ist für eine adäquate Erfassung des Paramilitarismus problematisch. Zwar ist ein nicht zu vernachlässigender Aspekt der paramilitärischen Verbrechen Machterwerb bzw. –erhalt, wie die Allianzen der das kriminelle Phänomen unterstützenden gesellschaftlichen Kräfte verdeutlichen: es ging oft auch um die Aufrechterhaltung des Status Quo in Reaktion auf die redistributive Programmatik der Guerilla; jedoch ist der ideologische Aspekt der paramilitärischen Taten nicht zu vernachlässigen: die „politischen Säuberungen" und der „Kampf gegen die Subversion" waren reale Motive der beteiligten Akteure und bspw. die politische Vernichtung der UP lässt sich ohne dieses Element nur schwerlich erklären.

Zweitens, und im Hinblick auf die Frage nach der Rolle des Strafrechts innerhalb des kolumbianischen Übergangsprozesses vermutlich relevanter, steht bei dem Terminus „Kriminalität der Mächtigen" der vieldeutige Begriff der Macht im Mittelpunkt, der auch eine normative Dimension besitzt.[933] Denn, wie Forst treffend sagt, „soziale Macht muss, um wirksam zu sein, die Normativität des gesellschaftlichen Lebens, unseres Denkens und Handelns, durchdringen, auch dann, wenn sie nicht gut begründet ist."[934] Wie eine der im vierten Kapitel exemplarisch beschriebenen Anhörungen zeigt, findet in den Verfahren auch eine Umdeutung dieser normativen Komponente der Macht statt:

> Señora, es ist sehr wichtig, dass Sie und alle heute hier anwesenden Opfer dieser Herren verstehen, dass die postulados nicht dazu berechtigt sind, die Namen ihrer Kinder, Männer oder Familienangehörigen reinzuwaschen. Wir werden ihnen diese Macht nicht geben. Das sind Personen, die das Gesetz übertreten haben.[935]

Den Verbrechen der Paramilitärs daher den Titel „Kriminalität der Mächtigen" zu verleihen, wäre, „als würden wir ihnen eine Macht zusprechen, die sie nicht haben."[936]

Wenngleich der Aspekt der Umdeutung der Macht mithin eine expressive Pointe besitzt[937] und somit von der deskriptiv-analytischen Perspektive dieser Arbeit an dieser Stelle etwas Abstand genommen wird, ist dieser Aspekt in der Praxis des Prozesses von entscheidender Bedeutung. Der GuF-Prozess bietet die Möglichkeit, das in Kolumbien immer noch tief verankerte Verständnis, Macht mit Gewalt gleich-

932 Vgl. Müller, „Staatsführungen als Tätergemeinschaften", S. 86.

933 Siehe Rainer Forst, *Normativität und Macht. Zur Analyse sozialer Rechtfertigungsordnungen*, Berlin 2015, S. 7, Kap. 2.

934 Ebd., S. 7.

935 Anhörung zur Zurechnung des Sachverhalts, Postulados: u. a. Daniel Rendón Herrera, Bloque Héroes de los Llanos de las AUC, Richter: u. a. Alexandra Valencia, Tribunal de Justicia y Paz de Bogotá (mit Übertragung nach Villavicencio), 21.03.2012.

936 Ebd.

937 Ich bedanke mich bei Cornelius Prittwitz für diesen wichtigen Hinweis.

zusetzen, zu durchbrechen. Der Paramilitarismus stützte sich, um eine begriffliche Unterscheidung Arendts aufzunehmen, auf die Ausübung von Gewalt und nicht auf die der Legitimität bedürfende Macht.[938]

1.2 Systemunrecht

Der von Lampe geprägte Begriff des „Systemunrechts" vermeidet die Ambivalenzen des Terminus der „Kriminalität der Mächtigen" und scheint somit geeigneter zur Erfassung des Paramilitarismus als kriminellem Phänomen. In der kolumbianischen Diskussion wird er gelegentlich für die Bezeichnung der paramilitärischen Taten verwendet, u. a. von dem Komitee für die Geschichtsschreibung des Konfliktes. Dieses spricht bspw. in Bezug auf das im dritten Kapitel beschriebene Massaker von La Rochela von einem „Systemverbrechen" (*crimen de sistema*).[939] Das Komitee bezieht sich dabei zum einen auf die Ermöglichung des Massakers durch eine Allianz zwischen Sektoren der Streitkräfte, regionalen Eliten, Politikern, Drogenhändlern und Paramilitärs und zum anderen auf die andauernde Behinderung einer umfassenden Strafverfogung durch staatliche Akteure der Straf-, Verwaltungs- und Militärsgerichtsbarkeit.

Die Verwendungsweise des Terminus „Systemverbrechen" von dem Komitee für die Geschichtsschreibung des Konfliktes deutet bereits darauf hin, dass zwar einige Taten der Paramilitärs als solche bezeichnet werden können, der Paramilitarismus an sich davon aber nur bedingt erfasst wird. Der Begriff entfaltet nur dann seine Stärke, auf systematische Aspekte und Makrostrukturen zu verweisen, wenn diese wirklich den Charakter eines Systems annehmen. Dies ist beim Paramilitarismus nur teilweise der Fall. Zutreffender wäre es, die paramilitärischen Organisationen als *Teil* eines übergeordneten Systemunrechts zu bezeichnen.

1.3 Makrokriminalität

Der Begriff der „Makrokriminalität" hat sich in der strafrechtlichen Debatte als Bezeichnung für die paramilitärischen Taten neuerdings etabliert.[940] Aufgrund dessen Neutralität und relativen Offenheit erscheint der Terminus auf den ersten Blick zwar geeignet, das vielschichtige Phänomen des Paramilitarismus erfassen zu können, jedoch nur um den Preis einer Verwerfung der von seinem Schöpfer dargelegten grundlegenden Begriffselemente. Denn Jäger definierte den Term grundsätzlich mithilfe von Kontrasten und Idealtypen: abweichendes vs. konformes Verhalten, Alltagskriminalität vs. Makrokriminalität, Normalzustand vs. Ausnahmezustand, kriminelle Politik vs. politische Kriminalität.[941] Der Paramilitarismus und der Fall Kolumbien im Generellen lassen sich allerdings nicht ohne Weiteres in dieses kon-

938 Siehe Hannah Arendt, *Macht und Gewalt*, 19. Aufl., München 2009, S. 44–58.
939 Vgl. Grupo Memoria Histórica, *La Rochela*, S. 167.
940 Siehe u. a. Ambos, *Procedimiento de la ley de Justicia y Paz*, S. 137, 205.
941 Besonders prägnant in Jäger, „Ist Politik kriminalisierbar?".

trastierende Denkkonzept einordnen, sondern sind vielmehr in den Grauzonen zwischen den Extremen zu verorten.

So insistiert Jäger, der sich stets gegen eine Ausweitung des Begriffs in diese Richtung gewandt hat, dass unter Makrokiminalität Erscheinungsformen wie „Menschheits-, Kriegs- und viele Völkerrechtsverbrechen [...], nicht aber [...] Wirtschafts-, Umwelt- und organisierte Kriminalität" fallen würden.[942] Eine solche Ausgrenzung würde jedoch nicht nur den Drogenhandel als Finanzierungsquelle und Strukturgeber der paramilitärischen Organisationen, sondern auch ihre ökonomischen Ziele und deren katastrophale ökologische Konsequenzen ausblenden.

Wenn Jäger darüber hinaus Makrokriminalität als die „Kriminalität des Ausnahemzustandes" und des Krieges bezeichnet, geht er ebenfalls von einer klaren Abgrenzung zu „rechtlich im ganzen intakten Gesellschaften" bzw. „Normalzuständen" aus.[943] Eine solche Dichotomie zwischen „Ausnahme" und „Norm" ist für den Fall Kolumbien jedoch nicht aufrechtzuerhalten. Denn dabei wird negiert, dass der Bürgerkrieg und die darin stattfindenen Gewaltakte nach fast 70 Jahren mithin zur „Normalität" geworden sind.[944] Dies trifft nicht nur auf den Umgang mit Gewalt und deren Wahrnehmung zu, sondern auch auf die staatlichen Verhaltenweisen, oder um Frankenbergs zutreffenden Begriff zu verwenden: Staatstechniken[945], im Rahmen des Konfliktes: ein Missbrauch des „Ausnahmezustandes" hat die Grenzen zwischen „Ausnahme" und „Norm" sukzessive verschwimmen lassen.

Schließlich ist die begriffsimmanente Unterscheidung zwischen „Makrokriminalität" und „Alltagskriminalität" im kolumbianischen Kontext äußerst fragwürdig: in einer Gesellschaft, die keine Gewaltskandale mehr kennt, gehören Großverbrechen dem Alltag an und der Konflikt ist ubiquitär. Gewalt wird in diesem Rahmen nicht nur banalisiert, sondern auch kommerzialisiert und ist mittlerweile zu einem „normalen" Mittel der Konfliktlösung und der Interessendurchsetzung geworden.[946]

1.4 Staatsverstärkte Kriminalität

Der von Naucke[947] geprägte Begriff der „staatsverstärkten Kriminalität", der den Staat als kriminellen Akteur in den Mittelpunkt rückt und dabei zugleich dem Umstand Rechnung trägt, dass „der Staat in diesem Bereich für gewöhnlich verdeckt vorgeht und sich Mittelsmänner und Handlanger, also sogenannter parastaatlicher

942 Ebd., S. 123.

943 Vgl. ebd.

944 Vgl. Peter Waldmann, „Gesellschaften im Bürgerkrieg. Zur Eigendynamik entfesselter Gewalt", in: Klaus Lüderssen (Hrsg.), *Aufgeklärte Kriminalpolitik oder Kampf gegen das Böse?*, Bd. III: Makrodelinquenz, Baden-Baden 1998, S. 139–169, hier S. 155–158.

945 Siehe Günter Frankenberg, *Staatstechnik. Perspektiven auf Rechtsstaat und Ausnahmezustand*, Berlin 2010.

946 Dazu exemplarisch Waldmann, „Gesellschaften im Bürgerkrieg", S. 155 ff.

947 Naucke, *Die strafjuristische Privilegierung staatsverstärkter Kriminalität.*

und paramilitärischer Einheiten, bedient“[948], ist aus der hier vertretenen Perspektive am ehesten geeignet, den Paramilitarismus zu erfassen.

Erstens bildete das „Dekret zur nationalen Verteidigung“ von 1965 die legale Basis des Paramilitarismus, der fortan als „legale Kriegsstrategie“ von Fraktionen der Streitkräfte gegen die linken Guerillagruppen benutzt wurde.[949] So wurden die ersten paramilitärischen Einheiten im Magdalena Medio durch ACDEGAM ebenfalls mithilfe der Streitkräfte gebildet[950] und später in dafür gegründeten militärischen Ausbildungsschulen sukzessive professionalisiert.[951] Darüber hinaus wurde eine Vielzahl von Massakern und selektiven Ermordungen, insbesondere im Rahmen der Vernichtung der UP, unter offender Duldung oder gar in Zusammenarbeit mit den Streitkräften verübt.

Zweitens ging die Kriminalisierung der Zivilbevölkerung ebenso zunächst von den Streitkräften und Fraktionen des Staates aus, die das offizielle Verständnis des „Feindes“ nicht nur in den Armeehandbüchern der 1960er, 1970er und 1980er Jahre, sondern auch in der politischen Rhetorik auf „zivile Guerilleros“, also Zivilisten, die die Guerilla freiwillig oder gezwungenermaßen unterstützen bzw. mit ihr sympathisierten, ausdehnten. Die Paramilitärs gingen entsprechend vor allem gegen sozialistische Parteien und Bewegungen, aber auch die Zivilbevölkerung im Generellen vor, um die Regionen von der Guerilla „zu säubern“.

Drittens richtete sich die staatliche Kriegführung nicht nur auf die in den Regionen operierende Guerilla und deren „zivile Basis“, sondern auch auf jede denkbare Opposition in den urbanen Zentren des Landes: mittels unzähliger Dekrete, verhängt im Rahmen von 36 Jahren Ausnahmezustand in der zweiten Hälfte des 20. Jahrhunderts,[952] wurden politische Gegner zu innerstaatlichen „Feinden“, „Terroristen“, „Subversiven“ etc. erklärt und somit dehumanisiert.[953] Dabei bediente sich der Staat im Grunde einer Neutralisierungstechnik, die das kollektive Rechtsbewusstsein kontaminierte und „ein Angebot an den Einzelnen darstell[te], sie in das eigene Rechtfertigungsrepertoire zu übernehmen.“[954] Jenseits der Konfliktregionen nutzte der Staat nicht die Streitkräfte oder paramilitärische Verbände zur Bekämpfung des „Feindes“, sondern kleidete seine repressiven Zwangsmaßnahmen

---

948 Neubacher, *Kriminologische Grundlagen einer internationalen Strafgerichtsbarkeit*, S. 18.

949 Siehe Grupo Memoria Histórica, *El orden desarmado*, S. 119–122.

950 Siehe Grupo Memoria Histórica, *La Rochela*, S. 281–283.

951 Siehe Gutiérrez/Barón, „Estado, control territorial paramilitar y orden político en Colombia“, S. 290.

952 García Villegas, „Constitucionalism perverso“, S. 317.

953 Zur Dehumanisierung durch innerstaatliche Feinderklärung siehe Frank Neubacher, „Die Relativierung von Normen bei Verbrechen des Staates – wie selbst schwerste Verbrechen möglich (gemacht) werden“, in: Gerd Hankel (Hrsg.), *Die Macht und das Recht. Beiträge zum Völkerrecht und Völkerstrafrecht am Beginn des 21. Jahrhunderts*, Hamburg 2008, S. 23–49, hier S. 41.

954 Ebd., S. 42.

in das Gewand des Rechts: die kontinuierlichen Reformen der Strafjustiz und die Etablierung von speziellen Gerichtsbarkeiten innerhalb des Ausnahmezustands beraubten die Bürger von ihren Menschenrechten und ließen das Recht zu einer bloßen Fassade der Staatsräson verkommen.

Viertens etablierten sich spätestens mit der Machtübernahme von Álvaro Uribe und den Wahlen von 2002 bis 2006 mafiöse Machtnetzwerke zwischen Paramilitärs und Politikern nicht nur auf der regionalen und lokalen Ebene, sondern auch auf der zentralstaatlichen Ebene, die in die Regierung, den Kongress, den Justizapparat und den Geheimdienst DAS reichten. Die sich in diesem Kontext herausbildende „Parapolitik", eine auf Gefälligkeiten und offenen Allianzen beruhende Verflechtung zwischen führenden Eliten des Landes und den paramilitärischen Kommandanten, bildete den Rahmen für die Demobilisierungen der Paramilitärs und der Verabschiedung des Gerechtigkeits- und Friedensgesetzes.[955]

Aus diesen Gründen scheint der Begriff der „staatsverstärkten Kriminalität" den Paramilitarismus, trotz seiner Komplexität, im Kern treffend zu beschreiben. Denn obwohl Naucke den Terminus konkret vor dem Hintergrund des DDR-Unrechts entwickelt hat,[956] lässt er sich unzweifelhaft auch auf formal demokratische Staaten anwenden, wie der Autor selbst mit Nachdruck erklärt:

> Die staatsverstärkte Kriminalität ist nach räumlicher und zeitlicher Ausdehnung und nach der Schwere ihrer Begehungsweisen nicht Ausnahme, die man schnell wieder aus dem juristischen Alltagsgeschäft entfernen dürfte. Diese Kriminalität ist die Regel im 20. Jahrhundert [...].[957]

Nicht nur der Schein von Legitimität[958] und die Ubiquität staatsverstärkter Kriminalität[959], sondern auch ihre Banalisierung durch die herkömmliche Strafrechtsdogmatik[960] treffen den Paramilitarismus und die strafrechtlichen Reaktionen darauf sehr genau. Dabei kann freilich nicht von einem monolithischen Staatsverständnis ausgegangen werden, sondern in Anlehnung an Frankenberg eher von einem „Set von Institutionen".[961] Geht man von einem hochgradig fraktionierten kolumbianischen Staat aus, in dem die Streitkräfte traditionell eine besonders dominante und teilweise autonome Rolle einnehmen, ist der Begriff „staatverstärkte Kriminalität" für das Phänomen des Paramilitarismus valide.

Da die alleinige Fokussierung auf staatliche oder politische Macht die insbesondere in den späteren Phasen des Paramilitarismus dominant werdende ökonomische Dimension des Phänomens jedoch nur ungenügend erfasst, kann für den späten

955 Zelik, *Die kolumbianischen Paramilitärs*, S. 133–139.
956 Siehe Naucke, *Die strafjuristische Privilegierung staatsverstärkter Kriminalität*, S. 11–14.
957 Ebd., S. 25.
958 Vgl. ebd., S. 21.
959 Vgl. ebd., S. 23.
960 Vgl. ebd., S. 16 f., 23.
961 Siehe Frankenberg, *Staatstechnik*, S. 19.

Paramilitarismus der ebenfalls von Naucke entwickelte Begriff der „politischen Wirtschaftsstraftat" hinzugezogen werden, der „staatsverstärkte Kriminalität" durch „wirtschaftsverstärkte Kriminalität" ergänzt.[962]

2 Der kolumbianische Übergangsprozess: Kontinuität krimineller Verhaltensweisen des Staates

Die Bezeichnung des Paramilitarismus als „staatsverstärkte Kriminalität" hat Konsequenzen in Bezug auf das Verständnis des kolumbianischen „Übergangsprozesses". Neben die offensichtlichen Gründe, nicht von einem „Übergang" im Sinne eines Systemwechsels oder der Beendigung eines andauernden Konfliktes zu sprechen (Friedensschluss mit lediglich einer Konfliktpartei, keine Auflösung und sogar Wiederbewaffnung von paramilitärischen Organisationen, kein grundlegender Wandel im Staatsapparat), treten in diesem Fall weitere. Der kriminologische Fokus richtet sich dabei weg von den paramilitärischen Verbänden hin auf den Staat und dessen Verhaltensweisen,[963] die sich vor, während und nach der Verabschiedung des Gerechtigkeits- und Friedensprozesses wiederholten. Sie lassen sich wie folgt zusammenfassen.

2.1 Verabschiedung manipulierbarer Normen (hecha la ley, hecha la trampa)

Das kolumbianische Sprichwort „*hecha la ley, hecha la trampa*", das in etwa mit „Jedes Gesetz hat sein Hintertürchen" übersetzt werden kann, verweist auf eine Gesetzgebungstechnik des Staates, die kontinuierlich Normen mit manipulierbarem Inhalt produziert. Beispiele dafür finden sich zuhauf in den empirischen Teilen dieser Arbeit: u. a. die unpräzise Regulierung des privilegierten Straftatbestands *delito político* und die ständigen Versuche vonseiten der Regierung Uribe, die paramilitärischen Taten als solche „politischen Verbrechen" zu qualifizieren und dabei die Rechtsprechung des Obersten Gerichtshofes und des Verfassungsgerichtes zu umgehen.

2.2 Verabschiedung von Normen diskriminierenden Charakters (Feind/Freundstrafrecht)

Zudem weisen die strafrechtlichen und kriminalpolitischen Reaktionen des Staates auf die organisierte Kriminalität ein wiederkehrendes Muster auf, das sich auch im GuF-Verfahren zeigt: Sondergerichtsbarkeiten wurden im Rahmen von Ausnahmezuständen eingerichtet, um spezielle Straftatbestände unter Missachtung von

962 Siehe Wolfgang Naucke, *Der Begriff der politischen Wirtschaftsstraftat – Eine Annäherung*, Münster 2012, S. 11.

963 In Anlehnung an Müller, der die Verhaltensweisen von Staatsführungen als wesentliches Element von Staatskriminalität untersucht. Siehe Müller, „Staatsführungen als Tätergemeinschaften", S. 90 f.

Grundrechten zu verfolgen. Gleichzeitig wurden die Strafen drastisch verschärft und neue Straftatbestände eingeführt. Diese repressiven Strafjustizreformen trafen paradoxerweise in der Regel die „herkömmliche Kriminalität" und politische Oppositionelle, während die organisierte Kriminalität davon weitgehend unberührt blieb und vielmehr durch Absprachen und Sondergesetze privilegiert wurde.

Diese diskriminierende Strafgesetzgebung lässt sich als „Feindstrafrecht"[964] deuten, das sich an innerstaatliche „Feinde", „Terroristen" und „Subversive" richtete, und umgekehrt als „Freundstrafrecht"[965], das sich an zu privilegierende Tätergruppen wendete. Grundlegend handelte es sich dabei also um Täterstrafrecht und nicht um Tatstrafrecht.[966] Mithin kann diese am Freund/Feind-Schema orientierte repressive Strafjustiz als (kriminelles) Herrschaftsinstrument interpretiert werden.[967]

Diese staatliche Verhaltensweise zeigt sich in der Tendenz auch im Hinblick auf das GuFG: Es ist mit der schweren rechtsstaatlichen Hypothek belastet, dass es nur eine Konfliktpartei privilegiert, also im Grunde eine Verletzung des Gleichheitsgrundsatzes darstellt.

2.3 Die situative Außerkraftsetzung von Normen und rechtsstaatlichen Prinzipien

Eine weitere, sich wiederholende staatliche Verhaltensweise betrifft die situative Außerkraftsetzung von Normen und Prinzipien des Rechtsstaates. In der zweiten Hälfte des 20. Jahrhunderts zeigte sich dies vor allem in den unzähligen repressiven

---

964 Siehe Günther Jakobs, „Bürgerstrafrecht und Feindstrafrecht", in: *Höchstrichterliche Rechtsprechung zum Strafrecht*, 4 (2004), S. 88–95; dazu generell kritisch Thomas Marzahn, *Das Feindstrafrecht als Komponente des Präventionsstaats?*, Münster 2011; die Beiträge in Thomas Vormbaum (Hrsg.), *Kritik des Feindstrafrechts*, Münster 2009; sowie in Bezug auf die Situation in Kolumbien Alejandro Aponte, *Krieg und Feindstrafrecht. Überlegungen zum „effizienten" Feindstrafrecht anhand der Situation in Kolumbien*, Baden-Baden 2004.

965 Das „Freundstrafrecht" als komplementäres Element des „Feindstrafrechts" kritisieren u. a. Losappio und Mantovani. Siehe Giuseppe Losappio, „Feindstrafrecht, Freundstrafrecht, Feinde des Strafrechts", in: Thomas Vormbaum (Hrsg.), *Kritik des Feindstrafrechts*, Münster 2009, S. 127–139, hier S. 134; Ferrando Mantovani, „Feindstrafrecht, Freundstrafrecht, Feind und Freund des Strafrechts", in: Thomas Vormbaum (Hrsg.), *Kritik des Feindstrafrechts*, Münster 2009, S. 141–168, hier S. 160–162.

966 Zu dieser Konsequenz der Anwendung des Feindstrafrechtskonzepts siehe Kai Ambos, „Feindstrafrecht", in: Thomas Vormbaum (Hrsg.), *Kritik des Feindstrafrechts*, Münster 2009, S. 345–383, hier S. 363; Bernd Schünemann, „Feindstrafrecht ist kein Strafrecht!", in: Thomas Vormbaum (Hrsg.), *Kritik des Feindstrafrechts*, Münster 2009, S. 11–20, hier S. 18.

967 In Anlehnung an Cornelius Prittwitz, „‚Feindstrafrecht' als Konsequenz des ‚Risikostrafrechts'", in: Thomas Vormbaum (Hrsg.), *Kritik des Feindstrafrechts*, Münster 2009, S. 169–180, hier S. 178.

Strafrechtsreformen: der Missachtung des Rechts auf ein faires Verfahren, der Unschuldsvermutung, des Richtervorbehalts sowie der Freiheitsrechte der Angeklagten etc. All diese Maßnahmen des Feindstrafrechts wurden mit Verweis auf den andauernden Konflikt gerechtfertigt, nach dem Motto: „Not kennt kein Gebot." In der im dritten Kapitel beschriebenen Geschichte des Paramilitarismus schien es phasenweise so, dass die „Not" zur primären Quelle des Rechts mutiere.[968] Viele der im Ausnahmezustand erlassenen Dekrete, die die Prinzipien des Rechtsstaats außerkraft setzten, wurden später durch das „Nachschieben von Legalität"[969], wie Frankenberg es treffend bezeichnet, in reguläre Gesetze übersetzt.

2.4 Manipulationen von Gewaltenteilung und Legalität[970]

Im Laufe der Transformation des Phänomens lässt sich zeigen, wie die Exekutive systematisch ihre rechtsstaatlichen Grenzen überschreitet: nach Anschlägen der organisierten Kriminalität wurden die Ängste der Bevölkerung als Anlass genommen, die ohnehin bereits äußerst repressive Strafjustiz zu verschärfen und durch weitere Sondegerichtsbarkeiten zu flankieren. Diese Maßnahmen wurden in der Regel durch Dekrete innerhalb eines Ausnahmezustands erlassen und mittels später erlassener Gesetze in die ordentliche Rechtsordnung integriert. Die zunächst fehlende Legalität wurde somit „nachgeschoben". Dieser Akt der nachträglichen Legalisierung von Ausnahmegesetzen wird von García Villegas als *blanqueo*, etwa: „Gesetzeswäsche", bezeichnet: die ausnahmerechtlichen Dekrete wurden *ex post* „reingewaschen".[971] Das Ausmaß dieser extralegalen Normproduktion der Exekutive belief sich allein im Zeitraum von 1984 bis 1989 auf 139 Dekrete im Rahmen des zu dieser Zeit verhängten Ausnahmezustands.[972]

Diese Übergriffe der Exekutive auf die Legislative und Judikative lässt sich in der Tendenz auch im Laufe der Implementierung des GuFG aufzeigen: Nicht nur die zahlreichen Verordnungen, die die Exekutive zur Reglemetierung des GuFG erließ, sondern insbesondere die Tatsache, dass die administrative Phase als entscheidender Ausgangspunkt des GuF-Verfahrens fast vollständig in den Händen der Regierung lag, sind Beispiele einer Durchbrechung der Gewaltenteilung im Rahmen des Verfahrens. Sowohl der Verlauf und die Voraussetzungen der Demobilisierungen als auch die Erstellung der *listas de elegibles* entzogen sich beinahe jeglicher richterlicher Kontrolle. Darüber hinaus steht es dem Präsident laut Art. 61 GuFG zu, eine Strafaussetzung zur Bewährung sowie die Gewährung der alternativen Strafe für die Mitglieder illegaler bewaffneter Gruppen bei der zuständigen Instanz zu beantragen.

968 In Anlehnung an Giorgio Agamben, *Ausnahmezustand*, Frankfurt am Main 2004, S. 25 ff.
969 Vgl. Frankenberg, *Staatstechnik*, S. 210 ff.
970 Diese Bezeichnung stammt von Frankenberg. Ebd. S. 208.
971 Vgl. García Villegas, „Constitucionalismo perverso", S. 333–341.
972 Vgl. ebd., S. 337.

3 Zur Rolle des Strafrechts: Überlegungen anhand des Falls Kolumbien

Nach den Stellungnahmen zum kriminellen Phänomen sowie zum Übergang in Kolumbien wird im Anschluss die der Untersuchung zugrunde liegende Frage nach der Rolle des Strafrechts in einem solchen Kontext diskutiert. Dabei weisen die Einordnung des Paramilitärismus als „staatsverstärkte Kriminalität" und die Identifizierung einer Kontinuität krimineller Verhaltensweisen des Staates bereits auf das äußerst problematische Umfeld hin, in dem die Strafverfahren gegen die demobilisierten Paramilitärs stattfinden: Eine Transitionsjustiz, die „von oben", durch einen zumindest latent kriminellen Staatsapparat eingesetzt wurde, um ein Phänomen, das eng mit staatlichen Stellen verwoben ist und daher hier als „staatsverstärkt" bezeichnet wurde, aufzuarbeiten.

3.1 Ist das GuFG Strafrecht? Eine Problematisierung

Zunächst soll der Frage nachgegangen werden, ob das Gerechtigkeits- und Friedensgesetz als Strafrecht angesehen werden kann. Obwohl diese Thematik hier nur angerissen werden kann, sollen zumindest einige kritische Aspekte in Bezug auf das GuFG hervorgehoben und problematisiert werden.

In der deutschsprachigen Literatur wird neuerdings von „Transitionsstrafrecht" bzw. „Transformationsstrafrecht" gesprochen, um die besondere Natur der strafrechtlichen Instrumente einer Vergangenheitsbewältigung erfassen und vergleichen zu können.[973] Die von Eser u. a. eingeführten Begriffe beziehen sich auf „[d]as nationale Strafrecht des Systemübergangs"[974], das „ein Element [der] transitionalen Justiz"[975] darstellt und „die strafrechtliche Reaktion [beschreibt], wie sie in unmittelbarer Nähe zur Systemveränderung und in unmittelbarem Kontext mit Systemunrecht besteht"[976]. Diese allzu vage Begriffsbestimmung lässt jedoch mehr Fragen offen als sie beantwortet und lädt zu Kritik ein. So bemängelt Naucke, dass nicht hinreichend klar wird, „ob und inwieweit es sich bei dem normalen Strafrecht [...] um sein [des Transitionsstrafrechts] Gegenteil handelt und welche Wechselwirkungen zwischen normalen Strafrecht und Transitionsstrafrecht bestehen."[977] Zudem bleibe unbeantwortet, ob es sich dabei nur um „eine juristische Sondererscheinung oder juristisches Dauerphänomen" handele.[978] In ihrer Antwort auf Naucke vertreten Eser u a. ausgehend von der Beobachtung, dass die typische Erscheinungsform des

---

973 Vgl. Eser u. a., *Strafrecht in Reaktion auf Systemunrecht*, S. 45.

974 Jörg Arnold, „Transitionsstrafrecht und Vergangenheitspolitik", in: Peter Becker, Reiner Braun, Dieter Deiseroth (Hrsg.), *Frieden durch Recht?*, Berlin 2010, S. 267–292, hier S. 267.

975 Eser u. a., *Strafrecht in Reaktion auf Systemunrecht*, S. 45.

976 Ebd., S. 49.

977 Ebd.

978 Ebd.

Transitionsstrafrechts die relative Straflosigkeit sei, die These, dass Transitionsstrafrecht insofern nicht normales Strafrecht sei, weil dessen Hauptmerkmal gerade nicht Straflosigkeit sei.[979]

Diese Ausführungen bleiben zwar immer noch an der Oberfläche dieser äußerst relevanten Fragestellung, verweisen jedoch auf die grundlegenden Probleme, die auch im kolumbianischen Transitionsprozess erörtert werden. So stellte der Oberste Gerichtshof mehrfach klar, dass das GuFG und die mit ihm zusammenhängenden Normen eine „besondere Natur" besäßen und nicht mit herkömmlichem Strafrecht gleichzusetzen seien: Da das Ziel dieser Gesetze der nationale Frieden sei, könnten Grundprinzipien des demokratischen Strafrechts wie das Verhältnismäßigkeitsprinzip und das Legalitätsprinzip außerkraftgesetzt werden.[980]

Die Suspendierung strafrechtlicher Grundprinzipien und vor allem die determinierende Rolle der Exekutive bei der *postulación* in der initialen Phase des GuF-Verfahrens rücken das GuFG und den daran anschließenden Prozess in die Nähe der Sondergerichtsbarkeiten, die die kolumbianische Geschichte des 20. Jahrhunderts prägen. Der „Ausnahmecharakter" des Gesetzes, der durch hehre Ziele wie Frieden und Gerechtigkeit rechtfertigt wird, lässt es immer wieder mit rechtsstaatlichen Grundsätzen kollidieren. Es ist an dieser Stelle zumindest kritisch anzumerken, dass das normative Ziel des Friedens sich zu einer neuen Form der Staatsräson entwickeln könnte, mithilfe derer, analog zur „Sichereit" und „inneren Ordnung" des 20. und frühen 21. Jahrhunderts, immer mehr rechsstaatliche Prinzipien geopfert werden könnten.[981]

3.2 Zur Rolle des Strafrechts im kolumbianischen Transitionsprozess

Die Bestimmung der Rolle des Strafrechts innerhalb des kolumbianischen Übergangsprozesses ist kein leichtes Unterfangen. Zum einen ist der Prozess noch nicht abgeschlossen, sodass eine endgültige Bewertung an dieser Stelle nicht vorgenommen werden kann; zum anderen ist das kolumbianische Justizsystem nicht mit denen Westeuropas und Nordamerikas zu vergleichen, sondern kollabiert vielmehr unter einer Vielzahl an Fällen. Gleiches gilt für die speziell für den Transitionsprozess geschaffene „Justiz für Gerechtigkeit und Frieden": Ohne die Geständnisse der Paramilitärs wären die unzureichend ausgestatteten Staatsanwälte nie in der Lage gewesen, deren Verbrechen zu verifizieren. Trotz dieser „Arbeitserleichterung" war der Prozess nahe dem Zusammenbruch, sodass die sogenannten „Selektions- und Priorisierungskriterien" im Rahmen der Reform eingeführt werden mussten, um der Masse der Fälle Herr zu werden.

---

979 Vgl. ebd.

980 Vgl. u. a. CSJ, Urteil vom 28.09.2006, Nr. 25830; Urteil vom 25.09.2007, Nr. 28250; Urteil vom 03.10.2008, Nr. 30442.

981 Zum Gegensatz von Staatsräson und Rechtsstaat siehe Luigi Ferrajoli, *Derecho y razón. Teoría del garantismo penal*, 4. Aufl., Madrid 2000, S. 807–848.

Nichtsdestoweniger soll im Anschluss eine erste Annäherung an die Frage, was das Strafrecht innerhalb des Prozesses bisher geleistet hat und was es möglicherweise leisten kann, geben. Begonnen wird jedoch zunächst mit Anmerkungen dazu, was es definitiv *nicht* geleistet hat. Dies betrifft insbesondere die traditionellen Strafzwecke der Abschreckung, Resozialisierung und Bestärkung der Normgeltung (3.2.1). Sodann werden einige Leistungen des Strafrechts im Rahmen des Prozesses aufgezeigt (3.2.2) und schließlich eine Einschätzung darüber vorgenommen, was das Strafrecht leisten kann (und bisher nur unzureichend getan hat) und was es normativ betrachtet leisten müsste (3.2.3).

3.2.1 Was das Strafrecht nicht *leistet*

Sind die traditionellen Strafzwecke in Gesellschaften mit einem funktionierenden Rechtssystem schon äußerst umstritten[982] und in Bezug auf Übergangsprozesse im Allgemeinen, wie in Kapitel 2 dargelegt, lediglich mit Abstrichen relevant, sind sie im kolumbianischen Kontext noch schwerer zu rechtfertigen.

Obwohl das Gros der Paramilitärs im Gegensatz zum Idealtypus des angepassten Täters eines diktatorischen Unrechtssystems durchaus Sozialisationsdefizite aufweisen mag, und spätestens nach Jahrzehnten Konfliktbeteiligung ganz sicher sogar, gibt es kaum empirische Befunde, die für eine resozialisierende Wirkung der Strafe sprechen. Die auffallend hohen Rückfallquoten sprechen vielmehr dagegen.[983]

Gleiches gilt für eine mögliche abschreckende Wirkung der Strafe: Da bereits die deutlich höhere ordentliche Strafe die Paramilitärs nicht von ihren abscheulichen Taten abhalten konnte, weil u. a. das Risiko einer Verurteilung durch das kolumbianische Justizsystem bei unter 2 % liegt[984] und die Staatsmacht in den ländlichen Regionen so gut wie nicht vorhanden ist, entfaltet die alternative Strafe aller Voraussicht nach eine noch viel geringere Abschreckungswirkung. Auch dafür stellen die Wiederbewaffnungen paramilitärischer Gruppen Indizien dar.

In Bezug auf die Bestärkung der Normgeltung lassen sich ebenfalls kaum positive Effekte feststellen. Bereits in integrierten Gesellschaften mit einem funktionsfähigen Rechtssystem hält die These, dass durch die Bestrafung der abweichenden Täter die Rechtstreue der Bevölkerung erhöht werde, einer empirischen Überprüfung nicht stand.[985] In einer extrem polarisierten und aufgrund

---

982 Siehe Günther, „Kritik der Strafe I".

983 Siehe *El Tiempo*, „„Paras'que salgan libres deben entrar a ruta de reintegración"; dazu auch Human Rights Watch, *Herederos de los paramilitares: La Nueva Cara de la Violencia en Colombia.*

984 Diese Zahl stammt aus den 1990er Jahren. Vgl. Mauricio Rubio, „La justicia penal. Juicio sin sumario", in: Boaventura de Sousa Santos, Mauricio García Villegas (Hrsg.), *El caleidoscopio de las justicias en Colombia*, Bd. 1, Bogotá 2001, S. 485–546, hier S. 489.

985 Vgl. Dirk Fabricius, „Generalprävention oder: Die beste Kriminalpolitik ist eine gute Rechtspolitik", in: *Kriminalpolitik und ihre wissenschaftlichen Grundlagen.*

eines fast 70 Jahre andauernden Bürgerkriegs äußerst desintegrierten Gesellschaft wie der kolumbianischen existieren daher noch weniger Gründe an eine generalpräventive Wirkung der Strafe zu glauben. Das „Straftheater"[986] vermag die gemeinsamen Werte und Normen daher nicht zu stabilisieren, da sie ihren verhaltenssteuernden Einfluss ohnehin bereits eingebüßt haben.[987] Wenn durch die Tat das Rechtsvertrauen nicht erschüttert wurde, weil es zuvor nicht existent war, verliert die generalpräventive Pointe der Strafverfahren ihre Wirkung. Dieser Umstand wird dadurch bestärkt, dass die Hälfte der Bevölkerung den Aussagen der Paramilitärs innerhalb des GuF-Verfahrens, um die sich der gesamte Prozess dreht, keinen Glauben schenkt und 70 % der Opfer kein Vertrauen in die Ermittlungen der Staatsanwaltschaft für Gerechtigkeit und Frieden haben.[988] Das Misstrauen an den staatlichen Aufklärungsbemühungen im Rahmen des GuF-Verfahrens zeigt exemplarisch das geringe Vertrauen der Bürger in die Rechtsordnung und die staatlichen Instanzen auf.

Neben den traditionellen Strafzwecken ist ein Ziel strafrechtlicher Vergangenheitsbewältigung hervorzuheben, dass im kolumbianischen Fall nur in Ansätzen erfüllt wurde: die Feststellung strafrechtlicher Verantwortung. Diese ureigene Aufgabe des Strafrechts wurde lediglich exemplarisch anhand einiger „repräsentativer" Fälle und nur in Bezug auf ausgewählte Taten durchgeführt. Eine Vielzahl an paramilitärischen Verbrechen bleibt nach wie vor unaufgeklärt und die dafür Verantwortlichen unentdeckt. Besonders prägnant ist dies für die Verantwortung des Staates zu konstatieren. Diese Beobachtung ist vor dem Hintergrund der in 1.4 angestellten Überlegungen zur Einordnung des Paramilitarismus als staatsverstärkte Kriminalität von wesentlicher Bedeutung für die vorliegende Untersuchung: welche Rolle kann das Strafrecht bei der Aufklärung von staatlicher Verantwortung an schweren Menschenrechtsverletzungen in einem Übergangsprozess ohne Übergang spielen? Zumindest in Bezug auf den kolumbianischen Fall muss konzediert werden, dass das Strafrecht bei dieser fundamentalen Aufgabe an seine Grenzen stößt. Wenn kein Übergang im Sinne eines Systemwechsels, eines Regierungswechsel oder wenigstens eines Wandels der staatlichen Verhaltensweisen stattfindet, sind von einem „von oben" angetriebenen „Transitionsprozess" keine weitreichenden Schritte in diese Richtung zu erwarten.

Festschrift für Professor Dr. Hans-Dieter Schwind zum 70. Geburtstag, hrsg. von Thomas Feltes, Christian Pfeiffer, Gernot Steinhilper, Heidelberg 2006, S. 269–287, hier S. 281.

986 Dieser Ausdruck stammt von Günther, „Kritik der Strafe I", S. 127.

987 Dazu Boaventura de Sousa Santos, Mauricio García Villegas, „Colombia: el revés del contrato social de la modernidad", in: dies. (Hrsg.), *El caleidoscopio de las justicias en Colombia*, Bd. 1, Bogotá 2001, S. 11–83, hier S. 53 f.

988 Centro Nacional de Memoria Histórica, *Encuesta Nacional. Qué piensan los Colombianos después de siete años de Justicia y Paz*, Bogotá 2012, S. 104.

3.2.2 Was das Strafrecht leistet

Nichtsdestoweniger haben die im Rahmen des GuF-Verfahrens durchgeführten Strafprozesse drei wesentliche Beiträge geleistet:

Erstens bilden die Anhörungen Foren für die Opfer, ihre Stimme zu erheben und gehört zu werden, trotz ihrer immer noch marginalisierten Rolle. Und nicht nur die Angehörigen erhalten diesen Raum zur Geltendmachung ihrer Biografien, auch die Ermordeten und Verschwundengelassenen werden genannt, erinnert und damit in das kollektive Gedächtnis integriert. Diese Einbeziehung der Opfer in das Verfahren stellt den ersten entscheidenden Schritt zu einer umfassenderen Anerkennung und ihrer (Re-)Integration in die Gesellschaft dar. Damit wird aus der Perspektive der beteiligten Opfer der Tendenz entgegengewirkt, sich das Erlitte als Folge eigenen Fehlverhaltens selbst-zuzuschreiben.[989] Über die Anerkennung als Opfer hinaus, die für sich alleine unzureichend ist, wäre ein unabdingbarer nächster Schritt die Anerkennung als Rechtssubjekte, die „im Sinne der Idee politischer Autonomie nicht nur als Adressaten, sondern auch als Autoren ihrer Gesetze oder als Mitgesetzgeber“[990] fungieren.[991]

Zweitens hat das GuF-Verfahren die Konstruktion einer polyphonen „Wahrheit“ über den Paramilitarismus und eine besonders grausame Phase des kolumbianischen innerstaatlichen Konfliktes ermöglicht. Eine zuvor nicht gekannte Zusammenarbeit zwischen Historikern, Konfliktforschern und den Justizorganen hat zur Entstehung eines kollektiven Narrativs über den Konflikt und die paramilitärischen Verbrechen beigetragen. Diese noch in den Anfängen steckende gesamtgesellschaftliche Aufgabe ist ein fundamentaler Schritt zur langfristigen Suche nach Wahrheit und Verständigung.

Drittens bildet das GuF-Verfahren trotz aller berechtigten Kritik einen Bruch mit der in Kolumbien verwurzelten Tradition der Straflosigkeit für schwere Menschenrechtsverletzungen und des Missbrauchs von Amnestien.[992] Durch diese „autoritative Nicht-Anerkennung“ des geschehenen Unrechts teilt die Gemeinschaft ihre „expressive Missbilligung“ der Verbrechen mit.[993] Jenseits fragwürder präventiver Ziele wird somit nicht mehr und nicht weniger als eine kollektive Missbilligung der schwere Menschenrechtsverletzungen symbolisch vollzogen – vielleicht zum ersten Mal in der Geschichte Kolumbiens.

---

989 Dazu Günther, „Warum Transitional Justice auf die Feststellung strafrechtlicher Schuld angewiesen ist – Zwölf Thesen“, S. 273 f.

990 Ebd., S. 279. Günther bezieht sich hierbei auf Jürgen Habermas, *Faktizität und Geltung. Beiträge zur Diskurstheorie des Rechts und des demokratischen Rechtsstaats*, Frankfurt am Main 1998.

991 Ich bedanke mich bei Klaus Günther für diesen wichtigen Gedanken.

992 Dazu Aguilera Peña, „Refundemos la nación“.

993 Vgl. Günther, „Die symbolisch-expressive Bedeutung der Strafe“, S. 217 f. Günther bezieht sich auf Joel Feinberg, „The Expressive Function of Punishment“, in: ders., *Doing and Deserving: Essays in the Theory of Responsibility*, Princeton, NJ 1970, S. 95–118.

3.2.3 *Was das Strafrecht leisten kann*

Über diese wichtigen Leistungen des Strafrechts hinaus bildet das GuF-Verfahren zudem die Gelegenheit, zu einer Verständigung der Konfliktparteien beizutragen. Da die Justizorgane durch die *versiones libres* der Paramilitärs und die später geschaffenen „Priorisierungs- und Selektionskriterien" entscheidend entlastet wurden, ist die einzigartige Gelegenheit, Täter, Opfer, Guerilleros, Paramilitärs sowie vereinzelte Beobachter aus der Gesellschaft an einem Ort versammelt zu haben, besser zu nutzen, als lediglich über dogmatische Zurechnungsfiguren zu debattieren. Die Partizipation ehemaliger „Feinde", die vormals Nachbarn, Freunde oder zumindest Mitbürger waren, sollte Anlass zu einer dialogischeren Form der Anhörung geben, in der der Standpunkt des anderen eingenommen, mitgefühlt und vielleicht sogar verstanden werden kann. Die Anhörungen können meiner Ansicht nach einen Beitrag zur Verständigung der Parteien und langfristig zur Veränderung der Verhaltensweisen, zur Versöhnung und somit zum nationalen Frieden leisten.

Im Hinblick auf diese „großen" Zielen gilt es zunächst, „kleine", konkretisierbare Maßnahmen in den Strafverfahren einzuführen: Fundamental erscheint mir in dieser Hinsicht die von Neumann hervorgehobene Identifikation von ideologischen Koordinatensystemen und die Zerstörung legitimierender Deutungsmuster.[994] Es ist daher zunächst von entscheidender Bedeutung, in den Anhöhrungen das dem Konflikt zugrundeliegende Koordinatensystem zu identifizieren: in Kolumbien dreht sich dieses im Wesentlichen um das Begriffspaar „Freund/Feind". Die Koordinate „Feind" wird dabei je nach Konfliktpartei und gesellschaftlicher Klasse mit „Kommunist/Menschenrechtsaktivist/Gewerkschaftler/Guerillero" oder „Kapitalist/Bourgeois/Staat/Paramilitär" gefüllt. In einem nächsten Schritt gilt es, die darauf aufbauenden Deutungsmuster der Akteure zu diskreditieren und die im Wesentlichen auf gesellschaftlicher Differenz basierenden Koordinaten durch das Aufzeigen von Gemeinsamkeiten zu unterminieren: das Opfer bzw. der „Feind" war zugleich ein Nachbar, ein ehemaliger Mitschüler, ein Freund und Mitbürger, beide, Opfer und Täter, waren mittellos, hatten keine Arbeit und schlossen sich aus Perspektivlosigkeit und Angst einer bewaffneten Gruppe an.

Dieser Aspekt ist für einen langfristigen Übergangsprozess im Sinne eines „Nie wieder!" von herausragender Bedeutung: die Paramilitärs verbringen einen Großteil ihrer alternativen Strafe in Anhörungen und werden nach acht Jahren in der Regel mit dem gleichen „Koordinatensystem" entlassen. Es ist daher entscheidend, diese einmalige Gelegenheit zu nutzen, um eine Überbrückung der vermeintlichen Unterschiede der Beteiligten zu bewirken. Zur Erreichung dieses Ziels müssen allerdings u. a. die Kommunikationsstrategien der Richter geändert und explizit auf diese Aufgabe hin konzipiert werden.

994 Siehe Neumann, „Die Rolle von Recht, Gesellschaft und Politik bei der Verarbeitung von ‚Unrechtsystemen'", S. 42 f.

Neben diesem konkret durchführbaren Ziel der Zerstörung legitimierender Deutungsmuster ist eine Aufgabe des Strafrechts *de lege ferenda* zu nennen: Die Verhängung der alternative Strafe von lediglich acht Jahren für schwerste Menschenrechtsverletzungen im Rahmen des GuF-Verfahrens eröffnet die Möglichkeit, eine Abrüstung des Strafrechts auch außerhalb der „Sonderjustiz für den Frieden" zu denken. Wenn der kolumbianische Staat für kaum fassbare Gräueltaten eine derart milde Strafe zulässt, gebietet es das Verhältnismaßigkeitsprinzip auch über eine Milderung der normalen Strafe zu reflektieren. In diesem Zusammenhang ist ebenfalls der im Laufe des Konfliktes immer wieder missbrauchte Ausnahmezustand zu reformieren sowie der äußerst fragwürdige Straftatbestand des „politischen Verbrechens" gänzlich abzuschaffen. In einer Gesellschaft ohne Feinde bedarf es keiner Verbrechen, um politische Ziele zu erreichen, sondern lediglich Zugang zum Prozess der demokratischen Willensbildung. Das dieser gewaltfreie Weg politischer Programmatik auch von allen Mitgliedern der Gesellschaft begangen werden kann, liegt freilich (auch) in der Verantwortung des Staates, der sich dieser, wenn er sich rechtsstaatlich nennen möchte, nicht durch einen Rückfall in kriminelle Verhaltensweisen entziehen darf.

4 Zusammenfassung

In diesem Kapitel wurde vor dem Hintergrund der empirischen Teile der Arbeit zunächst eine Einordnung des kriminellen Phänomens des Paramilitarismus als „staatsverstärkte Kriminalität" vorgenommen (1). Ausgehend davon wurden sodann eine Reihe krimineller staatlicher Verhaltensweisen aufgezeigt, die im Laufe der Geschichte des Phänomens und auch nach der Implementierung des GuFG immer wieder auftauchten (2). Die Persistenz dieser Verhaltensweisen wurde als zusätzliches Indiz für die Bezeichnung des kolumbianischen Falls als „Übergangsprozess ohne Übergang" gewertet. Daran anschließend wendete sich die Untersuchung der zentralen Frage nach der Rolle des Strafrechts in diesem Prozess zu (3). Dazu wurde in einem ersten Schritt die „besondere Natur" des GuFG als Transitionsstrafrecht problematisiert und auf rechtsstaatlich ambivalente Tendenzen in der darauf bezogenen Rechtsprechung des Obersten Gerichtshofes hingewiesen (3.1). In einem zweiten Schritt wurde die Rolle des Strafrechts im kolumbianischen Transitionsprozess diskutiert (3.2): Erst wurde aufgezeigt, was das Strafrecht im Rahmen des Verfahrens nicht geleistet hat, dies betrifft vor allem die traditionellen Strafzwecke sowie die Feststellung der strafrechtlichen Verantwortung des Staates (3.2.1). Danach wurden drei zentrale Leistungen des Strafrechts in diesem Kontext erörtert: in Bezug auf die Anerkennung der Opfer, die Initiierung eines kollektiven Narrativs über den Paramilitarismus und einen Bruch mit der Tradition der Straflosigkeit schwerer Menschenrechtsverletzungen (3.2.2). Zuletzt wurde auf drei Aspekte verwiesen, die im Rahmen des Verfahrens geleistet werden können und sollten: erstens die Zerstörung legitimierender Deutungsmuster, zweitens die Überbrückung gesellschaftlicher Separierungen und drittens, *de lege ferenda*, die Abrüstung des Strafrechts auch außerhalb der Transitionsjustiz (3.2.3).

VI Schlussbemerkungen

> Kritikbereitschaft, Vorurteilsfreiheit, Toleranz, Humanität und manches andere gehören zur Propädeutik, sie sind die Prolegomena zu einer Neubesinnung auf eine private und soziale Pädagogik heute und morgen. Die gewiß aufwühlende, aber entscheidende Lehre unserer Prozesse gebietet aber die Bereitschaft zum eindeutigen Nein gegenüber staatlichem Unrecht.
>
> Fritz Bauer, „Im Namen des Volkes. Die strafrechtliche Bewältigung der Vergangenheit".

Der Versuch dieser Arbeit, eine Antwort auf die Frage nach der Rolle des Strafrechts in Übergangsprozessen ohne Übergang zu geben, hat offenbart, dass der Fall Kolumbien in der Tat einen „Ausreißer" in Bezug auf die gängigen Kategorien einer „Übergangsjustiz" darstellt.

Der kolumbianische Staat, gemeinhin als die älteste Demokratie Lateinamerikas bezeichnet, ist durch eine Vielzahl krimineller Verhaltensweisen gekennzeichnet, die sich von der zweiten Hälfte des 20. Jahrhunderts bis in die späten 2000er Jahre kontinuierlich wiederholen. Geht man von einem hochgradig fraktionierten Staat aus, in dem die Streitkräfte traditionell eine besonders dominante und teilweise autonome Rolle einnehmen, können Ausformungen des innerstaatlichen Konflikts, ja sogar einige Ursachen desselben dem Staat zugerechnet werden. Daraus lässt sich nicht nur die Konsequenz ziehen, dass es keinen klassischen institutionellen Übergang in Kolumbien gegeben hat, sondern auch, dass der Paramilitarismus eine Form von „staatsverstärkter Kriminalität" bildet. Die Rolle des Strafrechts bei der Aufarbeitung eines solchen kriminellen Phänomens in diesem „übergangslosen" Kontext ist damit notgedrungen begrenzt, insbesondere bei der Feststellung der Verantwortlichkeit staatlicher Instanzen.

Nichtsdestoweniger konnten einige Leistungen des Strafrechts in diesem höchst komplizierten Prozess herausgearbeitet werden: Zunächst bilden die Anhörungen eine erste Gelegenheit für die Opfer, ihre individuellen Biografien geltend zu machen und sie in das kollektive Gedächtnis zu integrieren. Darüber hinaus wird im Zuge der Ermittlungen im Rahmen des Verfahrens eine polyphone Wahrheit über den Paramilitarismus konstruiert. Diese stellt einen ersten Schritt in dem langfristigen gesellschaftlichen Prozess der Wahrheitsfindung und Verständigung dar. Ferner bricht die Verfolgung der paramilitärischen Taten trotz aller Defizite mit einer in Kolumbien tief verwurzelten Tradition der Straflosigkeit schwerer Menschenrechtsverletzungen.

Über diese Aspekte hinaus wurden drei weitere mögliche Funktionen des Strafrechts in diesem Kontext aufgezeigt: Erstens die Identifikation und Zerstörung ideologischer Koordinatensysteme und darauf basierender legitimierender Deutungsmuster, zweitens die Überwindung des in der kolumbianischen Gesellschaft tief verwurzelten Freund-Feind-Denkens und drittens ein Plädoyer für die Kohärenz der strafrechtlichen Zielsetzungen *de lege ferenda.* Weil der Staat im Rahmen des GuF-Verfahrens in Bezug auf schwere Menschenrechtsverletzungen für eine milde Strafe optierte, ist eine auch Revidierung der ordentlichen Strafen von bis zu 60 Jahren geboten. Zudem sind dem allzu oft missbrauchten Ausnahmezustand klare rechtsstaatliche Grenzen zu setzen und der fragliche Straftatbestand des *delito político* abzuschaffen.

Die Persistenz des innerstaatlichen Konflikts in Kolumbien und die zahlreichen Hindernisse auf dem Weg zum nationalen Frieden scheinen die Prognose von Hobsbawm zu bestätigen, dass das 21. Jahrhundert von endemischen bewaffneten Konflikten gekennzeichnet sei und die Idee von einem Jahrhundert des Friedens in unerreichbarer Ferne liege.[995] Die vorliegende Arbeit hat dagegen gezeigt, dass trotz aller Schwierigkeiten und Unwegbarkeiten in dem kolumbianischen Transitionsprozess die „Aufforderung, uns an der Vergangenheit zu messen“[996] bereits in Gang gesetzt wurde.

---

995 Vgl. Eric Hobsbawm, *Guerra y Paz en el siglo XXI*, Barcelona 2007, S. 17.

996 Gary Smith, „Ein normatives Niemandsland? Zwischen Gerechtigkeit und Versöhnungspolitik in jungen Demokratien“, in: Gary Smith, Avishai Margalit (Hrsg.), *Amnestie oder Die Politik der Erinnerung in der Demokratie*, Frankfurt am Main 1997, S. 11–20, hier S. 20.

Literaturverzeichnis

Abrão, Paulo/Marcelo D. Torelly, „Resistance to Change: Brazil's Persistent Amnesty and its Alternatives for Truth and Justice", in: Francesca Lessa, Leigh A. Payne (Hrsg.), *Amnesty in the Age of Human Rights Accountability: Comparative and International Perspectives*, Cambridge u. a. 2012, S. 152–181.

Adams, David, „Vínculos entre paramilitares y drogas: antes y después de la desmovilización", in: Elvira María Restrepo, Bruce Bagley (Hrsg.), *La desmovilización de los paramilitares en Colombia. Entre el escepticismo y la esperanza*, Bogotá 2011, S. 69–97.

Adorno, Theodor W., „Was bedeutet: Aufarbeitung der Vergangenheit", in: ders., *Die Erziehung zur Mündigkeit*, Frankfurt am Main 1970.

Agamben, Giorgio, *Ausnahmezustand*, Frankfurt am Main 2004.

Aguilera Peña, Mario, „Justicia Guerrillera y población civil: 1964–1999", in: Boaventura de Sousa Santos, Mauricio García Villegas (Hrsg.), *El caleidoscopio de las justicias en Colombia*, Bd. 2, Bogotá 2001, S. 389–442.

Aguilera Peña, Mario, *Las FARC: La guerrilla campesina, 1949–2010. Ideas circurlares en un mundo cambiante?*, Bogotá 2010.

Aguilera Peña, Mario, „Refundemos la nación: Perdonemos a delincuentes políticos y comunes", in: *Análisis Político*, 76 (2012), S. 5–40.

Ámbito Jurídico, „Alejando Ramelli: ‚Los sistemas procesales fracturaron la realidad de la guerra'", o. J., http://www.ambitojuridico.com/BancoConocimiento/N/noti-140114-08alejando_ramelli_los_sistemas_procesales_fracturaron_la_realida/noti-140114-08alejando_ramelli_los_sistemas_procesales_fracturaron_la_realida.asp?print=1 (letzter Zugriff am 25.06.2015).

Ambos, Kai, *Der Allgemeine Teil des Völkerstrafrechts. Ansätze einer Dogmatisierung*, Berlin 2002.

Ambos, Kai, „Stellungnahme zu den kolumbianischen Gesetzesentwürfen im Rahmen des Demobilisierungsprozesses der Regierung Uribe mit ‚bewaffneten Gruppen'", in: Gruppe Friedensentwicklung (FrieEnt) (Hrsg.), *Demobilisierung, Reintegration und Straflosigkeit in Kolumbien. Chancen und Risiken für externe Akteure*, Bonn 2004, S. 32–39.

Ambos, Kai, *El Marco Jurídico de la Justicia de Transición. Especial Referencia al Caso Colombiano*, Bogotá 2008.

Ambos, Kai, „Feindstrafrecht", in: Thomas Vormbaum (Hrsg.), *Kritik des Feindstrafrechts*, Münster 2009, S. 345–383.

Ambos, Kai, *Procedimiento de la ley de Justicia y Paz (Ley 975 de 2005) y derecho penal internacional. Estudio sobre la facultad de intervención complementaria de la Corte Penal Internacional a la luz del denominado proceso de „Justicia y Paz" en Colombia*, Bogotá 2010.

Ambos, Kai, „Zur ‚Organisation' der Organisationsherrschaft", in: *Festschrift für Claus Roxin zum 80. Geburtstag am 15. Mai 2011. Strafrecht als Scientia Universalis*, hrsg. von Manfred Heinrich, Christian Jäger, Hans Achenbach, Knut Amelung, Wilfried Bottke, Bernhard Hafke, Bernd Schünemann, Jürgen Wolter, Berlin 2011, S. 837–852.

Ambos, Kai, „Der Preis des Friedens", in: *Süddeutsche Zeitung*, Nr. 228, 05.10.2015, S. 2.

Ambos, Kai/Christian Steiner, „Vom Sinn des Strafens auf innerstaatlicher und supranationaler Ebene", in: *Juristische Schulung*, 41 (2001), S. 9–13.

Amnesty International, *Amnesty Report 2010: Kolumbien*, Berlin 2010, http://www.amnesty.de/jahresbericht/2010/kolumbien (letzter Zugriff am 05.03.2014).

Amnesty International, *Informe Anual 2012 de Amnistía Internacional: El estado de los derechos humanos en el mundo*, London 2012.

Aponte, Alejandro, „Estatuto de Roma y procesos de paz: reflexiones alrededor del ‚proyecto de alternatividad penal' en el caso colombiano", in: Kai Ambos, Ezechiel Malarino, Jan Woischnik (Hrsg.), *Temas actuales de Derecho Penal Internacional. Contribuciones de América Latina, Alemania y España*, Montevideo 2005, S. 83–116.

Aponte, Alejandro, *Krieg und Feindstrafrecht. Überlegungen zum „effizienten" Feindstrafrecht anhand der Situation in Kolumbien*, Baden-Baden 2004.

Aponte, Alejandro, „Colombia: Un caso sui generis en el marco de la justicia de transición", in: *International Law: Revista Colombiana de Derecho Internacional*, 12 (2008), S. 395–433.

Aponte, Alejandro, *El proceso penal especial de Justicia y Paz. Alcances y límites de un proceso penal concebido en clave transicional*, Centro Internacional de Toledo para la Paz – CITpax, Madrid 2011.

Aponte, Alejandro, „Kann es einen Frieden mit Gerechtigkeit geben? Dilemmata im kolumbianischen Friedensprozess und die Funktion des Strafrechts", in: *Streitbare Strafrechtswissenschaft. Festschrift für Bernd Schünemann zum 70. Geburtstag am 1. November 2014*, hrsg. von Roland Hefendehl, Tatjana Hörnle, Luis Greco, Berlin u.a. 2014, S. 1031–1043.

Aranguren, Mauricio, *Mi confesión. Carlos Castaño revela sus secretos*, Bogotá 2001.

Arenas, Antonio Vicente, *Comentarios al Código Penal Colombiano*, Bd. II, Parte Especial, Bogotá 1989.

Arendt, Hannah, *Macht und Gewalt*, 19. Aufl., München 2009.

Arnold, Jörg, „Transitionsstrafrecht und Vergangenheitspolitik", in: Peter Becker, Reiner Braun, Dieter Deiseroth (Hrsg.), *Frieden durch Recht?*, Berlin 2010, S. 267–292.

Ash, Timothy G., „The Truth about Dictatorship", in: *The New York Review of Books*, 45 (1998), S. 35.

Bassiouni, Cherif M. (Hrsg.), *Post-Conflict Justice*, New York 2002.

Bauer, Fritz, „Kriminologie und Prophylaxe des Völkermords", in: *Recht und Politik*, 3 (1967), S. 67–74.

Bauer, Fritz, „Im Namen des Volkes. Die strafrechtliche Bewältigung der Vergangenheit", in: ders., *Die Humanität der Rechtsordnung. Ausgewählte Schriften*, hg. von Joachim Perels und Irmtrud Wojak, Frankfurt am Main/New York 1998, S. 77–90.

Bernal Cuéllar, Jaime (Hrsg.), *Jornadas internacionales de derecho penal XXXV. Procesos de paz: derecho penal y justicia transicional. Memoria*, Bd. 1, Bogotá 2014.

Braid, Emily/Naomi Roht-Arriaza, „De facto and de jure Amnesty Laws: The Central American Case", in: Francesca Lessa, Leigh A. Payne (Hrsg.), *Amnesty in the Age of Human Rights Accountability: Comparative and International Perspectives*, Cambridge u. a. 2012, S. 182–209.

Buckley-Zistel, Susanne, „Einleitung: Nach Krieg, Gewalt und Repression", in: Susanne Buckley-Zistel, Thomas Kater (Hrsg.), *Nach Krieg, Gewalt und Repression. Vom schwierigen Umgang mit der Vergangenheit*, Baden-Baden 2011, S. 7–20.

Buckley-Zistel, Susanne/Anika Oettler, „Was bedeutet: Transitional Justice?", in: Susanne Buckley-Zistel, Thomas Kater (Hrsg.), *Nach Krieg, Gewalt und Repression. Vom schwierigen Umgang mit der Vergangenheit*, Baden-Baden 2011, S. 21–37.

Cassese, Antonio, *International Criminal Law*, 3. Aufl., Oxford 2013.

Centro Nacional de Memoria Histórica, *Encuesta Nacional. Qué piensan los Colombianos después de siete años de Justicia y Paz*, Bogotá 2012.

Centro Nacional de Memoria Histórica, *Rutas del conflicto: Mapiripán*, o.J., http://rutasdelconflicto.com/busqueda.php?clave=mapirip%E1n&Buscar=Buscar (letzter Zugriff am 10.11.2015).

Centro Internacional de Toledo para la Paz, *Observatorio Internacional: DDR – Ley de Justicia y Paz. Informe primera fase*, Madrid 2008.

Centro Internacional para la Justicia Transicional, *El proceso penal de justicia y paz. Compilación de autos de la Sala de Casación penal de la Corte Suprema de Justicia*, Bogotá 2009.

Chambliss, William J., „State-Organized Crime", in: *Criminology*, 27 (1989), S. 183–208.

Clark, Phil, „Establishing a Conceptual Framework: Six Key Transitional Justice Themes", in: Phil Clark, Zachary D. Kaufman (Hrsg.), *After Genocide: Transitional Justice, Post-Conflict Reconstruction and Reconciliation in Rwanda and Beyond*, London 2008, S. 191–205.

Clark, Phil/Zachary D. Kaufman, Kalypso Nicolaïdis, „Tensions in Transitional Justice", in: Phil Clark, Zachary D. Kaufman (Hrsg.), *After Genocide: Transitional*

Justice, Post-Conflict Reconstruction and Reconciliation in Rwanda and Beyond, London 2008, S. 381–391.

Comisión Colombiana de Juristas (Hrsg.), *Derechos humanos en Colombia: 3er informe de la Comisión Interamericana de Derechos Humanos*, Bogotá 1999, S. 165–168, http://www.coljuristas.org/documentos/libros_e_informes/ddhh_en_colombia_3er_informe_de_la_CIDH.pdf (letzter Zugriff am 24.09.2015).

Comisión Colombiana de Juristas, *Boletín Nr. 27, Serie sobre los derechos de las víctimas y la aplicación de la ley 975 – „Todas las CONVIVIR eran nuestras"*, Bogotá 2008.

Comisión Colombiana de Juristas, *Colombia: El espejismo de la justicia y la paz. Balance sobre la aplicación de la ley 975 de 2005*, Bogotá 2008.

Comisión Colombiana de Juristas, *Colombia: La metáfora del desmantelamiento de los grupos paramilitares. Segundo informe de balance sobre la aplicación de la ley 975 de 2005*, Bogotá 2010.

Comisión Interamericana de Derechos Humanos, *Communicado de prensa número 21/08*, 14.05.2008, http://www.cidh.oas.org/Comunicados/Spanish/2008/21.08sp.htm (letzter Zugriff am 10.08.2015).

Comisión Nacional de Reparación y Reconciliación, *Recomendación de criterios de reparación y de proporcionalidad restaurativa*, Bogotá 2007.

Comisión Nacional de Reparación y Reconciliación, *Disidentes, rearmados y emergentes: bandas criminales o tercera generación paramilitar?*, Bogotá 2007.

Congreso de la República de Colombia, *Gaceta del Congreso* 796, Bogotá, 09.12.2004.

Congreso de la República de Colombia, *Gaceta del Congreso* 27, Bogotá, 04.02.2005.

Congreso de la República de Colombia, *Gaceta del Congreso* 355, Bogotá, 13.06.2005.

Connolly, William E., *The Terms of Political Discourse*, Heath 1974.

Consejo Nacional de Política Económica y Social, *Documento CONPES Nr. 3277. Estrategia para la expansión de la oferta nacional de cupos penitenciarios y carcelarios*, Bogotá, 15.03.2004.

Cuya, Esteban, „Wahrheitskommissionen in Lateinamerika", in: Detlef Nolte (Hrsg.), *Vergangenheitsbewältigung in Lateinamerika*, Frankfurt am Main 1996, S. 33–66.

de Sousa Santos, Boaventura/Mauricio García Villegas, „Colombia: el revés del contrato social de la modernidad", in: dies. (Hrsg.), *El caleidoscopio de las justicias en Colombia*, Bd. 1, Bogotá 2001, S. 11–83,

Defensoría del Pueblo, *Seguimiento al cese de hostilidades*, Bogotá 2004.

Departamento Nacional de Planeación, *Dirección de Justicia y Seguridad- Dirección de evaluación a Políticas Públicas. Boletín en resultados en seguridad democrática*, Bogotá 2007, https://www.dnp.gov.co/Portals/0/archivos/documentos/DEPP/Seguimiento_Resultados/Boletin_Seguridad.pdf (letzter Zugriff am 16.08.2013).

Díaz, Catalina, „Colombia's Bid for Justice and Peace", in: Kai Ambos, Judith Large, Marieke Wierda (Hrsg.), *Building a Future on Peace and Justice: Studies on Transitional Justice, Peace and Development*, Berlin u. a. 2009, S. 469–301.

Dilger, Gerhard, „Junge Männer mussten für die Statistiken sterben", in: *Die Welt*, 16.06.2010, http://www.welt.de/politik/ausland/article8069394/Junge-Maenner-mussten-fuer-die-Statistik-sterben.html (letzter Zugriff am 16.08.2013).

Echandía Castilla, Camilo, *Dos décadas de escalamiento del conflicto armado en Colombia 1986–2006*, Bogotá 2006.

Eidam, Lutz, *Der Organisationsgedanke im Strafrecht*, Tübingen 2015.

Eisenberg, Ulrich, „Kriminologisch bedeutsames Verhalten von Staatsführungen und ihren Organen", in: *Monatsschrift für Kriminologie und Strafrechtsreform*, 63 (1980), S. 217–231.

Elster, Jon, *Closing the Books: Transitional Justice in Historical Perspective*, Cambridge u. a. 2004.

El Espectador, „Mancuso reconoce el rearme paramilitar", 05.04.2008, http://www.elespectador.com/noticias/politica/articulo-mancuso-reconoce-el-rearme-paramilitar (letzter Zugriff am 22.10.2015).

El Tiempo, „La paramilitarización de Colombia", 26.09.2004, http://www.eltiempo.com/archivo/documento/MAM-1529056 (letzter Zugriff am 22.10.2015).

El Tiempo, „Después de dos años se demostró que 111 detenidos en captura masiva de Quinchía eran inocentes", 03.08.2005.

El Tiempo, „Nervios en Congreso por rumor de que Corte llamará a más Políticos", 17.11.2006, http://www.eltiempo.com/archivo/documento/MAM-2281972 (letzter Zugriff am 13.10.2015).

El Tiempo, „Congresistas acusados de parapolítica que renunciaron a curul vuelven a ser juzgados por la Corte", 15.09.2009, http://www.eltiempo.com/archivo/documento/CMS-6113107 (letzter Zugriff am 11.08.2015).

El Tiempo, „‚Paras' que salgan libres deben entrar a ruta de reintegración", 11.08.2014, http://www.eltiempo.com/politica/justicia/paramilitares-en-libertad-deberan-reintegrarse/14370378 (letzter Zugriff am 06.11.2015).

El Tiempo, „Primeras condenas a falsas víctimas de la masacre de Mapiripán", 13.03.2015, http://www.eltiempo.com/politica/justicia/condenan-a-falsas-victimas-de-masacre-de-mapiripan-/15392716 (letzter Zugriff am 09.11.2015).

El Tiempo, „Los cinco claves del acuerdo sobre justicia con las Farc", 24.09.2015, http://www.eltiempo.com/politica/proceso-de-paz/acuerdo-de-justicia-de-santos-y-farc-penas-8-anos-para-autores-de-delitos-graves/16385339 (letzter Zugriff am 03.11.2015).

El Tiempo, „‚Diego Vecino', el quinto exjefe paramilitar que recupera su libertad", 08.10.2015, http://www.semana.com/nacion/articulo/paramilitares-en-libertad-luego-de-someterse-justicia-paz/446093-3 (letzter Zugriff am 02.11.2015).

Engert, Stefan/Anja Jetschke, „Einleitung: Transitional Justice 2.0 – zur konzeptionellen Erweiterung eines noch jungen Forschungsprogramms", in: *Die Friedens-Warte*, 86 (2011), S. 15–43.

Eser, Albin/Ulrich Sieber/Jörg Arnold (Hrsg.), *Strafrecht in Reaktion auf Systemunrecht. Vergleichende Einblicke in Transitionsprozesse*, Bd. 14: Transitionsstrafrecht und Vergangenheitspolitik, Berlin 2012.

Fabricius, Dirk, „Generalprävention oder: Die beste Kriminalpolitik ist eine gute Rechtspolitik", in: *Kriminalpolitik und ihre wissenschaftlichen Grundlagen. Festschrift für Professor Dr. Hans-Dieter Schwind zum 70. Geburtstag*, hrsg. von Thomas Feltes, Christian Pfeiffer, Gernot Steinhilper, Heidelberg 2006, S. 269–287.

Fabricius, Dirk, „Warum Amnestie zu wenig und Strafe das Falsche ist – erweiterter Auftrag einer Wahrheits- und Versöhnungskommission (TRC)?", in: Ulfrid Neumann, Cornelius Prittwitz, Paulo Abrão, Lauro Joppert Swensson Jr., Marcelo D. Torelly (Hrsg.), *Transitional Justice. Das Problem gerechter strafrechtlicher Vergangenheitsbewältigung*, Frankfurt am Main 2013, S. 149–177.

Feinberg, Joel, „The Expressive Function of Punishment", in: ders., *Doing and Deserving: Essays in the Theory of Responsibility*, Princeton, NJ 1970, S. 95–118.

Ferrajoli, Luigi, *Derecho y razón. Teoría del garantismo penal*, 4. Aufl., Madrid 2000.

Fiscalía General de la Nación, *Resolución Interna*, Nr. 0–3998 von 2006, Bogotá.

Fiscalía General de la Nación, *Resolución Interna*, Nr. 0–0387 von 2007, Bogotá.

Fiscalía General de la Nación, *Resolución Interna*, Nr. 0–2296 von 2007, Bogotá.

Fiscalía General de la Nación, *Resolución Interna*, Nr. 0–4773 von 2007, Bogotá.

Fiscalía General de la Nación, *Directiva* 0001, Bogotá, 04.10.2012.

Fiscalía para Justicia y Paz, *Plan de acción de casos a priorizar por la unidad nacional de fiscalías para la justicia y la paz*, Bogotá, 04.10.2012, http://www.fiscalia.gov.co/jyp/wp-content/uploads/2012/04/Plan-de-Accion-de-Priorizacion-de-la-Unidad.pdf (letzter Zugriff am 19.09.2015).

Forst, Rainer, *Normativität und Macht. Zur Analyse sozialer Rechtfertigungsordnungen*, Berlin 2015.

Franco, Vilma/Juan Diego Restrepo, „Empresarios palmeros, poderes de facto y despojo de tierras en el bajo atrato", in: Mauricio Romero (Hrsg.), *La economía de los paramilitares: Redes de corrupción, negocios y política*, Bogotá 2011, S. 269–410.

Frankenberg, Günter, *Staatstechnik. Perspektiven auf Rechtsstaat und Ausnahmezustand*, Berlin 2010.

Frankfurter Allgemeine Zeitung, „Kolumbien: Durchbruch bei Friedensverhandlungen", 24.09.2015, http://www.faz.net/aktuell/politik/ausland/amerika/kolumbien-durchbruch-bei-friedensverhandlungen-13820576.html (letzter Zugriff am 03.11.2015).

Franzki, Hannah, „Zur Kritik von transitional justice als Projekt historischer Gerechtigkeit“, in: *Peripherie*, 32 (2012), S. 67–81.

Frei, Norbert, *Vergangenheitspolitik. Die Anfänge der Bundesrepublik und die NS-Vergangenheit*, München 2012.

Friedrichs, David O. (Hrsg.), *State Crime*, Bd. 1, Aldershot u. a. 1998.

Friedrichs, David O., „Introduction“, in: ders. (Hrsg.), *State Crime*, Bd. 1, Aldershot u. a. 1998, S. xiii–xxxviii.

Fundación Social, *Ley de alternatividad penal y justicia transicional: documento de recomendaciones*, Bogotá 2007.

Gallón, Gustavo, „Reparando la Reparación“, in: *El Espectador*, 25.06.2014, http://www.elespectador.com/opinion/reparando-reparacion-columna-500670 (letzter Zugriff am 23.07.2015).

García Peña, Daniel, „La relación del Estado colombiano con el fenómeno paramilitar: por el esclarecimiento histórico“, in: *Análisis Político*, 53 (2005), S. 58–76.

García Villegas, Mauricio, „Constitucionalismo perverso“, in: Boaventura de Sousa Santos, Mauricio García Villegas (Hrsg.), *El caleidoscopio de las justicias en Colombia*, Bd. 1, Bogotá 2001, S. 317–370.

García Villegas, Mauricio, *Jueces sin Estado. La justicia colombiana en zonas de conflicto armado*, Bogotá 2008.

Giraldo, Javier, „El paramilitarismo: una criminal política de Estado que devora el país“, August 2004, http://www.javiergiraldo.org/spip.php?article76 (letzter Zugriff am 22.01.2013).

Giraldo, Javier, „Cronología de hechos reveladores del Paramilitarismo como política de Estado“, 20.08.2004, http://www.javiergiraldo.org/spip.php?article75 (letzter Zugriff am 20.05.2013).

Goldstone, Richard J., „Frieden und Gerechtigkeit – Ein unvereinbarer Gegensatz?“, in: Gary Smith, Avishai Margalit (Hrsg.), *Amnestie oder Die Politik der Erinnerung in der Demokratie*, Frankfurt am Main 1997, S. 37–47.

Grupo de Memoria Histórica, *La Rochela: Memorias de un crimen contra la justicia*, Bogotá 2010.

Grupo de Memoria Histórica, *Silenciar la Democracia. Las masacres de Remedios y Segovia 1982–1997*, Bogotá 2010.

Grupo de Memoria Histórica, *El orden desarmado. La resistencia de la asociación de trabajadores campesinos de carare (ATCC)*, Forschungsleiter: Mario Aguilera Peña, Bogotá 2011.

Günther, Klaus, „Der strafrechtliche Schuldbegriff als Gegenstand einer Politik der Erinnerung in der Demokratie“, in: Gary Smith, Avishai Margalit (Hrsg.), *Amnestie oder Die Politik der Erinnerung in der Demokratie*, Frankfurt am Main 1997, S. 48–89.

Günther, Klaus, „Die symbolisch-expressive Bedeutung der Strafe. Eine neue Straftheorie jenseits von Vergeltung und Prävention?“, in: *Festschrift für Klaus Lüderssen zum 70. Geburtstag am 2. Mai 2002*, hrsg. von Cornelius Prittwitz, Michael Baurmann, Lothar Kuhlen, Reinhard Merkel, Cornelius Nestler, Lorenz Schulz, Baden-Baden 2002, S. 205–219.

Günther, Klaus, „Kritik der Strafe I“, in: *Westend. Neue Zeitschrift für Sozialforschung*, 1 (2004), S. 117–129.

Günther, Klaus, „Falscher Friede durch repressives Völkerstrafrecht?“, in: *Das Dilemma des rechtsstaatlichen Strafrechts*, Symposium für Bernhard Haffke zum 65. Geburtstag, hrsg. von Werner Beulke, Klaus Lüderssen, Andreas Popp, Petra Wittig, Berlin 2009, S. 79–100.

Günther, Klaus, „Warum Transitional Justice auf die Feststellung strafrechtlicher Schuld angewiesen ist – Zwölf Thesen“, in: Ulfrid Neumann, Cornelius Prittwitz, Paulo Abrão, Lauro Joppert Swensson Jr., Marcelo D. Torelly (Hrsg.), *Transitional Justice. Das Problem gerechter strafrechtlicher Vergangenheitsbewältigung*, Frankfurt am Main 2013, S. 271–285.

Günther, Klaus/Cornelius Prittwitz, „Individuelle und kollektive Verantwortung im Strafrecht“, in: *Festschrift für Winfried Hassemer*, hrsg. von Felix Herzog, Ulfrid Neumann, Heidelberg 2010, S. 331–354.

Günther, Klaus/Vasco Reuss, „Legitimation des Völkerstrafrechts in Deutschland – Völkerstrafrecht als Bürgerstraftrecht“, in: Christoph Safferlin, Stefan Kirsch (Hrsg.), *Völkerstrafrechtspolitik. Praxis des Völkerstrafrechts*, Heidelberg u. a. 2014, S. 127–163.

Gutiérrez, Francisco/Mauricio Barón, „Estado, contol territorial paramilitar y orden político en Colombia“, in: Francisco Gutiérrez, María Emma Wills, Gonzalo Sánchez Gómez (Hrsg.), *Nuestra guerra sin nombre. Transformaciones del conflicto en Colombia*, Bogotá 2006, S. 267–309.

Habermas, Jürgen, *Faktizität und Geltung. Beiträge zur Diskurstheorie des Rechts und des demokratischen Rechtsstaats*, Frankfurt am Main 1998.

Hagan, Frank E., *Political Crime: Ideology and Criminality*, Boston 1997.

Hamburger Institut für Sozialforschung (Hrsg.), *Nie wieder! Ein Bericht über die Entführung, Folter und Mord durch die Militärdiktatur in Argentinien*, Weinheim u. a. 1987.

Hankel, Gerd, *Die Leipziger Prozesse. Deutsche Kriegsverbrechen und ihre strafrechtliche Verfolgung nach dem Ersten Weltkrieg*, Hamburg 2003.

Hankel, Gerd, „Vergangenheitsbewältigung durch die Justiz? – Das Beispiel Ruanda“, in: Frank Neubacher, Anne Klein (Hrsg.), *Vom Recht der Macht zur Macht des Rechts? Interdisziplinäre Beiträge zur Zukunft internationaler Strafgerichte*, Berlin 2006, S. 263–277.

Hart, H. L. A., „Positivism and the Separation of Law and Morals", in: *Harvard Law Review*, 71 (1958), S. 593–629.

Hassemer, Winfried, „Das Strafrecht nach einem politischen Systemwechsel. Am Beispiel der Bundesrepublik", in: Francisco Muñoz Conde, Thomas Vormbaum (Hrsg.), *Transformation von Diktaturen in Demokratien und Aufarbeitung der Vergangenheit*, Berlin u. a. 2010, S. 168–182.

Hassemer, Winfried/Jan Philipp Reemtsma, *Verbrechensopfer, Gesetz und Gerechtigkeit*, München 2002.

Hayner, Priscilla B., *Unspeakable Truths: Confronting State Terror and Atrocity*, 2. Aufl., New York u. a. 2010.

Herzog, Felix, „Politischer Systemwechsel als Bewährungsprobe für rechtsstaatliches Strafrecht?", in: *Das Dilemma des rechtsstaatlichen Strafrechts*, Symposium für Bernhard Haffke zum 65. Geburtstag, hrsg. von Werner Beulke, Klaus Lüderssen, Andreas Popp, Petra Wittig, Berlin 2009, S. 155–164.

Hess, Henner, „Repressives Verbrechen", in: *Kriminologisches Journal*, 8 (1976), S. 1–22.

Hobsbawm, Eric, *Guerra y Paz en el siglo XXI*, Barcelona 2007.

Holzhaider, Hans, „Meine Schuld", in: *Süddeutsche Zeitung*, Nr. 161, 16.07.2015, S. 3.

Huber, Florian, *La ley de Justicia y Paz. Desafíos y temas de Debate*, Bogotá 2007.

Human Rights Watch, *Los lazos que unen: Colombia y las relaciones militares-paramilitares*, New York 2000, http://www.acnur.org/t3/uploads/pics/134.pdf?view=1 (letzter Zugriff am 09.10.2015).

Human Rights Watch, *Rompiendo el control? Obstáculos a la justicia en las investigaciones de la mafia paramilitar en Colombia*, New York 2008, https://www.hrw.org/sites/default/files/reports/colombia1008sp.pdf (letzter Zugriff am 06.11.2015).

Human Rights Watch, *Herederos de los paramilitares: La Nueva Cara de la Violencia en Colombia*, New York 2010, https://www.hrw.org/sites/default/files/reports/colombia0210spwebwcover_0.pdf (letzter Zugriff am 06.11.2015).

Huyse, Luc/Mark Salter (Hrsg.), *Traditional Justice and Reconciliation after Violent Conflict*, Stockholm 2008.

International Center for Transitional Justice, *What is Transitional Justice?*, New York, https://www.ictj.org/sites/default/files/ICTJ-Global-Transitional-Justice-2009-English.pdf (letzter Zugriff am 28.08.2015).

International Criminal Court, „Situations and cases", The Hague, http://www.icc-cpi.int/en_menus/icc/situations%20and%20cases/Pages/situations%20and%20cases.aspx (letzter Zugriff am 06.09.2015).

Isaza, José Fernando/Diógenes Campos, „Consideraciones cuantitativas sobre la evolución reciente del conflicto", in: *Análisis Político*, 65 (2009), S. 3–12.

Iturralde, Manuel, *Castigo, liberalismo autoritario y justicia penal de excepción*, Bogotá 2010.

Jäger, Herbert, *Verbrechen unter totalitärer Herrschaft. Studien zur nationalsozialistischen Gewaltkriminalität*, Frankfurt am Main 1982.

Jäger, Herbert, *Makrokriminalität. Studien zur Kriminologie kollektiver Gewalt*, Frankfurt am Main 1989.

Jäger, Herbert, „Ist Politik kriminalisierbar?", in: Klaus Lüderssen (Hrsg.), *Aufgeklärte Kriminalpolitik oder Kampf gegen das Böse?*, Bd. III: Makrodelinquenz, Baden-Baden 1998, S. 121–138.

Jakobs, Günther, „Vergangenheitsbewältigung durch Strafrecht? Zur Leistungsfähigkeit des Strafrechts nach einem politischen Umbruch", in: Josef Isensee (Hrsg.), *Vergangenheitsbewältigung durch Recht. Drei Abhandlungen zu einem deutschen Problem*, Berlin 1992, S. 37–64.

Jakobs, Günther, *Das Schuldprinzip*, Vortrag, Opladen 1993.

Jakobs, Günther, „Bürgerstrafrecht und Feindstrafrecht", in: *Höchstrichterliche Rechtsprechung zum Strafrecht*, 4 (2004), S. 88–95.

Jerouschek, Günter, „Straftat und Traumatisierung. Überlegungen zu Unrecht, Schuld und Rehabilitierung der Strafe aus viktimologischer Sicht", in: *Juristen Zeitung*, 55 (2000), S. 185–194.

Kaiser, Günther, „‚Kriminalität der Mächtigen' – Theorie und Wirklichkeit", in: *Festschrift für Koichi Miyazawa. Dem Wegbereiter des japanisch-deutschen Strafrechtsdiskurses*, hrsg. von Hans-Heiner Kühne, Baden-Baden 1995, S. 159–175.

Katz, Claude/Luis Carlos Nieto García, *Jueces anónimos. Justicia ciega*, Federación Internacional de las Ligas de Derechos Humanos, Paris 1996, http://www.derechos.org/nizkor/colombia/doc/jueces.html (letzter Zugriff am 20.05.2013).

Keller, Iris, *Die strafrechtliche Aufarbeitung von DDR-Justizunrecht*, Frankfurt am Main 2012.

Kilchling, Michael, „Opferschutz und der Strafanspruch des Staates – Ein Widerspruch?", in: *Neue Zeitschrfit für Strafrecht*, 22 (2002), S. 57–63.

König, Helmut, „Von der Diktatur zur Demokratie oder Was ist Vergangenheitsbewältigung", in: Helmut König, Michael Kohlstruck, Andreas Wöll (Hrsg.), *Vergangenheitsbewältigung am Ende des zwanzigsten Jahrhunderts*, Leviathan Sonderheft 18/1998, Wiesbaden 1998, S. 371–392.

Kritz, Neil J. (Hrsg.), *Transitional Justice: How Emerging Democracies Reckon with Former Regimes*, 3 Bde., Washington 1995.

Kurtenbach, Sabine/Philipp Lutscher, „Kolumbien – den Frieden gewinnen", in: *GIGA Focus*, 6 (2015), S. 1–7.

Lagodny, Otto, „Legitimation und Bedeutung des Ständigen Internationalen Strafgerichtshofes", in: *Zeitschrift für die gesamte Strafrechtswissenschaft*, 113 (2001), S. 800–826.

Lair, Eric, „El terror, recurso estratégico de los actores armados: reflexiones en torno al conflicto colombiano", in: *Análisis Político*, 37 (1999), S. 61–73.

Lair, Eric, „Transformaciones y fluidez de la guerra en Colombia: un enfoque militar", in: Gonzalo Sánchez, Eric Lair (Hrsg.), *Violencias y estrategias colectivas en la región andina. Bolivia, Colombia, Ecuador, Perú y Venezuela*, Bogotá 2004, S. 103–143.

Lampe, Ernst-Joachim, „Systemunrecht und Unrechtssysteme", in: *Zeitschrift für die gesamte Strafrechtswissenschaft*, 106 (1994), S. 683–745.

Laplante, Lisa J., „Outlawing Amnesty: The Return of Criminal Justice in Transitional Justice Schemes", in: *Virginia Journal of International Law*, 49 (2009), S. 915–984.

Leal Buitrago, Francisco, *El oficio de la guerra. La seguridad nacional en Colombia*, Bogotá 1994.

Leal Buitrago, Francisco, „Militares y paramilitares en Colombia", in: Elvira M. Restrepo, Bruce Bagley (Hrsg.), *La desmovilización de los paramilitares en Colombia. Entre el escepticismo y la esperanza*, Bogotá 2011, S. 43–68.

Lessa, Francesca, „Barriers to Justice: The Ley de Caducidad and Impunity in Uruguay", in: Francesca Lessa, Leigh A. Payne (Hrsg.), *Amnesty in the Age of Human Rights Accountability: Comparative and International Perspectives*, Cambridge u. a. 2012, S. 123–151.

Llewellyn, Jennifer J./Daniel Philpott (Hrsg.), *Restorative Justice, Reconciliation, and Peacebuilding*, Oxford u. a. 2014.

López, Claudia, „Del control territorial a la acción Política", in: *Arcanos*, 11 (2005), S. 40–49.

López, Claudia (Hrsg.), *Y refundaron la patria... De cómo mafiosos y políticos reconfiguraron el Estado colombiano*, Bogotá 2010.

Losappio, Guiseppe, „Feindstrafrecht, Freundstrafrecht, Feinde des Strafrechts", in: Thomas Vormbaum (Hrsg.), *Kritik des Feindstrafrechts*, Münster 2009, S. 127–139.

Lüderssen, Klaus, *Der Staat geht unter – das Unrecht bleibt? Regierungskriminalität in der ehemaligen DDR*, Frankfurt am Main 1992.

Mantovani, Ferrando, „Feindstrafrecht, Freundstrafrecht, Feind und Freund des Strafrechts", in: Thomas Vormbaum (Hrsg.), *Kritik des Feindstrafrechts*, Münster 2009, S. 141–168.

Marxen, Klaus, *Rechtliche Grenzen der Amnestie*, Heidelberg 1984.

Marxen, Klaus, „Amnestierecht und Amnestiepolitik", in: *Recht und Politik*, 25 (1989), S. 84–87.

Marxen, Klaus/Gerhard Werle, *Die strafrechtliche Aufarbeitung von DDR-Unrecht. Eine Bilanz*, Berlin u. a. 1999.

Mayer, Heinz, *Kolumbien. Der schmutzige Krieg*, Hamburg 1990.

Marzahn, Thomas, *Das Feindstrafrecht als Komponente des Präventionsstaats?*, Münster 2011.

Medina, Carlos, „El narco-paramilitarismo. Lógicas y procesos en el desarrollo de un capitalismo criminal", in: Jairo Estrada Álvarez, Sergio Moreno, Oscar Mejía Quintana, Tom Blickman u. a. (Hrsg.), *Capitalismo criminal: Ensayos críticos*, Bogotá 2008, S. 104–141.

Merkel, Wolfgang, *Systemtransformation. Eine Einführung in die Theorie und Empirie der Transformationsforschung*, 2. Aufl., Wiesbaden 2010.

Merkel, Wolfgang/Hans-Jürgen Puhle, *Von der Diktatur zur Demokratie. Transformationen, Erfolgsbedingungen, Entwicklungspfade*, Opladen 1999.

Ministerio de Defensa, *Logros de la política de consolidación de la seguridad democrática – PCSD*, Bogotá, Juni 2010, http://www.mindefensa.gov.co/irj/go/km/docs/Mindefensa/Documentos/descargas/estudios%20sectoriales/info_estadistica/Logros%20de%20Politica%20CSD%20Junio%202010.pdf (letzter Zugriff am 16.08.2013).

Minow, Martha, *Between Vengeance and Forgiveness: Facing History after Genocide and Mass Violence*, Boston 1998.

Müller, Henning Ernst, „Staatsführungen als Tätergemeinschaften am Beispiel der Gefangenenmisshandlungen und Folter in Guantanamo und Abu Ghraib", in: *Festschrift für Ulrich Eisenberg zum 70. Geburtstag*, hrsg. von Henning Ernst Müller, München 2009, S. 85–118.

Nagy, Rosemary, „Transitional Justice as Global Project: Critical Reflections", in: *Third World Quarterly*, 29 (2008), S. 275–289.

Naucke, Wolfgang, *Die strafjuristische Privilegierung staatsverstärkter Kriminalität*, Frankfurt am Main 1996.

Naucke, Wolfgang, *Der Begriff der politischen Wirtschaftsstraftat – Eine Annäherung*, Münster 2012.

Neubacher, Frank, *Kriminologische Grundlagen einer internationalen Strafgerichtsbarkeit*, Tübingen 2005.

Neubacher, Frank, „Die Relativierung von Normen bei Verbrechen des Staates – wie selbst schwerste Verbrechen möglich (gemacht) werden", in: Gerd Hankel (Hrsg.), *Die Macht und das Recht. Beiträge zum Völkerrecht und Völkerstrafrecht am Beginn des 21. Jahrhunderts*, Hamburg 2008, S. 23–49.

Neumann, Ulfrid, „Rechtspositivismus, Rechtsrealismus und Rechtsmoralismus in der Diskussion um die strafrechtliche Bewältigung politischer Systemwechsel", in: ders., *Recht als Struktur und Argumentation. Beiträge zur Theorie des Rechts und zur Wissenschaftstheorie der Rechtswissenschaft*, Baden-Baden 2008, S. 163–187.

Neumann, Ulfrid, „Die Rolle von Recht, Gesellschaft und Politik bei der Verarbeitung von ‚Unrechtsystemen'", in: Ulfrid Neumann, Cornelius Prittwitz, Paulo Abrão, Lauro Joppert Swensson Jr., Marcelo D. Torelly (Hrsg.), *Transitional Justice. Das*

Problem gerechter strafrechtlicher Vergangenheitsbewältigung, Frankfurt am Main 2013, S. 39–52.

Neumann, Ulfrid/Cornelius Prittwitz, Paulo Abrão, Lauro Joppert Swensson Jr., Marcelo D. Torelly (Hrsg.), *Transitional Justice. Das Problem gerechter strafrechtlicher Vergangenheitsbewältigung*, Frankfurt am Main 2013.

Noche y Niebla, *Deuda con la humanidad. Paramilitarismo de estado en Colombia 1988–2003*, Banco de datos de violencia política – CINEP, Bogotá 2004.

Noche y Niebla, *Deuda con la Humanidad 2. 23 años de falsos positivos (1988–2011)*, Banco de datos de derechos humanos y violencia política – CINEP, Bogotá 2011.

Nolte, Detlef, „Wahrheit und Gerechtigkeit oder Vergessen? Vergangenheitsbewältigung in Lateinamerika“, in: ders. (Hrsg.), *Vergangenheitsbewältigung in Lateinamerika*, Frankfurt am Main 1996, S. 7–28.

Odersky, Walther, *Die Rolle des Strafrechts bei der Bewältigung politischen Unrechts*, Heidelberg 1992.

Oehrlein, Josef, „Pakt mit dem Teufel“, in: *Frankfurter Allgemeine Zeitung*, Nr. 33, 08.02.2007, S. 5, http://www.faz.net/aktuell/politik/ausland/kolumbien-pakt-mit-dem-teufel-1408422.html (letzter Zugriff am 28.08.2013).

Oettler, Anika, „Staatliche Initiativen zur Ahndung von Massengewalt: Perspektiven einer transnationalen Geschichte und Gegenwart“, in: *Peripherie*, 28 (2008), S. 83–109.

Oficina del Alto Comisionado de las Naciones Unidas para los Derechos Humanos (OACNUDH), *Informe de la Alta Comisionada de las Naciones Unidas para los Derechos Humanos sobre la situación de los derechos humanos en Colombia*, E/CN.4/2005/10, 28.02.2005, S. 27, http://www.hchr.org.co/documentoseinformes/informes/altocomisionado/Informe2004_esp.pdf (letzter Zugriff am 13.10.2015).

Oldenburg, Silke/Kristofer Lengert, „Der Weg der paramilitärischen ‚Autodefensas Unidas de Colombia‘ zur politischen Anerkennung“, in: *Lateinamerika Analysen*, 14 (2006), S. 3–36.

Orozco Abád, Iván, *Combatientes, rebeldes y terroristas. Guerra y derecho en Colombia*, 2. Aufl., Bogotá 2006.

Osiel, Mark J., *Mass Atrocity, Collective Memory and the Law*, New Brunswick u. a. 1997.

Ostendorf, Heribert, „Kriminalität der Mächtigen. Überlegungen zur staatsanwaltlichen Schwerpunktbildung“, in: *Recht und Politik*, 3 (1990), S. 155–160.

Palau van Hissenhoven, Nicolás, *Trámite de la Ley de Justicia y Paz: Elementos para el control cuidadano al ejercicio del poder político*, Bogotá 2006.

Pérez, Luis Carlos, *Derecho Penal. Partes general y especial*, Bd. III, Bogotá 1986.

Peters, Dorothee/Helge Peters, „Kritik an Hess‘ Kritik – im Namen seiner Kritik“, in: *Kriminologisches Journal*, 8 (1976), S. 46–51.

Prittwitz, Cornelius, „Einleitung", in: Klaus Lüderssen (Hrsg.), *Aufgeklärte Kriminalpolitik oder Kampf gegen das Böse?*, Bd. III: Makrodelinquenz, Baden-Baden 1998, S. 7–26.

Prittwitz, Cornelius, „La relación entre ‚Justicia' y la pena privativa de la libertad", in: Fundación Ideas para la Paz (Hrsg.), *Cuadernos del Conflicto. Justicia, Verdad y Reparación en medio del conflicto*, Bogotá 2005, S. 30.

Prittwitz, Cornelius, „‚Regierungskriminalität' und ‚Kriminalität der Mächtigen'", in: Cornelius Prittwitz, Lorenz Böllinger, Michael Jasch, Susanne Krasmann, Helge Peters, Herbert Reinke, Dorothea Rzepka, Karl F. Schumann (Hrsg.), *Kriminalität der Mächtigen*, Baden-Baden 2008, S. 185–199.

Prittwitz, Cornelius, „‚Feindstrafrecht' als Konsequenz des ‚Risikostrafrechts'", in: Thomas Vormbaum (Hrsg.), *Kritik des Feindstrafrechts*, Münster 2009, S. 169–180.

Prittwitz, Cornelius, „Verantwortung als Schlüsselbegriff strafrechtlicher Vergangenheits-bewältigung. ‚Individuelle vs. kollektive Verantwortung' und ‚Verantwortung für Vergangenheit und Zukunft'", in: Ulfrid Neumann, Cornelius Prittwitz, Paulo Abrão, Lauro Joppert Swensson Jr., Marcelo D. Torelly (Hrsg.), *Transitional Justice. Das Problem gerechter strafrechtlicher Vergangenheitsbewältigung*, Frankfurt am Main 2013, S. 255–270.

Quinche, Manuel, *Los estándares de la Corte Interamericana y la Ley de Justicia y Paz*, Bogotá 2009.

Radbruch, Gustav, „Gesetzliches Unrecht und übergesetzliches Recht", in: *Gustav Radbruch Gesamtausgabe*, hrsg. von Arthur Kaufmann, Bd. 3: Rechtsphilosophie III, Heidelberg 1990, S. 83–93.

Rajagopal, Balakrishnan, „Invoking the Rule of Law in Post-conflict Rebuilding: A Critical Examination", in: *William & Mary Law Review*, 49 (2008), S. 1347–1376.

Ramelli Arteaga, Alejandro, *Jurisprudencia penal internacional aplicable en Colombia*, Bogotá 2011.

Ramírez, Socorro/Luis Alberto Restrepo, *Actores en conflicto por la paz. El proceso de paz durante el gobierno de Belisario Betancur, 1983–1986*, Bogotá 1988.

Rau, Hannah, *Strafrechtliche Vergangenheitsbewältigung am Beispiel Spanien*, Frankfurt am Main 2014.

Reemtsma, Jan Philipp, *Das Recht des Opfers auf die Bestrafung des Täters – als Problem*, München 1999.

Reese, Carolin, *Großverbrechen und kriminologische Konzepte. Versuch einer theoretischen Integration*, Münster 2004.

Rettberg, Angelika, „Reflexiones introductorias sobre la relación entre construcción de paz y justicia transicional", in: dies. (Hrsg.), *Entre el perdón y el paredón. Preguntas y dilemas de la justicia transicional*, Bogotá 2005, S. 1–15.

Reuss, Vasco, *Zivilcourage als Strafzweck des Völkerstrafrechts. Was bedeutet Positive Generalprävention in der globalen Zivilgesellschaft?*, Münster 2012.

Roggemann, Herwig, *Systemunrecht und Strafrecht am Beispiel der Mauerschützen in der ehemaligen DDR*, Berlin 1993.

Roht-Arriaza, Naomi, *The Pinochet-Effect: Transnational Justice in the Age of Human Rights*, Philadelphia, PA 2005.

Rojas, Diana, „Estados Unidos y la guerra en Colombia", in: Francisco Gutiérrez, María Emma Wills, Gonzalo Sánchez Gómez (Hrsg.), *Nuestra Guerra sin Nombre. Transformaciones del conflicto en Colombia*, Bogotá 2006, S. 39–69.

Romero, Mauricio, „Democratización Política y contra reforma paramilitar en Colombia", in: Gonzalo Sánchez, Eric Lair (Hrsg.), *Violencias y estrategias colectivas en la región andina. Bolivia, Colombia, Ecuador, Perú y Venezuela*, Bogotá 2004, S. 335–376.

Romero, Mauricio, *Paramilitares y autodefensas 1982–2003*, 2. Aufl., Bogotá 2005.

Romero, Mauricio (Hrsg.), *La economía de los paramilitares. Redes de corrupción, negocios y política*, Bogotá 2011.

Romero, Mauricio/Ángela Olaya, Hernán Pedraza, „Privatización, paramilitares y políticos: el robo de los recursos de la salud en la costa Caribe", in: Mauricio Romero (Hrsg.), *La economía de los paramilitares: Redes de corrupción, negocios y política*, Bogotá 2011, S. 15–73.

Rubio, Mauricio, „La justicia penal. Juicio sin sumario", in: Boaventura de Sousa Santos, Mauricio García Villegas (Hrsg.), *El caleidoscopio de las justicias en Colombia*, Bd. 1, Bogotá 2001, S. 485–546.

Rückerl, Adalbert, *NS-Verbrechen vor Gericht. Versuch einer Vergangenheitsbewältigung*, 2. Aufl., Heidelberg 1984.

Sack, Fritz, „Selektion und Selektionsmechanismen", in: Günther Kaiser, Hans-Jürgen Kerner, Fritz Sack, Harmut Schellhoss (Hrsg.), *Kleines Kriminologisches Wörterbuch*, 3. Aufl., Heidelberg 1993, S. 462–469.

Scheerer, Sebastian, „Kriminalität der Mächtigen", in: Günther Kaiser, Hans-Jürgen Kerner, Fritz Sack, Harmut Schellhoss (Hrsg.), *Kleines Kriminologisches Wörterbuch*, 3. Aufl., Heidelberg 1993, S. 246–249.

Schlink, Bernhard, „Die Bewältigung von Vergangenheit durch Recht", in: Helmut König, Michael Kohlstruck, Andreas Wöll (Hrsg.), *Vergangenheitsbewältigung am Ende des zwanzigsten Jahrhunderts*, Leviathan Sonderheft 18/1998, Wiesbaden 1998, S. 433–451.

Schlink, Bernhard, *Vergangenheitsschuld und gegenwärtiges Recht*, Frankfurt am Main 2002.

Schüler-Springorum, Horst, *Kriminalpolitik für Menschen*, Frankfurt am Main 1991.

Schünemann, Bernd, „Aufarbeitung von Unrecht aus totalitärer Zeit", in: *Der Universalitätsanspruch des demokratischen Rechtsstaates. Die Verschiedenheit der Kulturen und die Allgemeinheit des Rechtes*, hrsg. von Hans-Martin Pawlowski, Gerd Roellecke, Stuttgart 1996, S. 97–116.

Schünemann, Bernd, „Feindstrafrecht ist kein Strafrecht!“, in: Thomas Vormbaum (Hrsg.), *Kritik des Feindstrafrechts*, Münster 2009, S. 11–20.

Seelman, Kurt, *Kollektive Verantwortung im Strafrecht*, Vortrag gehalten vor der Juristischen Gesellschaft zu Berlin am 18. April 2001, Berlin u. a. 2001.

Semana, „Sí hay guerra, señor presidente“, 06.02.2005, http://www.semana.com/portada/articulo/si-guerra-senor-presidente/70763-3 (letzter Zugriff am 10.10.2015).

Semana, „El computador de Jorge 40“, 02.09.2006, http://www.semana.com/nacion/articulo/el-computador-de-jorge-40/80765-3 (letzter Zugriff am 28.08.2013).

Semana, „La cacería a los magistrados de la Corte Suprema de Justicia“, 25.04.2009, http://www.semana.com/nacion/articulo/la-caceria-magistrados-corte-suprema-justicia/102430-3 (letzter Zugriff am 13.10.2015).

Semana, „Falsos positivos: 23 años de horror“, 21.11.2011, http://www.semana.com/nacion/articulo/falsos-positivos-23-anos-horror/249729-3 (letzter Zugriff am 09.10.2015).

Semana, „Los cinco exjefes paramilitares en libertad“, 14.10.2015, http://www.semana.com/nacion/articulo/paramilitares-en-libertad-luego-de-someterse-justicia-paz/446093-3 (letzter Zugriff am 02.11.2015).

Smith, Gary, „Ein normatives Niemandsland? Zwischen Gerechtigkeit und Versöhnungs-politik in jungen Demokratien“, in: Gary Smith, Avishai Margalit (Hrsg.), *Amnestie oder Die Politik der Erinnerung in der Demokratie*, Frankfurt am Main 1997, S. 11–20.

Sontag, Deborah, „Extraditions to America benefited Colombian warlords“, in: *International New York Times*, 12.09.2016, S. 5.

Süß, Frank, *Studien zur Amnestiegesetzgebung*, Berlin 2001.

Teitel, Ruti G., „Transitional Justice Genealogy“, in: *Harvard Human Rights Journal*, 16 (2003), S. 69–94.

Teitel, Ruti G., *Transitional Justice*, Oxford 2000.

Töniges, Sven, „Haftstrafe für ‚Parapolitiker‘ Mario Uribe“, in: *Deutsche Welle*, 22.02.2011, http://www.dw.com/de/haftstrafe-f%C3%BCr-parapolitiker-mario-uribe/a-14860374 (letzter Zugriff am 14.08.2015).

Triffterer, Otto, „Regierungskriminalität durch Machtmißbrauch. Klärung der Begriffe und strafrechtliche Bekämpfungsmöglichkeiten“, in: Günther Kaiser, Jörg-Martin Jehle (Hrsg.), *Kriminologische Opferforschung. Neue Perspektiven und Erkenntnisse*, Bd. 1, Heidelberg 1994, S. 137–169.

Ungar, Elisabeth/Juan Felipe Cardona, Mauricio García Villegas, Rodrigo Uprimny, „Confluencia de los poderes legislativo y ejecutivo en la reconfiguración del Estado“, in: Claudia López Hernández (Hrsg.), *Y refundaron la patria... De cómo mafiosos y políticos reconfiguraron el Estado colombiano*, Bogotá 2010, S. 267–455.

Unidad Nacional de Fscalías para la Justicia y Paz, *Estructura Organizacional UNJYP*, Bogotá, http://www.fiscalia.gov.co:8080/Organigrama.htm (letzter Zugriff am 30.09.2015).

United Nations, *Basic Principles and Guidelines on the Right to a Remedy and Reparation for Victims of Gross Violations of International Human Rights Law and Serious Violations of International Humanitarian Law*, Resolution adopted by the General Assembly on 16 December 2005, UN Doc. A/RES/60/147, New York, 21 March 2006, http://daccess-dds-ny.un.org/doc/UNDOC/GEN/N05/496/42/PDF/N0549642.pdf?OpenElement (letzter Zugriff am 03.09.2015).

United Nations, *United Nations Approach to Transitional Justice*, Guidance Note of the Secretary-General, New York, March 2010, http://www.unrol.org/files/TJ_Guidance_Note_March_2010FINAL.pdf (letzter Zugriff am 28.08.2015).

United Nations Mechanism for International Criminal Trials, „About the MICT", http://www.unmict.org/en/about (letzter Zugriff am 06.09.2015).

United Nations Security Council, *The rule of law and transitional justice in conflict and post-conflict societies*, Report of the Secretary-General, S/2004/616, New York, 23 August 2004, http://www.ipu.org/splz-e/unga07/law.pdf (letzter Zugriff am 17.09.2015).

Uprimny, Rodrigo, „Las transformaciones de la administración de justicia en Colombia", in: Boaventura de Sousa Santos, Mauricio García Villegas (Hrsg.), *El caleidoscopio de las justicias en Colombia*, Bd. 1, Bogotá 2001, S. 261–315.

Uprimny, Rodrigo, „El ‚laboratorio' colombiano: narcotráfico, poder y administración de justicia", in: Boaventura de Sousa Santos, Mauricio García Villegas (Hrsg.), *El caleidoscopio de las justicias en Colombia*, Bd. 1, Bogotá 2001, S. 371–414.

Uprimny, Rodrigo, „Las transformaciones de la administración de justicia en Colombia", in: Boaventura de Sousa Santos, Mauricio García Villegas (Hrsg.), *El caleidoscopio de las justicias en Colombia*, Bd. 1, 2. Aufl., Bogotá 2004, S. 261–315.

Uprimny, Rodrigo/María Paula Saffon, „Usos y abusos de la justicia transicional en Colombia", in: *Anuario de Derechos Humanos*, 4 (2008), S. 165–195.

Uprimny, Rodrigo/María Paula Saffon, Catalina Botero, Esteban Restrepo (Hrsg.), *¿Justicia transicional sin transición? Verdad, justicia y reparación para Colombia*, Bogotá 2006.

Uribe Vélez, Álvaro, *Manifiesto Democrático*, Bogotá, http://www.mineducacion.gov.co/1621/articles-85269_archivo_pdf.pdf (letzter Zugriff am 13.08.2013).

Valencia, León, „Los caminos de la Alianza entre los paramilitares y los políticos", in: Mauricio Romero (Hrsg.), *Parapolítica, la ruta de la expansión paramilitar y los acuerdos políticos*, Bogotá 2007, S. 11–58.

Van Ness, Daniel W./Karen Heetderks Strong, *Restoring Justice: An Introduction to Restorative Justice*, 5. Aufl., Waltham, MA 2015.

Velásquez Velásquez, Fernando, „Paramilitärische Führer und kriminelle Machtapparate“, in: *Streitbare Strafrechtswissenschaft. Festschrift für Bernd Schünemann zum 70. Geburtstag am 1. November 2014*, hrsg. von Roland Hefendehl, Tatjana Hörnle, Luis Greco, Berlin u. a. 2014, S. 1119–1131.

Verdad abierta, „La historia detrás del ‚pacto de ralito‘“, o. J., http://www.verdadabierta.com/las-victimas/2103-la-historia-detras-del-del-pacto-de-ralito (letzter Zugriff am 28.08.2013).

Verdad abierta, „Corte constitucional tumba principio de oportunidad para 19 mil desmovilizados“, o. J., http://www.verdadabierta.com/la-historia/2870-corte-constitucional-tumba-principio-de-oportunidad-para-20-mil-desmovilizados (letzter Zugriff am 07.10.2015).

Verdad abierta, „El crematorio del bloque Catatumbo“, o. J., http://www.verdadabierta.com/justicia-y-paz/1188-el-crematorio-del-bloque-catatumbo (letzter Zugriff am 17.10.2015).

Verdad abierta, „Los enredos sobre la libertad de los ex paramilitares“, 30.08.2012, http://www.verdadabierta.com/justicia-y-paz/juicios/650-autodefensas-unidas-de-colombia-auc/4185-icuando-empezaran-a-salir-libres-los-ex-paras (letzter Zugriff am 13.08.2014).

Verdad abierta, „La libertad de los Paras“, 27.07.2014, http://www.verdadabierta.com/justicia-y-paz/legislacion/5388-la-libertad-de-los-paras-semana (letzter Zugriff am 13.08.2014).

Verdad abierta, „Las Farc en Justicia y Paz“, 25.10.2015, http://www.verdadabierta.com/justicia-y-paz/10-anos-de-justicia-y-paz/6039-las-farc-en-justicia-y-paz (letzter Zugriff am 02.11.2015).

Vest, Hans, „Humanitätsverbrechen – Herausforderung für das Individualstrafrecht“, in: *Zeitschrift für die gesamte Strafrechtswissenschaft*, 113 (2001), S. 457–498.

Vest, Hans, *Gerechtigkeit für Humanitätsverbrechen? Nationale Strafverfolgung von staatlichen Systemverbrechen mit Hilfe der Radbruchschen Formel*, Tübingen 2006.

Villarraga Sarmiento, Álvaro, „Experiencias históricas recientes de reintegración de excombatientes en Colombia“, in: *Colombia Internacional*, 77 (2013), S. 107–140.

von Salzen, Claudia, „Warum so spät gegen KZ-Wachleute ermittelt wird“, in: *Der Tagesspiegel*, 30.06.2014, http://www.tagesspiegel.de/politik/ns-verbrechen-vor-gericht-warum-so-spaet-gegen-kz-wachleute-ermittelt-wird/10120818.html (Letzter Zugriff am 08.09.2015).

Vormbaum, Thomas (Hrsg.), *Kritik des Feindstrafrechts*, Münster 2009.

Wacquant, Loïc, *Bestrafen der Armen. Zur neoliberalen Regierung der sozialen Unsicherheit*, Opladen u. a. 2009.

Waldmann, Peter, „Gesellschaften im Bürgerkrieg. Zur Eigendynamik entfesselter Gewalt“, in: Klaus Lüderssen (Hrsg.), *Aufgeklärte Kriminalpolitik oder Kampf gegen das Böse?*, Bd. III: Makrodelinquenz, Baden-Baden 1998, S. 139–169.

Werle, Gerhard, „Transitional Justice – Der juristische Rahmen“, in: *Festschrift für Ulrich Eisenberg zum 70. Geburtstag*, hrsg. von Henning Ernst Müller, Günther M. Sander, Helena Válková, München 2009, S. 791–806.

Werle, Gerhard, „Die juristische Aufarbeitung der Vergangenheit: Strafe, Amnestie oder Wahrheitskommission?“, in: Francisco Muñoz Conde, Thomas Vormbaum (Hrsg.), *Transformation von Diktaturen in Demokratien und Aufarbeitung der Vergangenheit*, Berlin u. a. 2010, S. 15–25.

Werle, Gerhard, *Völkerstrafrecht*, 3. Aufl., Tübingen 2012.

Werle, Gerhard/Thomas Wandres, *Auschwitz vor Gericht. Völkermord und bundesdeutsche Strafjustiz*, München 1995.

Zelik, Raul, *Die kolumbianischen Paramilitärs. „Regieren ohne Staat?“ oder terroristische Formen der Inneren Sicherheit*, 2. Aufl., Münster 2010.

Zelik, Raul, „Staat und Gewaltzustand – Der kolumbianische Paramilitarismus vor dem Hintergrund der Debatte um Neue Kriege und Failed States“, o. J., http://www.raulzelik.net/kritik-literatur-alltag-theorie/110-staat-gewaltzustand-kolumbianischer-para-militarismus (letzter Zugriff am 20.01.2013).

Normenverzeichnis

Statuten internationaler Strafgerichtshöfe

IStGH-Statut

JStGH-Statut

RStGH-Statut

Gesetze

Verfassung von 1886	alte Verfassung (1886–1991)
Verfassung von 1991	gültige Verfassung
Gesetz 95 von 1936	altes Strafgesetzbuch (1936–1980)
Gesetz 9 von 1983	Steuergesetz
Gesetz 13 von 1983	Steuergesetz
Gesetz 228 von 1996	Einbeziehung von Ausnahmeregelungen bezüglich spezieller Vergehen in ein ordentliches Gesetz
Gesetz 365 von 1997	Erhöhung von Freiheitsstrafen und Reduzierung von Vergünstigungen für Straftaten verbunden mit organisierter Kriminalität
Gesetz 418 von 1997	Gesetz zur Wiedereingliederung in die Gesellschaft
Gesetz 548 von 1999	Verlängert Gesetz 418 von 1997
Gesetz 589 von 2000	Unterstrafestellung von Genozid, Verschwindenlassen, zwangsweise Überführung der Bevölkerung und Folter im Einklang mit dem Humanitären Völkerrecht
Gesetz 599 von 2000	gültiges Strafgesetzbuch
Gesetz 733 von 2002	Reform des Strafgesetzbuchs; Verschärfung von Freiheitsstrafen für Taten wie Drogenhandel, Entführung und Verstöße gegen das Humanitäre Völkerrecht
Gesetz 742 von 2002	Inkrafttretung des Römischen Status in Kolumbien
Gesetz 782 von 2002	Demobilisierung und Reintegration illegaler bewaffneter Gruppen
Gesetz 906 von 2004	gültige Strafprozessordnung
Gesetz 975 von 2005	„Gerechtigkeits- und Friedensgesetz“

Gesetz 1121 von 2006	Prävention, Aufdeckung und Bestrafung der Finanzierung von Terrorismus und organisierter Kriminalität; reformiert u. a. den Straftatbestand *concierto para delinquir*
Gesetz 1424 von 2010	Strafverfolgung der nicht am GuF-Verfahren teilnehmenden Paramilitärs
Gesetz 1448 von 2011	„Opferentschädigungs- und Landrückgabegesetz"
Gesetz 1592 von 2012	Reform des „Gerechtigkeits- und Friedensgesetzes"
Acto Legislativo Nr. 1 vom 31.07.2012	Verfassungsreform, die der *Transitional Justice* Verfassungsrang verlieh.

Dekrete

Dekret 3398 von 1965	„Statut zur nationalen Verteidigung"
Dekret 100 von 1980	altes Strafgesetzbuch (1980–2000)
Dekret 1042 von 1984	Ausweitung der Militärgerichtsbarkeit auf Delikte im Zusammenhang mit dem Drogenhandel
Dekret 1056 von 1984	Ausweitung der Militärgerichtsbarkeit auf Delikte im Zusammenhang mit dem Drogenhandel
Dekret 1058 von 1984	Ausweitung der Militärgerichtsbarkeit auf Delikte im Zusammenhang mit dem Drogenhandel
Dekret 1071 von 1984	Autorisierte die Streitkräfte, Verdächtige bis zu 20 Tage festzuhalten, bevor sie einem Richter vorgeführt wurden.
Dekret 466 von 1987	Schuf 39 „Spezielle Richter".
Dekret 468 von 1987	Ausweitung der „Speziellen Justiz" auf Delikte im Zusammenhang mit dem Drogenhandel
Dekret 565 von 1987	Ausweitung der „Speziellen Justiz" auf Delikte im Zusammenhang mit dem Drogenhandel
Dekret 1203 von 1987	Ausweitung der „Speziellen Justiz" auf Delikte im Zusammenhang mit dem Drogenhandel
Dekret 1204 von 1987	Ausweitung der „Speziellen Justiz" auf Delikte im Zusammenhang mit dem Drogenhandel
Dekret 1631 von 1987	„Justiz für die öffentliche Ordnung"
Dekret 180 von 1988	„Statut zur Verteidigung der Demokratie"
Dekret 813 von 1989	Bestimmungen zur Bekämpfung paramilitärischer Gruppen
Dekret 814 von 1989	Schuf eine Sondereinheit der Sicherheitskräfte zur Bekämpfung paramilitärischer Gruppen.

Dekret 1194 von 1989	Schuf neue Straftatbestände bezogen auf die Aktivitäten paramilitärischer Gruppen und begründete die Zuständigkeit der „Justiz für die öffentliche Ordnung“ für diese Delikte.
Dekret 1191 von 1990	Autorisierte die Geheimhaltung der Zeugen in den Prozessen der „Justiz für die öffentliche Ordnung“.
Dekret 2790 von 1990	„Statut zur Verteidigung der Justiz“
Dekret 1156 von 1992	Setzte Teile der Strafprozessordnung außer Kraft, um Gefangene im Rahmen der „Regionalen Justiz“ länger in Untersuchungshaft festhaltenzukönnen.
Dekret 356 von 1994	Reglementierte die Bildung privater Sicherheitsunternehmen- und kooperativen, darunter die sogenannten CONVIVIR.
Dekret 1370 von 1995	Verhängung des Ausnahmezustands durch Präsident Ernesto Samper
Dekret 1410 von 1995	Verschärfung zahlreicher Strafen
Dekret 1590 von 1995	Verordnete spezielle Sicherheitsmaßnahmen für die Region Urabá und schuf u. a. den Straftatbestand *omisión de denuncia.*
Dekret 717 von 1996	Schuf *Zonas especiales de Orden Público*, in denen das Militär die Befugnis erhielt, Grundrechte der Bevölkerung ohne richterlichen Befehl einzuschränken.
Dekret 1837 von 2002	Verhängung des Ausnahmezustands durch Präsident Álvaro Uribe
Dekret 1900 von 2002	Erhöhte die Freiheitsstrafen für Sabotage der Elektrizitäts- und Erdölförderinfrastruktur.
Dekret 2001 von 2002	Reform der „Speziellen Justiz“
Dekret 2002 von 2002	Ausweitung der Befugnisse der Streitkräfte, Personen festzuhalten, Hausdurchsuchungen durchzuführen und Beweise zu sammeln; Wiedereinrichtung der *Zonas especiales de Orden Público*, die in *Zonas de Rehabilitación y Consolidación* umbenannt wurden.
Dekret 2555 von 2002	Erste Verlängerung des Ausnahmezustands durch Präsident Álvaro Uribe
Dekret 2929 von 2002	Einrichtung von *Zonas de Rehabilitación y Consolidación* in den Departementen Bolívar, Sucre und Arauca
Dekret 128 von 2003	Politik der Reintegration ins zivile Leben
Dekret 245 von 2003	Zweite Verlängerung des Ausnahmezustands durch Präsident Álvaro Uribe
Dekret 3360 von 2003	Kollektive Demobilisierung

Dekret 4760 von 2005	Reglementiert teilweise Gesetz 975 von 2005.
Dekret 2898 von 2006	Illegale bewaffnete Gruppe
Dekret 3391 von 2006	Anwendung des Gesetzes 975 von 2005
Dekret 4417 von 2006	Formalitäten in Bezug auf die Willenserklärung zur Teilnahme der Demobilisierten am GuF-Verfahren
Dekret 315 von 2007	Teilnahme der Opfer
Dekret 880 von 2008	Reglementiert Art. 61 Gesetz 975 von 2005.
Dekret 4719 von 2008	Demobilisierung von Mitgliedern illegaler bewaffneter Gruppen, die bereits eine Freiheitsstrafe verbüßten
Dekret 614 von 2009	Reglementiert Art. 62 Gesetz 975 von 2005.
Dekret 2288 von 2010	Sieht die Aufhebung des Aufschubs einer Übergabe bei einer Auslieferung vor.

Gesetzentwürfe

Gesetzentwurf 085 von 2003	Alternatividad-Penal-Entwurf der Regierung
Gesetzentwurf 180 von 2004	Gesetzentwurf der Senatorin Piedad Córdoba
Gesetzentwurf 208 von 2005	Pardo-Parody-Entwurf
Gesetzentwurf 211 von 2005	Regierungsentwurf; Vorlage für das Gerechtigkeits- und Friedensgesetz

Entscheidungsverzeichnis

Corte Interamericana de Derechos Humanos

19 Comerciantes vs. Colombia, Urteil C-109 vom 05.07.2004 (fondo, reparaciones y costas).

Masacre de Mapiripán vs. Colombia, Urteil C-134 vom 15.09.2005.

Masacre de La Rochela vs. Colombia, Urteil C-163 vom 11.05.2007 (fondo, reparaciones y costas).

Corte Constitucional de Colombia

Urteil C-466 von 1995, Magistrado Ponente (MP) Carlos Gaviria Díaz.

Urteil C-027 von 1996, MP Hernando Herrera Vergara.

Urteil C-456 von 1997, MP Jorge Arango Mejía und Eduardo Cifuentes Muñoz.

Urteil C-527 von 1997, MP Jorge Arango Mejía.

Urteil C-272 von 1999, MP Eduardo Cifuentes Muñoz.

Urteil SU-961 von 1999, MP Vladimiro Naranjo Mesa.

Urteil C-774 von 2001, MP Rodrigo Escobar Gil.

Urteil C-122 von 2003, MP Marco Gerardo Monroy Cabra.

Urteil C-816 von 2004, MP Jaime Córdoba Trinviño und Rodrigo Uprimny Yepes.

Urteil C-1154 von 2005, MP Manuel José Cepeda Espinosa.

Urteil C-370 von 2006, MP Manuel José Cepeda Espinosa, Jaime Córdoba Trinviño, Rodrigo Escobar Gil, Marco Gerardo Monroy Cabra, Álvaro Tafur Galvis und Clara Inés Vargas Hernández.

Urteil C-575 von 2006, MP Álvaro Tafur Galvis.

Urteil T-771 von 2006, MP Jaime Córdoba Trinviño.

Urteil T-188 von 2007, MP Álvaro Tafur Galvis.

Urteil T-496 von 2008, MP Jaime Córdoba Trinviño.

Urteil C-309 von 2009, MP Gabriel Eduardo Mendoza Martelo.

Urteil C-936 von 2010, MP Luis Ernesto Vargas Silva.

Urteil C-715 von 2012, MP Luis Ernesto Vargas Silva.

Urteil C-579 von 2013, MP Jorge Ignacio Pretelt Chaljub.

Urteil C-180 von 2014, MP Alberto Rojas Ríos.

Urteil C-286 von 2014, MP Luis Ernesto Vargas Silva.

Corte Suprema de Justicia de Colombia

Urteil vom 23.05.2001, Nr. 17657, MP Hermán Galán Castellanos.
Urteil vom 02.06.2004, Nr. 9121, MP Jorge Luis Quintero Milanés.
Urteil vom 03.08.2005, Nr. 2325, MP Sigifredo Espinosa Pérez.
Urteil vom 07.12.2005, Nr. 24549, MP Marina Pulido de Barón.
Urteil vom 28.09.2006, Nr. 25830, MP Mauro Solarte Portilla.
Urteil vom 19.10.2006, Nr. 26154, MP Julio Enrique Socha Salamanca.
Urteil vom 18.04.2007, Nr. 26942, ohne MP.
Urteil vom 23.05.2007, Nr. 27213, MP Javier Zapata Ortíz.
Urteil vom 08.06.2007, Nr. 27484, MP Álvaro Orlando Pérez Pinzón.
Urteil vom 11.07.2007, Nr. 26945, MP Yesid Ramírez Bastidas und Julio Enrique Socha Salamanca.
Urteil vom 27.08.2007, Nr. 27873, MP Julio Enrique Socha Salamanca.
Urteil vom 25.09.2007, Nr. 28250, MP María del Rosario González de Lemos.
Urteil vom 02.10.2007, Nr. 27484, MP Augusto J. Ibáñez Guzmán.
Urteil vom 26.10.2007, Nr. 28492, MP Yesid Ramírez Bastidas.
Urteil vom 05.12.2007, Nr. 27955, MP Jorge Luis Quintero Milanés.
Urteil vom 19.12.2007, Nr. 26118, ohne MP.
Urteil vom 10.04.2008, Nr. 29472, MP Yesid Ramírez Bastidas.
Urteil vom 22.04.2008, Nr. 29559, MP Julio Enrique Socha Salamanca.
Urteil vom 16.05.2008, Nr. 26470, ohne MP.
Urteil vom 28.05.2008, Nr. 29560, MP Augusto J. Ibáñez Guzmán.
Urteil vom 23.07.2008, Nr. 30120, MP Alfredo Gómez Quintero.
Urteil vom 28.07.2008, Nr. 29992, MP María del Rosario González de Lemos.
Urteil vom 03.10.2008, Nr. 30442, MP Alfredo Gómez Quintero.
Urteil vom 09.02.2009, Nr. 30955, MP José Leonidas Bustos Martínez.
Urteil vom 12.02.2009, Nr. 30998, MP Sigifredo Espinosa Pérez.
Urteil vom 18.02.2009, Nr. 30775, MP Jorge Luis Quintero Milanés.
Urteil vom 24.02.2009, Nr. 30999, MP Alfredo Gómez Quintero.
Urteil vom 11.03.2009, Nr. 31162, MP Julio Enrique Socha Salamanca.
Urteil vom 04.04.2009, Nr. 31235, MP Yesid Ramírez Bastidas.
Urteil vom 15.04.2009, Nr. 31181, MP María del Rosario González de Lemos.
Urteil vom 12.05.2009, Nr. 31150, MP Augusto J. Ibáñez Guzmán.
Urteil vom 22.05.2009, Nr. 31582, MP María del Rosario González de Lemos.
Urteil vom 31.07.2009, Nr. 31539, MP Augusto J. Ibáñez Guzmán.

Urteil vom 21.09.2009, Nr. 32022, MP Sigifredo Espinosa Pérez.

Urteil vom 03.12.2009, Nr. 32672, ohne MP.

Urteil vom 14.12.2009, Nr. 27491, MP María del Rosario González de Lemos.

Urteil vom 26.01.2010, Nr. 23802, ohne MP.

Urteil vom 27.04.2011, Nr. 34547, MP María del Rosario González de Lemos.

Urteil vom 06.06.2012, Nr. 35637, MP Luis Guillermo Salazar.

Urteil vom 19.12.2012, Nr. 40371, MP Javier Zapata Ortiz.

Urteil vom 05.03.2014, Nr. 42835, MP Fernando Alberto Castro Caballero.

Tribunal Superior de Justicia y Paz de Bogotá

Urteil vom 19.03.2009, Nr. 110016000253200680526, MP Eduardo Castellanos Roso.

Urteil vom 29.06.2010, Nr. 110016000253200680077, MP Uldi Teresa Jiménez López.

Urteil vom 05.12.2011, Nr. 110016000253200782791, MP Eduardo Castellanos Roso.

Urteil vom 07.12.2011, Nr. 110016000253200681366, MP Léster María González Romero.

Urteil vom 18.05.2012, Nr. 110016000253200883227, MP Eduardo Castellanos Roso.

Urteil vom 12.06.2012, Nr. 110016000253200680014, MP Léster María González Romero.

Urteil vom 04.09.2012, Nr. 110016000253200883612, MP Uldi Teresa Jiménez López.

Urteil vom 31.10.2012, Nr. 1100160002532006810099, MP Eduardo Castellanos Roso.

Tribunal Superior de Justicia y Paz de Medellín

Urteil vom 03.09.2013, Nr. 110016000253200883241, MP Juan Guillermo Cárdenas Gómez.

Urteil vom 04.09.2013, Nr. 0016000253200782700 u. a., MP Rubén Darío Pinilla Cogollo.

Feldforschung

Interviews

Cesar Colmenares, Herausgeber, Verdad abierta, Bogotá, 04.02.2010.

Matias Jaccard, Journalist, Verdad abierta, Bogotá, 04.02.2010.

Carlos Prieto, Wissenschaftler, Fundación Ideas para la Paz, Bogotá, 24.02.2010.

Élcida Molina, Opfervertreterin, Comisión Colombiana de Juristas, Bogotá, 11.02.2011.

Gonzalo Sánchez, Koordinator, Grupo Memoria Histórica, CNRR, Bogotá, 09.03.2011.

Mario Aguilera Peña, Wissenschaftler, Grupo Memoria Histórica, CNRR, Bogotá, 11.03.2011.

Iván Augusto Gómez Celis, Staatsanwalt für Gerechtigkeit und Frieden, UNFJP, Bogotá, 23.01.2012.

Germán Russi Casallas, Staatsanwalt für Gerechtigkeit und Frieden, UNFJP, Bogotá, 09.02.2012.

Jaime Charry, Staatsanwalt für Gerechtigkeit und Frieden, UNFJP, Bogotá, 14.02.2012.

Javier Tamayo, Staatsanwalt für Gerechtigkeit und Frieden, UNFJP, Bogotá, 22.02.2012.

Leonardo Cabana Fonseca, Staatsanwalt für Gerechtigkeit und Frieden, UNFJP, Bogotá, 07.03.2012.

Hermes Darío Lara, Richter, Sala Penal del Tribunal Superior de Bogotá, Bogotá, 13.03.2014.

Anhörungen

Anhörung zur Überprüfung der formellen und materiellen Rechtmäßigkeit der Anklage, Postulado: José Baldomero Lineras, Bloque Frente del Vichada del Bloque Central Bolívar, Richter: Eduardo Castellanos, Tribunal de Justicia y Paz de Bogotá, 24.01.-28.01.2011.

Anhörung zur Zurechnung des Sachverhalts, Postulados: u. a. Salvatore Mancuso Gómez, Bloque Catatumbo de las ACCU, Tribunal de Justicia y Paz de Barranquilla, Übertragung verfolgt in Bogotá, 22.02.2011.

Anhörung zur Überprüfung der formellen und materiellen Rechtmäßigkeit der Anklage, Postulado: Juan Francisco Prada Márquez, Frente Héctor Julio Peinado Becerra de las ACCU, Richter: Alexandra Valencia und Léster María González, Tribunal de Justicia y Paz de Bogotá, 11.01.-30.01.2012.

Anhörung zur Zurechnung des Sachverhalts, Postulados: u. a. Daniel Rendón Herrera, Bloque Héroes de los Llanos de las AUC, Richter: Teresa Ruíz, Tribunal de Justicia y Paz de Bogotá, 21.02.2012.

Anhörung zur Überprüfung der formellen und materiellen Rechtmäßigkeit der Anklage, Postulados: Ramón M. Isaza Arango, Walter Ochoa Gisao, John Fredy Gallo Bedoya, Luis Eduardo Zuluaga Arcila, Oliverio Isaza Gómez, Autodefensas Campesinas del Magdalena Medio, Richter: Eduardo Castellanos, Tribunal de Justicia y Paz de Bogotá (mit Übertragung in das Picota-Gefängnis, in dem Ramón Isaza einsitzt), 27.02.-02.03.2012.

Anhörung zur Zurechnung des Sachverhalts, Postulados: u. a. José del Carmen Viracacha Sicua, Bloque Subversión, Richter: Teresa Ruíz, Tribunal de Justicia y Paz de Bogotá, 01.03.2012.

Anhörung zur Ausschließung aus dem GuF-Verfahren, Postulado: Hader Anibal Lorza Rodríguez, Autodefensas Campesinas del Magdalena Medio, Richter: Eduardo Castellanos, Tribunal de Justicia y Paz de Bogotá, 02.03. und 09.03.2012.

Anhörung zur Überprüfung der formellen und materiellen Rechtmäßigkeit der Anklage, Postulado: Javier Antonio Quintero Coronel, Frente Hector Julio Peinado Becerra de las ACCU, Richter: Alexandra Valencia und Léster María González, Tribunal de Justicia y Paz de Bogotá (mit Übertragung nach Aguachica), 05.-06.03.2012.

Anhörung zur Ausschließung aus dem GuF-Verfahren, Postulado: Carlos Enrique Pineda, Bloque Sur de Bolívar – Central Bolívar, Richter: Eduardo Castellanos, Tribunal de Justicia y Paz de Bogotá, 09.03.2012.

Anhörung zur Zurechnung des Sachverhalts, Postulados: u. a. Daniel Rendón Herrera, Bloque Héroes de los Llanos de las AUC, Richter: u. a. Alexandra Valencia, Tribunal de Justicia y Paz de Bogotá (mit Übertragung nach Villavicencio), 21.03.2012.

Anhörung zur Zurechnung des Sachverhalts, Postulados: u. a. Oscar Tabares Perez, Bloque Tolima de las ACCU, Richter: Teresa Ruíz, Tribunal de Justicia y Paz de Bogotá mit Übertragung nach Espinal), 28.03.2012.

FRANKFURTER KRIMINALWISSENSCHAFTLICHE STUDIEN

Band 1 Peter Böning: Die Lehre vom Unrechtsbewußtsein in der Rechtsphilosophie Hegels. 100 S., 1978.

Band 2 Wolfgang Schneider: Kriminelle Straßenverkehrsgefährdung (§ 315c Abs. 1 Ziff. 2, Abs. 3 StGB). Eine kriminologische und strafrechtliche Untersuchung zur Problematik dieser Verkehrsstraftaten unter Berücksichtigung ausländischer Rechte. 342 S., 1978.

Band 3 Lothar Kuhlen: Die Objektivität von Rechtsnormen. Zur Kritik des radikalen labeling approach in der Kriminalsoziologie. 178 S., 1978.

Band 4 Günther Grewe: Straßenverkehrsdelinquenz und Marginalität. Untersuchungen zur institutionellen Regelung von Verhalten. 148 S., 1978.

Band 5 Dieter Haberstroh: Strafverfahren und Resozialisierung. Eine Studie über Verstehen und Nicht-Verstehen, über Verstanden-Werden und Nicht-Verstanden-Werden und deren Bedingungen in der Hauptverhandlung. 202 S., 1979.

Band 6 Thomas Vogt: Die Forderungen der psychoanalytischen Schulrichtungen für die Interpretation der Merkmale der Schuldunfähigkeit und der verminderten Schuldfähigkeit (§§ 51 a.F., 20, 21 StGB). 182 S., 1979.

Band 7 Andreas Michael: Der Grundsatz in dubio pro reo im Strafverfahrensrecht. Zugleich ein Beitrag über das Verhältnis von materiellem Recht und Prozeßrecht. 214 S., 1981.

Band 8 Ilias G. Anagnostopoulos: Haftgründe der Tatschwere und der Wiederholungsgefahr (§§ 112 Abs. 3, 112 a StPO). Kriminalpolitische und rechtssystematische Aspekte der Ausweitung des Haftrechts. 1984.

Band 9 Helga Müller: Der Begriff der Generalprävention im 19. Jahrhundert. Von P.J.A. Feuerbach bis Franz v. Liszt. 1984.

Band 10 Frowin Jörg Kurth: Das Mitverschulden des Opfers beim Betrug. 1984.

Band 11 Martin J. Worms: Die Bekenntnisbeschimpfung im Sinne des § 166 Abs. 1 StGB und die Lehre vom Rechtsgut. 1984.

Band 12 Jong-Dae Bae: Der Grundsatz der Verhältnismäßigkeit im Maßregelrecht des StGB. 1985.

Band 13 Helmut Fünfsinn: Der Aufbau des fahrlässigen Verletzungsdelikts durch Unterlassen im Strafrecht. 1985.

Band 14 Christoph Krehl: Die Ermittlung der Tatsachengrundlage zur Bemessung der Tagessatzhöhe bei der Geldstrafe. 1985.

Band 15 Walter-Hermann Kiehl: Strafrechtliche Toleranz wechselseitiger Ehrverletzungen - Zur ratio legis der §§ 199, 233 Strafgesetzbuch -. 1986.

Band 16 Matthias Krahl: Die Rechtsprechung des Bundesverfassungsgerichts und des Bundesgerichtshof zum Bestimmtheitsgrundsatz im Strafrecht (Art. 103 Abs. 2 GG). 1986.

Band 17 Patrick Carroll Campbell: § 220a StGB. Der richtige Weg zur Verhütung und Bestrafung von Genozid? 1986.

Band 18 Winfried Hassemer (Hrsg.): Strafrechtspolitik. Bedingungen der Strafrechtsreform. 1987.

Band 19 Felix Herzog: Prävention des Unrechts oder Manifestation des Rechts. Bausteine zur Überwindung des heteronom-präventiven Denkens in der Strafrechtstheorie der Moderne. 1987.

Band 20 Astrid Michalke-Detmering: Die Mindestanforderungen an die rechtliche Begründung des erstinstanzlichen Strafurteils. Zur Auslegung des § 267 StPO. 1987.

Band 21 Lothar Kuhlen: Die Unterscheidung von vorsatzausschließendem und nichtvorsatzausschließendem Irrtum. 1987.

Band 22 Michael Buttel: Kritik der Figur des Aufklärungsgehilfen im Betäubungsmittelstrafrecht (§ 31 BtMG). 1988.

Band 23 Matthias Kögler: Die zeitliche Unbestimmtheit freiheitsentziehender Sanktionen des Strafrechts. Eine vergleichende Untersuchung zur Rechtslage und Strafvollstreckungspraxis in der Bundesrepublik Deutschland und den USA. 1988.

Band 24 Klaus Lüderssen / Cornelius Nestler-Tremel / E wa Weigend(Hrsg.): Modernes Strafrecht und ultima-ratio-Prinzip. 1990.

Band 25 Jürgen Taschke: Die behördliche Zurückhaltung von Beweismitteln im Strafprozeß. 1989.

Band 26 Daniela Westphalen: Karl Binding (1841-1920). Materialien zur Biographie eines Strafrechtsgelehrten. 1989.

Band 27 Sigrid Jans: Die Aushöhlung des Klageerzwingungsverfahrens. 1990.

Band 28 Dimitris Spirakos: Folter als Problem des Strafrechts. Kriminologische, kriminalsoziologische und (straf-)rechtsdogmatische Aspekte unter besonderer Berücksichtigung der Folterschutzkonvention und der Pönalisierung der Folter in Griechenland. 1990.

Band 29 Stephan Moll: Strafrechtliche Aspekte der Behandlung Opiatabhängiger mit Methadon und Codein. 1990.

Band 30 Stefan Werner: Wirtschaftsordnung und Wirtschaftsstrafrecht im Nationalsozialismus. 1991.

Band 31 Xanthi Bassakou: Beiträge zur Analyse und Reform des Absehens von Strafe nach § 60 StGB. 1991.

Band 32 Rainer Runte: Die Veränderung von Rechtfertigungsgründen durch Rechtsprechung und Lehre. Moderne Strafrechtsdogmatik zwischen Rechtsstaatsprinzip und Kriminalpolitik. 1991.

Band 33 Olaf Hohmann: Das Rechtsgut der Umweltdelikte. Grenzen des strafrechtlichen Umweltschutzes. 1991.

Band 34 Klaus Jochen Müller: Das Strafbefehlsverfahren (§§ 407 ff. StPO). Eine dogmatisch-kriminalpolitische Studie zu dieser Form des schriftlichen Verfahrens unter besonderer Berücksichtigung der geschichtlichen Entwicklung – zugleich ein Beitrag zum StVÄG 1987. 1993.

Band 35 Sang-Don Yi: Wortlautgrenze, Intersubjektivität und Kontexteinbettung. Das strafrechtliche Analogieverbot. 1991.

Band 36 Birgit Malsack: Die Stellung der Verteidigung im reformierten Strafprozeß. Eine rechtshistorische Studie anhand der Schriften von C. J. A. Mittermaier. 1992.

Band 37 Rüdiger Schäfer: Die Privilegierung des "freiwillig-positiven" Verhaltens des Delinquenten nach formell vollendeter Straftat. Zugleich ein Beitrag zum Grundgedanken des Rücktritts vom Versuch und zu den Straftheorien. 1992.

Band 38 Cornelius Nestler-Tremel: AIDS und Strafzumessung. 1992.

Band 39 Christine Gutmann: Freiwilligkeit und (Sozio-)Therapie – notwendige Verknüpfung oder Widerspruch? 1993.

Band 40 Walter Kargl: Der strafrechtliche Vorsatz auf der Basis der kognitiven Handlungstheorie. 1993.

Band 41 Jürgen Rath: Zur strafrechtlichen Behandlung der aberratio ictus und des error in objecto des Täters. 1993.

Band 42 Martin Fischer: Wille und Wirksamkeit. Eine Untersuchung zum Problem des *dolus alternativus.* 1993.

Band 43 Regina Harzer: Der Naturzustand als Denkfigur moderner praktischer Vernunft. Zugleich ein Beitrag zur Staats- und Rechtsphilosophie von Hobbes und Kant. 1994.

Band 44 Helmut Pollähne: Lockerungen im Maßregelvollzug. Eine Untersuchung am Beispiel der Anwendung des nordrhein-westfälischen Maßregelvollzugsgesetzes im Westfälischen Zentrum für Forensische Psychiatrie (Lippstadt). 1994.

Band 45 Hans-Joachim Leonhardt: Rechtsmittelermessen der Staatsanwaltschaft. Eine Gegenüberstellung von § 296 StPO mit Nummern 147 und 148 Richtlinien für das Strafverfahren und das Bußgeldverfahren (RiStBV). 1994.

Band 46 Rolf Grünebaum: Zur Strafbarkeit des Therapeuten im Maßregelvollzug bei fehlgeschlagenen Lockerungen. 1996.

Band 47 Barbara Bialas: Promille-Grenzen, Vorsatz und Fahrlässigkeit. 1996.

Band 48 Christine Pott: Die Außerkraftsetzung der Legalität durch das Opportunitätsdenken in den Vorschriften der §§ 154, 154a StPO. Zugleich ein Beitrag zu einer kritischen Strafverfahrensrechtstheorie. 1996.

Band 49 Wolfgang Köberer: *Iudex non calculat.* Über die Unmöglichkeit, Strafzumessung sozialwissenschaftlich-mathematisch zu rationalisieren. 1996.

Band 50 Institut für Kriminalwissenschaften Frankfurt a.M. (Hrsg.): Vom unmöglichen Zustand des Strafrechts. 1995.

Band 51 Petra Kamberger: Treu und Glauben (§ 242 BGB) als Garantenstellung im Strafrecht? 1996.

Band 52 Anastassios Triantafyllou: Das Delikt der gefährlichen Körperverletzung (§ 223a StGB) als Gefährdungsdelikt. (Zugleich ein Beitrag zur Dogmatik der Gefährdungsdelikte). 1996.

Band 53 Norbert Kissel: Aufrufe zum Ungehorsam und § 111 StGB. Grundrechtlicher Einfluß bei der Feststellung strafbaren Unrechts. 1996.

Band 54 Susanne Ehret: Franz von Liszt und das Gesetzlichkeitsprinzip. Zugleich ein Beitrag wider die Gleichsetzung von Magna-charta-Formel und Nullum-crimen-Grundsatz. 1996.

Band 55 Stefan Braum: Geschichte der Revision im Strafverfahren von 1877 bis zur Gegenwart. Zugleich eine Kritik der Kontinuität politischer Macht im Recht. 1996.

Band 56 Katja Diel: Das Regreßverbot als allgemeine Tatbestandsgrenze im Strafrecht. 1997.

Band 57 Christoph Koller: Die Staatsanwaltschaft – Organ der Judikative oder Exekutivbehörde? Die Stellung der Anklagebehörde und die Gewaltenteilung des Grundgesetzes. 1997.

Band 58 Frank Schößler: Anerkennung und Beleidigung. Rechtsgut und Strafzweck des § 185 StGB. 1997.

Band 59 Regina Engelstädter: Der Begriff des Unfallbeteiligten in § 142 Abs. 4 StGB. Zugleich eine Kritik an aktuellen Zurechnungslehren. 1997.

Band 60 Jörg Reinhardt: Der Ausschluß und die Ablehnung des befangen erscheinenden Staatsanwaltes. 1997.

Band 61 Jens Christian Müller-Tuckfeld: Integrationsprävention. Studien zu einer Theorie der gesellschaftlichen Funktion des Strafrechts. 1998.

Band 62 Peter Maria Rohe: Verdeckte Informationsgewinnung mit technischen Hilfsmitteln zur Bekämpfung der Organisierten Kriminalität. Zugleich eine rechtsvergleichende Analyse der polizeilichen Abhörbefugnisse in den U.S.A. 1998.

Band 63 Dirk Fabricius: Was ein Lehrbuch lehrt ... Eine exemplarische Untersuchung von Jakobs *Strafrecht – Allgemeiner Teil*. 1998.

Band 64 Stefan Sinner: Der Vertragsgedanke im Strafprozeßrecht. 1999.

Band 65 Sebastian Schattenfroh: Die Staatsphilosophie Giovanni Gentiles und die Versuche ihrer Verwirklichung im faschistischen Italien. 1999.

Band 66 Athanassia Dionyssopoulou: Der Tatbestand der Geldwäsche. Eine Analyse der dogmatischen Grundlagen des § 261 StGB. 1999.

Band 67 Klaus von Lampe: *Organized Crime*. Begriff und Theorie organisierter Kriminalität in den USA. 1999.

Band 68 Christian Hanssen: "Trennung der Märkte". Rechtsdogmatische und rechtspolitische Probleme einer Liberalisierung des Drogenstrafrechts. 1999.

Band 69 Institut für Kriminalwissenschaften und Rechtsphilosophie Frankfurt a.M. (Hrsg.): Irrwege der Strafgesetzgebung. 1999.

Band 70 Konstantinos Chatzikostas: Die Disponibilität des Rechtsgutes Leben in ihrer Bedeutung für die Probleme von Suizid und Euthanasie. 2000.

Band 71 Bettina Wirmer-Donos: Die Strafrechtstheorie Karl Christian Friedrich Krauses als theoretische Grundlage des spanischen Korrektionalismus. 2001.

Band 72 Christine Löw: Die Erkundigungspflicht beim Verbotsirrtum nach § 17 StGB. 2001.

Band 73 Florian Ufer: Der Verwertungswiderspruch in Theorie und Praxis. Prozessuale Obliegenheiten des Verteidigers und ihre Bedeutung für die Rechtsposition des Beschuldigten. 2002.

Band 74 Katja Melzer: Psychisch kranke Straftäterinnen. Frauen im Maßregelvollzug. 2001.

Band 75 Gregor Kuntze-Kaufhold: Lebenswelt und Unparteilichkeit. Kriterien für eine Rechtsanwendungslehre am Beispiel der Analyse von fünf Hauptverhandlungen in Strafverfahren. 2002.

Band 76 Iris Kristina Passek: Die erstinstanzliche Zuständigkeit der Oberlandesgerichte in Staatsschutzstrafsachen. Historische Entwicklung und aktuelle Probleme. 2002.

Band 77 Michael Krebs: Die Weisungsgebundenheit des Staatsanwalts unter besonderer Berücksichtigung des rechtstatsächlichen Aspekts. 2002.

Band 78 Kerstin Degenhardt: Europol und Strafprozeß. Die Europäisierung des Ermittlungsverfahrens. 2003.

Band 79 Domenico Siciliano: Das Leben des fliehenden Diebes: Ein strafrechtliches Politikum. 2., überarbeitete und ergänzte Auflage. 2013.

Band 80 Marc Colussi: Produzentenkriminalität und strafrechtliche Verantwortung. 2003.

Band 81 Thilo Lars Hild: Grenzen einer strafrechtlichen Regulierung des Kapitalmarktes. Eine kriminalrechtliche Untersuchung von Börsengängen und Aktienhandel in Deutschland und den USA. 2004.

Band 82 Philipp Rau: Schweigen als Indiz der Schuld. Ein Vergleich des deutschen und englischen Rechts zur Würdigung des Schweigens des Beschuldigten. 2004.

Band 83 Alexandra Pfeiffer: Die Regelung der Lebendorganspende im Transplantationsgesetz. 2004.

Band 84 Elena Fischer: Recht auf Sterben?! Ein Beitrag zur Reformdiskussion der Sterbehilfe in Deutschland unter besonderer Berücksichtigung der Frage nach der Übertragbarkeit des Holländischen Modells der Sterbehilfe in das deutsche Recht. 2004.

Band 85 Jörg Ziethen: Grundlagen probabilistischer Zurechnung im Strafrecht. 2004.

Band 86 Stefanie Schork: Ausgesprochen schuldig. Dogmatische und metadogmatische Untersuchungen zum Schuldspruch. 2005.

Band 87 Claudia Schubert: Verbotene Worte? Versuch einer Neubestimmung im Umgang mit rassistischen Äußerungen jenseits des Strafrechts. 2005.

Band 88 Ulfrid Neumann / Cornelius Prittwitz (Hrsg.): Kritik und Rechtfertigung des Strafrechts. 2005.

Band 89 Denis Basak: Die Zuständigkeitsregeln internationaler Strafgerichte und Art. 101 GG. Zum Verhältnis der deutschen Strafgerichtsbarkeit zu den Internationalen Tribunalen für Jugoslawien und Ruanda sowie zum Ständigen Internationalen Strafgerichtshof. 2005.

Band 90 Hsiao-Wen Wang: Der universale Strafanspruch des nationalen Staates. Eine Untersuchung über das Weltrechtsprinzip im Internationalen Strafrecht. 2005.

Band 91 Leonie Frenz: Faktizität des Rechts in der forensischen Psychiatrie. Eine Untersuchung im LKH Moringen. 2005.

Band 92 Eva-Maria Unger: Schutzlos ausgeliefert? Der Europäische Haftbefehl. Ein Beispiel für die Missachtung europäischer Bürgerrechte. 2005.

Band 93 Marcus Bastelberger: Die Legitimität des Strafrechts und der *moralische Staat*. Utilitaristische und retributivistische Strafrechtsbegründung und die rechtliche Verfassung der Freiheit. 2006.

Band 94 Marc Reiß: Rechtliche Aspekte der Präimplantationsdiagnostik. Unter besonderer Berücksichtigung der Rechte der von einem Verbot betroffenen Paare. 2006.

Band 95 Alexander Kolz: Einwilligung und Richtervorbehalt. 2006.

Band 96 Vasco Reuss: Eine Kritik der juristischen Vernunft. Rezeptionsversuche der Negativen Dialektik Adornos für die Dogmatik des Strafrechts. 2007.

Band 97 Lutz Eidam: Die strafprozessuale Selbstbelastungsfreiheit am Beginn des 21. Jahrhunderts. 2007.

Band 98 Christiane Rüdiger: Schutzinteresse und Deliktsstruktur der „Bestechungsdelikte“ (§§ 331 ff. StGB). 2007.

Band 99 Urte Eisenhardt: Das nemo tenetur-Prinzip: Grenze körperlicher Untersuchungen beim Beschuldigten. Am Beispiel des § 81a StPO. 2007.

Band 100 Institut für Kriminalwissenschaften und Rechtsphilosophie Frankfurt a. M. (Hrsg.): Jenseits des rechtsstaatlichen Strafrechts. 2007.

Band 101 Nils Möckelmann: Die rechtliche, psychiatrische und gesellschaftliche Beurteilung jugendlicher Straftäter in der jüngeren deutschen Geschichte. Eine Analyse anhand zweier Strafverfahren mit Gutachten des Psychiaters Ernst Rüdin aus den Jahren 1915/1917 unter Berücksichtigung der Entwicklungen bis zur Gegenwart. 2007.

Band 102 Alexa Albrecht: Zur Erosion der Menschenrechte im demokratischen Rechtsstaat. Reaktionen der Systeme und der Zivilgesellschaft. 2007.

Band 103 Dirk Lange: Die politisch motivierte Tötung. 2007.

Band 104 Ulfrid Neumann / Cornelius Prittwitz (Hrsg.): „Personale Rechtsgutslehre“ und „Opferorientierung im Strafrecht“. 2007.

Band 105 Lisa Kathrin Sander: Grenzen instrumenteller Vernunft im Strafrecht. Eine Kritik der Präventionsdoktrin aus strafrechtsgeschichtlicher und empirischer Perspektive. 2007.

Band 106 Stephan Werner: Zur Notwendigkeit der Verteidigeranwesenheit während der polizeilichen Beschuldigtenvernehmung. 2008.

Band 107 Inti Schubert: Europol und der virtuelle Verdacht. Die Suspendierung des Rechts auf informationelle Selbstbestimmung. 2008.

Band 108 Bong-Jin Ko: Menschenwürde und Biostrafrecht bei der embryonalen Stammzellenforschung. 2008.

Band 109 Wanja Andreas Welke: Die Repersonalisierung des Rechtskonflikts. Zum gegenwärtigen Verhältnis von Straf- und Zivilrecht. 2008.

Band 110 Jan Helmrich: Die Berufung gewerblicher Sicherheitskräfte auf Notwehr und Nothilfe. Zugleich ein Beitrag zu den Grundlagen des Notwehr- und Nothilferechts. 2008.

Band 111 Alexander Köstler-Loewe: Strafrecht US-Style: „Three Strikes and You're Out!" Baseball, Rückfall und Kriminalpolitik? 2008.

Band 112 Christina Bott: Die Medienprivilegien im Strafprozess. Zeugnisverweigerungsrecht und Beschlagnahmeverbot zum Schutz der Medien im Strafverfahren. 2009.

Band 113 Mario Riechmann: Organisierte Kriminalität und Terrorismus. Zur Funktionalisierung von Bedrohungsszenarien beim Abbau eines rechtsstaatlichen Strafrechts. 2009.

Band 114 Dirk Simon: Präzeptoraler Sicherheitsstaat und Risikovorsorge. 2009.

Band 115 Stefan Kirsch: Der Begehungszusammenhang der Verbrechen gegen die Menschlichkeit. 2009.

Band 116 Heng-da Hsu: Zurechnungsgrundlage und Strafbarkeitsgrenze der Fahrlässigkeitsdelikte in der modernen Industriegesellschaft. 2009.

Band 117 Dennis Teschner: Die soziale Kontrolle im virtuellen Raum. Eine juristische, soziologische und soialpsychologische Untersuchung der Instrumentalisierbarkeit von Internetkriminalität. 2009.

Band 118 Daniel Schilling: Fragmentarisch oder umfassend? Wege strafrechtlichen Zugriffs bei der Veruntreuung fremden Vermögens am Beispiel des deutschen und des italienischen Untreuestrafrechts. 2009.

Band 119 Andreas Stüdemann: Die Entwicklung der zwischenstaatlichen Rechtshilfe in Strafsachen im nationalsozialistischen Deutschland zwischen 1933 und 1945. Kontinuität und Diskontinuität im Auslieferungsrecht am Beispiel der Rechtsentwicklung im NS-Staat. 2009.

Band 120 Matthias Achenbach: Strafrechtlicher Schutz des Wettbewerbs? Eine kritische Analyse von Sinn und Zweck der Straftatbestände zum Schutz des Wettbewerbs. 2009.

Band 121 Vera Backhaus: Der gesetzliche Richter im Staatsschutzstrafrecht. Zur Verfassungsmäßigkeit des § 120 Abs. 2 GVG. 2010.

Band 122 Verena Maria Brenneis: Rechtspolitische Implikationen von Gefährlichkeitsprognosen im Vollzug von Maßregeln nach § 63 StGB. Zum Subjektstatus von Eingewiesenen. 2010.

Band 123 Maike Hoenigs: Zur Existenzberechtigung des Straftatbestandes der Rechtsbeugung. Korrelat oder Widerspruch zur richterlichen Unabhängigkeit. 2010.

Band 124 Christine Würfel: Freiheit als Grundlage der Schuld. 2012.

Band 125 Charlotte Rau: Compliance und Unternehmensverantwortlichkeit. Materiellrechtliche Fragen der sanktionsrechtlichen Unternehmensverantwortlichkeit unter Berücksichtigung von Compliance-Maßnahmen. 2010.

Band 126 Marc Fornauf: Die Marginalisierung der Unabhängigkeit der Dritten Gewalt im System des Strafrechts. 2010.

Band 127 Sabine Benthin: Subventionspolitik und Subventionskriminalität. Zur Legitimität und Rationalität des Tatbestandes zum Subventionsbetrug (§ 264 StGB). 2011.

Band 128 Philipp Horrer: Bestechung durch deutsche Unternehmen im Ausland. Strafrechtsentwicklung und Probleme. 2011.

Band 129 Marianne Varwig: Zum Tatbestandsmerkmal des Vermögensschadens (§ 263 StGB). Eine kritische Untersuchung mittels der vier klassischen Auslegungsmethoden. 2011.

Band 130 Alexander Rieger: Verfassungsrechtliche Legitimationsgrundlagen richterlicher Unabhängigkeit. Zugleich eine Auseinandersetzung mit der Debatte um eine Selbstverwaltung der Justiz. 2011.

Band 131 Moritz von Schenck: Pönalisierung der Folter in Deutschland – de lege lata et ferneda. 2011.

Band 132 Kerstin Bohn: Der gesetzliche Richter als rechtsstaatstragendes Prinzip in europäischen Staaten. Eine Untersuchung der Fallzuteilung unter besonderer Berücksichtigung Englands. 2011.

Band 133 Cornelius Trendelenburg: Ultima ratio? Subsidiaritätswissenschaftliche Antworten am Beispiel der Strafbarkeit von Insiderhandel und Firmenbestattungen. 2011.

Band 134 Susana Campos Nave: Rechtsstaatliche Regeltreue? Corporate Compliance als zwingende Antwort des freiheitsliebenden Unternehmens im Wirtschaftsstrafrecht. 2012.

Band 135 Christine Ditscher: Europäische Beweise. Der Rahmenbeschluss über die Europäische Beweisanordnung zur Erlangung von Sachen, Schriftstücken und Daten zur Verwendung in Strafsachen. 2012.

Band 136 Fedor Brunner: Das Phänomen des Mietnomaden in der Rechtspraxis. Strukturelle Hintergründe, zivilrechtliche Mechanismen und Perspektiven. 2012.

Band 137 Konstantinos Diakonis: Die Geringfügigkeitsvorschriften als Teil der Problematik der Kollision zwischen primären und sekundären Prinzipien des Rechts. 2012.

Band 138 Gustavo Chan Mora: Kritik des Schuldbegriffs im Jugendstrafrecht. Eine metadogmatische Begründung des Schuldfähigkeits- und Verbotsirrtumsbegriffs. 2012.

Band 139 Julia Anna Bargenda: *Australian Law Reform Commission.* Ein Modell für Deutschland? 2012.

Band 140 Katharina Schermuly: Grenzen funktionaler Integration. Anforderungen an die Kontrolle europäischer Strafgesetzgebung durch den EuGH. 2013.

Band 141 Florian Conradi: Die Sicherungsverwahrung – Ausdruck einer zunehmenden Sicherheitsorientierung im Strafrecht? Die Entwicklung der Sicherungsverwahrung im Kontext des Spannungsverhältnisses von Freiheit und Sicherheit. 2013.

Band 142 Hyun Kyong Joo: Die positive Generalprävention im Straßenverkehr. 2013.

Band 143 Ulfrid Neumann / Cornelius Prittwitz / Paulo Abrão / Lauro Joppert Swensson Jr. / Marcelo D. Torelly (Hrsg.): Transitional Justice. Das Problem gerechter strafrechtlicher Vergangenheitsbewältigung. 2013.

Band 144 Frederico Figueiredo: Zur Möglichkeit des unmöglichen Strafrechts. Ein Versuch über die Dissonanz im System der ultima ratio. 2014.

Band 145 Moritz Bermel: Banken und Pflichten. Moderne Bankmanager und traditionelles Strafrecht. 2014.

Band 146 Björn Kruse: Compliance und Rechtsstaat. Zur Freiheit von Selbstbelastung bei Internal Investigations. 2014.

Band 147 Charlotte Schultz: Spiegelungen von Strafrecht und Gesellschaft. Eine systemtheoretische Kritik der Sicherungsverwahrung. 2014.

Band 148 Daniel Wegerich: Moderne Kriminalgesetzgebung: Produzent von Parteiverrat? Auswirkungen strafprozessualer Absprachen und Aufklärungshilfen auf den Parteiverrat in Strafsachen (§ 356 StGB). 2015.

Band 149 Lauro Joppert Swensson Jr: Vor dem Gesetz. *Transitional Justice* in Brasilien und die Problematik der strafrechtlichen Verantwortung für Straftaten der Militärdiktatur. 2015.

Band 150 Frederic Raue: Steueramnestien, Selbstanzeige und die verfassungsrechtliche Bewertung von Straffreiheitsgesetzen. Eine Untersuchung anlässlich des gescheiterten deutsch-schweizerischen Steuerabkommens. 2015.

Band 151 Ali Mosfer: Fragilitäten des Rechtsstaates seit dem 11. September 2001 im Spiegel der Rechtsprechung des Bundesverfassungsgerichts. 2015.

Band 152 Johann Amos Münch: Kollektive Haftung im Wirtschaftsstrafrecht. Ein kompetitiver und evaluativer Vergleich der Sanktionssysteme Deutschlands, Großbritanniens und Italiens. Unter besonderer Berücksichtigung von Dogmatik, Gerechtigkeit und Zweckmäßigkeit. 2016.

Band 153 Madeleine Arens: Die Strafverfahrenswirklichkeit am Khmer Rouge Tribunal im völkerstrafprozessualen Kontext. Eine Analyse der strafprozessualen Verfahrenspraxis an den ECCC und ihre Bedeutung für zukünftige Völkerstrafprozesse. 2016.

Band 154 Chun-Wei Chen: Gefährdungsvorsatz im modernen Strafrecht. Zugleich unzeitgemäße Überlegungen über die Wiederbelebung des Gefährdungsstrafrechts in der Sicherheitsgesellschaft. 2016.

Band 155 Mathias Alexander Grzesiek: Wirtschaftsdelikte im Vertrags- und Privatarztsektor. Ein Beitrag zum Prinzip der Strafgesetzlichkeit im Gesundheitswesen. 2016.

Band 156 Sugil An: Vorfeldkriminalisierung in der Risikogesellschaft. 2016.

Band 157 Franceline Delgado Ariza: Die Rolle des Strafrechts in Übergangsprozessen ohne Übergang. Überlegungen anhand des Falls Kolumbien. 2017.

www.peterlang.com

www.ingramcontent.com/pod-product-compliance
Ingram Content Group UK Ltd.
Pitfield, Milton Keynes, MK11 3LW, UK
UKHW021850290926
8980IPUK00005B/744

9 783631 714768